TLINGIT VERB DICTIONARY

Designs on cover and title page used in Tlingit basketry

TLINGIT VERB DICTIONARY

Part 1 English–Tlingit

Part 2 Tlingit–English

Compiled by
Gillian L. Story and Constance M. Naish
Summer Institute of Linguistics

Illustrated by
Constance V. Youngkin

University of Alaska
Alaska Native Language Center
College, Alaska 99701
1973

TABLE OF CONTENTS

Preface–7

PART 1–9
Introduction to Part 1–11
The contents of the dictionary–11
Different senses–11
Form of the entries–11
Cross-referencing–13
Giving the sense in translation–13
English-Tlingit–15

PART 2–253
Introduction to Part 2–255
Stem and theme–255
The listing of the stems–256
Arrangement of the entries–256
Verb expressions–258
The symbol **A** for an adverbial phrase–258
The symbol **A-** for a marked phrase–259
Writing markers–260
Directionals in verb expressions–261
Pronominals in verb expressions–262
Alphabetic ordering of Tlingit entries–264
Tlingit-English–265

Appendix–343
Grammar sketch–345
1. Prefixes and suffixes–347
2. The verb stem–359
3. The verb theme–361
4. The extensors–368
5. The conjugations of the verb–378
6. The verb phrase–381
7. Other classes of word and phrase–385

PREFACE

This dictionary has been produced for the interest of Tlingit speakers in particular and we hope that it will give much pleasure to bilingual readers as they compare the two languages, Tlingit and English. We also hope that, for those who want to learn to read Tlingit, it will provide useful practice material. The younger generation may find it useful in enlarging their Tlingit vocabulary.

It is expected that this work will also be of interest to comparative linguists in providing a listing of Tlingit verb stems and themes in the Tlingit-English section, Part 2.

All readers will be more familiar with the English alphabet and so the English-Tlingit section (Part 1) has been put before the Tlingit-English section (Part 2) and all the examples of the verbs in sentences are in Part 1. There are introductions to both Part 1 and Part 2, which explain how each part has been arranged. A study of Part 2 in particular will show some of the richness of the Tlingit language, and the considerable differences between English and Tlingit in word-structure and vocabulary-building. At the end of the dictionary is an appendix which is an outline of Tlingit grammar concentrating on the verb word and verb phrase.

This dictionary is based on the Central dialect, spoken mainly in Juneau, Sitka, Hoonah and Angoon. Words and pronunciations specifically from other dialects have not been included here in general. However, because Angoon has closer ties with Kake than have some of the other Central dialect communities, and because of the presence of some Klawock dialect speakers in Angoon, there may be a few southern words included which are less familiar to some speakers of the Central dialect.

We hope that some bilingual Tlingit speakers will take up the task of producing a full and adequate dictionary of their language, and that this dictionary (together with the previously published Dictionary of Nouns) will provide a helpful starting point for such a project. Native speakers of the language may well wish to provide better examples in many cases, to include verb themes at present missing, to discuss dialect differences, and to give more complete and detailed information on various technical aspects such as verb classes and stem variants.

We would like to acknowledge here our debt of gratitude to all our Tlingit friends who have shared their language with us. In particular, we are indebted to the people of Angoon, among whom we have had our home during the greater part of our time in Alaska. Without them this work could not have been done. The many friends who have helped us there (in giving words, correcting our pronunciation, making meanings clear to us, and so forth) are too numerous to all be mentioned by name. Some have given most generously of their time for other projects; two who gave time specifically for this project are the late Rev. George R. Betts and Mr. Robert Zuboff. Other friends in Juneau have helped us with last-minute queries. In the major finalizing of this work we were helped by Mr. Andrew P. Johnson of Sitka. To all these friends we wish to express our gratitude.

Our thanks are also due to Dr. Orin R. Stratton and the administration of Sheldon Jackson College for freeing Mr. Johnson to help in this way and for their generous assistance in providing housing and the use of their facilities during the compilation stage of this work. It is doubtful whether this project would have been undertaken two winters ago without such help. Delays in publication since then have been in part due to ill health and in part to increasing pressure of other duties.

Gillian L. Story and Constance M. Naish
Goodlow, British Columbia
September 1972

PART 1

ENGLISH - TLINGIT

INTRODUCTION - PART 1

The contents of the dictionary

The starting point in the compilation of this dictionary was the listing of the Tlingit verb expressions in Part 2. Therefore only those English words needed to give the main sense of a Tlingit verb expression will be found as headings in Part 1.

Tlingit verbs (or verb expressions) are most usually translated by English verbs or adjectives. Occasionally, however, when much of the meaning of a Tlingit verb is carried by a noun in the English translation, an English noun is listed; for example: make a **set**, put on a **belt**. In addition, expressions having reference to some natural phenomena are grouped under nouns; for example: **sun, tide, daylight.**

Different senses

English words that are listed in this dictionary with two or more senses are distinguished by raised numbers following the words. **Lie** is an example: **lie**^{1} is to be understood in the sense of saying what is false and deceiving others; **lie**^{2} is to be understood in the sense of remaining in a particular (often horizontal) position.

Form of the entries

In Part 1, each entry consists of the following parts:

1. an English heading in bold face type, usually a single word, which may be shared by more than one entry and which may carry a reference to another English word;
2. English meanings, which convey the main sense of the Tlingit verb expression;
3. a representation of the Tlingit verb expression (in diagramatic form) (see the Introduction to Part 2 and Appendix section 3.1 for a fuller explanation of this);
4. one or more examples, in Tlingit and English.

(Note: very occasionally the third part of the entry has been omitted. There are also cases where the representation is in parenthesis; then the expression is not listed in Part 2 of the dictionary.)

The following is an actual example of an entry:

concern, see also **care, worry**

concern, trouble, be on mind of: **tu-ka-ya-deen**

daa sá kwshé gé ee tukaawadín? *what is on your mind/what is troubling you?*

be concerned, feel troubled: **tu-ka-di-deen**

x̱at tukawdidín *I am concerned/I have no peace of mind/ I don't feel good (about something)*

In this example, three English phrases have been used to give some feel for the sense of the Tlingit verb expression **tu-ka-ya-deen**. None of the phrases is to be taken in a sense that contradicts the sense of one of the other phrases; for example: **tu-ka-ya-deen** does not mean *be on the mind of* in the sense of *remember* simply.

In some cases, one phrase given as the meaning may define in what sense another is to be understood; for example: under the heading **blow up**[1] is found **ka-ya-.oox** *blow up, inflate.* This verb expression means *blow up* in the sense of *inflate* (the way a seal stomach is blown up); it does not mean *blow up* in the sense of *explode.*

The form **tu-ka-ya-deen** is a diagramatic representation of a verb; it is not a full word. One of the uses of the examples is to give normally pronounceable Tlingit forms. These examples may also illustrate some point of grammar—such as showing that the Tlingit verb is transitive. Ideally, each example would also contribute to the understanding of the sense of the Tlingit verb expression. This ideal has not been reached in many cases and it is hoped that readers of the dictionary who are also Tlingit speakers will themselves supply improved examples where good ones are at present lacking.

Sometimes two Tlingit verb expressions are given for the same English meaning when it has not been possible to distinguish between them. In these cases, the two Tlingit expressions are labeled (1) and (2), and it will sometimes be found that one expression has also been labeled (rare); this is when the other expression occurs much more frequently and in the speech of most individuals.

A similar case occurs when two Tlingit expressions only differ in their reference to a singular or plural subject or object. The following is an example:

escape

escape, flee, run away (on foot)

singular subject: **kei a-ya-di-goot**[1]

kei ayawdigút *he escaped*

plural subject: **kei a-ya-di-.aat**[1]

kei s ayáwdi.át *they escaped*

escape by boat: **kei a-ya-di-k̲oox̲**[1]

kei s ayawdik̲úx̲ *they escaped in a boat*

Cross-referencing

It will be found that headings in Part 1 are of two kinds. The most frequent are those so far illustrated, under which an entry is made and an example of a Tlingit verb expression is given. Under such a heading there may also be a reference to another English word; for example: **concern**, see also **care, worry**. The second kind of headings are those under which no entry is made but instead reference is made to another English word; for example: **bear in mind**, see **remember; assault**, see **attack, beat up**[1].

This corresponds to what is found in Part 2 (Tlingit-English) as follows. In Part 2, one or more words may be used to give the sense of a Tlingit verb expression. One of the English words is underlined and it is under that word in Part 1 (English-Tlingit) that an illustration of the Tlingit expression will be found; for example: in Part 2 there is the following entry under **deen**:

deen

tu-ka-ya-deen (tr): concern, trouble, be on mind of

tu-ka-di-deen (st): be concerned, feel troubled

The words underlined in Part 2 are those which are headings of the first kind in Part 1, that is, headings under which an entry is made; the underlining of concern in Part 2 refers to the entry in Part 1 under **concern** which was quoted above. The cross-references in Part 1 are constructed from the words used to give the senses of the Tlingit verb expressions in Part 2 that are not underlined; for example: there is a cross-reference **trouble**, see also **concern.**

Giving the sense in translation

Complete consistency will not necessarily be found between the English words used to give the sense of a Tlingit expression in Part 2 and to give the sense of the same expression in Part 1; for example: under **seek**[1] in Part 2 is the entry:

seek[1]

ka-li-seek (tr): be bashful of, shy, backward, hold back from people

The underlined word is bashful, and under **bashful** in Part 1 is found:

bashful, see also **shy**

be bashful of, shy, timid, wish to avoid people, hold back: **ka-li-seek**[1]

at yátx'ee k̲ukwlisèek *children are bashful/timid with people*

It can be seen here that the English words used to give the sense of **ka-li-seek**[1] in Part 2 under the entry **seek**[1], and in Part 1 under the entry **bashful**, are not exactly the same.

That there are differences is quite general; no attempt has been made to make identical the English words chosen to give the sense in the two parts, even though in most cases they may be found to be the same. One English word may be appropriate in translation in one context, and another in a different context. No two languages have a one-to-one relationship between their words; consequently the meaning of an expression must be understood in the wider context in which it is used. For this reason, in the translation of examples, quite frequently more than one translation is given and sometimes the translations are quite free. Sometimes only one English word has been given for the meaning, but it is likely that this is actually inadequate.

ENGLISH-TLINGIT

a

abandon
abandon, desert, leave: **li-tl'eet**
Deikeenàa jèe-t awlitl'ít *he turned it over to the Haidas*
ax̱ shát x̱at woolitl'èet *my wife deserted me*
abate, see **slack off**
abstain
abstain, refrain from, keep from doing (usually for ceremonial or religious reasons, esp. of Lent): **li-g̱aas**
at x̱alig̱àas *I abstain (from things such as eating meat)*
woodoodlig̱àas *they are keeping from various foods and activities (in observance of Lent)*
accept, see **believe, receive**
acceptable
be acceptable, satisfactory, well-liked: **ḵaa tóo + g̱áa + ya-tee**[1]
doo yoox̱'atángee ḵaa tóo-g̱aa yatèe *his speech is acceptable/ satisfactory*
ax̱ sánee ḵaa tóo-g̱aa yatèe *my uncle is popular/my uncle is acceptable to people*
accompany, see also **ask**
accompany, take to one, follow around, go around with: **A-x' + sh dli-x̱án**
ax̱ ée sh dlix̱án wéi kèitl *that dog really likes me/follows me around*
áa yaa sh nalx̱án *he's beginning to go round with him/becoming friendly*
accompany, go with: **ḵòon + ya-.aat**[1]
doo èen woo.àat *he accompanied him/went with him*
accompany, be with all the time: **ḵòon-x̱** (compl) + **sh dli-yeix̱**[1]
doo èen-x̱ sh woodliyéx *he accompanied him*
accomplish, see **succeed**
accumulate, see **put up**
accuse, see also **blame**
accuse, speak against: **(ḵaa géi-dei + x̱'a-li-.aat**[2]**)**
ax̱ éesh èen yee géi-dei yoo x̱'ax̱li.átk *I accuse you to my father*
accuse, blame: **(ḵaa géi-dei + ka-si-haa)**
anax̱ ḵwáaḵ-t has ax̱'akwg̱aawáas'ee át ayá, doo géi-dei has akax̱sahàat *they said this to trap him, so that they could accuse him*

accustomed

become accustomed to, get used to: **A-x̱ + ya-daa^{2}**

haa éex̱ yaa nadéin *we're getting used to it (wood stove)*

become accustomed to, get used to (of manner of speech): **ḵaa x̱'éi-x̱ + ya-daa^{2}**

has doo x̱'éi-x̱ woodàa *they've grown accustomed to using certain words all the time*

become accustomed to, get used to (esp. in attitudes): **A-x̱ + tu-ya-daa^{2}**

áx̱ x̱at tukwg̱adáa shakdéi *maybe I'll get used to it*

áx̱ yaa yee tunadéin agé, ixkée-x' yéi tí? *are you getting used to living down south?*

acknowledge, see **confess**

acquainted with, see **know**

acquire, see **gain**

act like, see also **behave like**

act like: **A- + ya-nook^{2}**

boss-t oowanúk *he acted like a boss*

ánk'w-t oowanúk ee káalk'w *your nephew is acting like a baby*

active

never stop, be always on the go, constantly active: **tléil + yan di-ts'ein**

tléil yax̱ oodats'éin: tlákw at dàa yéi jiné *he's always on the go: he must be working*

add to

add to, increase, make more: **sha-ya-li-haa**

x'áax' shayanalhá *add more apples (to those already in the dish)!*

ax̱ àat-ch shayawlihàa *my aunt added more*

a x̱òonee- and **a t'àaḵ-**, when used with a variety of verbs, will usually be translated 'add'

add to, put more

a x̱òonee-dei yéi aa gax̱toosanée *we're going to add more (food, etc.)*

keijíneenax̱ a x̱òonee-t aa oowa.át *they added five more men*

add to (in speech), say more

a t'àaḵ-t tsu aawatée, "hàa-t yee.á " *he added, "come here!"*

address as

address as, call by certain relationship term and thus adopt that relationship: **x̱'a-dli-yoo**

ee yát x̱'ax̱wdliyóo ax̱ kéek' sákw, ax̱ kéek'-x̱ ee nax̱satèet *I'm addressing you as my younger sister, so that you will become my younger sister*

doo kéek' yóo ayá x̱'alyóo *he always addressed him (and treated him) as younger brother*

admire

admire, think highly of: **k̲aa yáa + li-k̲'ei**

ax̲ yáa ee lik̲'éi ee yoox̲'atángee àa-dei yatèeyee yé *I admire the way you spoke*

adopt

adopt, make one's own: **(k̲aa àayee-x̲ + li-yeix̲[1])**

ch'a wa.é, ee àayee-x̲ has layéx̲ *adopt them/make them your own!*

adopt (child): **(yát-x̲** (compl) **+ li-yeix̲[1])**

yát-x̲ x̲at woodoodliyéx̲ *they adopted me*

advance

advance (of glacier), grow, slide forward slowly: **ka-ya-.ook**

éek̲-dei yaa kana.úk *the glacier is advancing toward the beach (the ice is sliding down gradually)*

advise

advise, give advice to, counsel: **shu-ka-ya-jaa**

dáanaa yéi adaané áa x̲at shukakg̲eejáa *you will advise me about making money/about money matters*

yéi awé áa ee shukx̲wajèis' *that's how I advised you*

adze, see also **carve, chip**

use adze, make (esp. canoe) with adze: **ya-daax̲[1]**

ax̲ éesh sèet adàax̲een *my father used to make canoes with an adze*

ax̲ káak adàax̲ ashgóogoon *my uncle knew how to work with an adze*

affect, see also **care**

affect, involve: **k̲òon + ya-tee[1]**

haa èen at goog̲atée *it's going to affect us/we will be involved (for example, in some cultural activity)*

yóo àan ka.á haa èen wootèe *the earthquake affected us*

affection, see **care for, cherish**

afloat

be afloat, be carried by waves, drift: **li-teet**

dák-dei daak naltít *it was afloat and being carried out to sea by the waves*

sháal dàa-t woolitèet *it was washing against the fishtrap*

afraid

be afraid of, frightened of, fear: **A-x' + a-ka-dli-x̲eetl'**

ax̲ kèidlee-x' agé akeedlix̲éetl'? *are you afraid of my dog?*

be afraid of, frightened of, fear (what is said):

k̲aa x̲'éi-x' + a-ka-dli-x̲eetl'

doo x̲'éi akoox̲dlix̲éetl' *I'm afraid of what he will say*

agree to, see also **willing**

agree to, be willing: **sa-ya-haa** (or **sa-ya-hei)**

ax̲ tláa-ch yéi x̲at seiwahàa *my mother agreed/is willing for me to go*

aim, see **shoot, throw**

alert

be alert for, prepared for anything to happen: **ka-ya-keits**

akaawakéts *he's on the alert (wondering what may happen)*

be alert and prepared (esp. for the actions of another): **ji-ka-ya-keits**

ee jikx̲waakéts *I'm alert (wondering what you are going to do to me)*

tlákw yan jikakéts: yéi jiné tléil ooshgóok *be prepared for anything, for he doesn't know the job (and so an accident might occur)!*

alive

be alive, living, still capable of movement: **ya-tseen**

ch'a yèisoo yatsèen *he is still alive/can still move (after being dug up from landslide)*

yee tsèenee, x̲'àan ganaltáa-dei yee gax̲doog̲éech *they will throw you alive into the furnace*

allow, see also **forbid**

be allowed, have authority to, have the right to

(1): **(latsèen + k̲aa jèe + yéi + ya-tee[1])**

tléil latsèen haa jèe yéi ootí, naná k̲aa jèe-dei yanax̲toosak̲àat *we are not allowed to sentence anyone to death*

(2): **(k̲aa jèe-nax̲ + ka-ya-haa)**

ax̲ jèe-nax̲ kaawaháa jix̲wa̲nàag̲ee *I have the right (I am allowed) to give it*

amaze, see also **surprise, wonderful**

amaze, astonish, be wonderful: **k̲aa yáa + k̲ut ya-nee**

doo latsèenee ax̲ yáa k̲ut woonèe: tuháayee tlèin akaawal'éex' *his strength amazed me: he broke a large nail (by snapping it across)*

ldakát has doo yáa k̲ut kei at goog̲anée *they will all be amazed*

ambitious

be ambitious, energetic, hard-working: **li-s'aak̲**

k̲únax̲ awé lis'àak̲ *he's really ambitious*

amiss, see **wrong**
amuse, see **entertain**
anchor
anchor, drop anchor: **sha-si-yaa**[2]
yóo-x' shagax̱toosyáa *we're going to anchor over there*
ax̱ yàagoo shax̱wsiyàa *I anchored my boat*
drop anchor, push anchor overboard: **ka-si-gooḵ**
shayéinaa héen-dei kawdoodzigúḵ *they dropped anchor*
anchor temporarily (usually skiff, using weight and moving further out as the tide goes down): **daak sha-si-tee**[2]
daak awé ashanastéen doo yàagoo *he keeps moving his boat and anchoring it further out*
yàakw yèe-x̱ yei naléinee, dák-dei daak shasatí *when the tide is falling near the boat, move it further out!*
anemic
be anemic: **tléil + li-tseen**
doo shèiyee tléil oolchèen *he's anemic*
angry
be angry continuously, be bad-tempered, mad at everyone: **ya-x'aan**
oowax'án *he's angry all the time, with everyone*
be angry, be mad at (usually demonstrated by refusal to speak): **ka-li-x'aan**
woosh has kawdlix'án *they are angry at each other (and won't speak)*
ee kakwḵalax'áan *I'm going to be angry with you (said jokingly, but meant deep down)*
ankle, see **sprain**
announce
announce: **t'aa-ya-ya-ḵaa**[1]
t'aayawdoowaḵàa, "wéi x̱áat héen yík-t oowahín" *they announced, "the salmon are swimming in the creek"*
announce by calling out: **t'aa-ya-.eex'**
ax̱ yoox̱'atángee yeey.áx̱ch: yaa t'aanx̱a.íx' *you hear my sayings: I announce them loudly/I call them out*
annoy, see also **bother**
annoy by continual noise, bother: **si-gaax'**
dáa déi, yaa x̱at neesagáx' *stop now! you are getting me annoyed (with your chattering)*
jeewsitàanee tèet ligàaw: yaa nasgáx' *the waves beating (on the shore) are loud: it's getting him annoyed (tired of it)*
annoy by compelling to talk: **x̱'a-si-gaax'**
x̱at x̱'awsigáx' *he annoyed me by keeping on talking (so that I had*

to keep on replying)

x̲'ax̲wsigáx' *I made him talk so much that he was annoyed (and hardly knew what he was saying)*

annoy (esp. by one's actions): **A-x' + ji-ya-neekw**

doo ée x̲at jeeyanéekw *everything I do annoys him*

be annoyed with, be tired of, fed up with: **tóo + shi-k̲eet**[1]

tléil tóo haa ooshk̲èet *he's not annoyed with us/not tired of us (that is, of our visiting him)*

dei tóo-x' awé kei nax̲shak̲ít *he's beginning to annoy me/I'm getting tired of him (that is, of his constant borrowing)*

anoint, see **oil**

answer

answer, reply:

a yáa-x', when used with a variety of verbs (esp. those concerned with speech) will usually be translated 'answer'

a yáa-x' ax̲ éet x̲'atán *answer me!*

a yáa-x' yéi ayawsik̲àa, "aadoo x̲án-t sá g̲atoowa.àat?" *he answered him, "to whom should we go?"*

tléil a yáa-x' ax̲ jèe-t kayeeshxèet *you haven't answered me (replied in writing)*

answer, reply to a greeting or to one's name: **a-di-.ei**

ee éex' awé: aneeda.èi *he's calling you: answer him!*

dei ax̲wdi.èi *I answered already/I said "yes" already*

anticipate

anticipate, expect (esp. something bad), foresee: **shu-si-tee**[2]

shux̲sitèe ayá kaxéel' ax̲ káa yéi woonèeyee *I'm anticipating difficulty/I'm expecting some bad trouble is going to hit me*

anxious, see **apprehensive, trouble, wonder**

anxious to, see **desire**

appear

appear, show oneself to: **k̲aa wak̲sheeyèe-x' + yéi + sh dzi-nee**

tsu has doo wak̲sheeyèe-x' yéi sh woodzinèe *he appeared to them again*

appear, be before the eyes of: **k̲aa wak̲sheeyèe-x' + yéi + ya-tee**[1]

has doo wak̲sheeyèe yéi wootèe *he appeared to them*

appear (esp. from an unknown source): **gágee + ya-goot**[1]

gágee oowagút *he appeared (came where all could see him, having been previously out of sight)*

applaud, see **clap, stamp**

apply

apply (esp. name, illustration): **A- + li-jaak̲w**[2]

ee yát x̲waliják̲w *I apply it to you (that is, something I have* *experienced I apply to you to illustrate my point)*

appoint

appoint, choose for a certain position

singular object: **a tóo + daak si-goot**[1]

ax̱ éesh-ch a tóo daak x̱at woosigút *my father appointed me (to fill the position)*

plural object: **a tóo + daak si-.aat**[1]

a tóo daak has woodoodzi.át *they were appointed*

appreciate

appreciate, be really pleased with, grateful for:

A-dei + ḵaa tòowoo + ya-k'ei

tlax̱ ḵúnax̱ ayá ax̱ tòowoo yak'éi ee èe-dei, àa-dei ax̱ jèeyis yan yéi jeeyanéiyee yé *I really appreciate what you have done for me*

apprehensive

be apprehensive, fearful, anxious about (esp. concerning another's actions): **A-x̱ + a-ka-ya-keits**

tlákw doo éex̱ akx̱wakétsch *I'm apprehensive all the time concerning him (fearful he will cause trouble, etc.)*

be apprehensive, fearful, anxious about (esp. concerning another's words): **ḵaa x̱'éi-x̱ + a-ka-ya-keits**

doo x̱'éi-x̱ akx̱waakéts *I'm fearful that he'll say something that will offend someone*

approach, see **near**

approve, see also **suit**

approve, commend: **ka-ya-sheix̱'**

aantḵèenee-ch kashéix̱' has doo toowáa sigóo, Dikée Aanḵáawoo-ch kashéix̱' yáa-nax̱ *they wanted the approval of men, more than the approval of God*

argue, see **disagree**

arm, see **bend, stretch**

arrest

arrest, seize by force: **ya-shaat**

wáachwaanx' doo èe-g̱aa kawdoowaḵàa, gax̱dooshàadeet *they sent guards to arrest him*

has akaawa.àaḵw has awooshàadee *they tried to arrest him*

arrive, see **come**

artistic, see **skilled**

ascend

ascend, go up, climb up, walk up

singular subject: **kei ya-goot**[1]

shàa yadàa-x̱ kei nagút *he is ascending (climbing up) the mountain*

plural subject: **kei ya-.aat**[1]

àan káa kei átch g̱oowakàan *the deer climb up to the mountain pastures (in July)*

ashes, see **burn**

ask, see also **help, invite, propose**

ask, question, query (usually addressed to people in general): **ya-woos'**[1]

"aadoo-ch sá daak oowax̱út'?" **yóo ayá ḵuwóos'** *"who pulled it out?" he was asking (people)*

ask, question (usually specific person): **x̱'a-ya-woos'**[1]

a káx̱ x̱at x̱'awóos' *he's asking me about it*

tléil yoo x̱'eiwóos'gooḵ *don't ask him!*

woosh has x̱'adawóos' *they were asking each other (asked among themselves)*

ask, go around asking (esp. throughout village): **A-x̱ + dli-waas'**

hítx' tóo-x̱ woodoodliwáas' *they went through the houses asking*

ask, keep on asking, question: **x̱'a-ya-waas'**

yaa x̱at x̱'agaywáas' *keep on asking me!*

ask (someone) to accompany one, invite to go along (on walk, hunting trip, etc.): **ya-tsaay**

áx̱ x̱at tukawjiyáa tléinax̱ x̱wagòodee, ách awé ee x̱waatsáay *I hesitate to go alone, so I'm asking you to accompany me*

ask repeatedly: **ka-li-tsaay**

tlákw kax̱wlitsáay *I'm always asking her to go along*

ask repeatedly (esp. for permission to go): **at ka-li-naay**

x̱àan awé at kawlináay *he keeps asking to go with me*

ask for, request (1): **A-x̱ + ya-x̱oox̱**

tléiḵw doo éex̱ x̱waax̱òox̱ *I asked her for fruit/berries*

dáanaa x̱áa-x̱ woox̱òox̱ *he asked me for money*

(2): **ka-li-x̱oox̱**

dáanaa tlákw akoonalx̱úx̱ch *he's always asking for money*

sháal akawlix̱òox̱ *he asked for a fishtrap*

ask for (with no possibility of returning favor): **dzi-g̱aax̱**

dáanaa áx̱ awdzig̱àax̱ *he asked for money*

ask for, inquire concerning: **ya-woos'**[1]

haa s'àatee hàa-t oowagút: ee wóos' *our master has come and is asking for you*

ask for more (of medicine man), demand more in payment for services: **dzi-.ei**

íx̱t' awdzi.èi *the medicine man asked for more (blankets, bracelets, money, etc.)*

x̱út'aa x'wán g̱ees.èi *ask for more adzes (medicine man instructing his helper)!*

ask to do, see **instruct, tell**

assault, see also **beat up**[1]

assemble

assemble, congregate, gather together (for meetings):
woosh kàa-nax̱ + di-.aat[1]

áx' awé woosh kàa-nax̱ kei s da.átch *that is where they assemble*

woosh kàa-nax̱ has goox̱da.átch *they are coming together/ assembling for a meeting*

assess, see **examine**

assist, see **help**

astonish, see also **amaze, surprise**

be astonished, flabbergasted, be left open-mouthed: **k̲'a-di-gwaatl**

x̱at k̲'awdigwátl wéi ee shkalnèegee *I'm very surprised at what you are telling me*

astride

be astride, stand or walk (usually when carrying very heavy object) with legs far apart: **ka-ya-cheich**

akaawachéch *he stood with legs apart*

èech kwéiyee kadàalee tèen g̲unayéi akaawachéch *he began to walk with legs far apart, struggling to carry the buoy weight*

attach to, see **hang**

attack, see also **beat up**[1]

attack, assault, fall upon

singular subject: **ji-di-goot**[1]

haa èetee-nax̱ ayá yan jeewdigút *they (one attacking force) attacked in our absence*

kèitl doo éet jeewdigút *the dog jumped out at him*

plural subject: **ji-di-.aat**[1]

has doo àanee-t jeewdoowa.át *their town was attacked (and captured)*

attack (of war party): **x̱áa + ji-si-goot**[1]

x̱áa àa-dei daak jeewtoosigút *we attacked/invaded (as a war party)*

x̱áa has at jeewsigòot *they went on a war party (to attack the enemy)*

attempt, see **try**[1]

attract, see **fancy**

avoid

avoid: **ya-tl'eikw**[1]

hàa-dei yaa nak̲ux̱ k̲áa x̱waatl'ékw *I avoided the man who was driving (coming here by car)*

awake, see **wake**

awful

be awful, terrible (in appearance): **ka-li-jee**[2]

xóots tlèin koolijée *a big brown bear is an awful sight*

be awful (of sound such as weeping): **x̱'a-ka-li-jee**[2]
ḵaa x̱'akooljée nòoch *the sound of people weeping sounds awful*
awkward, see **clumsy**

b

back out, see **hesitate**
bad, see also **spoil**
be bad, evil, no good: **tléil + shi-k'ei**
haa hídee yéeyee dei linàaw: tléil dei ooshk'é *the house we used to own leaks: it's no good now*
has doo yéi jinèiyee tléil ooshk'é *their work is bad*
gáan-x̱ daak yawdoodzitáayee g̱oowakàan tléil kei oonashk'éin: yaa ndatláx̱ *the deer meat they have left hanging outside is going bad: it is getting mold on it*
be bad (of weather): **tléil + ḵu-shi-k'ei**
ḵukg̱ahéinin, tléil ḵooshk'éi nòoch *it's always bad weather when fall comes*
bad-tempered, see **angry, mean**[1]
bail
bail out water (by hand or with a pump): **ka-si-koox**
kei kawtoosikúx wéi yàakw *we bailed all the water out of the boat*
yàakw shèen tèen kasakúx *bail it out with the bailer!*
bait
bait, put bait on fishhooks or traps: **ya-ya-naaḵw**[1]
doo náxoo yan ayaawanáḵw *he finished baiting his halibut hooks*
yàaw tèen yax̱danáḵws' *I'm baiting with herring*

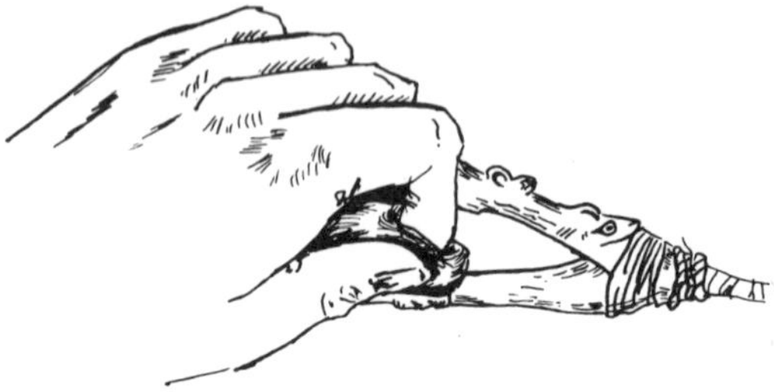

bald
become bald, lose hair: **li-x̱'waas'**[1]
at dòogoo woolix̱'wáas' *the skin has no hair on it*
doo shax̱àawoo yaa nalx̱'wás' *he's getting bald-headed*
become bald (of human specifically): **sha-li-x̱'waas'**[1]

aank̲áawoo yáx̲ shawlix̲'wáas' *he's bald like a rich man*

bandage, see **bind**

baptize

baptize, immerse in water or pour water upon as a religious rite

singular object: **(héen- + ya-ya-tee^{2})**

héen-t yawdoowatée *he was baptized*

plural object (1): **(héen- + ya-ka-ya-jeil)**

héen-t has yakawdoowajél *they were baptized*

(2): **(héen- + ya-li-.aat^{2})**

héen-t has yawdoodli.át *they were baptized*

barb

barb, make barbs (or prongs) (on arrow, fishhook, etc.): **li-x̲aan**

kát ayá x̲alax̲àan *I'm making barbs on a spearhead*

tláak̲ alx̲àan *he's making barbs on an arrowhead*

barbecue, see **broil**

bark, see also **yelp**

bark at (of dog): **ya-shaa^{2}**

doo kèidlee kei aawasháa *his dog barked at him*

bark at (esp. begin barking): **ya-li-shaa^{2}**

kèitl yei ee yagoox̲lasháa *the dog will bark at you*

yèisoo nalèiyee, yei ayalashéich *he barks while a person is still a long way off*

barricade, see **close^{2}**

bashful, see also **shy**

be bashful of, shy, timid, wish to avoid people, hold back: **ka-li-seek^{1}**

at yátx'ee k̲ukwlisèek *children are bashful/timid with people*

ch'áakw k̲u.àa yées shaawát k̲áa akwlisèek *long ago a young woman was trained to be shy of men*

bat, see also **play**

bat (esp. in baseball), hit a ball

(1): **ya-k̲'eesh**

kooch'éit'aa aawak̲'ísh *he batted the ball (which was thrown to him)*

(2): **ka-ya-k̲'eesh**

gúx'aa át kandook̲'íshjee *hockey (that is, batting the can)*

(3): **ka-li-k̲'eesh**

kei kax̲wlik̲'ísh *I batted it (hit the ball up)*

bath

bath, take a bath: **sh dàa + di-.oos'**

sh dàa kwk̲ada.óos' *I'm going to take a bath*

bathe

bathe, give a bath to (live being): **ya-shooch**

t'ukanéiyee x̲waashúch *I bathed the baby*

latsèen káa dooshóoch *strong men bathed (in the sea for training)*

bathe (esp. the feet): **li-shooch**

ax̲ x̲'òos kook̲alashóoch *I'm going to bathe my feet*

battered

be battered, really dented: **ka-di-t'aak**

aatlèin kawdit'ák *it's battered*

be

be (a certain way): **A + ya-tee**[1]

waa sá has yatèe? *how are they?*

ldakát yéi-dei yatèe wéi kakéin *the yarn is all colors*

be (a member of a set): **A-x̲** (compl) **+ si-tee**[1]

k̲únax̲ yaadachóon-x̲ ee sitèe *you are really upright/honest*

ax̲ éesh asg̲èiwoo-x̲ sitèe *my father is a seine fisherman*

be, be in existence, live: **k̲u-dzi-tee**[1]

ee tláa agé ch'a yèisoo k̲udzitèe? *is your mother still living?*

tléil daa sá k̲oostí *there isn't anything*

be (of weather): **A + k̲u-ya-tee**[1]

waa sá k̲oowatèe gáan-x'? *what's the weather like outside?*

tsu ch'oo yéi shakdéi k̲ukwg̲atée seig̲án *it will be the same weather tomorrow maybe*

be at, see **stay**

bear in mind, see **remember**

beat[1]

beat (esp. drum), ring (bell): **ya-gwaal**

gàaw agwáal *he's beating the drum (*or, less usual, *he's ringing the bell)*

gàaw sh dagwáal *the bell is ringing (lit. beating itself)*
beat drum too fast: **ya-shi-yeik**[1]
tlákw awé gàaw gwàal awooshyékch *he always beats the drum too fast*
yaa ayanashyék *he started off on correct beat and is getting too fast*
beat hard (of waves), pound or dash against the shore: **ji-si-taan**
aatlèin yan yoo jisitánk *the waves are really beating hard on shore*
deikéenax á tlákw tèet áa jinastánch *the waves always come in and beat hard on the seaward side*

beat[2], see **defeat**

beat up[1]
beat up, assault, attack violently: **ya-jaakw**[1]
xat woojáakw *he beat me up*
has gaxtoojáakw *we're going to beat them up (said by children)*
beat up (with fist): **ya-ya-gwaal**
xat yaawagwál *he beat me up, hitting me in the face*

beat up[2]
beat up (esp. soapberries): **ka-li-xaakw**
ee jín-ch kalaxákw *beat it (soapberries) up with your hands!*
xákwl'ee katoolaxákwl' *we're beating up soapberries*

beckon
beckon, summon by a gesture: **kaa tl'èik-ch** (instr) + **si-xoox**
kaa tl'èik-ch awé has doosxòox *they beckoned them*
ee tl'èik-ch yei kgeesaxòox *you'll beckon with your hand*

become
become: **A-x** (compl) + **si-tee**[1]
kòon shkalnèegee-x woositèe *he became a preacher*

becoming, see **suit**

bed
put to bed
singular object: **si-taa**[1]
ee yéet nastú *put your son to bed (to sleep)!*
plural object: **si-xeix'w**
sík', ee yátx'ee nasxéix'w *daughter, put your children to bed!*

begin, see **originate**

behave like
behave, act (in certain way): **A + ku-ya-nook**[2] (or **ku-ya-neekw**)
ch'a tlákw yéi at koowanéekw *they are doing that (behaving like that) all the time*
tléil yéi at koonòok *they don't behave like that/they don't do such things*
ch'áakw yéi koowanóogoo àa káa, doojákxeen *long ago they used*

to kill people who behaved like that (who used to do those things)

behold, see **see**

belch

belch, burp: **a-li-tsaa**

ax̲wlitsàa *I belched*

believe

believe, trust, believe in: **A-k' + a-ya-heen**[1]

ák' aawahín *he believed*

tléil ák' ayeehèen ax̲ yoox̲'atángee *you do not believe my words*

believe the message of, accept as true: **k̲aa x̲'éi-k' + a-ya-heen**[1]

ee x̲'éi ax̲aahèen *I believe you (what you say)*

ax̲ x̲'éi-k' ayahèen *he believes me all the time*

belt

put on a belt (1): **dli-seek**[2]

kook̲alséek *I'll put on a belt*

dáanaa káx̲ woodlisík *he had dollars in his belt*

(2): **ka-dli-seek**[2]

kax̲wdlisík *I put on a belt*

bend, see also **break**, **dent**

bend, bend over: **yóo + ka-ya-taan**

tuháayee yóo akaawatàan *he bent the nail*

bend (by twisting), make crooked: **ka-si-teix̲'**

ax̲ óonaayee kax̲wsitéx̲' *I bent my gun*

bend over, lean down: **yín-dei + sh ka-di-taan**

yín-dei sh kawditàan *he bent over*

bend knees, drawing them up to one's chest: **ka-di-gwaatl**

keedagwátl *bend your knees right up!*

bend limb (arm, leg): **ka-li-gwaatl**

tléinax̲ àa-nax̲ k̲u.àa ch'a aklagwátlx̲ *he can bend one leg*

tléil doo x̲èek akawoolgwàatl *he didn't bend his arm*

bend (knee) (that is, move joint back and forth): **ka-si-taan**

tléil doo kèey yoo akoostánk *he can't bend his knee*

bequeath, see **pass on**

bet

bet, wager: **k̲aa yáx' + dzi-t'aak̲**

ax̲ yáx' awdzit'àak̲ *he was betting me something*

gidéin a yáx' yaa akwg̲ast'áak̲ *he's going to make some big bets*

betray

betray (secret), inform on, tell on: **kei ka-ya-neek**

kei akaawaník *he told on it (something which had been done in secret (usually something wrong) and he informed everyone about it)*

betray, deliver up (to enemy): **(k̲aa jèe + ji-ya-naak̲**[2]**)**

has doo jèe x̱at jigax̱doonáaḵ *they will betray me to them/they will deliver me into their hands*

betray, lead into enemy hands: **(ḵaa jèe- + shu-ya-goot[1])**

doo yaanàayee jèe-t ashoowagút *he betrayed him*

betray, sell a person: **(ya-hoon)**

tléinax̱ yatèeyee àa yee x̱òo-dax̱ x̱at googahóon *one from among you is going to betray me*

better, see **improve**

bewilder, see **confuse**

bewitch

bewitch, use sorcery on someone so that they practice witchcraft: **li-x'aash**

woodoodlix'ásh *they bewitched him*

ee goox̱lax'áash *he's going to bewitch you*

bewitch, cause sickness by witchcraft: **ya-heexw**

woodoowahíxw *she's bewitched (as an act of jealousy on another's part)*

x̱at oowahíxw *I dream that someone is doing bad things to me (and become sick through this)*

big

be big (in quantity), lots, many, plenty (esp. of solid masses or abstracts): **ya-gei[1]**

sòoḵ áa yagéi *there was lots of grass there*

ḵaa atx̱àayee yagéi *there's plenty of food*

be big (esp. of living creature or building), tall: **li-gei[1]**

jinkàat ḵaa x'òos yéi koonax̱lagèi *let it (wall) be ten feet high!*

wasóos shèidee dligéix' *cows' horns are big*

be big (usually of spherical objects), large: **ka-ya-gei[1]**

tlax̱ yéi kakwdigéix' wéi tléiḵw *the berries are very large*

tlax̱ a yáa-nax̱ kakoogéi yáa k'úns' *this potato is too big*

be big (usually of narrow or stick-like object), long: **ka-li-gei[1]**

ax̱ jikayáa-nax̱ kakwligéi yáa kées *this bracelet is too big for me*

be big in numbers, many (often of people): **ya-ya-gei[1]**

awsitèen aantḵèenee àa-dei yakoogéiyee yé *he saw the big crowd*

jinkàat ḵa daax'òon yéi has yakoogéi *there were fourteen of them there*

be big around, in girth (general): **ya-tlaa**

yéi kwditláa *it was that big (with gesture) (of cactus)*

yóo àas tlèin yatlèi *that big tree is large around (at the base)*

be big around, thick (usually of stick-like and rope-like objects): **li-tlaa**

litlèiyee tíx' awé *it's a thick rope*

wás' litlèi *the bush is large around (has thick limbs)*

be big around (usually of small objects such as screws): **ka-ya-tlaa**

kas'éet k̲útx̲ kayatlèi *the screw is too fat (for the hole)*

be big around (usually of needles): **ka-ka-ya-tlaa**

yáa táax'al' tlax̲ kakayatlèi *this needle is a little too fat*

make oneself bigger, enlarge: **sh dli-waat**

sh neelwáat *make yourself bigger!*

bind, see also **hem**

bind up, wrap round, bandage: **ka-ya-s'eet**

doo jín kax̲waas'ít *I bound up his hand/I bandaged his hand*

bite, see also **snap at**

bite (of insect): **si-taax'**

táax'aa x̲at woositáax' *a mosquito bit me*

bite (of animal): **ya-yeek̲**[2]

kèitl x̲at wooyèek̲ *a dog bit me*

bite (of shark): **ka-li-x'aas'**

tóos' x̲at kawlix'ás' *a shark bit me*

bite for fleas: **sh dli-taax'**

kèitl sh iltáx's' (or **sh iltáx't**) *the dog is biting for fleas*

bite on, grip onto with teeth: **ka-ya-taax'**

nukshiyáan-ch ax̲ jín yaa akanatáx' *the mink is biting hard on my hand*

bite off (esp. thread, etc.): **A-dax̲ + si-taax'**

tás àa-x̲ awsitáax' *he bit off the thread*

bitter

be bitter (of taste): **si-.aax'w**[1]

at danòogoo agé si.áax'w? *does it have a bitter taste?*

kei goox̲sa.áax'w; yéi eesa.éenee *it will be bitter if you cook it that way*

blacken

blacken with smoke, make black by holding in heavy smoke: **a-ka-li-kwaat**

ax̲áa akawtoolikwáat *we blackened the paddles in the smoke*

s'eenáa x̲'atsáagee áx̲ akawlikwáat *the lamp chimney got black with smoke*

blacken, turn black (of firewood): **a x̲'éi- + ya-ka-dli-yeis'**

ax̲ gánee x̲'éi-x̲ yakawdliyés' *my firewood went down and turned black instead of burning (esp. of hemlock)*

blame

be blamed, suspected: **k̲aa káa + ka-ya-haa**

adawóotl doo káa kaawaháa *he was blamed for the trouble*

blame, suspect: **k̲aa káa + ka-si-haa**

ee káa kax̲wsiháa *I blame you*

k̲wáak̲-t yee woonèiyee, ax̲ káa kagax̲doos.háa *if an accident happens to you, they're going to blame me*

blame, put blame on (esp. for specific event), accuse: **k̲aa jèe- + shu-ya-tee**[2]

doo jèe-t at shoowdoowatée; hóo-ch k̲u.àa áx̲ akawliyáakw *they blamed him for it (accused him of doing it); but he denied it*

blaspheme

blaspheme, speak irreverently, insult God

Dikée Aank̲áawoo dàa-x' l a yáx̲ yóo-x̲ x̲'awditàan *he blasphemed against God (that is, said what was not right about him)*

yáa a géi-dei Dikée Aank̲áawoo dàa-x' yóo-x̲ x̲'awditàan *he blasphemed against God (that is, spoke about God against the facts)*

blast

blast, blow up: **li-.oon**

at dool.únx'w *they are blasting (rocks)*

bleed

bleed, flow (of blood): **ka-ya-daa**[1]

shé doo jín-t kaawadáa *his hand was bleeding*

bless

be blessed, be lucky: **li-x̲eitl**

k̲únax̲ haa wlix̲éitl *we were really blessed*

kei nalx̲étl *they're getting lucky*

bless, make lucky: **ka-li-x̲eitl**

Dikée Aank̲áawoo haa kawlix̲étl *God blessed us*

àan x̲at kawdoodlix̲édlee át-x̲ sitèe *it is the thing I was blessed with (that I wish to share with others)*

blind

be blind, lack sight: **tléil + k̲u-shi-teen**

jinkàat táakw tléil k̲oox̲shatéen *I've been blind for ten years*

tléil k̲oox̲shatéeneen; yáa yeedát k̲u.àa k̲ux̲aatéen *I was blind, and now I see*

blink

blink eyes: **a-ya-l'ook**

ax̲waal'úk *I blinked*

bloom, see **flower**

blow

blow (1): **ya-.oox**

doo jintáak a.óoxsʼ *he's blowing on his hands*
tu.óoxsʼ yèit gax̱too.óox *we are going to blow the horn*
(2): **li-.oox**
awli.óox ayá yáa ḵusax̱a k̲wáan kélʼtʼee *he blew the cannibal's ashes around*
be blown (by wind): **li-sʼees**
káast át woolisʼées *the barrel is being blown around by the wind*
haa jináḵ yóo a keekàa-dei oolsʼéesch *it's always being blown away from us onto the other side*
be blown away: **ka-dli-sʼees**
góosʼ ḵut kawdlisʼées *the clouds have blown away*
kayàanee kalsʼísx̱ *the leaves blow away*
blow through nose, blow one's nose noisily: **di-naal**
x̱wadinál *I blew my nose noisily*
blow (esp. of strong wind): **ya-xeex**
ḵúnax̱ át oowaxíx yáa xáanaa *it's blowing hard this evening*
kʼeeljáa has doo kát oowaxíx *the storm is blowing on them*
blow, be felt (of wind): **doo-ya-nook**[2]
xóon woodoowanúk *the north wind is blowing*
ldakát yéi-nax̱ awé hàa-x̱ doonòok óoxjaa *the wind blows from any direction*
blow out (light): **ya-ka-li-.oox**
ayakawli.úx *he blew it (light) out*

blow up[1]
blow up, inflate: **ka-ya-.oox**
tsàa yòowoo kax̱waa.úx *I blew up a seal stomach*

blow up[2], see also **blast, explode**
blow up with explosive (esp. round object): **ka-shi-took**[2]
té dynamite tèen akshatúkt *they are blowing up the rocks with dynamite*

blunt
be blunt (of edge): **ya-di-g̱eel**
lítaa yawdig̱íl *the knife is dull/blunt*
blunt, dull the edge (esp. of cutting tool): **ya-li-g̱eel**
eelí: yakg̱eelag̱éel *don't! you're going to blunt it*
be blunt (of point)
(1): **lu-di-g̱eel**
ax̱ kooxéedaayee loowdig̱íl *my pencil is blunt*
(2): **tléil + li-kʼaatsʼ**
ax̱ kooxéedaayee tléil oolkʼátsʼ *my pencil is blunt*

blurt out, see **speak**

boast

boast, brag, praise oneself: **sh ka-di-sheix̱'**

déi awé wéi sh kadashéix̱' *that's enough of that boasting*

ch'a hú sh kadashéix̱' *he's always bragging (saying how good he is)*

boast, brag: **x̱'a-ka-li-g̱ei**

x̱'akligéi *he boasts/talks big of his status and wealth (but with no truth in it)*

boat, see also **travel**

boat, take a boat out, skipper a boat: **si-ḵoox̱**[1]

captain-ch yaa nasḵúx̱ *the captain is taking the boat out*

boil, see also **tide**

boil (esp. water): **li-.ook**

héen aa la.úk *boil the water!*

tléil ool.òokch *it's not boiling yet*

boil fish: **shi-.ootl**

x̱áat awshi.útl *he boiled fish/salmon*

cháas' doosh.útlx̱ *they boil humpy salmon*

boil food (esp. meat), cook by boiling: **si-taa**[3]

dlèey satá *boil the meat!*

boil food (esp. berries): **ka-si-taa**[3]

yéil' kadoostáaych *they used to boil elderberries*

bolt

bolt door, fasten door with a bolt: **x̱'éi-x̱ + ya-li-tsaaḵ**

x̱'éi-x̱ yawdoodlitsáḵ *they bolted the door*

bone, see also **crack, fracture, put back**

be bony (of food, esp. fish): **li-s'aaḵ** (or **li-s'àag̱ee)**

yáa yàaw tlax̱ ḵúnax̱ dlis'àaḵx' *these herring are really bony*

cháatl tléil ools'àag̱ee *halibut isn't bony*

bore, see **drill, hole**

boring

be boring, dull, dry and uninteresting (esp. of speeches at party): **tléil + x̱'a-shi-goo**[1]

tléil x̱at x̱'eishgú *I'm uninteresting/I'm no good at jokes (said when pressed to speak at party)*

born

be born: **ḵu-dzi-tee**[1]

áx' awé ḵoowdzitèe *he was born there*

borrow

borrow (general): **ya-hees'**

kei akwg̱ahées' *he's going to borrow it*

hòon daakahídee-dax̱ yaa ndahís' *he's getting credit (borrowing along) from the store*

borrow (often large object, such as stove, table): **li-hees'**

haa nadáagoo woodoodlihées' *our table has been borrowed*
ax̱ óonaayee awlihées' *he borrowed my gun*
borrow (round, spherical object): **ka-ya-hees'**
nagú: kagahées' *go and borrow it (globe)!*
borrow (stick-like object): **ka-li-hees'**
kooxéedaa akawlihées' *he borrowed a pencil*

bother, see also **annoy**
bother (esp. by repeated interruptions), annoy: **shi-keen**
x̱at wooshikín *he annoys me/he keeps interrupting (because he thinks his work is more important)*
tléil x̱at yeeshakéeneeḵ *don't bother me!*
bother (esp. by touching): **A-x̱ + a-ya-neekw**
tléil x̱áa-x̱ ayeenéegooḵ *don't bother me (to children demanding attention)!*
áx̱ awé aawanéekw *he's bothering him*

bounce, see also **rebound**
bounce (esp. of ball): **ka-dzi-k'oot**
yaa kanask'út *it (ball) is bouncing*
bounce on the water, skip along on the water (of flat rocks): **ḵ'a-ya-ya-daax̱²**
tayèis ḵ'áatl' héen x̱ookáx̱ yoo ḵ'ayadáax̱k *flat stones bounce on the water*

bow down, see **worship**

brace, see **tense**

brag, see **boast**

braid
braid (hair) (1): **ka-li-seet**
has doo shax̱àawoo kadoolsítx̱een *they used to braid their hair*
kalasít *braid it!*
(2): **sha-ka-dli-seet**
tlákw shakalsítx̱ *she has her hair braided all the time*
shakakwḵalséet *I'm going to braid my hair*

break, see also **foam, pluck, smash, twist, violate**
break, give way suddenly: **ya-waal'**
xáatl yàa-x̱ woowáal' *the iceberg broke off from the glacier*
yàakw woowáal' *the canoe split (down the center)*
break off pieces (of food) with hand: **ya-waal'**
yaa anawál' *he's breaking off small chunks at a time*
at x̱'éeshee àa-x̱ awáal' *he's breaking off pieces of dried fish*
break (usually fairly fragile objects) (1): **ka-ya-waal'**
s'íx' akaawawál' *he broke the plate (into many pieces)*
kooxéedaa kaawawál' *the pencil is broken (crushed by something*

heavy, not snapped across)

(2): **li-waal'** (rare)

s'íx' wóosh-dax̱ awliwáal' *he broke the plate in half*

break (esp. fairly fragile object) to pieces: **ka-li-waal'**

gúx'aa akawliwál' *he broke the cup to pieces*

break (esp. eggs): **ka-ka-li-waal'**

k'wát' kakax̱wliwál' *I broke an egg*

has akaklawál't yóo s'eenáa *they break the light bulbs*

break, break across (esp. of solid objects, wood, metals, etc.): **ya-l'eex'**

ḵáas' x̱waal'éex' *I broke a stick*

washéen wool'éex' *the engine broke*

break (esp. of long objects) often by bending: **li-l'eex'**

xít'aa woolil'éex' *the broom broke*

wás' x̱walil'éex' *I broke the bush*

break (esp. by bending): **ka-ya-l'eex'**

ax̱ táax'al'ee kax̱waal'éex' *I broke my needle*

break (esp. long objects into short pieces): **ka-li-l'eex'**

kooxéedaa akawlil'éex' *he broke the pencil into short pieces*

break (halibut hooks): **sha-ya-li-l'eex'**

doo jèe-x̱ at shayawlil'éex' *he broke up all his halibut hooks*

break in pieces, crumble: **ka-ya-x'eil**

x̱'àan tèen té kax̱waax'éil *I broke the rock in pieces with fire*

sakwnéin yei kdax'élch *the bread crumbles easily*

break up, smash: **ka-li-x'eil** (rare)

x̱'aháat áx̱ yei akanalx'él *he was smashing up the door*

break, snap (esp. rope-like objects) (1): **ya-k'oots**

tíx' wook'òots *the rope is broken*

wéi tèel áa yoo ayak'útsk *the scar keeps breaking open there*

(2): **li-k'oots**

kakéin x̱walik'òots *I broke the yarn*

tás goox̱lak'óots *the thread is going to break (beginning to ravel)*

break off (esp. break one solid object from another)

(1): **ya-k'waach**

x̱'aháat àa-x̱ yóo-t xwaak'wách *I broke the door off from there*

àa-dax̱ has aawak'wách wéi at yátx'ee-ch *the children broke it (fence) right off*

(2): **li-k'waach**

keishísh awlik'wáach *he broke (a prong) off the alnus tree*

breath

breathe: **di-saa**[2]

kaldaagéinax̱ awé woodisàa *he breathed slowly*

ch'a yèisoo diséikw *he's still breathing*

be breathless, panting, short of wind: **ka-ya-shaak̲**[2]

yaa kanashák̲ *he's getting out of breath (while running)*

haa kashák̲x̲ *we get short-winded*

regain breath, get one's wind back: **ka-di-sèig̲akw**

kakwk̲adasèig̲akw s'é *I'll get my wind back now (esp. needing rest when packing deer)*

breed

produce young, breed (1): **di-x̲eet**[2]

a ká at woodix̲èet *things produce their young then (in May)*

(2): **dzi-x̲eet**[2]

kèitl woodzix̲èet *the dog produced young ones*

bright

be very bright, shine brightly: **li-g̲ei**

lig̲éi *it's bright (of particularly brilliant star)*

bring

bring (general, often compact object): **hàa- + ya-tee**[2]

lítaa hàa-t tí *bring a knife!*

bring (round object): **hàa- + ka-ya-tee**[2]

kooch'éit'aa hàa-t katí *bring a ball!*

bring (usually container or hollow object): **hàa- + ya-taan**

x'eesháa hàa-t tán *bring a bucket!*

bring (usually long, complex object): **hàa- + si-taan**

sák̲s hàa-t satán *bring a bow!*

bring (usually long, simple object): **hàa- + ka-ya-taan**

xídlaa hàa-t katán *bring a herring rake!*

bring (plural objects, general): **hàa- + yéi + si-nee**

ták̲l hàa-t yéi saní *bring hammers!*

bring (live creature): **hàa- + si-nook**[1]

t'ukanéiyee hàa-t sanú *bring the baby!*

bring (a dead weight, usually dead creature): **hàa- + si-taa**[1]

x̲áat hàa-t satá *bring salmon!*

bring (textile-like object): **hàa- + ya-.aax̲**[2]

s'ísaa hàa-t áx̲ *bring the cloth!*

bring in a container (esp. liquids or small objects): **hàa- + si-.een**[1]

héen hàa-t sa.ín *bring water!*

bring (many objects) in bundles (esp. textiles): **hàa- + li-naa**[4]

g̲alnáat'anee hàa-t laná *bring the bundles!*

bring in cupped hands (esp. grain-like objects): **hàa- + ya-kwaach**

kóox hàa-t kwách *bring some rice in your hands!*

bring (heavy object) usually with arms straight and sharing the load with another: **hàa- + si-haat**

k'wátl tlèin hàa-t yeesahát *bring the large pot!*

most other verbs listed under **carry** may also be used with **hàa-** (or with locational elements signaling approach towards the speaker or hearer) to mean 'bring'

broad, see **wide**

broil

broil, cook directly over live coals fast, barbecue: **li-tooch**

x̲áat latúch *broil the salmon fast (still tastes somewhat raw)!*

broil, cook directly over live coals slowly, barbecue: **li-tseek**

yàaw awlitsík *he broiled the herring (catching the broth in a clam shell and pouring it over)*

bruise, see **wound**

brush

brush (clothes): **ka-si-xeetʼ**

doo naa.ádee akawsixéetʼ *he brushed his clothes*

àan kadoosxítʼkw át *clothesbrush*

bubble

bubble, bubble up, ferment: **dzi-kook̲**

woodzikúk̲ *it (cooking) is bubbling*

yaa naskúk̲ *it's beginning to bubble, fermenting*

bubble (with very tiny bubbles): **doo-ya-soon**

héen táak woodoowasún *tiny bubbles are coming up from the bottom (that is, from the mud)*

bubble (with very tiny bubbles, usually from a living creature): **dli-soon**

héen táa-nax̲ woodlisún *it's bubbling up from the bottom of the water*

bubble (esp. bubbles made by salmon): **x̲ʼa-dli-soon**

x̲áat yaa nahínee, x̲ʼeilsúnch *as the salmon swim along, they make tiny bubbles*

bubble out, leak real fast with bubbles: **doo-ya-kook̲**

gòon anax̲ woodoowakúk̲ *the spring is bubbling out/coming out real strongly*

dookúk̲x̲ *it leaks real fast/it keeps bubbling out*

build, see also **platform**

build: **li-yeix̲**[1]

yéi ayawsik̲àa yàakw tlèin ax̲layèix̲eet *he told him to build a large boat*

bump

bump one's foot, stub one's toe: **yan x̲'us-sha-si-goo**[3]

yan x̲'us-shax̲wsigóo *I bumped my foot*

bump: **yan ya-xeex**

doo lú yan oowaxíx *he bumped his nose*

bunch, see **gather**[2], **tie**

burn, see also **char, charcoal, shine, singe**

burn (1): **si-gaan**[1]

ee k'wádlee kàa-dei goox̲sagáan *your pot (that is, your cooking) is going to burn*

(2): **ka-ya-gaan**[1]

l'òowoo kaawagàan *the wood is burnt*

yei kanagán *it (house) is burning down from top to bottom*

burn (usually completely): **ka-si-gaan**[1]

yàakw kawsigàan *the boat burned up*

g̲agàan latsèenee-ch, haa yá kawsigàan *because the sun was strong, our faces got sunburnt*

burn (usually out of doors), burn over an area: **si-gánt'**

x'éedadee kín-dei x̲asagánt' *I'm burning tree stumps*

burn (esp. trash): **ka-si-gánt'**

naa.át aksagánt' *he's burning (old) clothes (on the beach)*

be burned (of flesh, skin), become shriveled and brittle through burning: **di-x̲'eix̲'**

wéi at dòogoo woodix̲'éx̲' *that skin has been burned/shriveled up by heat*

burn (flesh, skin), scáld: **li-x̲'eix̲'**

doo jín yat'àayee héen-ch woolix̲'éx̲' *he scalded his hand with hot water'*

ax̲ jín x̲'walix̲'éx̲', yóo sdòox tóo-t ax̲a.àagee *I burnt my hand making up the fire (stove)*

get burnt (person): **ka-li-x̲'eix̲'**

daak x̲at kanalx̲'éx̲' *I was forced to move back (from fierce fire) because I was burning hot*

burn to ashes, make into ashes (for snuff): **shi-keil'**[3]

awshikéil' *he burned it to ashes*

tèey wòodee awé yei dooshkél'ch *they used to burn yellow cedar bark to ashes*

burp, see **belch**

burst

burst (esp. round object): **ka-shi-took**[2]

k̲usa.áat'-ch kashatúkx̲ *the cold bursts them (raven eggs)*

burst forth, give way suddenly (of dam, etc.): **ya-waal'**

séew haa káa woowáal' *a cloudburst came on us/rain burst forth on us*

héen woowáal' *the water burst forth (that is, the dam broke)*

burst forth (of water, from above): **sha-ya-li-waal'**

héen anax̲ shayawliwáal' *the water poured down suddenly and fast/ the water broke forth (when trapped above)*

burst open, be torn open by weight of contents: **ka-ka-li-s'eil'**

gwéil kakawlis'él' *the sack (of flour) has burst open*

doo yée kakawlis'él' *his appendix burst*

burst open with a popping sound: **ka-ka-ji-t'aax̲'**

tsàa yòowoo kakawjit'áx̲' *the seal stomach burst open making a popping sound*

burst into tears, see **cry**

bury

bury (in the ground): **A-nax̲ + ka-si-haa**

Aangóon-nax̲ agé kawdoodzihàa? *did they bury him in Angoon?*

kèitl s'àak̲ yanax̲ aksaháa *the dog is burying the bones*

bury with appropriate ceremonial, give burial to and dispose of property: **si-naa[1]**

k'idéin awsinàa doo káak *he gave his uncle a good burial*

bury, put away (in a place other than ground, such as cave): **(ya-ya-.oo[1])**

daax'òon yakyèe dei shoowaxèex àa-g̲aa àa-dei yawdoowa.òowoo yé *four days have passed since they buried him*

goo-x' sá yayee.òo? *where have you buried him?*

busy

busy oneself with, potter: **di-yeik[1]**

ax̲ táayee tèen ayá x̲at woodiyék *I'm just busying myself with my garden*

butcher, see **cut**

button

button up: **A-nax̲ + ka-li-.aat[2]**

ee k'oodás'ee anax̲ kala.á *button up your shirt!*

anax̲ akawli.át *he buttoned it up*

buy

buy (general): **ya-.oo[2]**

yanshukàa-dei gax̲took̲óox̲; haa wóowoo sákw gax̲too.òo *we're going out to camp, so we will buy food to take with us*

tléil daa sá yoo ee.èigeek̲: dei aa wtoowa.òo *don't buy a thing: we've already bought some!*

buy (usually complex or large object): **si-.oo[2]**

tléix' hundred at dálee k'úns' gwéil x̱wasi.òo *I bought a hundred pound sack of potatoes*

buy (usually round, spherical object): **ka-ya-.oo**[2]

kooch'éit'aa akaawa.òo *he bought a ball*

buy (usually stick-like object): **ka-si-.oo**[2]

doo séek' jèeyis kooxéedaa akawsi.òo *he bought a pencil for his little daughter*

buy lots: **ya-.oow**

sakwnéin aawa.óow *he bought lots of bread*

buy lots, buy many things (esp. when being sold off cheap): **wóosh- + a-ya-ya-.oow**

shayadihéinee át wóosh-dei ayakwḵa.óow *I'm going to buy lots of things (at the sale)*

C

cadge, see **sponge**

cake, see **hard**

calk

calk, stop up to prevent leaking, make water-tight: **si-teet**

ax̱ yàagoo at s'éil'ee tèen x̱wasitít *I calked my boat with rags (stuffed rags in the cracks)*

call, see also **address as, name, say**

call, summon: **ya-x̱oox̱**

ḵunáagoo shaawát g̱ax̱òox̱ *call a nurse!*

Ch'áak' Hít-dei ee wdoowax̱òox̱; ḵaa jigax̱dooḵéi *you are called to the Eagle House; they are going to pay off*

call forth response (from opposite clan, by means of song): **shu-ka-dli-x̱oox̱**

a dàa-t shukawdlix̱úx̱ *he sang about a member of the opposite clan and caused that one to respond*

shukalx̱úx̱s' *he composes tribal love-songs which call forth a response*

call on spirits: **x̱'a-ya-saa**[2]

yéik agé ax̱'ayasáakw? *is he calling on the spirits?*

yéik ax̱'eiyasáakw *he calls on the spirits*

call out to, shout to, holler at: **ya-.eex'**

gáan-dei x̱at doo.éex' *they were shouting at me from outside*

ax̱ tláa x̱waa.éex' *I called out to my mother*

call out repeatedly, keep on shouting: **ka-li-.eex'**

ax̱ tláa kax̱wli.éex' *I hollered at my mother repeatedly*

doo yéet ḵut gashíxch: tlákw akoonal.éex'ch *her son is always* *running off, and she's always calling him*

call out a message, shout it out: **t'aa-ya-.eex'**

kei at'aa.íx'ch, "dei éeḵ-dax̱ yaawadáa" *someone used to call out, "the tide is changing"*

call roll: **ya-saay**[1]

ḵóo at latóowoo ḵaa sàayee aawasáay *the teacher called the roll*

tlax̱ yagéiyee át kei gax̱dootée; ách awé ḵaa sàayee gax̱doosáay *there's going to be a big matter (at the meeting), so they're going to call the roll*

call down, see **set upon**

call up, see **entice**

calloused

become calloused, have a callus or corn: **ya-keil**

ax̱ jintáak oowakél *the palm of my hand is calloused*

ax̱ x̱'uswán oowakél *there's a corn on the side of my foot*

calm, see also **relax, settle down**

be calm, peaceful: **ka-doo-ya-yeil'**

kawdoowayél' *it is calm/peaceful*

be calm, peaceful, without storm (of weather): **ḵu-ka-doo-ya-yeil'**

ḵukawdoowayél' *it is calm with no wind or storm at all*

camp, see **overnight**

capsize

capsize, overturn (of canoe, boat): **áa + yax̱ ya-gwaatl**

doo yàagoo doo èen áa yax̱ oowagwátl *his boat capsized with him*

capsize (as a result of being basically tippy and unstable): **áa + yax̱ ji-x̱een**

yàakw áa yax̱ ishx̱énx̱ *the canoe is tippy and given to capsizing*

capture

capture, hold captive: **li-shaat**

x̱at woodoodlisháat *I was captured*

gayéis' hít-x' doolshát *they held him in jail (when not necessarily guilty)*

care, see also **cherish, dislike, watch**

care about, be concerned about, be affected by: **ḵaa tóon + ya-tee**[1]

tléil has doo tóon ootí *they don't care (about public opinion)*

care for, take care of, look after: **ḵaa dàa- + ya-si-taaḵ**[2]

ax̱ dachx̱ánk' dàa-t x̱at yawsitáḵ *I cared for my grandchild*

ax̱ tláa-ch a dàa-t yawsitáḵ *my mother is taking care of him*

care for, have strong affection for (esp. in close tribal relationship): **ḵaa daatòowoo + ya-.oo**[1]

ee daatòowoo x̱áa x̱waa.òo, ax̱ àat *I care for you with all my heart, my aunt*

doo yátxʼee tléil has doo daatòowoo oo.òo *she doesn't care for her children*

careless, see **rough**[2]

carry, see also **grab, load, pick up, unload**

carry, take (general, often compact object): **ya-tee**[2]

xʼúxʼ yaa anatéen *he's carrying a book*

carry, take (solid, often complex object): **si-tee**[2]

atshik̲óok yaa anastéen *he's carrying a radio*

carry, take (round object): **ka-ya-tee**[2]

koochʼéitʼaa yaa akanatéen *he's carrying a ball*

carry, take (small, stick-like object or string-like object): **ka-si-tee**[2]

kawóot ka.éesh yaa akanastéen *she's carrying a string of beads*

carry, take (usually container or hollow object): **ya-taan**

kʼwátl yaa anatán *she's carrying a pot*

carry, take (usually long, complex object): **si-taan**

óonaa yaa anastán *he's carrying a gun*

carry, take (usually long, simple object): **ka-ya-taan**

k̲áasʼ yaa akanatán *he's carrying a stick*

carry, take (usually quite small stick-like object): **ka-si-taan**

choonèit yaa akanastán *he's carrying an arrow*

carry, take (esp. to one place, making several trips) (general objects): **ka-ya-jeil**

néix̲ʼ yaa akanajél *he's carrying marble*

carry, take (esp. to one place) (usually stick-like objects): **ka-li-jeil**

dzèit yaa akanaljél *he's carrying ladders (one at a time)*

carry, take (plural objects, general): **yéi + si-nee**

doo jishagóonxʼee yaa yéi anasnèen *he's carrying his tools*

carry, take (live creature): **si-nook**[1]

káaxʼ yaa anasnúk *he's carrying a chicken*

carry, take (a dead weight, esp. dead creature): **si-taa**[1]

cháatl yaa anastéin *he's carrying halibut*

carry, take (textile-like object) often over one's arm: **ya-.aax̲**[2]

doo keenaak.ádee yaa ana.áx̲ *he's carrying his coat*

carry in a container (esp. liquids and small objects): **si-.een**[1]

gáalʼ yaa anas.ín *he's carrying clams (in a bucket)*

carry (many objects) in bundles (esp. textiles): **li-naa**[4]

yaa analnáan *he's carrying bundles*

carry on back, pack: **ya-yaa**[2]

g̲oowakàan yaa anayáan *he's carrying a deer on his back*

carry across shoulders, carry (person, deer, etc.) on back with head up: **li-jeekʼ**

doo yádee yaa analjîkʼ *he's carrying his child on his back*

carry on one shoulder, pack: **si-goot**[2]

doo óonaayee yaa anasgút *he's carrying his rifle on his shoulder*

carry in skirt or apron: **ya-hoot**

x'áax' yaa anahút *she's carrying apples in her apron*

carry in cupped hands (esp. grain-like objects): **ya-kwaach**

l'éiw yaa anakwách *he's carrying sand in his cupped hands*

carry grasped in hand (esp. bunch of long objects): **li-kwaach**

k'eikaxwéin yaa analkwách *she's carrying flowers grasped in her hand*

carry pressed together in hand or under arm: **ka-li-g̲oots**

átx' sáanee yaa akanalg̲úts *she's carrying lots of little oddments pressed together in her hands*

carry (many objects) clutched to oneself and more than one can really manage: **ya-tleix'w**

yaa anatléx'w *she's carrying more than she can manage, dropping some and pressing the rest to herself*

carry (heavy object) clasped against oneself (because otherwise too bulky or heavy to handle): **li-neil'**

yaa analnél' *he's carrying it clasped against himself*

carry (heavy object) (usually with arms straight and sharing the load with another): **si-haat**

k̲aa nàawoo yaa s anas.hát *they are carrying a dead body (finding it heavy)*

carry in mouth (of animal): **ya-yeek̲**[2]

s'àak̲ yaa anayík̲ *it (dog) is carrying a bone in its mouth*

carry along

carry along (of water, sea or flood water usually): **si-gook̲**

hít tsú awsigóok̲ *it carried away houses too (after dam burst)*

shàak yátx'ee yan awsigúk̲ *small pieces of driftwood were being carried along and washed up on shore*

carry along (of strong, boiling tide): **shi-x'ool'**[1]

àa-x̲ awé yóo íx-dei has wooshix'óol' *from there the strong tide took them way south*

a kàa-nax̲ awé kei wshix'úl' *the tide took it right across (bay)*

carve

carve (large objects, esp. totem poles) using chisel or adze: **ka-ya-teey**[3]

kootéeyaa kawdoowatéey *they carved a totem pole*

x̲út'aa tèen kadootéey *they carve with an adze*

carve (usually smaller, more detailed work using a knife): **ka-ya-ch'aak'w**

èex̲ s'íx'ee akaawach'ák'w *he carved an oil dish*

shál sáxwtee kadach'áak'w ashigóok *he knows how to carve spoon handles*

carve designs on surface (esp. of bracelets) using a knife: **ka-ya-xaash**
kées akaxáash *he's carving a bracelet*

cascade, see **fall**
cataract
have cataract (in eye): **wak̲-shi-gaal'**
wak̲shigáal' *he has a cataract*
catch, see also **reach for, snare, trap**
catch (general): **ya-shaat**
tléil kei gax̲dooshàat: k̲aa yáa-nax̲ yagóot *he won't get caught: he goes faster than anybody*
aatlèin x̲áat wootoowasháat *we've caught lots of salmon (said as looking into the net)*
catch (round, spherical object): **ka-ya-shaat**
kooch'éit'aa kax̲waasháat *I caught the ball*
celebrate
celebrate, set apart (a particular day): **k̲ee-si-.aa**[3]
doo kayagèeyee k̲eewdoodzi.àa *they celebrated his birthday*
Christmas has ak̲eegoox̲sa.áa *they are going to celebrate Christmas*
celebrate (feast, etc.), observe: **ya-si-xeex**
tléinax̲ k̲áa yáa g̲ayéis' hít-dax̲ jix̲anák̲x̲, àa-g̲aa yáa Passover yaa yanaysaxix yé *I always set a prisoner free during the time you are celebrating the Passover*
challenge
challenge, dare (esp. to do what is socially unacceptable): **ya-deik̲**
k̲ulagàaw yís woosh has woodidèik̲ *they challenged each other to a fight*

aawadèik̲ ag̲atáawoot *he dared him to steal*

chance, see **exploit**, **possible**

change, see also **convert**, **undecided**

change direction (of life): **shu-ya-keets'**

k̲aa k̲ustèeyee ch'a góot yéi-dei kei shoowakíts' *a person's life has changed completely to the opposite direction (lit. has tipped up)*

char

char, reduce to charcoal, burn: **li-t'ooch'**

sakwnéin x̲walit'úch' *I've burned the toast/reduced it to charcoal*

char, burn slightly, burn on surface: **ka-li-t'ooch'**

ch'as yei klat'úch'ch yáa gán shutú *it just chars along the edge of the wood (of wood suitable for canoe-making)*

charcoal

make charcoal, burn wood slowly till charcoal-covered (for kindling): **ya-li-xoots**[1]

yawlixúts *he made charcoal*

paint the face with charcoal (for hunting, fighting or ceremonial): **ya-dli-xwaats**

xòodzee-dax̲ át awé àan yadoolxwátsch *it's with material from a partially burned log that they paint the face (with charcoal)*

tsàa dool'óonee, yadoolxwátsch *when they are hunting seal they paint their faces (so they won't be seen)*

charge[1]

charge, tell price of, charge for: **ya-si-k̲aa**[1]

doo èe-dei kei yagax̲doosk̲áa *they'll charge him*

waa sá ee tláa-ch yasak̲á wéi at x̲'éeshee? *how much does your mother charge for that dried fish?*

charge[2]

be in charge of, have authority over, take charge of: **k̲aa jèe-nax̲ + ka-ya-haa**

doo lanáalx̲ee doo jèe-nax̲ kaawaháa *he had charge of her treasure*

has doo jèe-nax̲ kaawaháa at k'átsk'oo *they took charge of the child*

charter

charter, hire: **li-hees'**

plane has awlihées' *they chartered a plane*

chase

chase, run after

singular object: **ya-si-naak̲**[1]

gáan-t ayawsinák̲ *he chased him out (from the house)*

x̲at yanasnàak̲ *chase me!*

plural object: **li-keil'**[1]

gáan-t awlikél' *he chased them out*

wanadóo yaa analkél' *he's chasing sheep*

chastise, see **punish**

cheap

be cheap, inexpensive: **tléil + x̲'a-li-tseen**

tléil tsu x̲áa x̲'awooltsèen *it didn't cost me much*

wéi kóox tsu tléil x̲'eiltsèen, áx' *the rice is cheaper over there*

cheat

cheat, fool, deceive: **k̲ut li-yeil**

dahòonee k̲ut x̲at wooliyèil *the storekeeper cheated me*

k̲ut woodoolyèilee-ch awé, x'áan-t oowanúk *he got mad, because he had been cheated*

cheer, see **yell**

cheer up, see **comfort, laugh**

cherish

cherish, set one's affection upon, care for greatly: **a dàa- + sh tu-ka-di-jeil**

doo shát dàa-t sh tukawdijél *he cares for his wife (cherishing her and putting her first in everything)*

a dàa-t sh tukax̲wdijél *I care for them (material things)*

chew, see also **crunch, gnaw**

chew (usually food or snuff): **ya-taax'**

at x̲atáax' *I'm chewing something*

doowáakoo kook̲atáax' *I'm going to chew snuff*

chip

chip out (with adze): **ya-x̲oot'**[2]

yàakw sákw dúk̲ ax̲óot' *he's chipping out a cottonwood tree for a canoe*

chisel, see **carve**

choke, see also **strangle**

choke: **k̲aa leitóox̲- + ya-xeex**

s'àak̲ doo leitóox̲-t oowaxíx *he choked on a bone*

tléil eesaxéik'ook̲; ee leitóox̲-t g̲waaxèex *don't sip it up noisily (drawing air in to cool it); you will choke!*

choose, see also **appoint, pick out**

choose (in gambling with sticks): **ya-t'ook**

k̲aa jèe doot'úkt *they choose/point suddenly at a man's hand*

eeyat'úk *you chose*

chop

chop (wood): **ya-x̲oot'[2]**

at kàayee aawax̲út' *he chopped a cord of wood*

chop up or split (wood): **ka-li-x̲oot'[2]**

gán xáashee akawlix̲út't *he chopped up large blocks for firewood*

ldakát k̲áa kalx̲út't *everybody chops wood*

chop (esp. chop down trees, etc. or chop off branches): **ya-s'oow**

tlag̲anís aawas'óow *he chopped down a sapling*

wóosh-dax̲ gax̲toos'óow *we're going to chop it in two*

chop (esp. small trees, branches): **li-s'oow**

at t'ánee als'óow *he's chopping off branches*

asyátx'ee agoox̲las'óow *he's going to chop down some small trees*

chop up (esp. in food preparation) (1): **ka-ya-s'oow**

cháatl shàayee akaawas'óow, útlx̲ee sákw *he chopped up halibut heads for boiled fish*

(2): **ka-li-s'oow**

dlèey kadools'óow, shunax̲wáayee yádee tèen *they chop up meat with a hatchet (esp. ribs for storing in seal oil)*

chop off tree limbs: **sha-ya-li-s'oow**

a dàa-x̲ has shayalas'óowx̲ *they (beaver) chop off the tree limbs*

circumcise

circumcise: **(k̲aa dàa + ya-xaash)**

wáa ng̲anèens, yáa k̲áa at k'átsk'oo dàa yoo yeeyxáshk, yáa a káa toolseix̲ yakyèe káx' *sometimes you circumcise a boy on the sabbath*

doo dàa wdoowaxàash *he was circumcised*

claim

claim, own (esp. clan property): **ya-hein**

déix̲ àan ayá toowahéin *we claim two towns*

akwg̲ahen tl'átk *the land they were going to claim (that is, the Promised Land)*

claim, take property that was about to be destroyed: **ya-s'aa**

ee óonaayee x̲waas'áa *I claim your rifle (which was going to be destroyed)*

yáat àa kook̲as'áa: a èetee-x̲ dáanaa daak kook̲atée *I'm going to claim this and put money in its place (that is, will give its value when the owner dies)*

clap

clap one's hands: **jintáak + di-t'aach**

jintáak woodit'ách *he clapped his hands*

jintáak dat'ách *clap your hands!*

clap, applaud: **ka-li-t'aach**

daak has kawdoodlit'ách *they applauded (by clapping) so they had* *to come back (for encore)*

clasp

clasp in hand or under arm (usually small objects): **ka-li-g̱oots**

x'úx' ax̱ éenee-x̱ kax̱wligúts *I clasped a book under my arm (to carry it)*

clasp against oneself (bulky or heavy object): **li-neil'**

yaa analnél' *he's clasping (a heavy object) to himself in order to be able to carry it*

clean, see also **neat, wipe**

be clean: **tléil + li-took**[1]

l ooltukdéin has sh iltínx̱ *they kept themselves clean*

clean up, see **eat up**

clear, see also **settle**[2]

clear (beach, land, etc.): **li-g̱eech**

yàakw dèiyee woodoodlig̱ích *they cleared the beach (of rocks) for a canoe landing place*

wás' yaa ndoolg̱ích *they are clearing bushes away*

clear (of weather), lift (of clouds): **kei a-ya-taan**

haa kàa-x̱ kei anatán *it's clearing from us (that is, rain is leaving us)*

ch'a kax̱ítjaa ee kát atán; ách awé ee kàa-x̱ kei akwg̱atáan *the mist has seemed to be lying solidly on you; that's why (we say) it is going to lift*

clear (of sky), be clear, cloudless: **a-ka-ya-xaats'**

akakwg̱axáats' shakdéi *maybe the sky is going to clear*

akaawaxáats' *the sky is clear/there are no clouds*

climb, see also **ascend**

climb (tree, rope, etc.) by holding on tightly: **dli-tl'eit'**

àas dàa-x̱ kei wdlitl'ét' *he climbed the tree (holding on around it)*

shàa yadàa-x̱ kei naltl'ét' *he's climbing a steep part of the mountain (holding on and pulling himself up)*

cling

cling, hold on tightly (esp. of octopus): **ji-x̱aakw**

yánee awjix̱ákw *it (octopus) is clinging tightly and can't be moved*

clock

move (of clock hands), go (of clock): **ka-di-xeet**

yaa kandaxít *the clock is going*

jinkàat minutes daax'òon gàaw-dax̱ daak kawdixít *it's ten after four*

close[1], see **near, unite**

close[2], see also **end**

close, shut pages of book: **x̱'éi- + shu-li-g̱eech**

x'úx' tlèin x̱'éi-t shux̱wlig̱ích *I closed (pages of) the big book*

close, shut book (often plural object): **woosh yá- + shu-li-.aat**[2]

woosh yát shula.á *close them!*

close by pulling (window, sliding door, etc.): **x̱'éi-x̱ + ya-yeesh**

x̱aawàagee x̱'éi-x̱ aawayèesh *he closed the window (pulled it closed)*

close hinged door (also abstract, season, etc.): **x̱'éi- + shu-ya-taan**

x̱'aháat x̱'éi-t ashoowatán *he closed the door*

tléil x̱'aháat x̱'éi-x̱ shootàan *he never closes the door*

al'óon x̱'éi-t shudootàanch *the hunting season is closed*

close real quietly (usually door): **x̱'éi- + shu-ka-ya-.eits'**

x̱'aháat x̱'éi-t shuka.éts' *close the door quietly!*

x̱'éi-t ashukoo.éts'ch *he closes the door really quietly*

make an obstruction (not very completely or permanently), close up with materials put close together: **ya-tsoox̱**

daak aawatsúx̱ *he fixed a breakwater (of posts)*

close up completely and permanently, barricade: **si-ḵeet**[2]

x̱'awòol woodoodziḵít *they closed up the door permanently*

close up tightly, put close together: **ka-ya-ts'oot**

akaawats'út *he put them close together, thus closing it*

close up completely: **x̱'éi- + di-g̱waat'**[2]

haa hídee sh tóo x̱'éi-t wootoodig̱wát' *we closed up our house completely (no air could get in even)*

close one's mouth, seal the lips, say nothing; refuse to eat (of child): **x̱'a ka-di-ts'oot**

aans'àatee x̱'akawdits'út *the mayor has his mouth closed (he doesn't wish to talk or give information)*

at k'átsk'oo x̱'akawdits'út *the child is keeping his mouth closed (refusing to eat his food)*

become closed up, come together (of wound), heal rapidly and completely: **di-dook**

woodidóok doo xeitká wéi óonaa èetee *his chest healed rapidly and completely from that bullet wound*

be closed up, plugged up permanently: **ka-di-dook**

kawdidóok *it has closed up/become one whole*

be closed up, plugged up (tube-like object): **tu-ka-di-dook**

pipe tukawdidúk *the pipe is plugged up*

keep closed up, as one piece (round object): **ka-ka-si-dook**

tsu kakeesidóok yáa kashís'ee *you still never opened that 'cheese' (that is coho eggs packed in seal stomach)*

close one's eyes (really closed as when sleeping): **ka-di-l'oox**

keedal'úx *close your eyes!*

kakwk̲adal'óox *I'm going to close my eyes*

close one's eyes, but peeping from under eyelids: **ka-di-ts'oon**

ch'a kax̲wdits'ún *I had my eyes tight closed (but was watching all the same)*

be closed (of eyes): **ka-di-l'oox**

doo wàak̲ kawdil'úx *his eyes are closed*

clothe, see **dress**

cloudless, see **clear**

cloudy, see also **dirty**

be cloudy (of sky): **k̲u-li-goos'**

kei k̲ugoox̲lagóos' *it's going to be cloudy*

tléil k̲uwoolgóos' *it's not cloudy*

club, see also **hit**

club (esp. fish) on head: **sha-ya-x̲ísht**

x̲áat áa ashax̲íshdeen *he was clubbing salmon there*

ashakwg̲ax̲ísht *he's going to hit it*

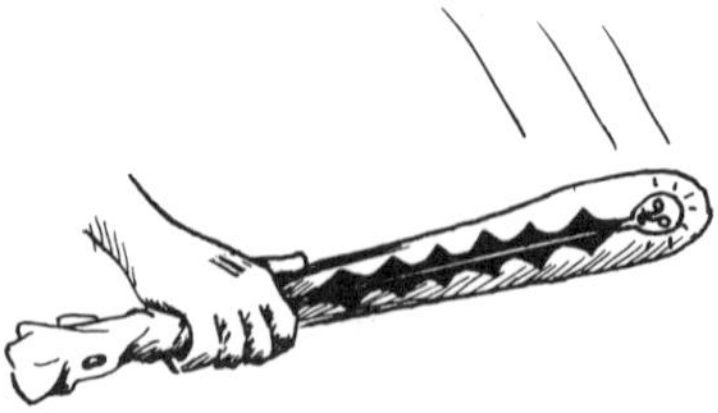

clumsy

be clumsy, awkward (as when hands have been in water too long): **ji-di-naatl'**

jeewdinátl'ee k̲áa yáx̲ x̲at yatèe *I'm like a real clumsy person (when trying to thread a needle)*

clutch

clutch, hold tightly: **ka-ya-g̲ook**

akaawag̲úk *he's clutching it*

clutch, try to hold onto and carry more objects than one can really manage: **ya-tleix'w**

yaa at natléx'w *she's clutching a load of things*

coil

coil (rope, wire, etc.) (1): **ka-li-x̲eil** (rare)

tíx' kawdoodlix̲él *they coiled the rope*

(2): **ji-ka-li-x̲eil**

g̲ayéis' kaxées' ajikawlix̲él *he coiled the wire*

ax̲ tíx'ee jikax̲wlix̲él *I've coiled my line*

cold

make cold, cool: **si-.aat'**

héen awsi.át' *he cooled the water*

ax̲ x̲'òos oos.át'ch *my feet are always cold*

be cold (of face): **ya-dzi-.aat'**

x̲at yawdzi.át' *my face is cold*

feel cold (of person): **sa-ya-.aat'**

haa seiwa.át' *we feel cold*

be cold (of weather): **k̲u-si-.aat'**

yáa táakw kei k̲ugoox̲sa.áat' shakdéi *maybe it's going to be cold this winter*

collapse

collapse, fall down (esp. of large structure): **sa-ya-xeex**

hít seiwaxèex *the whole house collapsed*

g̲àataa seiwaxèex *the deadfall trap fell*

collapse, cause to fall completely in one action: **sa-ya-g̲eex'**

g̲àataa sax̲waag̲éex' *I sprang the trap/caused it to collapse*

k'eeljáa-ch seiwag̲éex' doo hídee *his house was collapsed by the storm*

collect, see also **sue**

collect, collect together: **ka-ya-jeil**

ldakát át neil katoojélch *we collect all sorts in our house*

woosh kàa-nax̲ agé keeyajèil? *have you collected it (mail)?*

collect (people) together: **ka-li-jeil**

lingít nèil kadooljèilt *they were getting the people together in the house*

color, see also **discolor, dye, stain**

change color (of sockeye and coho) at spawning time: **dzi-x̲'aakw**

g̲àat woodzix̲'ákw *sockeye has changed color*

l'òok tsú isx̲'ákwx̲ *coho also changes color*

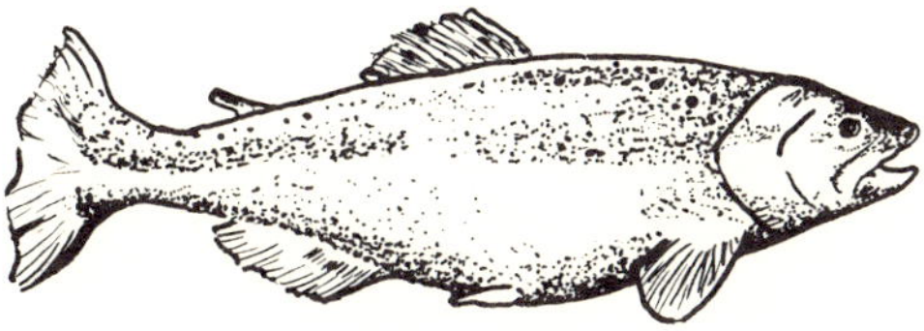

comb
    comb hair: **sha-ka-dzi-yaa**[2]
        xéidoo tèen shakawdziyàa *he combed his hair with a comb*
        shaka̲xwdziyàa *I combed my hair*
come, see also **leave, walk**
    usually a locational element signaling approach toward the speaker or hearer occurs with a verb of motion to produce the translation 'come'.
    come (by walking or as a general term)
    singular subject: **ya-goot**[1]
        ch'a ldakát yakyèe haa hídee-x̲ gòot *he came to our house every day*
    plural subject: **ya-.aat**[1]
        ee x̲án-dei gax̲too.áat *we're coming to your place*
    come (on a trip), arrive: **k̲u-ya-teen**
        tléil agé hàa-t k̲ootèench? *hasn't he come (arrived) yet?*
    come (by boat): **ya-k̲oox̲**[1]
        hàa-t wootoowak̲úx̲ *we came by boat*
    come (usually of non-human item and esp. by mail), arrive, be delivered: **ji-ya-haa**
        x'úx' agé ee jèe-t jeewaháa? *did any letters come for you?*
        yées s'eenáa ax̲ jèe-dei jikwgaháa *a new lamp will be coming for me*
    come (of time or season): **k̲u-ya-haa**
        táakw-dei yaa k̲unahéin *winter is coming*
        àa-dei yaa k̲ugahéich, yáa àa-gaa adoosgèiwoo yé *the time will be coming round when they go seining*
come in, see **tide**
come to, see also **consider**
    come to, regain consciousness, recover senses: **k̲aa dàa + a-ya-daak̲**[1]
        k̲aa dàa yaa anadák̲ *he's coming to/coming back to consciousness after drinking*
        dàa akwgadáak̲ *he's going to get back his senses*
come upon, see also **find, meet**
    come upon (esp. suddenly), discover: **A-x' + li-haa**
        xóots a k̲òowoo-x' wootooliháa *we came upon a bear in its den*

come upon, find doing, catch in the act, discover doing: **a káa + ji-li-haa**

a káa jix̲wliháa àa-dax̲ awoosháadee *I came upon him and saw him in the very act of taking it*

a káa daak jeewtooliháa at gas.èeyee *we found him cooking*

comfort, see also **encourage**

comfort, cheer up, take mind off (1): **k̲aa tòowoo yáa-x' + si-haa**

ch'a doo tòowoo yáa-x' awsiháa *he comforted him*

(2): **k̲aa tòowoo yáa-x' + ka-si-haa**

ch'a doo tòowoo yáa-x' kagax̲toosaháa *we're going to comfort her/cheer her up*

comfort, impart cheer or encouragement to: **k̲aa tòowoo + li-t'aa**

doo tòowoo awlit'áa *he comforted him (lit. he warmed his inner feelings)*

be comfortable, sit or lie comfortably: **sh ka-ji-x'aak̲w**

yan sh kax̲wjix'ák̲w *I'm sitting very comfortably, just the way I want to be*

yán-dei sh kakwk̲ashx'áak̲w *I'm going to make myself really comfortable*

make oneself comfortable, settle in a comfortable position: **yan sh dli-jaak̲w**[2]

yan sh x̲wadliják̲w *I'm making myself thoroughly comfortable*

command, see also **order**

be in command, have command over: **ka-ya-naay** (rare)

akaawanáay *he commands/he is in command*

commend, see **approve, praise**

comment

comment on (usually favorably): **ka-ya-sheix̲'**

atx̲á awé kax̲ashéix̲' *I commented on the food*

compel, see **force**

competent, see **know**

complete, see **finish**

compose

compose songs (esp. about opposite clan): **ka-li-shee**[2]

ax̲ àat hás, yee dàa-dax̲ at kax̲wlishèe *my aunts, I have composed a song about you*

Alaska woodoohòonee dàa-dax̲ at kawlishèe *he composed a song concerning the sale of Alaska*

compose songs about opposite clan: **shu-ka-li-shee**[2]

has doo dàa-dax̲ at shukawlishèe *he composed a song about his relatives in the opposite clan*

comprehend, see **understand**

conceal, see **hide**

concentrate

concentrate on, put effort into: **ya-xeech**

Lingít yoox̱'atángee wootoowaxích *we concentrated on the Tlingit language (put effort into speaking Tlingit)*

concern, see also **care, worry**

concern, trouble, be on the mind of: **tu-ka-ya-deen**

daa sá kwshé gé ee tukaawadín? *what is on your mind/what is troubling you?*

be concerned, feel troubled: **tu-ka-di-deen**

x̱at tukawdidín *I am concerned/I have no peace of mind/I don't feel good (about something)*

condemn

condemn, declare to be wrong, pronounce guilty, blame

tléil a x̱'áa yanax̱doowajèeyee át doo ée x̱waat'èi *I can't find any reason to condemn him (that is, I don't find in him anything for which he could be punished)*

tléil agé ch'a àa sá yáat, ee géi-dei at kawsiháyee àa? *is there no one left who condemns you (that is, who lays the blame on you)?*

confess

confess, acknowledge, declare (esp. one's faith or sins)

(1): **A + ya-ya-ḵaa**^{1}

aadoo sá yéi yaawaḵàa Jesus dikée-nax̱ yoo kawdoodzitéeyee àa-x̱ satèeyee, gáan-dei has akakwg̱anáa *whoever confesses Jesus is the Messiah will be thrown out*

(2): **ya-si-ḵaa**^{1}

Dikée Aaḵáawoo yáx' ldakát ax̱ l ooshk'èiyee yax̱wsiḵàa *I confessed all my sins before God*

confidence, see **doubt, trust**

confuse

confuse, be confused, bewilder: **ḵaa dàa + yaa ḵu-si-g̱aat**

ḵugwáas' ax̱ dàa yaa ḵoowsig̱át: ch'a g̱óot yéi-dei x̱waagòot *the fog confused me, and I went the wrong way*

tèet kayéik ḵaa dàa yaa ḵusag̱átch *the noise of the waves confuses people*

be confused, perplexed, puzzled, bewildered

tléil has doo dàa yaa ḵushuwoosgé, waa sá at kawdayàayee *they were confused (that is, they didn't understand what was happening)*

doo tòowoo aatlèin kawdixíl' *he was perplexed/bewildered (that is, his mind was really troubled)*

congregate, see **assemble**

connect

connect, stick in, plug in (esp. electric cord): **A- + li-tsaaḵ**

kaxées' át woodoodlitsáḵ *they connected the wire*
connect up, connect together: **A- + li-tsoow**
g̱ayéis' kaxées' wóosh-t x̱walitsóow *I connected the wires together*
connect up, tie up: **A- + ka-si-xaat**[1]
kaxées' àa-dei ksixát *the wire is connected up with it*
yáa-dei kawtoosixát *we connected it up/tied it up to this*
consciousness, see **come to, pass out**[2]
consecrate
consecrate, declare holy, set apart for God
Dikée Aanḵáawoo jèeyis yan sh woodzitée *he is consecrated to God (that is, he has placed himself there for God)*
ax̱ éesh-ch a tóo daak x̱at woosigút *my father consecrated me (that is, caused me to enter into it (a particular task))*
consider, see also **think**
consider, think over, come to senses (after drinking): **a dàa + ya-ya-.aa**[2]
a dàa yaawa.àa *he came to his senses/he thought things over*
sh dàa yeenda.á: dei ḵut awé kei neegút *you'd better consider yourself (think over your life): you are going in the wrong direction!*
conspicuous, see **fancy**
constipated
be constipated: **dzi-deek'**
a yáa-nax̱ tléiḵw aawax̱áa; googasdéek' *he's eaten too many berries; he'll be constipated*
construct, see **make**
consume, see **eat up**
contain, see **hold**[1]
contract, see **tense**
contradict, see **deny**
converse, see **speak**
convert
be converted, turn round, change (in one's thinking)
singular subject: **ḵux̱ tu-di-taan**
ḵux̱ toowditán *he was converted*
plural subject: **ḵux̱ tu-dli-.aat**[2]
ḵux̱ has toowdli.át *they were converted*
convert, cause to change the mind: **ḵux̱ tu-dzi-taan**
áa ḵux̱ toowdzitán *he converted him*
be converted, turn back from
singular subject: **ḵux̱ di-haan**[1]
a náḵ ḵux̱ woodihán doo l ooshk'èiyee *he was converted/he stopped and turned away from his sins*

plural subject: **a-ya-di-naak̲**[1]

ayawdinák̲ has doo l ooshk'èiyee *they were converted/they turned from their sins*

convey, see **haul**

cook, see also **boil, broil, fry, roast, steam**

be cooked (general): **ya-.ee**

dei yaa na.éen *it's getting cooked*

ch'a yèisoo tléix' yan oowa.ée *only one is cooked yet*

cook (general): **si-.ee**

kóox doo x̲'éis sa.í *cook rice for him (to eat)!*

waa sá gees.ée nòoch? *how do you cook it?*

cook meat by open flame or near live coals (may be extended to include cooking in oven now): **li-t'oos'**

dlèey lat'ús' *cook the meat by the live coals!*

cook in pit under fire (usually food wrapped in skunk cabbage): **li-daak**

x̲áat naldàak *cook the salmon in an under-fire pit!*

kei awlidák *he dug up the food cooked in the pit*

cook whole in skin (usually seal) when camping: **li-heets**

tsàa woodoodlihíts *they cooked a seal whole (in its skin, over campfire for a whole day)*

cook herring eggs by dipping in boiling water and oil: **ka-shi-x̲'aal'**[1]

g̲áax'w kakwk̲ashax̲'áal'

I'm going to cook herring eggs

partially cook fish when fresh-killed: **li-tooch**

x̲áat dooltúchx̲ *they kill fish fresh from water and cook it fast*

cook on a stick over open fire (either cook fast on outside and finish cooking later, or fat cooked as a snack and eaten as it cooks): **li-g̲ees**

g̲oowakàan yik.ádee doolg̲ées nòoch *they used to cook inner parts of the deer on a stick fast*

cool, see **cold**

cork

cork up (bottle), shut the mouth of: **x̲'a-ya-deex'**

inx'eesháa x̲'awdoowadíx' *they corked up the bottle*

cough

cough: **a-dzi-kook̲**

ax̲wdzikúk̲kw *I'm coughing*

ch'a tlákw askúk̲kw nòoch *he coughs all the time*

counsel, see **advise**

count

count: **A- + dzi-toow**

x'oon-x̲ sáya eestóow? *how many can you count?*

tleik̲áa-t eestóow *count to twenty!*

cover, see also **flood**

cover (esp. pot, etc.), put lid on: **A- + ya-taan**

a káx̲ g̲atàan a yana.áat'anee *cover it/put the cover on!*

yanáa-x̲ g̲atàan wéi kóox *put the cover on the rice!*

cover completely, cover up out of sight: **ka-si-haat**

séew daak goox̲satáan shakdéi; wéi x̲àanas' kasahát xwaasdáa tèen
looks like it's going to rain; cover the fish drying racks with canvas!

l'éiw-ch kawtoosihát *we covered it all over with sand*

crack, see also **fall, pop, split**

be cracked, fractured (with pieces still together) (esp. of bone): **ya-k̲aas'**

doo shá oowak̲ás' *his skull is fractured*

ax̲ s'àagee woodik̲ás' *I have a broken/cracked bone*

crack (esp. purposely): **li-k̲aas'** (rare)

gúx'aa x̲walik̲ás' *I cracked the cup deliberately*

crack (general): **ka-li-k̲aas'**

gúx'aa kawlik̲áas' *the cup is cracked*

t'éex' kanalk̲áas' *crack the ice!*

be cracked on the surface (esp. of china, rock): **di-.aax'w**[2]

tléil ooda.áx'wx̲ *it's not cracked/it won't crack easily (that is, good material)*

woodi.áx'oo s'íx' tléil ooshk'é: néekw a tóo-nax̲ k̲udzitèe
a cracked dish is no good: it harbors germs

crack apart (log, rock, etc.): **wóosh-dax̱ + li-g̱aat**

wóosh-dax̱ awlig̱áat *he cracked it (rock) into two pieces*

crackle

crackle (of fire), make popping sounds: **ka-ji-t'aax̱'**

x̱'àan kasht'áx̱'t *the fire is crackling*

cramp

have cramp, get shocked (by electricity): **ka-dli-shook'**

kalshúk'x̱ ee x̱'òos agé? *do you have cramp in your foot?*

dleew kát sh eeltín; ee kooxdlishòok' *watch yourself (take care); you might get shocked!*

crawl, see also **creep**

crawl on hands and knees (esp. of child): **di-g̱waat'**[1]

g̱unayéi wdigwát' *he's starting to crawl*

yaa ndag̱wát' *he's crawling along on hands and knees*

crawl, or proceed slowly, using hands to help one along (esp. of old person): **ya-jeil**

ch'a yéi ayá hàa-t x̱waajél *I've just crawled here (said by old person)*

crazy, see also **foolish, lively, mischievous**

be crazy, too lively, over-excited: **ka-si-yàayee**

kasiyàayee yóo at yátx'ee *those kids are crazy/too lively*

tléil ooshk'é kasayàayee *it's not good to be crazy*

be crazy in speech, talk foolishly, be too talkative: **x̱'a-ka-si-yàayee**

x̱'aksiyàayee *he talks foolishly/says too much/his speech is crazy*

creak

creak, squeak, make noise produced by friction: **shi-g̱eex̱'**

ax̱ hídee, k'eeljáa a kát g̱axíxin, shag̱íx̱'ch nòoch *whenever a storm hits my house, it always creaks*

àas shèeyx'ee woosh nashg̱íx̱'ch *branches of the trees are creaking as they rub against each other*

creak, squeak: **li-g̱íx̱'jaa**

lig̱íx̱'jaa yáa nadáakw *the table is creaking*

crease, see **fold**

creep, see also **stalk**

creep, crawl on hands and toes with body close to ground (usually when stalking game): **ya-tloox'**

chookán tóo-x' yaa nx̱atlúx' *I crept forward through the grass on hands and toes, keeping real low*

has googatlóox' *they are going to creep along (stalking game)*

cremate

cremate (1): **ka-si-gaan**[1]

woonàawoo ḵáa yei kadoosgánjeen *they used to cremate dead people*

(2): **ka-ya-gaan**[1]

at k'áts'koo tsú tlèi yei kagánch *they used to cremate children too*
crippled, see **lame**
crispen
make crisp, crispen: **li-s'ook**
wéi g̱ánch aa las'úk *put some of that tobacco in oven to crispen up!*
criticize
criticize, run down, speak ill of: **tláakw + ya-si-ḵaa**[1]
tláakw x̱at yawsiḵàa *he really ran me down (he said hard things about me)*
a yat'éik tláakw ayawsiḵàa *he ran him down and criticized him to others behind his back*
crochet, see also **make**
crochet, make by hooking: **ka-si-k'eix̱'**
àan kadoosk'éx̱'t *crochet hook*
kakéin kadoosk'éx̱'t *they are crocheting/hooking yarn*
crooked
be crooked: **ka-dzi-teix̱'**
l'òowoo kawdzitéx̱' *the wood/plank is crooked*
doo wàaḵ kawdzitéx̱' *he is cross-eyed (that is, has a crooked eye)*
doo tòowoo kawdzitéx̱' *he is crooked (working for his own ends only)*
cross-examine, see **question**
crowd, see also **push**
be crowded, be jammed together: **di-ḵ'eek'**
aantḵèenee áa wdiḵ'îk' *the crowd is jammed together (is thick) there*
haa oodaḵ'îk'ch *we are crowded (with too many things in our house)*
crowd, cause to be crowded: **si-ḵ'eek'**
haa átx' sáanee haa oosḵ'îk'ch *our little things (that is, all our many knickknacks) are crowding us*
doo washéenee ch woosiḵ'îk' *he is crowded (cramped for space) by his machines*
crucify
crucify, nail the hands: **ji-ka-si-x'oo**
kanéist káx̱ yan jikawdoodzix'óo *they crucified him/nailed him on a cross*
crumble, see **break**
crumple, see also **wrinkle**
crumple (card or stiff paper) till soft: **ka-ya-chook**
tléix' dáanaa kawdichúk *the (new) one dollar bill is crumpled up*
be crumpled up, folded over and over: **ka-di-dootl**[1]

kawdidútl wéi x'úx' *the paper is crumpled up*

crumple up: **ka-li-dootl**[1]

x'úx' akladòotl *he's crumpling paper*

crumple by squeezing in hand: **ka-li-g̱ook**

x'úx' kax̱wlig̱úk *I crumpled the paper (in my hand)*

crunch

crunch, chew noisily: **ka-ya-x̱'aal**

s'ín ḵa g̱áatl kadoox̱'áal *they crunch carrots and pilot bread*

kèitl s'àaḵ akax̱'áal *dogs make lots of noise chewing bones*

cry, see also **shout, sing, sob**

cry, weep

singular subject: **ya-g̱aax̱**

woog̱àax̱ *he wept*

plural subject: **g̱ax̱-si-tee**[2]

kei g̱ax̱-g̱axyeesatée *you (pl) will cry*

keep crying: **dzi-g̱aax̱**

at k'átsk'oo neil woodzig̱áx̱ *the child went home crying*

cry loudly (of child, or person in great pain), cry out or scream (in fear or pain): **ka-di-g̱aax̱**

koots'èen ax̱satéen, kadag̱áax̱ *she cried out when she saw the mouse*

kawdig̱àax̱ *he (child) cried loudly (in temper)*

make cry, cause to cry (by words or by inflicting pain): **ka-si-g̱aax̱**

kakwḵasag̱áax̱ *I'm going to make him cry*

x̱at kawsig̱àax̱ *she made me cry*

ready to cry (usually of child), face puckered as fighting back tears that must come

(1): **shi-xwein**[2] (rare)

kei agoox̱shaxwéin *he'll be really crying soon (although he'll try to hold it back)*

(2): **ka-shi-xwein**[2]

at k'átsk'oo kei akawshixwén *the child is almost crying (he doesn't want to, but can't hold it in any longer; his face is puckered and he is about to break into tears or sobs)*

cure[1], see also **heal**

cure, heal (of medicine man), remove sickness (by going round patient, gathering up the air and then blowing it away): **ya-saan**

íx̱t'-ch oowasán *the sickness was removed by the medicine man*

yanéegoo ḵáa awé doosáan *it's sick people that they cure (in this manner)*

cure[2], see **smoke**

curious, see **wonder**

curl

curl hair with curling iron: **sha-ka-dli-gwaal'**

shakax̲wdligwál' *I curled my hair (with iron)*

be curly (general): **ka-dli-kooch'** (rare)

kawdlikúch' *it's curly*

be curly (of human), have a 'permanent': **sha-ka-dli-kooch'**

shakawdlikúch' *her hair is curly*

shakawdoodlikúch' *she had a 'permanent'*

be curly (of animal): **x̲a-ka-dli-kooch'**

x̲akawdlikúch' *it (dog) is curly-haired*

curse

curse, revile, denounce violently

x'áan kík-nax̲ át has x̲'eiwatán *they cursed him (that is, spoke to him in an attitude of anger)*

cut, see also **fringe**, **operate**[1], **peel**, **slice**

cut (general) with knife, saw, etc.: **ya-xaash**

s'ísaa wóosh-dax̲ aawaxàash, k̲aashaxáshaa tèen *he cut the cloth in two, with scissors*

lítaa-ch awé x̲waaxàash *I cut it with a knife*

cut (esp. rope-like object): **li-xaash** (rare)

tíx' àa-x̲ awlixàash *he cut the rope from there*

wéi wás' àa-x̲ nalxàash *cut that bush from there (with a knife)!*

wéi wás' àa-x̲ laxásh *cut that bush from there (with a saw)!*

cut in several pieces: **ka-ya-xaash**

at dòogoo kax̲waaxàash *I cut the skin in several pieces*

butcher, cut in pieces (usually fairly small): **ka-li-xaash**

dlèey akawlixàash *he butchered it up/cut it in quite small pieces*

cut (animal, fish) open for cleaning: **ka-ka-li-xaash**

g̲oowakàan kakdoolxáshx̲ *they cut deer open (in abdominal section ready to clean it)*

cut hair: **sha-li-xaash**

ax̲ tláa tléil shawdoolxàash *my mother has never had her hair cut*

x̲at shagoox̲laxáash *she's going to cut my hair*

cut (animal, fish), open down center to clean it: **li-k̲'eitl'**

cháatl x̲walik̲'étl' *I cut open the halibut*

cut fish in chunks for boiling (esp. cutting carefully between ribs and leaving skin attached): **ka-li-dooch'**

cháas' akawlidúch' *he cut up humpy salmon (for boiling)*

cut (human body) usually accidentally, wound with a sharp instrument: **ya-k̲'eik'w**[1]

shunax̲wáayee tèen sh x̲wadik̲'ék'w *I cut myself with the axe*

du jín aawak̲'ék'w *he cut his hand*

cut through with wire: **li-daas'**

l oowat'íx'ee át wóosh-dax̲ dooldáas' *they cut through anything soft (e.g., soap) with wire*

cut in strips (esp. seal blubber): **ka-ya-haan**[2]

tsàa tàayee akaawahánt *he cut the seal blubber in small strips*

cut in small pieces (esp. root vegetables and similar crisp objects): **ka-ya-t'aax'**

s'ín kax̲at'áx't *I'm cutting carrot in small pieces*

yéil téx̲ee tléil kadoot'áx't *one doesn't cut onion thus (that is against one's thumb with cutting edge of knife facing one)*

cute, see **pretty**

d

dab

dab, apply (paint, etc.) with a quick movement of the finger: **li-tooch'** (rare)

át x̲walitúch' *I dabbed it on there*

dam

dam up: **ya-k̲eet**[2] (rare)

wéi yaa anak̲it yéi-dei awé, as.héit' *they stuff up the cracks in the dammed-up place*

dam up completely: **si-k̲eet**[2]

s'igèidee héen ask̲ítx̲ *beavers dam up rivers*

dana héen sákw gax̲doosk̲éet *they are going to dam it to get drinking water*

dam up, not very completely or permanently: **ya-tsoox̲**

héen x̲waatsúx̲, éek̲-dei shung̲atèeyeet *I dammed the water in order to extend it towards the beach*

damp, see also **mild**
make damp, dampen: **si-naa²**
naa.át awsináa *he damped the clothes*
at x̱'éeshee yaa nasnéin *the dried fish is getting damp*
be damp: **ka-ya-naa²**
kaawanáa *it (fish) is damp*
become mild and damp (of weather): **ḵu-si-naa²**
ḵugooxsanáa *it's going to get damp (it will become warmer)*

dance, see also **jerk**
dance (general): **a-ya-l'eix̱**
seig̱ánin agax̱tool'èix̱ *we are going to dance tomorrow*
dance with rapid little steps: **ya-toox**
yaa geedatòox *dance (with rapid little foot movements)!*
dance lightly, sliding the feet: **dli-s'aas'**
yaa geels'áas' *dance (sliding your feet)!*
kooḵals'áas' *I'm going to dance lightly*
dance by swaying the body (not moving the feet) (in dedication dance):
ḵu-ya-s'aas'
ḵukwḵas'áas' *I'm going to dance (by swaying my body only)*
dangerous
be dangerous: **ka-li-x̱éetl'shan**
tèet jiwoostàan koolix̱éetl'shanee át-x̱ sitèe *it's a dangerous thing when the waves are beating hard*
xóots koolix̱éetl'shan *brown bears are dangerous*
dare, see **challenge**
dark
be getting dark: **ka-ji-g̱eet**
yán-dei yaa kanashg̱ít *it's getting dark (on the verge of being dark, with no moon, etc.)*
be dark: **ku-ka-ji-g̱eet**
at gutú tóo-x' ḵukooshg̱ítch *it's dark in the woods always*
ḵukawjig̱ít *it's real dark*
dawn, see **daylight**
daylight
become daylight, dawn: **ḵee-ya-.aa³**
ḵeewa.àa *it's daylight*
ḵutàan-t ḵuguhéinin, gooshúḵ gàaw-x' ḵeena.éich *in summer it is full daylight by 9:00*
fade (of daylight), be dusk: **xee-ya-.aat¹**
yán-dei yaa xeena.át *it's getting dusk/daylight is fading*

dazzle
dazzle, shine strongly in one's eyes: **ka-li-leek**
s'eenáa doo yát x̱'ax̱waashát; doo wàak̲ akawlilík *I thrust a light in his face and it dazzled him*
be dazzling, be strong (of light) so that one cannot look at it: **ka-li-leek**
kawliligee s'eenáa *a dazzling light*
kawlilík *it (light) is so strong it can't be looked at*
decay, see **rot**
deceive, see **cheat, lie**[1]
decide, see also **ready, want**
decide, make up one's mind
singular subject: **A + tu-di-taan**
yan gak̲òox̱t toowditàan *he decided to go back (by boat)*
plural subject: **A + tu-li-.aat**[2]
yan has gak̲òox̱t has toowli.àat *they decided to go back (by boat)*
declare, see **confess**
decorate
decorate, dress in clan emblems: **A-x' + yéi + sha-ya-.oo**[1]
haa wdoowa.éex': áx' awé yóot àa doo náa yéi shawdoowa.òo *they've invited us: at the party they are going to put clan emblems on that one*
k'isáanee a dàa yéi s shaawa.òo *the young fellows decorated it (tree)*
decorate (basketry) with grass: **ya-ya-shaak**
k̲ákw yadooshàak *they decorate baskets (by interweaving grass on the surface)*

deep
be deep (of water, snow, etc.): **ya-dlaan**
x̱'áak táa-x' dlèit g̱aadlàan *down in a ravine the snow is deep*
héen tléil g̱wadlàan *the water is not deep*
be deep, thick (usually of grain-like objects, pine needles, etc.):
ka-ya-dlaan
gítg̱aa áa yan kaawadlán *the pine needles are thick (on the ground) there*
dlèit yán-dei yaa kanadlán *the snow is getting deep*
make deep, thick, pile up thickly
(1): **a káa + li-dlaan** (rare)
s'íx'gaa a káa yei dooldlánch *they make the moss thick there*

(2): **a káa + ka-li-dlaan**

dlèit àa-dei x̱waaxwéin: a káa kax̱wlidlàan *I shoveled the snow there and made it deep (on sides of roadway)*

sakwnéin a káa kax̱ladlàan *make the flour thicker (that is, sift more onto table)!*

defeat

defeat, beat: **ya-ya-dlaaḵ**

tlákw yoo yadoowadláḵkw *he always loses (that is, they always beat him)*

defend

defend, fight for: **ḵaa káx̱ + ḵu-li-gaaw**

yóo kèitl tlèin choosh káx̱ ḵoowdligàaw *the big dog defended himself*

talk hard in defending oneself: **x̱'a-ya-t'eex'**

ḵúnax̱ awé choosh káx̱ x̱'adit'éex' *he really talked hard for himself*

defer, see **put off**

deflate

deflate, cause to sag: **ka-li-leil**

akawlilél *he deflated it (balloon)*

defraud

defraud, talk someone out of something: **a káx̱ + ka-li-neek**

a káx̱ ee kakwḵalnéek *I'll try to talk you out of something valuable*

dlèit ḵáa has doo tl'átgee káx̱ has akawlinîk *the white man defrauded them of their land*

delay, see also **put off**

be delayed, hindered, prevented (usually from traveling): **ya-ya-seek**[1]

daax'òon yakyèe x̱'áa-nax̱ x̱at yaawasîk *I was delayed for four days*

delay, hinder, prevent (from travel or other plans): **ya-li-seek**[1]

doo éesh-ch awé áa yawlisîk *her father prevented her (from attending)*

k'eeljáa ḵuyalasîkx̱ *storms delay people*

delay, take one's time, be detained: **A-x̱ + ka-ya-gaa**[1]

tlèil atx̱á yàax̱-x̱ koogàax̱ *he doesn't delay after meals (he jumps up quickly and goes off)*

ch'a yáa-x̱ x̱at kakwgagáa tléix' sunday *I'm going to be detained here one week*

delay, hinder, cause to be late: **ya-ya-.aa**[4]

daa sáwe ash yawoo.àayeen? *what was it delayed him?*

ax̱ éesh yax̱waa.àa *I delayed my father (each time he started leaving I said something else to him, so he couldn't get away)*

delay someone in speech, interrupt: **x̱'a-ya-ya-.aa**[4]

x̱at x̱'ayeeya.àa *you delayed me in speaking/you slowed down my talk by butting in* delay to speak, hold back in speech, be slow to speak: **x̱'a-ya-di-.aa**[4]

x̱at x̱'ayawdi.àa *I didn't speak up right away/I was slow to speak*

be delayed in speaking: **A-ch** (instr) + **x̱'a-ya-si-.aa**[4]

daat-ch sáwe ee x̱'ayawsi.àa? *what made you be delayed in speaking/what kept you from speaking right away?*

delicate

be delicate, need diplomacy, be a touchy subject requireing tack (esp. matters of state, old wars, relationships between aunt and nephew): **ka-li-ts'íg̱waa**

aans'àatee yoox̱'atángee koolits'íg̱waayee át a x̱òo-x' yéi yatèe *there are delicate matters in the mayor's speech*

kalits'íg̱waa *it's a touchy subject and if not dealt with diplomatically it could cause trouble*

need to treat delicately: **ka-li-ts'íg̱waa**

kayeelts'íg̱waayee àa át *things you need to treat delicately, which you should hesitate to talk about*

deliver, see **come**

demand, see **ask**

demonstrate

demonstrate, perform publicly, show by action: **ḵaa waḵsheeyèe-x' + yéi + si-nee**

àa-dei dooḵeis' yé ḵaa waḵsheeyèe-x' yéi awsinèe *she demonstrated how they sew*

yakwtèiyee ḵaa waḵsheeyèe-x' yéi awsinèe *he performed magic before the people*

denote, see **mean**[2]

dent

be dented, bent in: **ka-di-t'aak**

x'eesháa kawdit'ák *the bucket is bent in*

dent, bend in: **ka-li-t'aak**

ax̱ s'áaxoo akawlit'ák *he dented my hat*

eelí: wéi x'eesháa kakg̱eelat'áak *don't! you'll dent the bucket*

deny

deny, contradict, declare untrue: **A-x̱ + a-ka-li-yaakw**

doo éex̱ akax̱wliyáakw *I denied what he said/contradicted him*

tléil àa-dei áx̱ akanax̱tooliyáagoo yé *we cannot deny it/we cannot say it isn't true*

deny, disclaim connection with (person or thing): **ya-shaaḵ**[1]

doo èen x̱waasháaḵ *I denied it/I told him "no" (esp. when asked if one still has any dried fish, money, etc. to give or lend)*

x̱'eidoowóos'ee, oodasháaḵ nòoch *when they asked him, he denied it all the time*

depend, see **rely**

deride, see **laugh**

descend

descend, go down, walk down

singular subject: **yei ya-goot**[1]

shàa kàa-dax̲ yei nagút *he descended the mountain*

plural subject: **yei ya-.aat**[1]

shàa kàa-dax̲ yei has na.át kal.átk̲ *they're coming down the mountain without anything (that is, having hunted unsuccessfully)*

desert, see **abandon, leave**

desire, see also **hope, want**

desire, be anxious to acquire: **A-dax̲ + ji-di-nook**[2]

àa-dax̲ jix̲wdinúk *I'm anxious to acquire it*

xóots-dax̲ jeewdinúk *he really desired a bear/he was anxious to go after it and get it*

despair

be despaired of: **A-x' + a-ya-xaach**

tsu hàa-t k̲eeyatín: dei ee éex' aawaxàajee yé awé *all hopes of your returning had been given up*

despair, give up hope: **a-li-xaach**

tléil ayeelaxàajeek̲ *don't despair!*

yaa antoolxách *we are giving up hope*

destroy

destroy, make nothing of: **hóoch'-x̲ + li-yeix̲**[1]

hóoch'k'-x̲ has agoox̲layéix̲ haa x̲'agáax' daakahídee *they will destroy our temple*

k̲aa yoox̲'atángee hóoch'-x̲ awliyéx̲ *he made nothing of the speeches/he threw them out as being worthless*

detain, see **delay**

deter, see **discourage**

determined

be determined, strong-minded: **k̲aa tòowoo + li-tseen**

a yís doo tòowoo litsèen wéi shukalx̲àach *he's determined to go trolling*

die, see also **kill**

die (human or animal): **ya-naa**[1]

dei x̲at googanáa *I'm going to die*

dei woonàawoo awé x̲waat'èi *he was dead when I found him*

pretend to die: **sh k̲'a-dli-naa**[1]

sh k̲'awdlinàa *he pretended to be dead*

die, be dead (of tree, bush): **di-laax̲**

woodiláx̲ *it (tree) is dead, but still standing*

die, pass away, cease to exist: **k̲óo + di-geik̲**

ax̲ tláa k̲óo wdigéik̲ *my mother died/she no longer exists*

waa sá k̲óo s woodigéik̲? *how did they die?*

die, cease to breath: **A-dax̲ + x̲'asakw-ya-xeex**

doo èe-dax̲ x̲'asagooxèex *he died/he stopped breathing (soft expression)*

die off, come to an end (usually all at one time): **yax̲ ya-si-x'aak̲w**

ldakát yax̲ has yawsix'ák̲w *they all died (at one time)*

l a dàa haa tunatéenee, ldakát yax̲ k̲uyagoox̲sax'áak̲w *if we don't take any action, they'll all die off*

die off (of a number, leaving few survivors): **ka-di-k'eet'**

haa nák̲ has kawdik'éet' *they all died off (leaving just a few of us in the village)*

difficult, see **hard**

dig

dig, dig up: **ka-ya-haa**

gáal' akaháa *he's digging up clams*

yèis-t k̲uwoohàayee, k'úns' kei kdoohéich *when it comes fall time, they dig up the potatoes*

dig (esp. deep), excavate: **ka-si-haa** (rare)

aatlèin yàakw kei kagax̲doos.háa *they are going to dig up the large boat (ancient remains)*

dip in, see **eat**

dip up

dip up (esp. liquid), ladle with dipper or can: **ya-goox'**

k'idéin x̲waagúx' yáa x'eesháa kàa-dei *I dipped it up carefully into this bucket*

héen a kàa-x̲ aawagúx' *he dipped up water from it (spring)*

dirty, see also **discolor**

dirty, make dirty, soil (esp. clothing or person): **li-ch'eix̲'w**

yaa nalch'éx̲'w *it's getting dirty (from being worn)*

eelí: ee l'àagee gag̲eelach'éix̲'w *don't! you will dirty your dress*

dirty, make dirty (on surface): **ka-li-ch'eix̲'w**

ax̲ k'oodás'ee sé-kawlich'éx̲'w *the neck of my shirt is dirty*

be dirty (with accumulation of rubbish): **di-tl'eex**

doo yàagoo yík wooditl'íx *his boat is real dirty/there's lots of rubbish in it*

dirty (either with rubbish or something plastered on), mess up: **li-tl'eex**

sh woodlitl'íx *he got himself dirty (e.g., by tumbling in the mud)*

k̲únax̲ awlitl'íx *it's real dirty (dust, papers and rubbish all over)*

be dirty (of container): **ka-li-tl'eex**

x'eesháa kawlitl'íx *the bucket is dirty inside*

disagree

disagree, argue, dispute: **woosh x̲'ayá- + dli-neek**

woosh x̲'ayát woodoodliník *they disagreed with each other*

l woodoodzikóowoo át dàa-t woosh x'ayáx̲ doolnèek *they disagree and argue about hearsay (that is, about things they don't really know about)*

disappear

disappear (esp. turn into vapor, cease to exist)

(1): **A-dax̲ + ya-haa**

a dàa néegwal'ee àa-x̲ woohàa *the paint on it (totem pole) has disappeared*

(2): **ka-di-haa**

yáa daax'òon àa, áx̲ kawdihàa *the fourth one had disappeared (as a phantom)*

camphor yei kdahéich *camphor disappears*

cause to disappear mysteriously: **ka-li-haa**

ee kakwk̲alaháa *I'll take you some place else/cause you to disappear as if by magic (said jokingly)*

disappointed

be disappointed (1): **k̲aa tòowoo + ka-ya-waal'**

ax̲ tòowoo kaawawál' *I'm disappointed (lit. my mind is broken)*

(2): **k̲aa tòowoo + li-t'ooch**

ax̲ tòowoo woolit'úch *I'm disappointed (lit. my mind is stinging)*

disapprove, see **dislike**

discipline, see **punish**

discolor

be discolored, dirty, cloudy (of liquid, esp. water): **ka-di-wooch'**

wéi héen kawdiwúch' *the water is muddy/dirty*

discolor, dirty, muddy (water): **A-ch** (instr) **+ ka-li-wooch'**

yáa at yátx'ee-ch kawliwúch' *the children muddied the water*

s'ei-ch kalawúch'x̲ *clay clouds water*

be discolored: **ka-dı-woos'**[2]

séew daak gasatánin, x̲áat héenee kadawús'ch *when it rains the salmon creeks get discolored*

náakw héen káa yax̲ kaysaxàayee, héen kagoox̲dawóos' *if you pour the medicine in the water, it will be discolored*

doo yá kawdiwús' *his face is discolored (from bruising)*

discolor, dirty (esp. water): **A-ch** (instr) **+ ka-li-woos'**[2]

at yátx'ee-ch koolwús'ch k̲útl'kw tèen *children discolor it (water) with mud*

discolor water (making it a milky color): **di-l'oox̲'** (rare)

héen woodil'úx̲' *the water is discolored (fresh water with whitish* *clay in it after heavy rain)*

be discolored, change color: **ka-di-yeis'**

ee yá kawdiyés' *your face is discolored (for any reason such as jaundice, bruising)*

discourage

discourage from doing, try to stop doing

singular subject: **k̲aa tòowoo yàa-dei + yoo x̲'a-ya-taan**

a tòowoo yàa-dei yoo x̲'eiwatán *he tried to discourage him and stop him doing it*

plural subject: **k̲aa tòowoo yàa-dei + yoo x̲'a-li-.aat**[2]

haa yéet tòowoo yàa-dei yoo x̲'awtooli.át *we tried to discourage our son from doing it*

discourage, dissuade, deter: **ya-tált**

x̲at tált *he's discouraging me from doing it (he's telling me I won't be able to, etc.)*

tléil ee x̲atált *I'm not discouraging you (that is, I think you should go ahead)*

discover, see **come upon**

discuss

discuss, talk over together: **a dàa + x̲'a-li-.aat**[2]

a dàa x̲'awtooli.àat yàakw tlèin woodoolyèix̲ee *we discussed making a large canoe*

k'isáanee a dàa yoo x̲'ali.átk *the young fellows are discussing it*

dish out, see **spoon**

dislike

dislike: **sh déin + ka-ji-k'aan**

sh déin x̲at kawdoojik'án *I am disliked/nobody wants me*

sh déin x̲at kagax̲yeeshk'áan *you're not going to like me*

dislike, not want, not care for: **tléil + k̲aa toowáa + shi-goo**[1]

tléil ax̲ toowáa ooshgú nèil-dei x̲wagòodee: tlax̲ a yáa-nax̲ si.áat' *I don't want to go home: it's too cold*

tléil agé ee toowáa ooshgú? *don't you like it/do you dislike it?*

dislike, disapprove: **tléil + tóo + g̲áa + ka-shi-nook**[2]

tléil tóo-g̲aa koox̲shanòok, ax̲ x̲'éi oodzikàa *I dislike it that he is lazy and talks back (when I tell him to do anything)*

tléil tóo-g̲aa akooshnòok *he doesn't like it very well/he disapproves*

dislocate

dislocate, put out of joint: **gu-ji-x̲een**

doo kèey àa-x̲ kei goowjix̲ín *he dislocated his knee*

disobey

disobey, neglect or refuse to obey, not listen: **(tléil + k̲aa x̲'éi- + si-.aax̲**[1]**)**

tléil k̲aa x̲'éi-x̲ oos.àax̲ *he continually disobeys*

disobey, act against instructions: **(k̲aa x̲'akàa-nax̲ + dzi-geet²)**
wéi x'úx' ch'a áa yéi ngatèet yax̲wsik̲àa. ax̲ x̲'akàa-nax̲ awé woodzigèet; àa-x̲ akaawajèil *I told him to leave the books, but he disobeyed me and took them*

display, see **show**

dispose of, see **throw away**

dispute, see **disagree**

dissolve, see **melt**

dissuade, see **discourage**

distant, see **far**

distasteful

be distasteful (esp. when too rich and fatty): **ya-li-jee²**
tsàa tàayee yalijée *seal blubber is distasteful/too rich (for many people)*

distribute

distribute, hand out, pass out (esp. definite amount being given out at party): **ka-li-gaa²**
dáanaa akawligàa *he distributed the money*
atx̲á kei kakwk̲alagáa *I'm going to pass out the food*

distrust, see **suspect**

dive

dive from surface of water
singular subject: **ká- + sha-di-x̲eech**
tsàa kát shawdix̲ích *the hair seal dived*
kát shax̲wdix̲ích *I surface-dived*
plural subject: **ká- + sha-ka-dli-g̲eech**
gáaxw kát shakawdlig̲ích *the ducks dived*
dive (as from diving board), jump in: **ji-k'ein**
yindasháan héen-t woojik'én *he dived in (lit. jumped in the water upside down)*

dizzy

be dizzy: **k̲aa dàa + yaa ku-si-g̲aat**
ax̲ dàa yaa kusag̲átx̲ *I'm dizzy all the time*
g̲íl' shakée-dax̲ yín-dei awoolg̲èen, k̲aa dàa yaa k̲usag̲áadee *looking down from a cliff top makes one dizzy*

do, see also **work**

do (general term), fix, cause to happen: **A + si-nee**
yéi at goox̲sanée *he'll do something*
tléil x̲áa-ch yéi x̲wsanèe *I didn't do it/I'm not the one who did it*
neekwdéin woodoodzinèe *he was hurt (lit. they did it to him in a hurting way)*
do, perform (a particular action): **yéi + daa-ya-nei**

tléil dei g̲àataa yéi adaa-ooné: **tlax̲ a yáa-nax̲ oodzikàa** *he no longer does trapping: he's too lazy*

ch'a daa sá doo éesh-ch yéi daanèiyee, hóo-ch tsú yéi adaané *whatever his father does, he does too*

do, act (in certain way): **A + k̲u-ya-nook**[2] (or **k̲u-ya-neekw**)

waa sá k̲eeyanéekw? *what are you doing?*

tléil waa sá k̲ux̲wanòok: **ch'a kax̲ashxéet ayá** *I wasn't doing anything: I'm just writing*

do, act (often in relation to instruction or to public opinion): **A + dzi-geet**[2]

àa-dei yawdoodzik̲àay-éi yáx̲ woodzigèet *he did as he was told*

has doo x̲'ayáx̲ x̲wadzigèet *I did it because they told me to*

dodge

dodge, duck: **ya-tl'eikw**[1]

doo èen yoo x̲'agax̲dool.àadee, tlákw atl'éikw nòoch *whenever they are going to talk to him, he dodges it*

datl'éikw ashigóok *you know how to dodge (in tag ball)*

dodge another's fists, duck: **ji-ya-tl'eikw**[1]

ajeewatl'ékw *he ducked (so that blow aimed at him missed)*

dominate

try to dominate or trounce, attempt to overpower (like a brown bear):

sh ka-dli-xoots[2]

k̲òon sh kawdlixúts *they (big team) were trouncing (the other team) without giving them a chance*

donate

donate, give (esp. money) for public cause, funeral expenses, etc.: **ka-ya-g̲eex'**

dáanaa yaa kandoog̲íx' yáa Hall yayís *they are donating money for the Hall*

donate (usually of present action): **ka-ya-g̲eech**

dáanaa akag̲éech *he's donating money right now*

dose, see **medicine**

double up

be doubled up, folded (of limbs): **ka-di-dootl**[1]

nisdàat kax̲wdidútl: k̲usi.áat' *I was doubled up last night, it was so cold*

kadadútlx̲ yaa ndak̲ínee *it flaps then folds its wings alternately in flight (woodpecker)*

double up, fold (limbs): **ka-li-dootl**[1]

ash kawlidútl *the pain doubled him up*

doubt

doubt someone's ability, lack confidence in, consider unworthy: **ka-li-nook**[2]

x̲at koolinòok *he doubts whether I could do it/he doesn't have faith that I could carry it out*

sh kax̲wdlinòok *I'm not confident I could do it/I consider myself unworthy*

doubt, fail to believe: **tléil + A-k' + a-ya-heen**[1]

déi awé l át-k' oohèen *stop doubting (that's enough of it)!*

downy, see **soft**

drag

drag, pull (esp. either heavy object or limp object such as dead animal): **si-xaat'**

xát'aa yèit yaa kdoosxát'ch *they used to drag (laden) sleds along*

hàa-t awsixát' *he dragged it over here (heavy object on a line)*

drag (esp. light object or solid, stiff object), pull: **ya-x̲oot'**[1]

hàa-t aawax̲út' *he dragged it over here (light object)*

drag (by motor power), transport: **si-x̲oot'**[1]

ixkée-dei haa gax̲doosx̲óot' *they're going to take us south*

drag (esp. tail): **li-x̲oot'**[1]

téel' doo kú kei alx̲út'ch héen táa-nax̲ *dog salmon drags his tail along on top of water*

drain, see also **strain**

drain out, go dry (of kettle etc.): **ka-li-koox**

èex̲ kawlikúx *the oil drained out*

yóo k'wátl a kát kawlikúx *that pot has gone dry (all liquid has gone from it)*

draw[1], see **write**

draw[2]

draw across (curtains): **A-x̲ + shu-ya-ka-li-leel'**

áx̲ ashuyakawlilîl' *he drew (the curtains) across*

draw back (curtains): **A-dax̲ + shu-ya-ka-li-leel'**

wéi s'ísaa àa-x̲ shuyakaylalîl' *draw back the curtains!*

draw back instinctively: **a-di-tl'eikw**[1]

ax̲wditl'ékw *I drew back instinctively*

draw back, stop suddenly and retreat, stop short: **k̲ux̲ a-ka-di-dzee**

xóots k̲asatéen, k̲ux̲ akax̲wdidzée *when I saw the bear I stopped short*

x'íg̲aa k̲áa yaa kg̲agúdin, tléil k̲úx̲-dei akwdadzée *whenever a brave man is going along he doesn't draw back*

draw out (esp. pus) by suction: **li-s'eek̲**

ús'aa-ch kei wlis'îk̲ *soap (in a compress) draws out a boil*

dream

dream: **a-ya-joon**

yéi ax̲ajóon, x̲waajáak̲w *I dreamed that I beat him up*

tléil oox̲ajòon *I never dream*

dress, see also **decorate, wear**[1]

dress, clothe: **k̲aa náa- + yéi + ji-ya-nei**

doo náa-x̲ yéi jeewanèi *he dressed him/gave him clothes*

at k'átsk'oo náa-dei yéi jinané *dress the child!*

dress, dress up: **A-x' + yéi + sha-ya-.oo**[1]

a dàa yéi sha.úx̲x' *she's dressing her (a child, esp. for a special occasion)*

ee sée dàa yéi shana.òo *dress your doll (and make her look pretty)!*

dress up, smarten up, make an effort to look different: **sh ka-ji-geiy**

daat yís sá kwshé gé sh kawjig̲éiy? *I wonder why he's all dressed up?*

drift, see **afloat, float**

drill

drill, bore hole in (usually wood, iron): **ya-tool**

ldakát át dootóol, l'òowoo, g̲ayéis' *they drill everything, wood, iron*

drink, see also **give to drink**

drink (esp. cold liquids): **di-naa**[2]

héen awdináa *he drank water*

tléik̲w kahéenee adanèix̲ *he drinks fruit juice*

drink in sips, sip (esp. hot liquids): **ya-look**

s'ikshaldéen gax̲toolóok *we are going to drink (sip) Hudson Bay tea*

ch'a tlákw at lóok *he's always drinking (tea or coffee)*

drink by sucking, drink through a straw: **ya-s'îk̲s'**

héen as'îk̲s' *he drinks water through a straw*

drink by sipping noisily (esp. drawing in air to cool the drink), slurp: **si-xeik'w**

yawoot'àayee-ch ayá, x̲asaxéik'w *it's because it is hot I am sipping it noisily*

tléil eesaxéik'ook̲; ee leitóox̲-t g̲waaxèex *don't sip it like that; you will choke!*

drink up

drink up, finish up drink: **ka-li-l'oox'**

dei kax̲wlil'úx' yáa gúx'aa *I've already drunk up this cupful*

kalal'úx' *drink it up!*

drip

drip slowly (one drop at a time): **ka-doo-ya-tl'ook̲**

haa k'eeyèe kadootl'óok̲ *it's dripping off our eaves very slowly*

drip fairly fast (1): **ka-doo-ya-x'aas**

haa k'eeyèe kawdoowax'áas *it's dripping off our eaves fairly fast*

(2): **ka-li-x'áas**

gúx'aa kàa-dei kawdlix'áa *it drips into a can (fairly constantly)*

drip real fast: **ka-doo-ya-loox̲**

haa k'eeyèe kawdoowalóox̲ *it's dripping off our eaves real fast (in a steady stream)*

dripping, see **wet**

drive

drive (group of animals), herd: **ka-si-haat**

wasóos daakahídee yèe-dei akawsiháat *he drove them into the cow barn*

drive (group of animals) fast, hustle: **ka-ya-taan**

wanadóo yaa akanatán *he's driving the sheep pretty fast*

drive in

drive in (of rain), force itself in: **sh di-gook̲**

neil sh woodigúk̲ wéi séew héenee *rain water was driving in (during heavy storm)*

drop[1]

drop (medicine), put in drop(s): **ka-li-tl'ook̲**

yáa ee náagoo ax̲ àayee x̲òo-t aa klatl'úk̲ *put a drop of your medicine in mine!*

drop[2], see also **fall**

drop (esp. of spark): **ya-si-xeex**

hít kát yawsixíx *it (a spark) dropped on the roof*

drown

drown, be drowned: **héen-ch** (instr) + **yéi** + **si-nee**

ax̲ éesh deikée-x' héen-ch yéi wsinèe *my father was drowned way out*

ldakát hás héen-ch yéi s woosinèe *all of them were drowned*

drunk, see **intoxicate**

dry, see also **boring, thirst**

be dry, dried (general): **ya-xook**

ee óos'ee dei oowaxúk *your laundry has dried already*

ax̲ leitóox̲ oowaxúk *my throat is dry*

dry (by any method): **si-xook**

g̲oowakàan dlèeyee gax̲toosaxóok *we are going to dry deer meat*

ldakát ax̲ naa.ádee washéen-ch woosixúk *all my clothes were dried by machine (that is, in the clothes drier)*

be dry (of inside of container or of loose objects): **ka-ya-xook**

yáat àa tléil kawooxòok *this (pot) isn't dry*

sakwnéin kaawaxúk *the flour is dry*

dry (inside of container): **ka-si-xook**

k'wátl akawsixúk *he dried out the pot*

be dry (of weather): **k̲u-ya-xook**

xóon ayawdatèeyee ít-dax̲, k̲ugaxúkch *after the north wind has been blowing, everything seems to be dry*

be dry and crisp (of weather): **k̲u-ka-ya-xaak**

k̲ukaawaxáak *it's dry and crisp (somewhat chilly)*

dry fish (occasionally meat), usually by means of fire and with light smoking: **ya-x̲'aan**

at kook̲ax̲'áan yáa k̲utàan *I'm going to make dried fish this summer*

g̲àat ax̲'áan *he's smoking sockeye*

dry apart (something previously glued together): **ka-li-xook**

x'úx' wóosh-dax̲ kawdlixúk *the book has dried apart/come unglued*

duck, see **dodge**

dull, see **blunt, boring, foolish**

dumb

be dumb, unable to speak: **tléil** + **x̲'a-shi-taan**

tléil yoo x̲'eishtánk *he is dumb*

dump

dump, empty in one mass (by turning over container): **ka-si-xaa**

a kàa-dax̲ yax̲ kax̲wsixáa *I dumped it (garbage)*

naa.át yax̲ akawsixáa *he dumped the clothes*

durable, see **last**
dusk, see **daylight**, **shadow**
dwell, see **live at**
dye, see also **stain**

dye (esp. clothing), change color of: **ka-li-yeis'**

ax̱ keenaak.ádee x̱'àan yáx̱ kax̱wliyés' *I dyed my topcoat red*

ax̱ téelee dàa kakwḵalayéis' *I'm going to put polish on my shoes (changing their color)*

e

easy

be easy to obtain, be easily accessible (esp. in hunting, be easy to get close to): **A-x' + li-x̱'waas'**[2]

hòon daakahídee yóo-x̱ yaa ndahún: naa.át áa lix̱'wáas' *when the store is having a sale, clothes are easily gotten (that is, are cheap then)*

sháchk wán g̱oowakàan áa lix̱'wáas' *deer are easy to get close to at the edge of the muskeg swamp*

eat, see also **give to eat**

eat (general): **ya-x̱aa**[1]

g̱oowakàan dlèeyee gax̱toox̱áa *we will eat deer meat*

sh tóo-g̱aa has woodix̱áa *they ate as much as they wanted*

eat (small amounts, variety of things): **si-x̱aa**[1]

ldakát át has asx̱á, Lingít *Tlingits eat everything (that is, have a varied diet)*

doo jín asx̱á *he is eating his hand (of infant)*

eat berries directly from the bushes: **ka-ji-x̱aa**[1]

eelí ch'as l keeshx̱áak; ḵuk'ít' ḵu.àa *don't just eat the berries; pick them (that is, for taking home)!*

eat raw gumboots (usually on the beach): **ya-x̱'eex'w**[1]

shàaw doox̱'éex'w *they eat gumboots (chiton) raw from the beach*

eat raw sea urchins (usually on the beach): **a-ya-nees'**

ax̱waanées' *I ate the sea urchin*

eat raw seafoods (usually on the beach): **ya-tl'eikw**[2]

yaloolèit tsú dootl'éikw *they eat cockles raw too*

eat after dipping in oil, syrup, etc.: **ya-ch'eet'**

èex̱ gax̱tooch'éet' *we'll dip it in the oil and eat it*

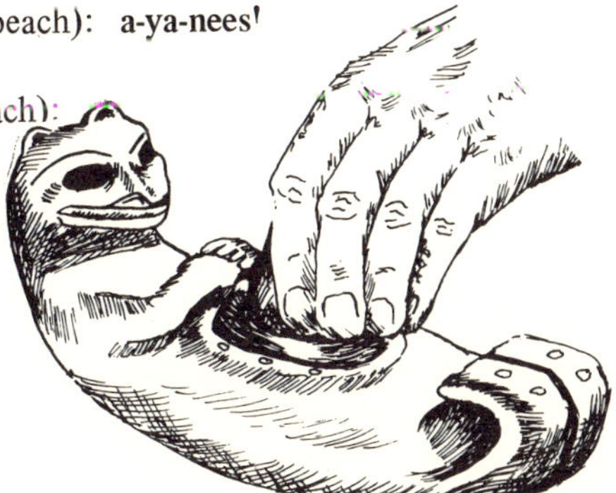

eat after taking out edible part with back of the thumb (esp. seafoods and dried fish): **li-dleixw**

nées' ladléxw *eat the sea urchins!*

eat with fingers: **li-ch'eet'**

lach'ít' *eat it with your fingers (esp. dip your fingers into the food)!*

pretend to eat: **sh ḵ'a-dli-x̱aa**[1]

sh ḵ'ax̱toolx̱àa *let's pretend to eat!*

eat up

eat up with back of fingers, clean up plate thus: **ka-ya-ch'eet'**

yáa s'íx' kagax̱tooch'éet' *we'll clean up this plate with our fingers (showing our real enjoyment of the food)*

eat up, finish one whole thing: **si-k'eet'** (rare)

woodoodlitsígee yàaw x̱wasik'ít' *I ate up the whole broiled herring*

eat up, finish up, consume

(1): **yax̱ ya-si-x̱aa**[1]

yax̱ yawdoodzix̱áa *they ate it all up (lots of pieces)*

(2): **ya-k'eet'**

a kàa-x̱ k'ít' *finish it up!*

doo x̱'éi-x̱ x̱waatèeyee atx̱á aawak'ít' *he finished the food I gave him*

ebb, see **tide**

echo

echo, resound: **dzi-.aax̱**[1]

xèitl woodzi.àax̱ *the thunder echoed back and forth*

yoo dzi.áx̱k *it resounds, like an echo*

elapse, see **pass**

elbow, see **nudge**

elect, see also **restore**

be elected

singular subject: **ḵaa káa + daak dzi-geet**[1]

doo káa daak woodzigít *he is elected (that is, the choice fell on him)*

plural subject: **a tóo + daak ka-ya-soos**[1]

ch'a dáx̱nax̱ a tóo daak kaawasóos *just two were elected (that is, they fell into office)*

elect, cause to be in office: **a tóo + daak ka-li-soos**[1]

a tóo daak kawdoodlisóos *they were elected*

embarrass, see **face, shame**

embroider, see **sew**

empty, see also **dump**

be empty, contain nothing: **tléil + ka-di-.ét** (or **ka-di-.ék**)

tléil kooda.ét: kèitl shakdéi a kàa-x̱ oowak'ít' *there's nothing there (in the dish): maybe the dog ate it all up*

k'úns' gwéil tléil kooda.ét *the potato sack is empty*

be empty (of container with small opening): **tléil + tu-di-.ét**

inx'eesháa tléil tooda.ét *the bottle is empty/has nothing in it*

empty large dish (at party) and lift it with a shout to show it is

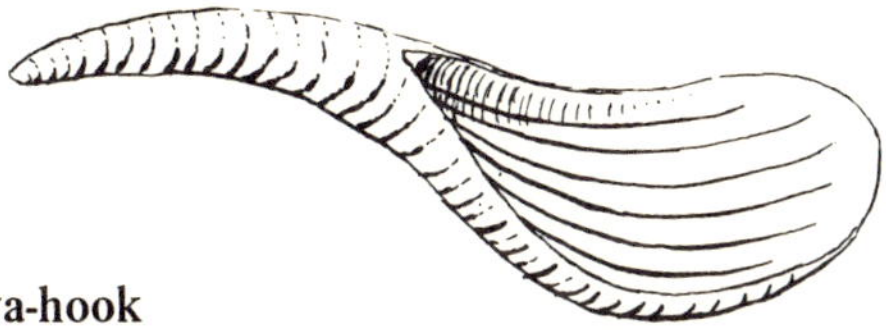

empty: **kei ya-hook**

kei doohúkch *they emptied (the dish) and lifted it up (in triumph)*

kei aawahúk doo xwáax'oo tèen *he emptied it (ate all the contents of it) with his tribal brothers*

empty: **shu-li-xeex**

doo g̲altóo at shoowlixèex *he emptied his pockets*

át ashoowlixíx *he emptied it (by taking several trips)*

enclose

enclose, surround completely: **daa-si-haat**

g̲èiwoo tèen adaawsihát *he completely surrounded it with a seine net*

ch'a yeedát nèeyis daawtoosihát; x̲'aháat áa yéi gax̲too.òo *we've enclosed it for now; but we're going to put a gate in there*

encourage

encourage, exhort to continue, urge on: **k̲aa yáx̲ + a-ya-li-x̲'eiy**

doo yáx̲ ayax̲wlix̲'éyx' *I encouraged him/told him not to be a coward*

at yátx'ee yáx̲ has awoolx̲'éiyeen *they used to encourage the children (urge them to bathe in the sea)*

encourage, comfort, strengthen: **k̲aa tòowoo + li-tseen**

ee tòowoo galatsèen *take courage (encourage yourself)!*

doo x̲án-t oowagút, doo tòowoo agax̲latsèent *he went to his place to comfort and encourage him*

end

close, end, finish (of season, show, etc.): **yan shu-ji-xeen**

táakw yán-dei yaa shunaashx̲ín *winter is coming to an end*

g̲oowakàan l'óon yan shoowjix̲ín *the deer hunting season is closed/has ended*

end, came to an end, pass (of time, etc.): **shu-ya-xeex**

nás'k yakyèe shunaaxéex *three days ago (that is, three days had passed)*

shukwg̲axéex haa yoox̲'atángee *our language is going to run out/come to an end*

end, pass (of time) (1): **ka-ya-kees'**

t'aawák̲ dísee ayá yaa kanakís' *February has passed*

kaawakís'ee àa dís *last month*

(2): **ya-ka-ya-kees'** (rare)

yáa dís yaa yakanakís' *it's the end of this month*

endure

endure, bear up under suffering, suffer patiently

likòodzee àa-dei doo tòowoo litsèenee yé, yáa at k'átsk'oo: tléil yoo kwdagáx̲k doo éesh-ch x̲íshdee *it's amazing how that boy endures (that is, has a strong mind about it): he doesn't cry when his father whips him*

aatlèin yéi tunòok a tóo-nax̲ yaawagút *she endured great suffering (that is, she went through it)*

energetic, see **ambitious**

enjoy, see also **fascinate, habit**

enjoy (esp. songs and speeches): **k̲aa toowáa + k̲'a-si-goo** [1]

ax̲ toowáa yee k̲'awsigòo: ee at shéeyee wook'èi *I really enjoyed you: your singing was pretty good*

be enjoyable, fun, make one happy (esp. of speeches or songs at party): **k̲'a-si-goo** [1]

Christmas k̲u.éex'ee kei k̲'agoox̲sagóo *the Christmas party will be enjoyable (there will be lots of fun)*

tlax̲ k̲'asigóo *he makes one feel good (as he speaks or sings)*

enough, see **insufficient**

entertain

entertain (inviting folk and enjoying their company), amuse oneself: **k̲u-dzi-.ook'**

Christmas káx' k̲ugax̲doos.òok' *they are going to entertain at Christmas*

k̲us.òok' *he's amusing himself (playing pretending games)*

entice

entice, call up, bring to oneself: **ka-li-dootl** [2]

tsàa kax̲wlidútl *I called up a seal (brought it close enough to shoot)*

tòo-t kax̲wlidútl wéi at k'átsk'oo *I've got that child used to me (with candy, etc.) so he'll do what I please*

entice, call (animal) with words or sounds: **ka-ya-geis**

kèitl kanagéis *call the dog!*

ldakát át kadoogéis *they entice everything (such as deer, seal)*

erase

erase (writing): **ka-li-xeel'**

àa-x̲ akawlixíl' *he erased it*

àa-dax̲ kakwk̲axéel' *I'm going to erase it*

erase, rub off, cause to disappear: **A-dax̲ + si-haa**

àa-dax̲ nas.há *erase it!*

dei àa-dax̲ x̲wasihàa *I've already erased it/rubbed it off*

erect, see **stick up**

escape

escape, flee, run away (on foot)

singular subject: **kei a-ya-di-goot**[1]

kei ayawdigút *he escaped*

plural subject: **kei a-ya-di-.aat**[1]

kei s ayawdi.át *they escaped*

escape by boat: **kei a-ya-di-k̲oox̲**[1]

kei s ayawdik̲úx̲ *they escaped in a boat*

esteem

esteem someone equal to or better than another: **A + ka-li-daal**

a yáx̲ sh koodlidáal *he esteemed himself his equal (lit. he made himself of the same weight)*

k̲aa yáa-nax̲ ee koox̲lidáal *I think you are above everyone/rate you higher than others (lit. I make you heavier than anyone)*

eternal

be eternal everlasting, never-ending: **tléil + shu-ji-x̲een**

l yan shoowjix̲ínee k̲ustí doo jèe yéi kwg̲atée *he will have eternal life*

yee èen-x̲ goox̲satée, tléil yan shuwooshx̲èenee-dei *he will be with you forever (that is, until the no-ending/eternity)*

evaluate, see **figure out**

evil, see **bad**

exalt

exalt, lift up, raise: **(kée + yatx̲ ya-tee**[2]**)**

Dikée Aank̲áawoo-ch kée yatx̲ oowatée *God exalted him*

at yáx' awooné tóo-nax̲ kée yatx̲ akwg̲atée *he will be lifted up and honored*

examine

examine, inspect, look into, judge, assess: **a dàa + ya-dzi-.aa**[2]

haa dàa yagax̲doos.áa *they are going to examine us/we're going to get a checkup*

hàa-t ayá x̲at kawdoowak̲áa, yee k̲ustèeyee a dàa yank̲as.àa *they sent me here to look into your way of life (to judge whether it is good or not)*

excavate, see **dig**

exchange

ask to exchange (usually in close in-law relationship) (the amount of money given in exchange for the article asked for will be in relation to the feelings of the people involved, not in relation to the economic value of the article): **ya-k̲éenas**

ee l'àakee káx' ee x̲waak̲éenas *I'm asking you to give me your dress*

(in exchange I may give you an amount way beyond its worth because I know you need the money for some pending public activity)

yàakw káx' aawaḵéenas *he asked for the boat (from his brother-in-law; in exchange he might give way below the price of it, because they are very close in friendship)*

Lingít-x̱ óosh gé satéeyeen, a káa nḵwaḵéenaseen *if she were a Tlingit, I would ask her for it (implying, that because she is not in the culture she would not understand the system of exchange)*

exchange, trade

a daséix' (often **woosh daséix'**), when used with a variety of verbs (esp. those concerned with carrying objects), will usually be translated 'exchange'

at dòogoo daséix' awé yadoostánch óonaa *they used to trade skins for rifles*

a daséix' ayaawatán ch'a haa àayee *she exchanged it for ours*

haa daséix'an woodihàan gán-dei *he exchanged places with us (standing up and going out as we came in)*

woosh daséix' yax̱toola.àadee kwshé *let's trade!*

woosh daséix' yakx̱waajél *I exchanged the positions (of many objects)*

excited, see **crazy**

exclaim

exclaim, cry 'hoo! hoo!' (in order to strenghten one's resolve to endure pain or death): **x̱'a-ya-dzi-daay**

a yayèe-dei x̱'ayeesdáy *cry 'hoo! hoo!' before it happens (e.g., before having amputation mentally shut off the pain by this means)!*

x̱'ayawdzidáy *he cried 'hoo! hoo!' (when enduring pain of training)/ he made the sound of his clan animal (when going out to die)*

exclaim 'ha! ha!' in ceremonial singing and dancing (esp. when emotionally worked up): **li-ḵaax̱**

at x̱waliḵáx̱ *I exclaimed 'ha! ha!'*

awliḵáx̱ *he was clapping his hands and exclaiming 'ha! ha!' (while his halibut hooks were going down)*

excuse, see **forgive**

excuses, see also **glib**, **undecided**

excuse oneself, make excuses: **sh x̱'a-dli-jaaḵw**^{2}

ch'a ldakát yéi-dei awé át sh x̱'ayeedlijàaḵw *you are making all kinds of excuses (as to why you lost the race)*

exert oneself, see **set upon**, **strive**

exhaust

be exhausted, faint for lack of food: **ya-saaḵ**

oowasáḵ *he's exhausted*

be exhausted, stiff, numb: **li-saak̲**
yaa nalsák̲ *he's getting all in*
x̲at woolisák̲; kei kwk̲adaháan *I'm getting stiff (with sitting); I'm going to stand up*
be exhausted, reach the limit of endurance: **ka-ya-saak̲**
héen awdanàayee-ch awé, kaawasák̲ *he's all in, because he drank water (and thus reduced his body temperature)*
exhaust, cause to be all in: **ka-li-saak̲**
yaa ndayáan x̲at kawlisák̲ *packing (deer) gets me really exhausted*
be exhausted, short of breath, tired out: **ka-ya-dzaas**[1]
x̲at kaawadzás *I'm tired out (after hunting or paddling)*
exhaust, tire out: **ka-li-dzaas**[1]
yaa ndayáan x̲at kawlidzás *packing (deer) really tires me out*
exhaust, tire out game by pursuit (esp. fur seal on open sea): **ka-li-shaak̲**[2]
x̲'óon kadoolshák̲x̲ *they used to paddle after the fur seal until he was exhausted (then they could get close enough to kill it)*

exhort, see **encourage**
exist, see **be**
expect, see also **anticipate, hope, think**
expect, look forward to seeing: **sa-si-t'aan**
k̲ineetínnee, ee sagax̲toosat'áan *when you take a trip, we shall expect you back again*
ax̲ yéet sax̲wsit'án *I'm expecting my son*
expect, consider likely to happen or arrive: **shu-si-tee**[2]
Aangóon aantk̲èenee has ashusitèe *Angoon is expecting visitors*
has doo éet awdligín, has doo jèe-dax̲ at shusatíèen *he looked at them, expecting to get something from them*
be expected: **shu-ya-tee**[2]
x̲áa shoowatèe *an attacking force was expected*
expensive
be expensive, high-priced: **x̲'a-li-tseen**
waa sá yee ée x̲'awlitsèen? *how expensive was it for you?*
explain
explain: **k̲unáax̲ + daak ka-ya-neek**
ee èen k̲unáax̲ daak kakwk̲anéek *I'll explain to you*
waa sá tléil x̲àan k̲unáax̲ daak keeníkch? *why don't you explain it to me?*
explode, see also **blow up**[2]

explode, blow up: **shi-took**^{2}

sdòox tóo-nax̱ yóo-t woojitúk *the stove exploded (that is, the explosion came through the door or lid)*

óonaa wjitóok *someone fired a gun and the explosion was heard*

exploit

exploit the possibility, take the chance, successfully take advantage of the situation: **li-cheesh**

yáa shàa awlichísh *he exploits the mountain (he goes up when he has a chance and every time he comes back with deer, etc.)*

expose

be exposed, move into the open: **gák-x̱ + ya-haa**

doo yéi jinèiyee gák-x̱ oohàa *what he has been doing (in secret) has now been exposed*

extend

extend, stretch, reach to (of narrow item, esp. road): **A- + ya-shoo**^{1}

dèi at gutóo-t oowashóo *the road extends to the forest*

táay xéedee a shóo-t oowashóo *there's a furrow the whole length of the garden*

extend in area: **ka-ya-xaat**^{1}

at gutú naaléiyee yéi-dei kaaxát *the forest extends for a long way (to a far place)*

extinguish, see **put out**

extreme, see **indulge**

eye, see **blink, cataract, close**^{2}**, one eye, rub, snap at, wink**

f

face, see also **charcoal, long-faced, powder, redden, show**

make faces at, try to embarrass by imitating with grimaces: **ya-ka-di-kaa**^{2}

haa yakwdakàa *he's making faces at us*

wéi shaatk'átsk'oo yakax̱wdikàa *I made faces at that girl*

fade, see **daylight**

fail

fail: **tléil + ya-ya-dlaaḵ**

tléil woonx̱adláḵch *I always fail/I never succeed*

tléil ayawoodlàaḵ *he failed (in attempt to get stove to work)*

fail (esp. to conform to expectations and standards of the culture), fail partially: **tléil + g̱áa + shi-tee**^{1}

tléil g̱áa x̱at wooshtèe *I failed (for instance to return a greeting suitably)*

tléil ḵu.àa g̱áa wooshtèe *but he failed (to get message across,* *though he spoke well enough)*

fail completely: **ka-di-kei**

x̲at kawdikèi *I failed completely*

tléil ee kawdaké *you didn't fail/you did pretty well on that (lit. you couldn't be ripped back or undone)*

faint, see **exhaust, pass out**[2]

fair

be fair-skinned, fair-complexioned: **dli-woo**[2]

wéi k̲áa dliwú *that man is very fair-skinned*

yéil ilwéinee ... *when the raven turns white ...*

faith, see **rely, trust**

fall, see also **collapse, rain, rot, trouble**

fall, drop (of a number of objects all together): **ka-ya-soos**[1]

doo g̲altóowoo woos'éil'ee, dáanaa àa-dax̲ yei kakwg̲asóos *if his pocket is holey, the money will fall from it*

t'éex' kàa-nax̲ yei s kaawasóos *they all fell down on the ice together*

let fall, drop: **ka-li-soos**[1]

ax̲ jèe-dax̲ kax̲wlisóos *I let it fall from my hand*

fall (of many things or a mass, falling all at once in a pile or heap): **di-k̲oosh**

kawóot ax̲ jèe-dax̲ woodik̲óosh *all the beads fell from my hands*

gúx'aa daak woodik̲úsh *a whole lot of cans fell over/tumbled down*

fall (of live creature): **dzi-geet**[1]

dzèit káx̲ woodzigèet *he fell down from the ladder*

tléil àa-dei t'éex' káx' has g̲oox̲dzigèedee yé *they won't fall on the ice*

fall, drop (of hard, solid object): **ji-x̲een**

k'wátl doo jèe-dax̲ woojix̲èen *the pot fell from her hand (that is, she dropped it)*

fall (of textiles, large wide soft object): **ya-wook̲**

x'óow tíx̲' kàa-x̲ woowòok̲ *the blanket fell off the line*

ee keenaak.ádee a kàa-x̲ yei kwg̲awóok̲ *your coat is going to fall off (the chair)*

fall (esp. of powdery substance or grain-like objects) (falling a little at a time): **ka-di-g̲aat**

tléik̲w dei kawdig̲áat *the berries have already fallen (not many left now)*

kadás' kadag̲átch *hail is falling (a little at a time, here and there)*

fall (of stick-like object): **sha-ji-x̲een**

ee kàa-dei yaa shanashx̲ín *it (ladder) is falling on you*

daak shawjix̲ín *it (pole) fell on you (slid down the wall)*

fall, drop (esp. small, compact object): **ya-xeex**

x'úx' nadáakw kàa-dax̱ daak oowaxíx *the book fell from the table*

fall, drop (esp. large or complex object): **si-xeex**

radio daak woosixíx *the radio fell down*

tíx' wook'òodzee awé ḵóok yei saxíxch *when the rope broke, the box fell down*

fall, drop (esp. round object): **ka-ya-xeex**

k'úns' daak kaawaxíx *the potato fell down*

fall, drop (esp. small, stick-like object): **ka-si-xeex**

daak kawsixíx *it (bobby pin) dropped*

fall (of natural precipitation,rain, snow, etc.): **daak si-taan**

dlèit daak goox̱satáan shakdéi *maybe it's going to snow*

kadás' daak woostàaneen *hail was falling*

fall (of water), cascade: **li-x'aas**

tlax̱ yáa naakée woolix'áas *there's a waterfall way up the bay*

fall apart, crack into two pieces: **wóosh-dax̱ + di-g̱aat**

s'íx' wóosh-dax̱ woodig̱áat *the plate fell apart (in two pieces)*

té wdoot'éix̱'ee, wóosh-dax̱ yei dag̱átch *when they pound a rock, it cracks in two (and falls apart)*

fall apart, come apart (of fitted tube-like objects): **wóosh-dax̱ + x̱'a-di-g̱aat**

sdòox x̱'atsáag̱ee wóosh-dax̱ kei x̱'awdig̱át *the stovepipes came apart*

fall down (of buildings): **sa-di-g̱aat**

Kanasnòow-x' has doo hítx'ee yéeyee áa sadag̱átch *their former houses have all fallen down in Killisnoo*

héen x̱ookadzèidee sawdig̱átch *the dock fell down (fell to pieces)*

fall out

fall out (of hair and feathers), molt: **dzi-g̱aat**

gáaxw t'àawoo a dàa-dax̱ isgátch *ducks molt their pinion feathers*

ax̱ shax̱àawoo ax̱ sháa-dax̱ isg̱átch *my hair is falling out*

fall out (esp. of hair): **ka-li-soos**[1]

ax̱ shax̱àawoo àa-x̱ yei kanalsóos *my hair is falling out*

fall upon, see **attack**

famous

famous, well-known, notable: **li-sàayee**

ax̲ káak lisàayee *my uncle is famous/he is known all over*

fancy

be fancy, prominent (esp. in appearance), conspicuous, attracting attention: **ka-li-g̲ei**

kalig̲éi yáa nadáakw *this is a fancy table*

kalig̲éiyee k̲áa-x̲ sitèe *he's a prominent man/attracts attention by his dress, 'high-brow'*

far

be far, distant (in time or space): **ya-lei**

naaléi agé has doo àanee? *is their town far away?*

tléil ee ée-tx̲ goog̲alèi *he won't be far from you*

tléil oonaléi *it's not far/for a short while (that is, not distant in time)*

wáa koonaaléiyee yéi-t sá eeyagút? *how far did you go?*

farewell, see **honor**

fascinate

be fascinating to watch, be a wonderful sight: **ka-li-tées'shan**

Klakwaan k̲wáanee hàa-dei s akwg̲al'èix̲: yéi x̲waajée kei kagoox̲latées'shan *the Klukwan people are coming here to dance: I think it will be a fascinating, a wonderful sight*

be fascinated, enjoy watching, be spell-bound: **k̲aa toowáa + ka-li-tées'shan**

ax̲ toowáa koolitées'shan *I love to watch it/I am fascinated by it*

be fascinating to listen to, a compelling storyteller: **x̲'a-ka-li-.áax̲ch'an**

x̲'akwli.áax̲ch'an *he's a fascinating speaker (his presentation is so good and his actions go right along with it)*

doo shkalnèegee x̲'akwli.áax̲ch'an *his story was fascinating, one was compelled to listen*

fast[1]

be fast, quick (at doing things): **ya-sátk**

yéi x̲waajée, kei kwg̲asátk *I think he'll be fast*

at t'úkt tèen yasátk *he was fast with bow and arrow*

be fast (at running or walking): **ya-goot**[1]

k̲aa yáa-nax̲ yagóot *he goes faster than anybody*

fast[2]

fast (esp. for 24 hours at a time), refrain from eating: **x̲'a-ya-x̲ee**

daax'òon x̲at x̲'eiwax̲ée *I fasted four days*

al'óon yayèe-dei k̲aa x̲'ax̲éex̲ *men fasted before going out on hunting trips*

fat, see also **prime**

be fat (of human), gain weight: **dli-neitl**

yei nalnétl *he's gaining weight/getting fat*

woodlinèidlee k̲áa *a fat man*

fatty, see **distasteful**
favored, see **fortunate**
fear, see **afraid**
fearful, see **apprehensive**
feel, see also **touch, want**

feel (esp. physical sensation): **A + sh di-nook^2**

waa sá yéi yaa sh nax̱danúk? *what kind of a feeling am I getting (what am I starting to feel)?*

tléil k'idéin sh oodanúkx̱ *he doesn't feel well*

feel (physical or emotional): **tóo + ya-nook^2**

ax̱ lidéx̱'-x' awé tóo x̱waanúk si.áat'ee át *I felt something cold on my neck*

tóo gax̱yeenóok yee x̱sax̱ánee *you will feel that I love you*

feel (esp. emotional), feel like: **A- + ya-nook^2**

x'áan-t oowanúk *he got angry/he felt like anger*

doo yís x'áan-t x̱waanúk *I feel mad at him*

feet, see **jerk, shuffle, stamp, step**
fell

fell trees: **li-g̱eech**

àas tlénx' has alg̱ícht *they fell big trees*

àas a yayèidee káx' has agoox̱lag̱éech *they are going to fell the tree onto skids*

ferment, see **bubble**
fetch

usually an adverbial phrase containing **-g̱aa** *for, in order to obtain* can be used with a verb of motion to produce the translation 'fetch'

fetch, go for walking (and bring back)

singular subject: **(ya-goot^1)**

gán-g̱aa woogòot *he went to fetch firewood*

fetch, go for running

singular subject: **(ji-xeex)**

nurse-g̱aa neeshèex *fetch a nurse!*

few, see **little, many**
fight, see also **defend, wrestle**

fight: **k̲u-li-gaaw**

k̲ux̱wligàaw doo èen *I fought him*

figure out

figure (someone) out, size up, investigate and evaluate:

k̲aa dàa-x̲ + ya-ya-daa[2]

doo dàa-x̲ k̲uyaawadàa *they have observed him and figured him out (as being good or bad)*

a dàa-x̲ woonadá *you investigate it and consider all that's involved!*

file, see also **sharp**

file (general) smooth or sharpen with a file: **ya-x'aat**

aawax'át *he filed it*

file or sharpen with a grindstone: **ya-g̲eel'**

aawag̲îl' *he filed it with a grindstone*

fill, see also **pervade**

be full (general and abstract), be filled: **sha-ya-heek**

wéi k̲óok shakwg̲ahéek *that box will be filled up*

fill (with solids, abstract): **sha-li-heek**

haa yàagoo shawtoolihîk *we filled our boat*

yan ashawlihîk wéi yakyèe *he filled the day (with what he was doing)*

kèitl-ch shawlihîk yáa àan *this town is full of dogs*

be full (with liquid): **sha-ya-ts'eet'**

k̲'atèil shaawats'ít' *the pitcher is full*

fill (with liquid): **sha-li-ts'eet'**

wéi x'eesháa héen-ch shalats'ít' *fill that bucket with water!*

be full to overflowing (with liquid): **sha-ya-tl'eet'**

séew héenee shaawatl'ít' haa káasdee *our barrel is full to the brim of rain water*

fill to overflowing (with liquid): **sha-li-tl'eet'**

shagax̲toolatl'éet' *we'll fill it to overflowing*

fill (usually from faucet): **ka-si-daa**[1]

a kat'óot-t kasadá *fill it half full!*

fill, pack to the top neatly, stack up (food, clothing, etc.):

sha-ka ya-chaak

shakx̲waachák *I filled it (suitcase)*

tléil ashakawoochàak *he didn't fill it*

fill, fill up (esp. gradually, with fish, berries, etc.): **sha-ya-yeek̲**[2]

hóo-ch awé yaa ashanayîk̲ wéi yàakw *he's the one who is filling the boat (with fish)*

fill, be full (esp. to point of overflowing?): **ka-si-.ook**

a kat'óot-t kasa.úk *fill it half full (esp. with berries, salt, etc.)!*

filter, see **strain**

find, see also **come upon**

find (general) (usually as the result of searching): **ya-t'ei**[1]

tákl, nadáakw tayèe-dax̱ aawat'èi *he found the hammer under the table*

find (usually complex or large object or rope-like object): **si-t'ei**[1]

tíx' x̱wasit'èi *I found a rope*

find (usually round, spherical object): **ka-ya-t'ei**[1]

t'aawáḵ k'wát'ee akaawat'èi *he found the Canada goose eggs*

find (usually stick-like object or plural round objects): **ka-si-t'ei**[1]

t'áa kàa-dax̱ kooxéedaa kawtoosit'èi *we found a pencil on the floor*

find, come upon (often without searching): **ḵaa káx̱ + ḵu-ya-shee**[1]

doo káak x̱án-x' doo káx̱ ḵux̱waashèe *I found him at his uncle's place*

tléil tsu a káx̱ ḵuwooshèe *he never did find it*

find out, see **prove**

fine, see also **glad, good**

be fine (of weather): **ḵu-ya-k'ei**

seig̱ánin kei ḵukwg̱ak'éi shakdéi *maybe it will be fine weather tomorrow*

finger, see **link, meddle, shake**

finish, see also **end**

be finished, complete, ready: **yan ya-nee**

dei ax̱ naa.ádee gé yan oowanée? *are my clothes finished yet (when being altered)?*

ldakát át yan oowanée *all the preparations are completed/everything is ready*

finish, complete: **yan si-nee**

tléil tsu yax̱ at oosní *he never finishes anything/never completes it*

dei ax̱ naa.ádee gé yan yeesinée? *have you finished (altering) my clothes yet?*

be finished, completed, fulfilled: **yan sha-ya-heek**

yan shaawahîk *it is finished (e.g., school course) (lit. it is filled up)*

finish up, see **drink up, eat up, use up**

fire[1]

fire (gun, etc.), shoot off, blast: **li-.oon**

yáa àan daa.óonaa awli.óon *he fired that cannon*

yaa anal.ún *he's shooting off (a machine gun) (that is, going along firing)*

fire[2]

fix fire, build a fire (using wood)

(1): **A- + a-ya-.aak**[1]

a tóo-t ax̱waa.ák *I fixed the fire in it*

dei át agé awdoowa.ák? *have they already made a fire?*

(2): **shóo- + a-di-.aak**[1]

shóo-dei agax̱tooda.áak ts'ootàat-x' *we'll make a (wood) fire in the morning*

shóo-t ax̲wdi.ák *I fixed the fire*

fish

fish with seine net, seine: **a-dzi-g̲èiwoo**

cháas' awdzig̲èiwoo *he was seining humpy salmon*

fish with dip net, dip net

(1): **dzi-deek**[1]

awdzidéek *he fished with a dip net*

(2): **dzi-dèegaa**

sàak awé doosdèegaa *they dip net for eulachon (candlefish)*

fish with line

(1): **si-yeek̲**[1]

t'á kín-dei awsiyík̲ *he hauled in (caught) a large king salmon*

(2): **ka-dzi-yeek̲**[1]

daat x̲áat sá has akasyèek̲? *what kind of fish are they catching (with a line)?*

fish with rod, jig (esp. herring), sport-fish: **sha-dli-x̲oot'**[1]

tléil yàaw ashoolx̲òot' *he's not jigging herring*

fish with hook, catch on hook: **si-t'eix̲**

kei awsit'éx̲ *he caught it with a hook*

fish with hook(s) drawn along through water, troll: **shu-ka-dli-x̲aach**

has shukalx̲àach *they are trolling*

fish with gaff hook, gaff: **ya-k'eix̲'**

héen yík-dei nagú, at k'éx̲'t *let's go to the river, gaffing!*

x̲áat dook'éx̲'t *they are hooking salmon*

fish with halibut hook: **di-naak̲w**[1]

goo-x' sá eedanák̲ws'een? *where have you been halibut fishing?*

danák̲ws' kook̲ak̲óox̲ *I'm going fishing with a halibut hook*

fish with rake, rake (esp. herring): **ya-xeetl**[1]

yàaw aawaxítl *he raked herring*

fit, see also **suit**

fit, be big enough to suit (of clothing): **A-x' + g̱áa + ya-gei**[1]

ax̱ náa-g̱aa koogéi *it (clothing) fits me*

ax̱ jikáa-g̱aa kwdigéi *they (gloves) fit me*

ax̱ x̱'òos-g̱aa kwdigéi *they (shoes) fit me*

fit, suit, fit together: **A- + li-jaaḵw**[2]

doo yát woodoodlijáḵw *they have fitted it (name) to her (that is, the name she has been given fits her, because she is like the former bearer of the name)*

wóosh-t x̱walijáḵw *I have fitted it (jigsaw puzzle) together*

fit the speech to the occasion, say or sing that which is suitable: **x̱'a-ka-ya-jaaḵw**[2]

ee sánee hás x̱'akajáaḵw *your uncles are good speakers/say what is fitting*

fit, move into exact position: **A-x' + ya-haa**

tléil yéi x̱wajéeyeen áa kwg̱ahàayee *I didn't think it (pieces of jigsaw) would fit just there*

ch'a àa-dei yeeyaḵàay-éi yáx̱ áa oowaháa *it just fits what you said/ it has turned out just as you said*

fit, fit together: **A-x' + si-haa**

wéi at kax'ás'tee áa sahá *fit that piece of lumber into the other one!*

áa awsiháa doo at koo.àag̱oo *he fitted his plans there (that is, actually did what he had been talking about)*

be fitting, proper

(1): **yan ya-jaaḵw**[2]

doo ḵustèeyee yan oowajág̱oo át-x̱ sitèe *his way of life is fitting/ proper*

yan oowajáḵw *it is fitting*

(2): **A- + li-jaaḵw**[2]

doo x̱'éi-dei woodoodlijàaḵw wéi yoox̱'atánk *his speech is fitting/ fits in with his actual lineage*

fix, see **do**

flabbergasted, see **astonish**

flake

flake, come apart in flakes (of fish flesh): **ka-ya-x̱aax'**

at x̱'úx̱oo kawdix̱áax': litóoch; ách awé yéi yatèe *the fish flesh is coming apart in flakes: it's because it is fresh it's like that*

flatten

flatten, roll flat (esp. metals): **ka-ya-t'aal'**

dáanaa, èeḵ tsú kadoot'ál'x̱ *they roll out silver and also copper*

g̱ayéis' gúx'aa kawdit'ál' *the tin can was flattened*

flay, see **skin**

fleas

have fleas (of animal): **dzi-teex**

doo kèidlee woodzitíx *his dog has fleas*

tléil oostíxx̱ *it doesn't have fleas*

flee, see also **escape**

flee, run from, turn back from

singular subject: **a-ya-di-haan**[1]

ax̱ náḵ ayawdihàan *he fled from me*

xóots tóo tuyík-x̱waanúk; a náḵ ayax̱wdihàan *I became conscious of a bear, so I turned back from it*

plural subject: **di-keil'**[1]

aantḵèenee at gutóo-t woodikél' *the people fled into the woods*

k'eeljáa jináḵ yán-dei g̱unayéi s woodikél' *they turned back and started for shore to get out of the storm*

ldakát yáa wanadóo woosh g̱oowanáa oodakéil'ch *all the sheep flee/scatter in different directions*

flexible, see **soft**

fling

fling, throw aside carelessly or roughly: **li-joox̱'**

yóo-t awlijúx̱' *he flung it (book) aside roughly*

fling (head of something): **sha-li-joox̱'**

yóo-t shax̱wlijúx̱' *I flung him over there (in wrestling)*

doo náxoo héen-t ashawlijúx̱' *he flung his halibut hook in the water*

flip

flip (marble, etc.), hit with the thumb: **ya-t'aax'**

koot'áax'aa x̱waat'áx' *I flipped the marble/I hit the marble*

at x̱at'áx't *I threw a small rock (by hitting it with back of thumb)*

flip tail (of small fish, feeding on surface of water): **ka-dzi-x̱aat**

yàaw kei kawdzix̱át *the herring are flipping their tails (just flicking them above the surface)*

flirt, see **smile**

float, see also **pop up**

float, drift: **li-haash**

g̱ayéis' tléil kei oolháshch *iron doesn't float*

ḵúx̱-dei yaa nalhásh *he's drifting back*

yak'éiyee àa l'éiw-nax̱ yan woolihásh *it drifted to a good sandy beach*

float, move around on the surface of the water: **a-ka-ya-haa**

nóox' yaa akanahéin *shells are floating (during very calm weather)*

àasx' át akaawahàa *trees were floating around*

float real low in water, because heavily loaded (of boat or container): **ya-ts'eet'**

gán a yîk-t kax̲waajél ax̲ yàagoo; tlèi woots'éet' *I put lots of firewood on board; then my boat floated real low in the water*

flood

flood, be flooded, inundated (esp. of limited area)

(1): **ya-k̲ees'**

yaa nak̲ís' *it is flooding/water is rising*

(2): **li-k̲ees'**

haa hídee tayèe wlik̲ís' *our basement was flooded*

be flooded, completely covered with water: **li-k̲oo**

àan woolik̲òo *the town is flooded*

flood (of creek, etc.): **ya-daa**[1]

woodàa *the creek flooded*

flounder, see **stagger**

flow, see also **run**[3], **tide**

flow (of water, tide)

(1): **ya-daa**[1]

héen naadàa *the creek is flowing*

(2): **ka-ya-daa**[1]

haa káx̲ kaawadàa *the tide caught us (that is, flowed onto us)*

a kat'óot-t kadéin *the liquid is half gone/flowed away*

flow, pour forth (of stream of water): **ka-ya-.aa**[3]

g̲îl' yàa-dax̲ héen deeyée-t kaawa.áa *a small waterfall is flowing over the cliff and hitting a certain place down below*

cause to flow, turn on (hose, etc.): **ka-si-.aa**[3]

héen t'áa kát akawsi.áa *he turned the hose on the floor (caused the water to pour out over the floor)*

flower

flower, bloom, blossom: **k'ei-ka-dli-xwein**[2]

yei k'eikanalxwéin *it's beginning to flower/coming into bloom*

ch'a.àanax̲ tléik̲w k'eikawdlixwéin *the salmonberry is flowering*

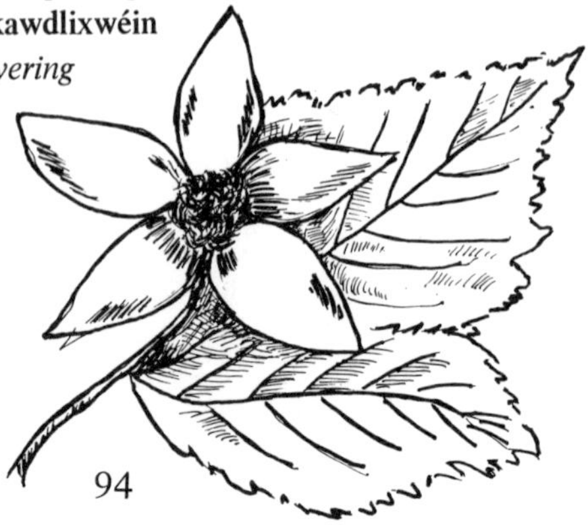

flutter, see **hover**

fly

fly (singular subject, or persons in a plane): **di-k̲een**

gáaxw haa neeyàa-dei yaa ndak̲ín *a duck is flying towards us*

seigánin Aangóon-dei kei gax̲toodak̲éen *we're going to fly to Angoon tomorrow*

fly (of creatures that flap wings visibly) (plural subject): **ka-dli-yeech**

t'aawák̲ nán-dei yaa s kanalyích *the geese are flying northward (migrating)*

yéil shàanax̲ kàa-nax̲ kalyíchx' *the ravens are flying across the valley*

fly (of cloud of insects, etc.): **dzi-k̲een**

táax'aa a dàa-t woodzik̲ín *mosquitoes are flying round*

fly (of sparks): **ya-ka-li-yeek̲**[3]

x̲'àan yakawliyèek̲ *sparks are flying*

foam

foam, foam up, be foamy: **shi-x̲eel**

xákwl'ee shax̲îlx̲ *soapberries foam up*

k'wát' yaa nashx̲íl *the egg (that is, the white being beaten) is starting to foam*

foam, break into foam (esp. of whitecaps): **x̲'a-li-x̲eesh**

tèet x̲'awlix̲ísh *the waves are breaking into foam*

woodli.úgoo ús'aa héenee x̲'agoox̲lax̲éesh *the boiling soapy water is going to foam up*

fog

fog up, steam up, become opaque (of glass, etc.): **ka-di-gwaas'**

ax̲ wak̲dáanaayee kawdigwás' *my glasses are fogged up/steamed over*

fog up, make opaque: **ka-li-gwaas'**

èex̲-ch kawligwás' *the oil filmed it over/made it smeary*

be foggy (of weather): **k̲u-di-gwaas'**

yáa yakyèe k̲oowdigwás' *it is foggy today*

fold

fold up (paper, etc.) in loose roll: **ka-li-gwaatl**

akawligwátl *he folded it up*

fold up (paper, etc.) with creases, neatly: **ka-li-k'waat'**

áa kawdoodlik'wát' *it was lying there folded*

tléil kakwgalk'wáat' *it's not going to fold*

follow, see also **accompany, pursue, stalk, trail**

follow, walk along behind

singular subject: **k̲aa ít-x̲ + ya-goot**[1]

haa ít-x̲ neil oowagút *he followed us into the house*

plural subject: **k̲aa ít-x̲ + ya-.aat**[1]

doo ít-x̲ nax̲too.àat *let's follow him!*

follow person (with intent to catch up with them): **ya-ka-ya-tsaak̲**

ldakát yéi-t ee yakx̲waatsák̲ *I've been following you all over the place (trying to catch you)*

fool, see **cheat**

foolish, see also **crazy**

foolish, unintelligent, crazy, dull, unwise: **tléil + yaa k̲u-ji-gei**[2]

ooháan k̲u.àa tléil yaa k̲utooshgé *we however are foolish/we don't reason things out*

yées k̲áa-x̲ satée-x', tléil yaa k̲uwooshgé *when he was a young man he was foolish/unwise (in the way he behaved)*

forbid, see **restrain**

forbidden

be forbidden, taboo, not allowed by custom: **li-g̲aas**

íx̲t' ádee át awooshèeyee lig̲àas *it's forbidden to touch the medicine man's things*

force

force, compel: **A-x' + ka-si-haa**

ax̲ éesh áa x̲at kawsiháa *my father forced me to do it*

force, compel (esp. to do something by hand): **A-x' + ji-ka-si-haa**

áa jikawdoodziháa *they were using force to make him do it*

foresee, see **anticipate**

foretell, see **prophesy**

forget

forget: **a ká- + sa-ya-x'aak̲w**

a káx̲ haa sax'àak̲w *we forget*

tléil ax̲ kát sawoox'àak̲w *he didn't forget me*

cause to forget: **a ká- + sa-li-x'aak̲w**

has doo tòowoo néegoo, a kát has sawtoolix'ák̲w *we made them forget their sorrow*

forgive

forgive, excuse: **ch'a àa-dei + yéi + ya-.oo**[1]

ch'a àa-dei yéi haa na.òo *forgive us!*

form, see **shape**

fortunate

be fortunate, be lucky, be helped supernaturally, be favored by spirits: **A-g̲aa + ya-soo**

g̲oowakàan haa èe-g̲aa woosòo *we were able to get a deer just when we needed it (that is, the spirits sent it to us and favored us with it just the right time)*

aatlèin lax̲èitl ax̲ èe-g̲aa woosòo: yéi jiné x̲waat'èi *I was really fortunate: I found work*

fracture, see also **crack**

fracture (of bone): **ya-.aax'w**^{2}

ax̲ x̲is'tus'àak̲ oowa.áx'w *my shin bone fractured*

fragrant

be fragrant, sweet-smelling: **li-ts'aa**

táakw èetee k̲únax̲ lats'áa nòojeen tléik̲w *the berry bushes used to be real fragrant in spring*

k'eikaxwéin áa ka.éix̲: tlax̲ waa sáyu lits'áa *flowers grow there: how fragrant it is/how sweet it smells*

fray, see **wear**^{2}

freeze

freeze: **li-t'eex'**

yaa x̲at nalt'íx' *I am beginning to freeze*

eesháan has sh woodlit'íx' *it's a shame (real sad) they froze*

fresh

be fresh-killed (of fish) (head broken off as soon as fish taken from water and then cooked fast at once): **dli-tooch**

woodlitúch *the fish is fresh/still twitching*

frightened, see also **afraid**

be frightened, thoroughly scared: **k̲aa tóo-x̲ + k̲u-ya-tee**^{1}

k̲únax̲ haa tóo-x̲ k̲oowatèe *we were thoroughly scared and frightened (in a big storm)*

fringe

fringe, cut into a fringe: **ka-si-haan**^{2}

akawsihàan l'ée wán *he made a fringe in the edge of the blanket*

wéi s'ísaa yei akagoox̲saháan wéi a wán *he's going to fringe that cloth round the edge*

frosty

be frosty: **k̲u-ka-dli-xwaan**

k̲ukawdlixwán *it's frosty*

k̲ukakwg̲alxwáan *it's going to be frosty*

frown

frown (with bad temper, displeasure): **si-xeen**

a yát awsixín *he frowned with bad temper (in ill-humor)*

frown (with effort or concentration), pucker one's brow: **s'ee-li-tsoow**

wóosh-t s'eiwlitsóow *he frowned/puckered his forehead (when thinking and bothered)*

fry

fry (usually until crisp), cook by frying: **ka-li-s'ook**

x̲áat akawlis'úk *he fried the fish*

èex̲ tèen kadools'úkx̲ *they fried it with oil*

fulfill

be fulfilled, come true, be carried into effect, come to pass: **a yáx̲** (sim) + **ka-di-yaa**[1]

ch'a yéi ayá yaawak̲àa, yáa àa-dei yawook̲áayee yé, a yáx̲ yan at koox̲dayàat *he said this, so that what he had said might be fulfilled/ might come true*

a yáx̲ yan at kawdiyáa *it was fulfilled/it happened that way*

full, see **fill, moon**

fun, see **enjoyable**

furrow

furrow, make furrows or trenches in: **li-xeet**

ax̲ táayee x̲walixít *I've furrows in my garden (along the sides, to retain the water)*

fuss, see also **whine**

fuss at, make a fuss (of husband or wife, concerning the other's conduct): **ya-heech**

doo x̲úx̲ oohèech *she made a fuss and talked to her husband (about seeing him with another woman)*

woosh has oodahèech *they accused each other of improper conduct (because jealous of attentions to others)*

be fussy (with food), be very particular: **x̲'a-ka-li-g̲ei**

has x̲'akligéi *they are real particular with their food*

g

gaff, see **fish**

gain

gain, get, obtain, acquire: **ya-ya-dlaak̲**

nás'k cháatl yawtoowadlàak̲ *we have gained three halibut*

yées yàakw ayaawadlàak̲ *he's acquired a new boat*

gamble

gamble (by any device such as drawing lots, throwing dice, using gambling sticks): **dli-k̲aa**[3]

nahèin alk̲áa *he's gambling with the sticks*

k̲óo wdigéik̲ yáa yeedát at doolk̲áayee *it's forbidden to gamble now*

gargle

gargle: **ḵaa leitóox̱-x' + li-kooḵ**

haa leitóox̱ toolakúḵx̱ *we gargle*

ee leitóox̱-x' lakúḵ wéi náakw *gargle with this medicine!*

gather[1], see **assemble**

gather[2]

gather (of cloth), ruffle, bunch up: **ka-ya-tl'een**

shaawát l'àakee kadootl'ínx̱ *they gather a woman's skirt (put gathers in it)*

gather together, tie together loosely (esp. logs), put together: **ya-yeey**

gán yaxáashee yéey *gather those blocks of wood together!*

x̱àanas' wóosh-dei aawayéey *he put a raft together (tying together in a loose way)*

gather up, pick up, take up: **ya-si-haa**

àa-x̱ has ayawsiháa ldakát yáa ḵaa x̱'éi-tx̱ ḵoowdi.òowoo àa *they gathered up all the pieces left over*

kooxéedaa àa-x̱ yaksahá *gather up all the pencils!*

gaze, see **look**

gentle, see **kind**

get, see **gain**

get back

get back, be restored into correct position by itself (of joint): **a yíx̱ + gu-ya-ji-x̱èenan**

a yíx̱ guyawjix̱èenan *it got back into joint by itself*

get up, see **rise**

give

give, take to, hand to (general, esp. abstract objects): **ḵaa jèe- + ya-tee**[2]

yáa x'úx' ee àat jèe-dei natí *give your aunt this letter!*

latsèen doo jèe-t woodoowatée *he was given (he obtained) strength*

give, take to, hand to (round object): **ḵaa jèe- + ka-ya-tee**[2]

ax̱ léelk'w jèe-dei kakwḵatée wéi dáanaa *I'm going to give the money to my grandfather*

give, take to, hand to (usually quite small, stick-like object): **ḵaa jèe- + ka-si-taan**

yées kooxéedaa ax̱ jèe-t kasatán *give me (hand me) a new pencil!*

give, take to, hand to (small plural objects): **ḵaa jèe- + ka-li-.aat**[2]

guk.ádee doo jèe-t akawli.át *he gave her earrings*

give, take to, hand to (plural objects, general): **ḵaa jèe- + yéi + si-nee**

tléil x'úx' ḵaa jèe-dei yéi gax̱doosnèe *they are not going to give out the mail*

give, take to, hand to (textile-like object): **ḵaa jèe- + ya-.aax̱**[2]

l'àak ax̱ jèe-t aawa.áx̱ *she gave me a dress*

several other verbs listed under **carry** may also be used with **k̲aa jèe-** to mean 'give'

give (usually in accordance with clan relationship): **ka-ya-naa**^{3}

yee x̲'ayèe-dei kawdoowanáa *they (of the opposite clan) are giving food to you*

give to take away: **A-ch** (instr) + **si-.oo**^{1}

kóox k̲a g̲áatl ách has woodoodzi.òo *they gave them sugar and pilot bread to take away*

give a little extra: **A-** + **dzi-t'aak̲**

ee éet x̲wadzit'ák̲ *I am giving you a little extra (for free)*

tléil agé àa-dei aa kg̲eest'àak̲? *aren't you going to give a little extra free?*

give (esp. as a favor): **k̲aa kagéi-x'** + **ka-si-haa**

tléil gé daa sá ee kagéi kawdoos.há? *didn't they give you anything?*

k'anashgidéi kagéi kax̲toosaháayeen *we could have given it to the poor*

give (at pay-off party, an amount over and above payment): **li-.oo**^{1}

yáa xáanaa-x' k̲òo-dei at gax̲dool.óo *they are going to be giving to people at the party this evening (said to someone who has been absent from village and so doesn't know the stage reached)*

tleik̲áa dáanaa ax̲ àat éet eela.ú *give my paternal aunt twenty dollars extra!*

present, give as a permanent gift: **ya-li-dlaak̲**

ANB-ch haa ée yawlidlàak̲ *the ANB presented it to us*

doo nanàawoo-ch ayawlidlàak̲ haa k̲ustèeyee *by his death he gave us life*

give to drink

give to drink: **k̲aa x̲'éi** + **li-naa**^{2}

doo x̲'éi at gax̲doolnáa *they'll give him a drink*

give a drink, a sip to: **li-look**

doo x̲'éi aa wdoodlilúk *they give him drink (usually at communion)*

give to eat

give (food, esp. for immediate eating), give to eat: **k̲aa x̲'éi** + **ya-tee**^{2}

g̲áatl doo x̲'éi natí *give him pilot bread (to eat)!*

give tongue, see **yelp**

give up, see **despair, put off, quit**

glad, see also **happy**

be glad, happy, feel fine: **k̲aa tòowoo** + **ya-k'ei**

ax̲ tòowoo kei kwg̲ak'éi gax̲at'èinee *I'll be glad when I find it*

doo tòowoo agé yak'éi ee wsatèenee? *was he glad to see you?*

glib

be glib, always have an answer, be ready with excuses: **x̲'a-si-too**

lawyers x̱'asitóo *lawyers are glib/they always have something to say*

glide, see also **slide, soar**

glide, move steadily (esp. in air or on water) in one direction: **ya-ya-x'oot'**

ḵòon yaa yanax'út' *it (canoe) is going down slowly with people in it*

plane yaa yagax'út'ch *planes glide (that is, fly with engine shut off)*

glorify, see also **praise**

glorify, bring glory to (a name): **li-sàayee**

ax̱ Eésh, ee sàayee gax̱lasàayee *my Father, may your name be glorified*

ee sàayee toolisàayee *we glorify your name (we honor it and make it well-known and holy)*

glow

glow (of embers), contain a live spark: **li-x̱'aan**

gán èetee ch'a yèisoo woolix̱'àan *there's still sparks in the ashes*

áx' yei nalx̱'án *a spark has landed there and is starting to burn*

gnaw

gnaw, chew on: **ya-x̱'eet'**

kèitl s'àaḵ ax̱'éet' *the dog is gnawing a bone*

oowaxúgoo sakwnéin x̱waax̱'ít' *I gnawed on dry bread*

go, see **accompany, ascend, clock, descend, fetch, leave, take, travel, turn[1], walk**

go around, see **spread**

go out[1], see **put out**

go out[2], see **tide**

go through, see **pervade**

good

be good, fine, pretty: **ya-k'ei**

ee at shéeyee wook'èi *your song was good*

ee tòowoo-ch agé yak'éi? *does that seem good to you?*

gossip

gossip, tattle, tell tales: **dli-neek**

tléil oolnîkt *he doesn't gossip now*

woosh dàa-dei s ilnèek *they were gossiping/telling tales about each other*

grab, see also **miss[1]**

grab, snatch, take hold of suddenly (general): **ya-shaat**

wéi kèitl yádee gasháat *grab that puppy!*

x'eesháa x̱waasháat *I grabbed the bucket*

grab (round, spherical object): **ka-ya-shaat**

k'wát' akaawasháat *he grabbed the egg*

grab (stick-like object): **ka-li-shaat**

kooxéedaa akawlisháat *he grabbed a pencil (and hurried off with it)*

grab up, grab and carry one at a time

(1): **sha-ya-tleik̲w**

nèil-dei ashatlék̲wx' *he grabbed them and brought them in one at a time*

tléil x̲wasakú daa sá shax̲watlèik̲w *I don't know what I grabbed up (e.g., when escaping from fire)*

(2): **sha-li-tleik̲w**

óonaax'w has ashawlitlèik̲w *they each grabbed up a rifle*

grateful, see also **appreciate**

be grateful, thankful, satisfied: **sh tóo + g̲áa + di-tee**[1]

ee èe-dax̲ sh tóo-g̲aa x̲at ditèe *I am grateful to you*

graze

graze, scrape off (skin): **duk-ka-di-hootl'**

àa-x̲ duk-kawdihútl' *the skin grazed off (in a fall)*

greedy

be greedy, eat food fast and hoggishly: **ya-tlék̲wk**

ee yatlék̲wk; daag̲éinax̲ at x̲á *you are greedy; eat slowly (to child)!*

tléil ootlék̲wk; sh yáa wdanéiyee yáx̲ at x̲á *he isn't greedy; he eats like a gentleman*

grind

grind up (esp. food): **ka-li-xaakw**

akawlixákw *he ground it up*

dlèey aklaxákwl' *he's grinding meat*

grip

grip (esp. with teeth or pliers), bite on: **ka-ya-taax'**

at katáx'aa, kas'éet akaawatáx' *the pliers gripped the screw*

K̲usa.áat' àanee k̲wáan at dòogoo téel sákw has akatáx't *Eskimos grip the skin in their teeth when making moccasins*

adawóotl x̲at kaawatáx' *trouble has me in its grip (when one disaster follows another) (lit. trouble has bitten on me)*

grow, see also **advance**

grow (in size and maturity) (esp. of human, animal): **ya-waat**

kei nawát *he's growing*

tlax̲ woowáat *he was very old (that is, really matured)*

cause to grow, nurture, nourish: **si-waat**

kei wdoodziwát *they nourished him (child)*

grow (esp. of plants): **ka-ya-.aa**[3]

táakw èetee-dei yaa k̲unahéin: kayàanee kei kana.éin *springtime is coming; the leaves are coming out/the plants are growing*

daa sá ee táayee g̲èi-x' ka.éix̲? *what is growing in your garden?*

grow, cause to grow, raise (plants): **ka-si-.aa**[3]

séew k̲a gagàan kagánee-ch awé kei kanas.éin *the rain and sunshine are making them (plants) grow*

ee shax̲àawoo kei kasa.á *let your hair grow (implying it has been cut short before)!*

growl

growl (of bear): **kei ya-.eex'**

kei oowa.íx' wéi xóots *the brown bear gave a great growl*

grumble, see **murmur**

guard, see also **watch**

guard, protect, keep safe

(1): **yan a-ya-deil**

has doo káx̲ yan ax̲waadél; àag̲aa tléil has doo x̲òo-dax̲ k̲ut aa woosgèet *I protected them and not one of them was lost*

(2): **a káx̲ + a-ya-deil**

x̲'aháat káx̲ adel shàatk' át x̲'eiwatán *he spoke to the girl guarding the gate*

guess, see **think**

guide

guide, instruct and lead along at the same time: **shu-ya-nei**

àa-dei ee shukwk̲anéi *I'll guide you there (leading and pointing out landmarks, so that you'll know the way another time)*

gunalchéesh, x̲at shuyeenèiyee *thank you for guiding me*

guilty

be guilty, be worthy of blame or punishment

áa ayá l ooshk'é yáx̲ yee géi-dei téen *you are still guilty (that is, the sin lies against you)*

tléil àa-dei yee káa at kax̲doodzihàayee yé *you would not be guilty (that is, they could not lay the blame on you)*

tléil a x̲'áa yee yanax̲doowajèeyee àa k̲oostí *you are not guilty (that is, there is nothing for which you could be punished)*

a yáx̲ yéi jiné *he's guilty (that is, he did it)*

gummy

be gummy, sticky (with resin, wet paint, etc.): **ka-shi-k'oox̲'**

t'áa kawshik'úx̲' *the boards are gummy*

sakwnéin kei kanashk'úx̲' *the bread dough is getting sticky (with too much water)*

h

habit

become a habit, be habitual

(1): **a káa + ka-ya-naak**

a káa x̱at kaawanák *it had become habitual for me to do it (e.g., change gears a certain way)*

(2): **A-x' + ka-ya-naak**

k'idéin ḵeestèeyee, ee ée kakwg̱anáak *if you live well, it will become a habit with you*

be in habit of doing, do frequently because one enjoys it: **ka-shi-taan**

al'óon katooshitán *we like to go hunting (and we go frequently)*

ḵuk'éet' akwshitán *she's in the habit of going berry-picking*

hair, see also **bald, fall out, old age, poke up**

be hairy (usually of animal, contrasting it with fur-bearing animal): **dzi-x̱aaw**

g̱oowakàan dzix̱áaw *a deer is hairy*

have hairy face: **ya-dzi-x̱aaw**

kei yanasx̱áaw *he's growing hair on his face (beginning to get hairy)*

have hairy body: **daa-dzi-x̱aaw**

daadzix̱áaw *it has a hairy body*

have hairy head, thick head of hair: **sha-dzi-x̱aaw**

wéi nóox' sée shadzix̱áaw *that china doll has lots of hair*

hammer, see **nail, pound**

hand[1], see **clap, left-handed, play, raise, rub, shake**

hand[2], see **distribute, give, pass on**

hand over

hand over a song or story (for another to finish or to substitute): **ḵaa x̱'éi- + li-ḵaax̱**

ee x̱'éi-t x̱walik̲áx̱ *I handed over to you the song or story for you to complete (or substitute another for it)*

ax̱ x̱'éi-t awliḵáx̱; ách awé yan kax̱wliník *he handed over to me, so I finished telling it*

hang, see also **slack**

hang in clusters: **A- + di-xwaas'**[1] (rare)

s'igeideetàan kax̱yèe-x̱ has dixwás' *bats hang down in clusters from the ceiling*

hang (of strings, etc.): **A- + dli-xwaas'**[1]

áx̱ dlixwás' *it's hanging there (string, rope, or cobwebs)*

hang in clusters (esp. berries): **A- + ka-di-xwaas'**[1]

tléiḵw wás' náa kadixwás' *berries are hanging in clusters on the bushes* hang, attach to (often in clusters): **A- + ka-dli-xwaas'**[1]

kées yóo doowasáagoo át àa-dei kdoolxwás'ch *they hang things called rings on it (that is, along the bottom of the net)*

hang (person): **si-yeek̲**[1]

àas-t woodoodziyi̋k̲ *they hung him on a tree*

yan sh woodziyi̋k̲ *he hung himself*

hang down (of bulky item): **A-x̲ + ya-shoo**[1]

g̲i̋l' yáx̲ g̲aashóo *it (something heavy, such as large icicle) is hanging down the cliff*

hang down (of slender item, esp. rope): **A-x̲ + li-shoo**[1]

dzèit hi̋t káx̲ g̲alishóo *the ladder is hanging down the roof*

hang down (of small item, esp. padlock): **A-x̲ + ka-ya-shoo**[1]

katéx̲'aa x̲'éi-x̲ kaawashòo *the padlock is hanging in the door*

hang up (esp. to dry): **A- + sha-ya-ya-tee**[2]

g̲oowakàan dlèeyee at x̲'àan hi̋dee yèe-x̲ ashayaawatée *he hung up the deer meat in the smokehouse*

haa óos'ee gáan-x̲ shayawtoowatée *we hung our laundry outside*

hang up (string, etc.): **A- + sha-ya-si-tee**[2]

àa-dei shayawsitèe *he hung (string) up there*

happen, see also **take place**

happen, occur: **A + ya-nee**

likòodzee, àa-dei woonèeyee yé *it's amazing what happened (for example, he fell and broke his leg)*

dleew kát lati̋n; àag̲aa tléil tsu yéi ee kwg̲anèe *take good care, so that it doesn't happen to you again!*

l ooshk'idéin woonèe *it spoiled (that is, it happened badly to it)*

neekwdéin x̲at woonèe *I've been sick (that is, it happened in a sick manner to me)*

happen, move (of events): **ka-di-yaa**[1]

waa sá yan has kawdiyáa? *what happened to them?*

tléil x̲wasakú waa sá yan kawdayàayee yóo shaawát *I don't know what happened to the woman*

happy, see also **enjoy, glad, please**

be happy, glad: **k̲aa tòowoo + si-goo**[1]

ax̲ tòowoo sigóo ee x̲wsatèenee *I am happy to see you*

tsu yei yee kwk̲asatéen k̲u.àa; àag̲aa awé yee tòowoo kei goox̲sagóo, k̲únax̲ *but I will see you again, and then you will be really happy*

hard

be hard (esp. of close-grained wood), be tough: **ya-woos'**[2]

x'áax' wás'ee yawóos' *crab apple wood is hard*

tléil oowóos' *it's not hard/not tough (of boards, rope)*

be hard, tough: **si-tʼeexʼ**

wéi dlèey sitʼéexʼ *that meat is tough (hard to chew on)*

be hard (esp. of round object): **ka-si-tʼeexʼ**

xʼáaxʼ kasitʼéexʼ *the crab apples are hard (still green)*

be hard (in abstract), be difficult: **ya-tʼeexʼ**

ax̲ k̲ustèeyee ax̲ jèe-xʼ yatʼéexʼ *my life is hard for me*

at dòogoo k̲éisʼ yatʼéexʼ *sewing skins is hard*

be hard (in abstract) and almost impossible, be very difficult: **li-dzee**

Anóoshee yoox̲ʼatángee ax̲ x̲ʼéi-t lidzée *the Russian language is very hard for me (to speak)*

doo èen k̲unáax̲ daak kanèek; àag̲aa tléil doo jèe-xʼ kei goox̲ladzée *explain it to her, then it won't be difficult for her!*

harden, become hard, solidify: **li-tʼeexʼ**

dáanaa kawdook̲wáatlʼee tsu iltʼíxʼx̲ *silver that has been melted solidifies again*

cement dei wdlitʼíxʼ *the cement has already hardened*

harden, become caked: **ka-ya-tʼeexʼ**

éilʼ kaawatʼíxʼ *the salt has hardened/caked into one mass*

sʼé a takáxʼ kaawatʼíxʼ *the clay has hardened at the bottom of the bucket*

harden (esp. in a container): **ka-li-tʼeexʼ**

gúxʼaa káxʼ kalatʼíxʼ *harden it in a can!*

tòow kadooltʼíxʼsʼ *they harden tallow*

hard-working, see **ambitious**

harp on

harp on, repeat tediously: **x̲ʼa-li-gaaw**

x̲ʼaligàaw *he harps on it/keeps telling me over and over (till I'm tired of it)*

hate

hate: **shi-kʼaan**

x̲at wooshikʼàan *he hated me*

has yee shikʼáan *they hate you*

haul, see also **pull**

haul, transport (usuing non-motor power): **si-xaatʼ**

xʼúxʼ wéi-dei yaa s anasxátʼ *they are hauling the mail (using horse and sled)*

haul, transport, convey (using motor power): **si-x̲ootʼ**[1]

xʼúxʼ wéi-dei yaa ndoosx̲útʼ *they are hauling the mail (using motor truck)*

have, see **own**

head, see **jerk, nod, shake**

head for

head for, steer towards (in boat): **A- + ya-ya-taan**

Aangóon-dei haa yatán *we are headed for Angoon (in a boat)*

k'eeljáa yáx' yán-dei x̲at yakwg̲atáan *I'm going to steer into the storm*

heal, see also **cure**[1]

be healed, cured, recover: **ya-neix̲**

yei nanéx̲ *she's being cured/getting better/recovering*

ee jín tléil yei oonéx̲ch *your hand never heals*

heal, cure: **si-neix̲**

ax̲ néegoo tóo-dax̲ x̲at woosinèix̲ *he healed me*

yanéegoo k̲áa awsinèix̲ *he healed the sick man*

hear, see also **understand**

hear: **ya-.aax̲**[1]

gàaw tléil x̲wa.àax̲ *I didn't hear the bell/drum*

a x̲'éi-dei aawa.áx̲ *he heard the message*

note: the 'passive' form **doowa.áx̲ch** *they hear, it is heard* is used as the equivalent of many English sound verbs such as bellow, bleat, grunt, roar, squeak, squeal; for example, **núkt doowa.áx̲ch** *the grouse is drumming* **wasóos doowa.áx̲ch** *the cow is lowing, mooing*

nadáakw doowa.áx̲ch *the table is creaking, squeaking*

barely hear, mis-hear, be confused in hearing: **ka-li-.aax̲**[1]

x'áat' kát kax̲wli.áx̲ *I think I hear a sound coming from the island*

yan agé kayli.áx̲? *do you understand it now (that is, have you finally heard)?*

k̲ut kei kax̲wla.áx̲ch *I missed (what was said)*

hear a voice (esp. singing): **sa-ya-.aax̲**[1]

x̲at seiwa.áx̲ *he heard my voice*

xóots shakdéi sax̲waa.áx̲ *maybe I heard a bear's voice*

heat, see also **hot, melt**

heat, be heated, hot: **ya-si-t'aa**

yawsit'áa wéi sdòox *the stove is heated (real hot)*

heavy

be heavy (usually of inanimate object): **ya-daal**

yáa t'áa ax̲ jèe yadál *this board is heavy for me*

ee at la.ádee kei kwg̲adál *your baggage is going to be heavy*

be heavy (usually of animate object): **li-daal**

tléil ooldál yáa at k'átsk'oo *the child is not heavy*

kei x̲at naldál *I'm getting heavier/gaining weight*

be insufficiently heavy (esp. of anchor): **ka-ya-daas**

shayéinaa kaawadáas *that anchor is not heavy enough (that is, to hold the boat)*

heed, see **obey**

help

help, give help to, assist: **A- + di-shee**[1]

dak̲éis' tèen x̲áat eedashí *help me with the sewing!*

tléil ee èe-dei kwk̲adashèe: tléil x̲washagóok *I'm not going to help you: I don't know how*

ask for help, seek assistance: **ya-shee**[1]

haa s'àatee haa ooshèe *our master is asking for our help*

ax̲ jèeyis gag̲eetèeyeet ayá, ee x̲washèe *I'm asking you to help me to carry this*

helped, see **fortunate**

hem, see also **turn up**

hem, put an edging on, bind round the edge: **x̲'a-li-xeetl**[1]

g̲áx̲ dòogoo tèen x̲'adoolxítlx̲ *they put on an edging of rabbitskins*

x'óow x̲'ax̲wlixítl *I hemmed up the blanket (or bound its edges)*

herd, see **drive**

hesitate

hesitate, be undecided (on account of some other person or circumstance): **A-x̲ + tu-ka-ya-gaa**[1]

l áa ootèeyee-ch awé, yax̲ x̲at tukaawagàa *because he's not there, I hesitate (to do something)*

ch'a yèisoo yax̲ tukaawagàa *he's still hesitating (waiting to see what the other will do)*

hesitate, be reluctant, back out (from task, etc.), be unwilling: **tu-ka-ji-yaa**[1]

x̲at tukawjiyáa *I hesitate to do it (because I don't know how it will turn out)*

át tukawjiyáa woonòogoo *he hesitated to sit/he was reluctant to sit*

hesitate to say, 'have cold feet' about speaking: **sh x̲'a-ya-di-wook̲**

a yèe-t sh x̲'ayawdiwòok̲ *he hesitated to say anything (because it was such a weighty matter)*

hiccup

hiccup, have hiccups: **ya-doot'**

oowadút' *he's hiccuping*

x̲at yadút'kw *I frequently have hiccups*

hide

hide, conceal, put out of sight: **li-seen**

ax̱ g̱altóo-x' awé x̱walisín *I hid it in my pocket*

hide oneself, remain out of sight: **a-dli-seen**

nadáakw tayèe-x' awdlisín *he hid under the table*

high

be high, far to the top: **A-x̱ + ya-lei**

yax̱ g̱aaléi wéi x'áas *it's a high waterfall*

doo nòowoo 100 ḵaa x̱'òos yéi yax̱ koog̱aaléi *his fort had walls 100 feet high*

have a high hill: **ka-shi-gootl**

yóo x'áat' kashigòotl *that island has a high hill on it*

hinder, see **delay**

hire, see also **charter**

hire oneself out, look for a job, for employment: **sh ka-dli-hoon**

hàa-t sh kawdlihún *he's come here looking for a job*

yéi jiné yís yaa sh kanx̱alhún *I'm going around trying to hire myself out and get a job*

hiss, see **steam**

hit, see also **bat, flip, miss**[1], **slap, stone**

hit with a missile (such as a rock), aim at: **ya-dzoo**

gúx'aa aawadzóo *he aimed at the can with a rock and hit it*

hit with a missile (esp. aimed at head of animal or person)

(1): **sha-ya-dzoo**

té tèen ts'ítskw shagax̱doodzóo *they are going to aim at the small birds and hit them (with rocks)*

(2): **A-ch** (instr) **+ sha-li-dzoo**

gán-ch ashagoox̱ladzóo *he's going to hit it on the head with a piece of firewood (which he will throw at it)*

hit (of bullet): **A- + ya-xeex**

át-t oowaxíx *the bullet hit it (the place aimed for)*

doo éet oowaxíx *it hit him (he was killed by a shot)*

hit on the head, club: **sha-ya-x̱eech**

cháatl ashaawax̱ích *he hit the halibut on the head*

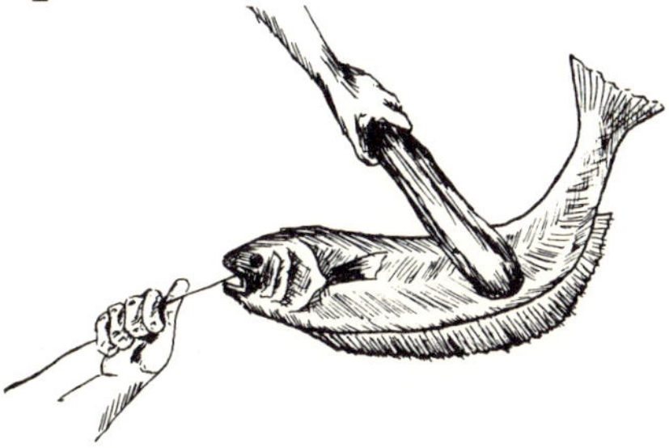

woosh shawdoowax̲ích *they've been hitting each other (that is, there has been war)*

hit with fist, punch: **ka-ya-gwaal**

basketball akaawagwál *he hit the basketball with his fist*

hit in the face with fist, punch: **ya-ya-gwaal**

x̲at yagwált *he kept hitting me in the face with his fist*

hit out at someone, and floor him: **a-ji-t'aakw**

k̲únax̲ ayá àan awjit'ákw *he really hit out at him (fast) and floored him*

hoarse, see **lose**

hog

hog for oneself, claim, keep selfishly: **a yèe- + di-hein**

at yèe-t awdihéin *he wants it all for himself, right now*

at yèe-dei agoox̲dahéin *he's going to keep it all for himself*

hold[1]

hold more, contain more: **li-yeik**[2]

ee yàagoo liyék *your boat holds more*

déix̲ k̲'atèil yáx̲ liyék *this one contains twice what that does*

hold[2], see also **cling, clutch, steady, suck**

hold tightly, hold with pressure: **ka-li-tl'eit'**

ee éenyee-t kaylitl'ét' *you held it under your arm (e.g., book)*

tléil yax̲ akawooltl'èit' *he didn't hold it (e.g., trying to hold papers down on table when wind blows)*

hold, retain in one's grasp: **li-shaat**

x'eesháa x̲alashát *I'm holding a bucket*

ch'a yàakw alshát; woodoodzinèix̲ *he was holding on to the boat, and they saved him*

hold up, cause to stand (esp. children): **si-haan**[1]

doo séek' asiháan *she's holding her little daughter (helping her to stand)*

hold[3], see **take place**

hold back, see **bashful, delay, restrain**

hold note, see **sing**

hole

have a hole, outlet: **ya-wool**

x̲'aháat katéx̲'aa èetee agé yawóol? *is there a keyhole in your door?*

ax̲ lú tléil oowòol *my nose is blocked (that is, has no outlet)*

make holes: **ka-li-waal**

x̲aawàagee kax̲wliwál *I made holes in the window (with a shotgun)*

bore holes through: **A-nax̲ + k̲u-ya-ya-waal**

s'îksh tóo-nax̲ k̲uyawdoowawál *they bored holes through the hellebore (the length of the stems)*

be holey, have a hole: **ya-waal**

x'eesháa woowàal *the bucket has a hole in it (rusted through)*

be holey, have a number of holes: **ka-di-waal**

kawdiwàal ax̱ téelee *my shoes are holey/they have many holes in them*

holler, see **call**

holy, see **pure**

homely, see **ugly**

honor, see also **respect**

honor, salute, farewell (often by giving a banquet etc., usually used for farewell, but occasionally for greeting): **ḵaa yàa-dei + yóo + dzi-geet**[2]

àan doo yàa-dei yóo wdoodzigèet *they honored him with a party (or a present) in farewell*

doo yàa-dei yóo x̱wdzigèet *I saluted him*

honor by giving a memorial party for: **yóo + ka-dzi-geet**[2]

ax̱ káak èetee-x' yóo kax̱wdzigít *I gave a memorial party for my maternal uncle (I did all expected of me to honor his name)*

hook, see also **crochet**, **fish**

hook

(1): **ya-k'eix̱'**

dook'éx̱'ch wéi góos' *they hooked down a cloud*

(2): **A-ch** (instr) + **si-k'eix̱'**

doo x̱'òos-ch awsik'éx̱' *he hooked it with his foot*

hook, retrieve with a hook: **li-k'eix̱'**

àa-x̱ kei doolk'éx̱'ch *they hook it back from there*

ḵux̱ awlik'éx̱' *he hooked it back in (a seal he had shot)*

hop

hop, jump on one leg: **ya-dli-gwaash**

yaa yanalgwásh *he's hopping along*

át yax̱wdligwáash *I hopped around*

hope

hope, desire and expect: **á- + a-di-shee**[1]

yéi át ax̱wdishée, cháatl kei g̱eesayèeḵ *I hope you catch a halibut*

yéi át awtoodishée *we hope so*

horned

be horned, have horns: **li-shèidee**

lishèidee wasóos *a cow has horns*

shéech àa jánwoo agé lishèidee? *does a female mountain sheep have horns?*

hot, see also **heat, warm**

be hot, heated up: **ya-ya-t'aa**

yaawat'áayee héen *hot water (often designating coffee or tea)*

x̱'àan yáx̱ yaawat'áa *it's red hot*

be hot, radiate, throw out heat: **A- + si-t'aax̱'**

g̱agàan ḵúnax̱ áx̱ sat'áax̱' *the sun is really heating*

wéi x̱'àan naaléiyee yéi-t woosit'áx̱' *the open fire is throwing lots of heat (throwing it a long way)*

be hot (of room or persons), be steamy hot, overheated: **ka-doo-ya-saay**^{2}

x̱at kawdoowasáy aatlèin *I'm real hot (from stove)*

x̱at kawdoowasáay *I'm hot (from embarrassment)*

heat (esp. room) till steamy hot: **ka-li-saay**^{2}

yáa neilyèe akawlisáy *it throws heat in the room*

give off much heat, be real hot (of source of radiation): **ka-li-sáyjaa**

g̱agàan x̱aawàag̱ee tóo-nax̱ ax̱ kát kawdigán; ách awé kalisáyjaa *the sun is shining through the window on me, and so it's real hot*

hover

hover (of bird, helicopter), lift from ground and hang fluttering in the air: **yax̱ di-ḵeen**

yax̱ woodiḵín *it is hovering*

howl

howl (esp. of wolves): **g̱ax̱-si-tee**^{2}

g̱òoch g̱ax̱-satí *wolves are howling*

hungry

be hungry: **A- + yàan + ya-haa**

doo éet yàan oowaháa *he's hungry*

tléil x̱áa-x̱ yàan oohàa *I don't get hungry*

make hungry: **A- + yàan + si-haa**

tléil daa sá doo éex̲ yàan oos.hàa *nothing makes him hungry*

be hungry for

(1): **A-dax̲ + x̲'a-di-nook**^{2}

tlax̲ awé àa-x̲ x̲'awdinúk *he's really hungry for it/anxious to eat it*

(2): **k̲aa x̲'éi-dax̲ + x̲'a-di-nook**^{2}

ee x̲'éi-dax̲ x̲'ax̲wdinúk *I'm hungry for what you are already eating*

hunt, see also **search**

hunt (for game): **a-ya-l'oon**

al'óon woogòot *he went hunting*

xóots gax̲tool'óon *we're going to hunt brown bear*

hurl, see **throw**

hurry

hurry: **k̲aa yáa + di-wootl**

sh yáa has oodawútlch *they are always in a hurry*

sh yáa agé eedawútl? *are you hurrying?*

tléil ax̲ yáa x̲wdawòotl *I'm not in a hurry*

hurry with eating, eat fast: **sh yáa + x̲'a-di-wootl**

sh yáa x̲'eedawútl *eat a little faster!*

hurt

hurt again, cause pain to some part of body which is already wounded or painful and which one is trying to protect: **A-x' + sha-di-haa**

doo jín ée shawdiháa *he hurt his hand again*

hurt, feel painful: **ya-neekw**

kei kwg̲anéekw *it will hurt*

i

identical, see **like**^{2}, **resemble**

ill-treat, see **torment**

imagine, see **think**

imitate

imitate, mimic (actions): **ya-tee**^{3}

x̲at natèe *imitate me!*

xóots googatèe *he's going to imitate a brown bear*

ax̲ yáa oodootèe *they imitated me to my face (to stop me doing it)*

imitate, mimic (speech), quote: **x̲'a-ya-tee**^{3}

ee x̲'eiwatèe agé? *did he mimic you?*

tléil x̲at x̲'eitèek̲ *don't imitate my speech!*

important

be important, weighty, of great worth (of abstracts): **ya-daal**

yadálee sàayee awé ee jèewoo; a yáx̱ ḵig̱eestí *you have an important (aristocratic) name (lit. a heavy name); live up to it!*

impossible, see **hard**

improve

improve, get better: **kei ya-k'ei**

tlákw daḵéis' sh tóo iltóowoo, daḵéis' kei kwg̱ak'éi *if she practices sewing, the sewing will improve*

doo daa.itnagóowoo kei nak'éin *his behavior is improving*

increase, see also **add to, multiply**

increase, multiply: **sha-ka-di-nook**[2]

gidéin shakandanúkch *it increases very much (lit. swells up)*

indulge

indulge oneself (esp. in eating certain foods), be extreme (in eating or sleeping): **li-ts'eix̱**

tsàa èex̱ee x̱alits'éx̱ *I eat a great deal of seal oil (I indulge myself in eating it)*

a yáa-nax̱ tá alits'éx̱ *he's sleeping too much*

inexpensive, see **cheap**

infected

be infected, have pus, suppurate: **dli-ḵeet'**

woodliḵít' *there is pus in it*

yaa nalḵít' *it is suppurating/getting full of pus*

infested, see **lousy**

inflate, see **blow up**[1]

inflexible, see **stiff**

inform, see **notify**

inherit

inherit, receive property at the death of someone: **ya-naa**[1]

doo èetee-dax̱ adoonéix' *they inherited from his things*

ee èe-dax̱ kooḵanáa *I'll inherit from you*

cause to inherit: **A-x' + li-naa**[1]

doo ée gax̱doolnáa *they'll make him inherit (that is, will give it him as his inheritance)*

injure, see also **wound**

be injured, be rendered useless (of limb) (general term, covering dislocation, torn ligaments, etc.): **ka-di-.éiyaḵw**

ax̱ jín kawdi.éiyaḵw *my hand was injured and rendered useless*

inquire, see **ask, investigate**

inspect, see also **examine**

inspect, look around, look over a situation: **ḵaa dàa-dei + ḵu-ya-tees'**

haa dàa-dei ḵukwg̱atées' *he's going to inspect us (watch us to see we don't make mistakes)*

hàa-t oowagút, ḵaa dàa-dei ḵungatées'eet *he came here to look over the situation (for example, the welfare man)*

institute, see **introduce**

instruct, see also **guide, order**

instruct (by demonstration), show how to do, train, teach how (esp. in practical matters): **A-x' + ka-li-gook**[1]

doo ée ktoolgúkch yáa àa-dei yoo kwg̱ahaan yé *we are instructing him how to move around (in speeches and dances)*

haa ée kayeedligóok *you showed us how to do it*

instruct (by word), show: **shu-ka-ya-jaa**

áa yee shukdoojèis' *they are giving you instructions*

gunalchéesh áa x̱at shukayeejàayee *thank you for showing me*

instruct, give orders, ask (to do something): **áa + ji-ka-ya-ḵaa**[1]

yóo x'áat' kàa-dei áa ḵaa jikaawaḵàa yáa ḵaa nàax'oo *he instructed them to take the dead bodies out to the island*

instruct, give orders, ask (to say something): **x̱'a-ka-ya-ḵaa**[1]

ax̱'akakwg̱aḵáa *he's going to instruct him (or ask him) to say or sing something*

instruct privately: **ḵaa gúk yîk-dei + x̱'a-di-s'ees'**

ḵaa tláa ḵaa gúk yîk-dei x̱'adas'ées' *a mother gives instruction in private (lit. spits into a person's ear)*

insufficient, see also **lack, small**

be insufficient, not enough: **ya-ka-ya-.aatl'**

ee tòowoo-ch agé yakakwg̱a.áatl'? *do you think it's going to be insufficient?*

yáa atx̱á yagoo.áatl' *this food is not enough*

insult

insult, offend by what one says: **sh tugéi- + ya-dzi-ḵaa**[1]

sh tugéi-t agé ee yawtoodziḵáa? *have we offended you by what we said?*

sh tugéi-t x̱at yawdziḵáa *he insulted me (he said cutting things that hit me pretty hard)*

insult, offend by what one does: **sh tugéi- + dzi-nee**

sh tugéi-t agé ee wtoodzinée? *did we insult you by our actions?*

sh tugéi-t x̱at woodzinée *he insulted me (he acted contrary to the standard I've set and I was offended by what he did)*

be insulted, offended, take offense: **sh tóon + di-tee**[1]

àa-dei yawdoodziḵàayee yéi-ch awé, sh tóon wooditèe *he was offended, because of the way they spoke (what they said)*

tuli.àan: tléil daat-dax̱ sá sh tóon yoo oodatèek *he's kind: he never takes offense*

intelligent

be intelligent, smart, wise, reason things out: **yaa k̲u-dzi-gei**^{2}

yaa k̲eedzigéi; yáat àa k̲u.àas tléil a dàa teeydatàan *you are intelligent, but you haven't considered this matter*

doo daa.itnagóowoo tóo-nax̲ doowatéen kei yaa k̲ukwg̲asgéi *through his actions one can see he's going to be intelligent (of small child)*

intend, see **ready, want**

intercede, see **pray**

interpret

interpret, quote: **x̲'a-ka-ya-neek**

yéi s x̲'akdoonéek *so they were quoted (either in the original language or interpreted into a second language)*

ee x̲'akakwk̲anéek *I'll interpret for you (act as your interpreter)*

interrogate, see **question**

interrupt, see **delay**

intoxicate

be intoxicated, be drunk: **ka-ya-shoo**^{2}

kaawashòo *he is intoxicated/drunk*

intoxicate, make drunk: **ka-li-shoo**^{2}

nàaw-ch kawlishòo *liquor intoxicated him*

ee dàa yoo tutánk x̲at kawlishòo *just thinking about you acts like an intoxicant to me*

introduce

introduce, usher in, institute, originate

(1): **ka-si-tee**^{2} (rare)

kéet akawsitèeyee k̲áa *the man who introduced the killerwhale*

(2): **shu-ka-si-tee**^{2}

dlèit k̲áa k̲ustèeyee kei ashukawsitée *he introduced the white man's way of life*

introduce, make known (person's name, family, etc.)

(1): **(k̲òon + k̲unáax̲ + daak sh ka-di-neek)**

x̲àan k̲unáax̲ daak sh kawdiník *he introduced himself to me (that is, explained himself to me)*

(2): **(k̲òon + sh di-saa**^{2}**)**

doo èen sh eedasá *introduce yourself/tell him your name!*

inundate, see **flood**

investigate, see also **figure out**

investigate, make inquiry into: **ka-ya-tlaakw**

kawdoowatlàakw doo k̲ustèeyee *they investigated his way of life*

yaa kagax̲dootláakw *they are going to investigate/find out what happened* investigate, make trial of, test out: **yan ka-si-nook**[2]

dlèit ḵáa ḵustèeyee yan kax̱wsinúk *I've been investigating the white man's way of life (working to find out how he lives)*

invisible

be invisible, move invisibly

(1): **ya-haa**

át woohàa *it's invisible, floating in the air*

(2): **ka-ya-haa**

tléil ee èe-dei gooháa ee ḵustèeyee *it can be seen what kind of life you live*

invite, see also **ask**

invite, ask to a party (originally by calling out loudly from rooftop): **ya-.eex'**

tléil x̱at woodoo.éex' *I'm not invited*

yei ḵukwḵa.éex' *I'm going to invite people*

ee x̱waa.éex' x̱àan at geex̱àat *I'm inviting you to eat with me*

involve, see **affect**

iron

iron, press clothes: **ka-shi-x̱'eel'**

haa naa.ádee kagax̱tooshax̱'éel' *we're going to iron our clothes*

irresolute, see **undecided**

itch, see also **scratch, tickle**

itch, tickle: **ka-li-xweitl**

ax̱ dàa yaa kanalxwétl *my body is starting to itch all over*

ax̱ leitóox̱ kawlixwétl *my throat is tickling*

j

jab at, see **poke**

jam, see also **crowd**

be jammed in (often diagonally): **ya-keet'**

yáa x̱'aháat-nax̱ tléil nèil-x̱ oohàa; yan oowakít' *it (table) won't go through the door; it's jammed*

yan oowakít'-éi yáx̱ yatèe haa ḵustèeyee *our life is like something stuck diagonally in a box (that is, the troubles we've had can't be straightened out)*

jealous

be jealous of (husband or wife), be suspiciously watchful: **ya-si-teey**[4]

woosh has yawdzitéey *they both keep watch on each other in suspicion and jealousy*

doo shát ayawsitéey *he is jealous and so keeps constant watch on his wife*

jerk

jerk (head), move (head or feet) fast when dancing to rhythm of drum: **a-ya-g̲eek'**

gàaw káa-x' awé adoog̲ík'x̲ *they make different fast movements in keeping the rhythm of the drum*

wáa yatèeyee yéi-x' tléil oog̲ík'x̲ *sometimes he missed the time/ jerked his head out of time with the drum*

jerk (of fish on line, esp. flatfish): **ji-ya-ts'oots'**

dzántee ax̲ jeewats'úts' *a flounder was jerking my line*

jig, see **fish**

joint, see **bend, dislocate, get back, put back, stiff**

joke, see **laugh, tease**

judge, see **examine**

jump, see also **hop, play**

jump

singular subject: **ji-k'ein**

yaa nx̲ashk'én *I'm jumping*

tléil t'áa káx̲ eeshk'éineek̲ *don't jump on the floor!*

plural subject: **ka-doo-ya-k'ein**

a kàa-nax̲ haa kagax̲dook'énx' *we'll all jump over*

kei yee kdook'éin *jump (all of you)!*

jump, leap (of fish): **kei ya-taan**

ch'a kindachóon awé kei tánch cháas' *humpback jumps straight up*

deix̲dahéen kei oowatán *it jumped twice*

jump around (of fish on land): **di-x̲eet**[1]

át woodix̲èet *the salmon are jumping around on shore*

k

keel over, see also **upset**[1]

keel over: **sha-ya-k̲'eit'**

yaa shanak̲'ét' *he staggers along and keels over (esp. of drunkard)*

keep, see also **hog, refuse**

keep, save, store up (usually food, for winter or for special occasion): **li-tsaakw**

woodoodlitsáakw chál káx' *they kept it in the cellar (for about six months)*

gax̲toolatsáagoo, wéi haa x̲òonee hàa-t k̲uwootèenee yís *let's save it for when our friend comes!*

keep from, see **abstain**

keep safe, see **guard**

keep silence

keep silence (after giving a final pronouncement of one's opinion or position), cease from further discussion: **k̲òon + sh x̲'a-dzi-dook**

doo èen sh x̲'ax̲wdzidóok *I put it firmly before him/there is no way to change me and I shall say no more on the subject to him*

keep silence, keep mouth closed, seal one's lips: **k̲òon + sh x̲'a-ka-dzi-dook**

x̲át tsú doo èen kei sh x̲'akakwk̲asdóok *I, too, shall say nothing to him/shall be silent about it*

keep watch, see **watch**

kick

kick: **ya-tseix̲**

ax̲ x̲'òos eeyatséx̲ *you kicked my foot*

ch'a yèisoo at tséx̲t *he's still kicking*

kick in: **shu-ka-li-tseix̲**

neil ashukawlitséx̲ wéi x̲'aháat *he kicked the door in*

kill, see also **stone**

kill (singular object): **ya-jaak̲**

tsaag̲ál' tèen xóots aawaják̲ *he killed a bear with a spear*

káax' haa atx̲àayee sákw gax̲toojáak̲ *we'll kill a chicken for our meal*

kill (usually with agent specified; often with no resistance or evasion on the part of the victim): **li-jaak̲**

tsaag̲ál'-ch awliják̲ *he killed it with a spear*

kill (plural objects), slaughter: **ya-.een**[2]

g̲oowakàan aawa.èen *he killed deer (pl.)*

dáa-ch woo.èen yáa k̲áax' *a weasel killed all the chickens*

kill (tree, bush): **li-laax̲**

gandaadagóok-ch ayá woolilàx̲ yáa àas *a woodpecker killed this tree*

kill off: **k̲útx̲ + shu-li-xeex**

g̲oowakàan k̲útx̲ shoowtoolixèex *we killed off all the deer*

be killed off, all die off: **k̲útx̲ + shu-ya-xeex**

hóoch': dei k̲útx̲ shoowaxèex *there were no more: they were all killed off*

k̲útx̲ yoo k̲aa shuyaxíxk *lots of people get killed (for instance, in railroad accidents)*

kind
be kind, gentle: **tu-li-.aan**[1]
ax̱ t'àaḵx'ee, gunalchéesh àa-dei x̱àan yee tuli.àanee yé *my brothers, thank you for being so kind to me*
tléil x̱àan has tool.àan *they haven't been kind to me (e.g., in distribution of funeral presents)*

kiss
kiss: **x̱'éi- + ya-dzi-.aa**[2]
doo sée x̱'éi-dei yawdzi.áa *she kissed her daughter*
ḵaa x̱'éi-t yawoos.á *a kiss*

knead
knead (bread dough), work (tallow, etc.) in hands: **ka-ya-choox**
sakwnéin akaawachúx *he kneaded the bread*

kneel
kneel: **yan tóox'-ya-tsoow**
yan tóox'-oowatsóow *he knelt*
tléil a yèe yax̱ tóox'-dootsóow *they don't kneel in there (in that church)*

knit, see **make**

knock
knock on (esp. door), rap on: **ka-ya-gwaal**
x̱'awòol kadoogwáls' *someone is knocking at the door*
nadáakw akaawagwál *he knocked on/rapped on the table*

knock over
knock over (pole, furniture, etc.): **kax̱ sha-si-g̱eex'**
káa-yag̱ajèit kax̱ ashawsig̱éex' *he knocked over a chair*
knock over (plural objects): **kax̱ sha-li-g̱eech**
nadáakw kax̱ ashawlig̱ích *he knocked over the tables*

knot, see also **tie**
knot, tie in a knot: **ka-ya-doox'**
ḵútx̱ kax̱waadúx' *I knotted it too tight*

knotty
be knotty (of lumber), have many branches (of tree): **li-sheey**
t'áa dlishèey *the board has lots of knots in it*
àas lishèey *the tree has lots of branches*

know
know (esp. people or facts), be acquainted with, make known: **si-koo**[2]
has doo ée ee x̱wsikóo ... anax̱ tóo has ag̱anòokt has eesax̱ánee *I make you known to them ... so that they might be conscious of your love for them*
x̱at yeesikóo agé? *do you know me?*
ldakát ayá wootoosikóo yáa shkalnèek *all of us know this story*

know how, be practiced, competent: **ya-gook**[1]

ee yagóok *you know how to do things/you are competent*

àa-dei aawagóogoo yéi-ch, ch'oo tlèi k̲útx̲ yoo ashulixíxk *because of how practiced he was, he killed them all*

know how, know (practical matters): **shi-gook**[1]

asg̲èiwoo tléil oox̲shagóok *I don't know how to seine*

Lingít k̲ustèeyee eeshigóok *you know the Tlingit way of life/ how to live as a Tlingit*

know how to speak publicly: **x̲'a-ka-shi-gook**[1]

tléil ayá ee x̲'akooshgóok *you don't know how to speak in public*

l

label, see **mark**

lace

lace, lace up (shoes, clothing): **x̲'a-ka-li-dzaas**[2]

ee téelee x̲'akladzás *lace your shoes!*

doo k'oodás'ee ax̲'akawlidzás *he laced his shirt*

lack, see also **need, scarce**

lack, be short of, have insufficient of: **ka-ya-yaach'**

ax̲ daséigoo ax̲ jèe koowáach' *I'm going to die soon (that is, my life is too short)*

lack, be short of (with amount specified): **ya-yeix̲**[2]

tléix' dáanaa wooyèix̲ *it lacks one dollar (either one is missing, or one is needed in order to buy something)*

nás'k s'íx' awé ooyéx̲ *there are three plates too few (implying these should be brought right away)*

tléix' sunday ooyéx̲, hàa-dei k̲ukwg̲atèenee *he will be coming one week from now (that is, it lacks one week, when he will be coming)*

lame, see also **limp**

be lame, crippled, unable to walk: **tléil + ka-shi-goot**[1]

tléil yoo kooshgútkw *he is lame*

land

land (of waterfowl, plane): **ji-k̲aak̲**

gáaxw át woojik̲ák̲ *the duck landed*

kaawayík-yàagoo áa yei ishk̲ák̲ch *the plane lands there*

lap up, see **lick**

large, see **big**

last

last a long time, be durable (of clothing, machine, etc.): **ya-tsaakw**

dleew kát x̱alatínee-ch awé, wootsáakw *because I took good care of it, it lasted a long time*

ax̱ keenaak.ádee tléil ootsáakw *my coat is not durable*

last a long time (of firewood): **x̱'a-ya-tsaakw**

shèey gán x̱'ayatsáakw *firewood that is knotty lasts a long time*

lasting, see **perfect**

laugh

laugh, laugh and smile (with amusement): **ya-shook̲**

k̲únax̱ at shòok̲ *he really laughed (after an excellent joke)*

tléil dei at x̱washúk̲x̱ *I don't laugh at all now*

make laugh, cheer up, joke: **li-shook̲**

doo yoox̱'atángee tléil tsu ax̱ ée oolshòog̲oo *his speeches don't make me laugh*

has doo éex' awé at doolshúk̲x̱ nòoch *they try to cheer them up/ make them laugh*

keep laughing: **ya-dli-shook̲**

at k'átsk'oo neil yawdlishúk̲ *the child went home laughing*

laugh at, deride, mock, make fun of: **ka-ya-shook̲**

doo húnx̱w hás-ch yaa kanashúk̲ *his elder brothers mocked him*

haa kaawashúk̲ *he laughed at us*

launch

launch out, push (boat) out to sea: **sha-li-tsaak̲**

dák-dei daak shakwk̲alatsáak̲ *I'm going to launch out (by pushing against the bottom)*

lay down, see **put**

lay eggs, see **nest**

lay out, see **spread**

lazy

be lazy, slow: **a-dzi-kaa**[1]

k̲únax̱ oox̱dzikàa *I'm real lazy*

gán ée oodzikàa *he's lazy to get firewood (he won't make any effort)*

be lazy to talk: **a-x̱'a-dzi-kaa**[1]

ax̱'eedzikàa yoox̱'atánk *you are lazy to talk*

lead, see also **guide, take**

lead (esp. by walking ahead)

singular object: **shu-ya-goot**[1]

nèil-dei ee shukwk̲agóot *I'll lead you home*

héen x̱'ayàax̱-dei x̱at shoowagòot *he led me to the river's edge*

plural object: **shu-ya-.aat**[1]

wanadóo yaa ashuna.át *he's leading the sheep*

doo yátx'ee át ashoowa.àat *she leads her children around*
lead on a string, pull along (animal): **ya-si-yeeḵ**[1]
kèitl ayawsiyèeḵ *he led the dog along on a string*
lead (esp. into bad habits): **sha-si-x̱oot'**[1]
át ashawsix̱óot' *he leads him in a bad way, teaching him bad habits*
lead singing (by reading out words ahead of the singers): **shu-ka-ya-naay**
shí shukoonáay *he's leading the singing (giving the words of the song ahead)*

leaf through, see **turn over**

leak, see also **bubble**
leak (of house, boat, pot, etc.): **li-naaw**
linàaw ax̱ téelee *my shoes are leaking*
tlágoo hídee ká lanàaw nòoch *old roofs are always leaking*

lean[1], see also **bend, prop**
lean on, lean against: **A- + sha-ka-dli-gaan**[2]
hít yát shakax̱wdligán *I leaned against the wall*
tléil yax̱ shakayeelgàaneeḵ *don't lean back!*

lean[2], see **thin**

leap, see **jump**

learn, see also **study**
learn (esp. facts): **si-koo**[2]
yaa at nax̱sakwéin *I am learning (that is, beginning to know)*
doo x̱'éi-dax̱ at x̱wasikóo *I learned from him*
learn how (in practical matters): **shi-gook**[1]
daḵéis' yei ntooshagóok *we are learning how to sew*
datóow x̱washigóok *I learned to read*

leave, see also **abandon, put, stay**
leave, desert: **ji-ya-naaḵ**[2]
doo x̱úx̱-ch jeewanáḵ *her husband left her*
all leave, all go or come (of whole group of people): **ka-di-k'eet'**
ldakát at yátx'ee kawdik'éet' *all the children have left*
yeiḵ ḵukandak'ít' *the people are all coming down to the beach (leaving only a few behind)*
leave alone, quit bothering: **yan li-ts'ein**
yan has x̱walits'én *I leave them alone/don't bother them*
ch'a yan x̱at lats'én *leave me alone!*

left over, see **remain**

left-handed
be left-handed: **ya-s'aat'**
yas'át' *he's left-handed*
tlèix̱ át-x̱ alyèix̱ee, kei kwg̱as'áat' *using it all the time, he'll become left-handed*

leg, see **astride, bend, stretch**

lend

lend (general): **A- + ya-hees'**

ax̱ éet hís' *lend it to me!*

s'eenáa k̲óo-t aawahís' *he's lent the lamp to somebody*

lend (large object such as stove, table): **A- + li-hees'**

ax̱ éet lahís' *lend it (large object) to me!*

lend (round object): **A- + ka-ya-hees'**

kooch'éit'aa ax̱ éet kahís' *lend me a ball!*

lend (stick-like object): **A- + ka-li-hees'**

tság̱aa ax̱ éet kalahís' *lend me a boating pole!*

let down, see **lower**

let go

let go, release, relinquish: **ji-ya-naak̲**[2]

tsu ajikwg̱anáak̲ *he's going to let it go again*

tsàa dlèeyee k̲aa x̱'éi-dei ajeewanák̲ *he is giving away seal meat*

let go without expecting any return (at party): **ya-jaak̲**

l'ée k̲aa kàa-dei aawaják̲ *he let the blanket go (announcing that he did not want any reimbursement for it in the pay-off) (lit. he killed it)*

let in

let in or out (esp. animal)

singular object: **si-goot**[1]

dóosh neil sagú *let the cat in!*

tléil gán-dei yoo eesagútgook̲ *don't let him out!*

plural object: **si-.aat**[1]

kèitlx' neil woodoodzi.át *they let the dogs in*

lick

lick, lap up: **ya-tleit'**

dóosh sh dàa datléit' *a cat licks itself*

héen x̱waatlét' *I licked/lapped up the water*

lie[1]

lie, deceive: **sh k̲'a-dli-yeil**

yaa sh k̲'analyél *he's lying*

tléil sh k̲'eilyélx̱eek̲: x'éig̱aa at kadoonéek *don't tell lies: always tell the truth (lit. they tell the truth)!*

lie habitually, be a liar: **k̲'a-li-yeil**

k̲'aliyéil *he's a liar*

lie[2]

lie (general, often of compact object): **ya-tee**[2]

té át téen *there's a rock lying there*

lie (solid, often complex object): **si-tee**[2]

tsàa èejee wéi-t satéen *there are seal rocks over there*
lie (round object): **ka-ya-tee**[2]
k'wát' kút kát katéen *the egg is (lying) in the nest*
lie (small stick-like object, or string-like object): **ka-si-tee**[2]
kooxéedaa nadáakw kát kasatéen *pencils are (lying) on the table*
lie (usually container or hollow object): **ya-taan**
shál sdòox kát tán *the spoon is (lying) on the stovetop*
lie (usually long, complex object): **si-taan**
dzèit hít t'éi-t satán *there's a ladder lying behind the house*
lie (usually long, simple object): **ka-ya-taan**
ax̲áa hít tayèe-t katán *the paddle is (lying) under the house*
lie (usually quite small, stick-like object): **ka-si-taan**
choonèit yáa-t kasatán *there's an arrow lying here*
lie (small plural objects): **ka-li-.aat**[2]
kas'éet nadáakw kát kala.át *the screws are (lying) on the table*
lie (textile-like object): **ya-.aax̲**[2]
ee k'oodás'ee yóo-t áx̲ *your shirt is lying over there*
lie down (of human)
singular subject: **sh dzi-taa**[1]
yee.át kát sh istáan *he's lying on the bed*
yán-dei sh kook̲astáa *I'm going to lie down*
plural subject: **sh dli-.aat**[2]
dei s sh il.át *they are already lying down*

lie in wait, see **watch**
lift, see **clear**
lift up, see **pick up**
light
light, set fire to, cause to shine: **A- + a-ka-li-gaan**[1]
s'eenáa-t akawligán *he lights a lamp/turns on a light*
tléil át akawtoolagàan wéi sdòox *we didn't light the stove*
like[1], see **want**
like[2], see also **represent as, resemble, similar**
look like, look alike, be almost identical with: **ya-yaa**[1]
a lòonee ch'a woosh oodiyáa *the bark (of those trees) is just the same/there is no difference between them*
ax̲ kéek' ax̲ tláa oowayáa *my younger sister looks just like my mother*
be like (of tribal relationships): **a yáx̲** (sim) + **ka-di-yaa**[1]
doo húnx̲w yáx̲ x̲at koodayéin *I am like his older brother (according to clan relationships)*
ax̲ kéek' yáx̲ yán-dei ee kagoox̲dayáa *you are going to be as a brother to me*

make like (of tribal relationships), consider to be like: **a yá<u>x</u> (sim) + ka-dzi-yaa**[1]

woosh kéek' yá<u>x</u> woosh kawdoodziyáa *they became like brothers*

be like: **a yá<u>x</u> (sim) + ya-tee**[1]

kooléi<u>x</u>'waa yá<u>x</u> has yatèe *they were like walruses*

ldakát has doo tundatáanee woosh yá<u>x</u> wooditèe *all their thoughts were like each other's (that is, there was unanimous agreement)*

limb, see **bend, double up, injure, numb, stretch**

limp

limp, be lame, walk unevenly: **li-<u>k</u>áchk**

yáa yeedát tléil ool<u>k</u>áchk *he doesn't limp now*

doctor-ch yéi sh kalnèek, ch'oo tlèi<u>x</u> kei goo<u>x</u>la<u>k</u>áchk *the doctor says he will always limp*

link

link middle fingers and pull (as a contest of strength): **ji-x'út't**

woosh has ishx'út't *they are linking middle fingers, to try each other's strength*

list, see **name**

listen

listen to

(1): **<u>k</u>aa <u>x</u>'éi- + si-.aa<u>x</u>**[1]

ee <u>x</u>'éi-t <u>x</u>wasi.á<u>x</u> *I'm listening to you*

(2): **A- + si-.aa<u>x</u>**[1]

át woosi.á<u>x</u> *he's listening to it*

little, see also **small**

be just a little, few: **ya-ka-ya-.aatl'**

ch'a yéi yagoo.áatl' hàa-t yéi saní *bring just a little!*

ch'a yéi yagoo.áatl'ee gòon héen awé áa yéi yatèe *there were few springs of water there*

live, see **alive, be**

live at

live, live at, dwell permanently: **<u>k</u>u-ya-.oo**[1]

doo hídee yèe-x' ch'a tléina<u>x</u> <u>k</u>oowa.óo *he lives alone in his house*

woosh tèen has <u>k</u>udi.óo *they lived at the same time*

lively, see also **crazy**

be lively, crazy, restless, noisy, continuously on the move (esp. of children): **li-.oos**

has li.òos, has ash koolyádee *they made lots of noise when they played*

<u>k</u>úna<u>x</u> li.òos *he's really crazy/lively*

load

load, carry aboard (often making several trips): **a yi̮k- + ka-ya-jeil**

ldakát, yàakw yík-t kawtoowajél *we loaded the boat, took everything aboard*

load, carry aboard (plural objects, general): **a yík- + yéi + si-nee**

aatlèin at<u>x</u>á a yík-dei yéi ndoosnèech *they take lots of food aboard*

load, carry aboard (esp. baggage and personal belongings): **a yík- + li-.aat**[2]

<u>k</u>óok yàakw yík-dei ga<u>x</u>toola.áat *we're going to load the boxes on the boat*

load (a gun), put a bullet in with fairly fast action: **ka-ya-<u>g</u>eex'**

at katé a tóo kei k<u>x</u>waa<u>g</u>íx' *I put the bullet in*

load (a gun) with slower action: **ka-ya-tee**[2]

a tóo kei k<u>x</u>waatée *I loaded it*

lock

lock (door, etc.): **<u>x</u>'éi- + ka-li-tei<u>x</u>'**

<u>x</u>'éi-t kaylité<u>x</u>' agé? *did you lock the door?*

<u>x</u>'aháat <u>x</u>'éi-dei kakwg<u>k</u>alatéi<u>x</u>' *I'm going to lock the door*

lonesome, see also **unhappy**

be lonesome, miss someone (with strong feeling): **li-teesh**

<u>x</u>at woolitèesh *I'm lonesome*

yee ít-dei yei haa goo<u>x</u>latéesh *we're really going to miss you/be lonesome for you*

be lonesome for, wish to see (with less feeling): **taa-ya-.aas**

a<u>x</u> àat yá<u>x</u> <u>x</u>at taawa.ás *I'm lonesome for my aunt/I want her company*

woosh yá<u>x</u> yee taagoo<u>x</u>da.áas *you'll be happy to see each other*

be lonesome for, impatient to see again: **A- + sa-dli-t'aan**

doo éet sa<u>x</u>wdlit'án déi *I'm longing to see him again (wondering when he'll be coming back and so lonesome for him)*

long, see also **big**

be long (usually of stick-like objects, when focus is on length rather than width, etc.): **ya-yaat'**

woosáanee yayát' *the seal spear shaft is long*

<u>k</u>áas' yayát' *the stick is long*

be long (general): **li-yaat'**

doo sha<u>x</u>àawoo yaa nalyát' *her hair is getting long*

jinkàat <u>k</u>aa <u>x</u>'òos yéi kwliyáat' *it is ten feet long (pole)*

be long (usually of flexible objects including ropes): **ka-li-yaat'**

tás kaliyát' *it's a long thread*

laa<u>k</u>'ásk kaliyát' *the black seaweed is long*

be long (of time): **yee-ya-yaat'**

yakyèe yeeyayát' *the days are long*

tléil yeenayát'ch *not long ago*

waa sá áa yeekw<u>g</u>ayáat'? *how long is he going to stay?*

long-faced

be long-faced, look sad, dismal: **ya-li-.eesháan**

k̲únax̲ awé ee yali.eesháan *you look real sad/long-faced*

look, see also **examine, inspect, search, snap at**

look, look at: **A- + a-dli-g̲een**

áa nèil-t awdlig̲ín *he looked in*

woosh wooyàa-t has awdlig̲èen *they looked around at each other*

look at, gaze at, watch: **li-tín**

at gutóo-dax̲ awé dooltín *they were looking at it (for a long time) from the woods*

tléil x̲at eelatíneek̲ *don't look at me/don't watch me!*

look at, take note of, study: **ka-li-tín**

x'úx' yan kalatín *look at this magazine (that is, study and take good note of all that is in it)!*

doo yéi jinèiyee dei yan kax̲wlitín *I've already taken a good look at his work (in order to copy it)*

take out and look at one's possessions (esp. tools, dishes, etc.): **ka-ya-k'eit**

ax̲ s'íx'ee daak kax̲waak'ét *I took out all my dishes and had a look at them*

look for, roam around keeping one's eyes open for things to pick up: **k̲u-dli-t'eet**

nóox'-g̲aa át k̲ux̲wdlit'éet *I'm looking for shells, keeping my eyes open as I roam around and picking them up when I find them*

át k̲oowdlit'éet *he's on the lookout for anything he can find as he's walking around*

look out for, keep watch for (expecting some person or thing to appear): **A-g̲aa + k̲u-ya-tees'**

ax̲ éesh-g̲aa k̲ux̲atées' *I'm looking out for my father (expecting him to come)*

ch'áak'-g̲aa k̲utées' *he's looking for an eagle (standing and gazing around intently)*

look after, see **care, watch**

look forward to, see **expect**

look like, see **resemble**

look well, see **suit**

loose, see **sag, slack**

lose

lose (many objects), drop and fail to find again: **k̲ut ka-li-soos**[1]

ax̲ dáanaa daakagwéilee tóo-dax̲ k̲ut kax̲wlisóos *I lost them from my purse*

lose (often container): **k̲ut ya-x̲eech**

ax̱ x'eesháyee ḵut x̱waax̱èech *I lost my bucket*

lose (often associated with destruction): **ḵut ya-g̱eex'**

doo yàagoo ḵut aawag̱éex' *he lost his boat (as a wreck)*

ax̱ shát ax̱ yéi jinèiyee kàa-x̱ ḵut x̱waag̱éex' *on account of my working so hard I lost my wife (she died because I didn't have time to care for her)*

at gutóo-x' ax̱ líitaayee ḵut x̱waag̱éex' *I lost my knife in the woods*

lose: **ḵut si-g̱eex'**

doo ch'éenee ḵut awsig̱éex' àan x̱'ayèe-x' *she lost her ribbon in the street*

lose oneself, be lost (of live creature), be unsure of one's location: **ḵut dzi-geet**[1]

ḵut x̱at woodzigèet *I was lost/I didn't know whereabouts I was*

be lost (of voice): **ka-ya-kees'**

ḵaa satú tsú kakís'x̱ *a man's voice too may be lost*

lose one's voice, be hoarse: **ka-li-kees'**

ḵusa.áat' néekw ax̱ satú akawlikís' *I lost my voice through having a cold*

ḵaa leitóox̱ aklakís'x̱ *he's lost his voice/he's hoarse*

lots, see **big, many**

loud

be loud, noisy, make noise: **li-gaaw**

kèitl ayawlishàa: ḵúnax̱ ligàaw *a dog began barking at him: it was really loud*

lagaawdéin akagwáls' *he's knocking loudly*

be loud-voiced, be noisy in speech

(1): **sa-li-gaaw**

salagàawoo-ch, doo àat-ch gán-dei kaawanáa *when he is noisy, his aunt sends him outdoors*

(2): **x̱'a-li-gaaw**

x̱'aligàaw *he has a loud, powerful voice*

lousy

be lousy, infested with lice: **di-weis'**

has woodiwéis' *they were lousy/had lots of lice on them*

love

love: **si-x̱án**

toosix̱án; shux'áa-nax̱ haa woosx̱ánee-ch *we love him, because he first loved us*

low-spirited, see **unhappy**

lower

lower, let down: **ka-li-yaa**[2]

doo yàagoo akawliyàa *he lowered his boat (over the rapids)*

k̲óok yàakw yík-dei kanax̲toolayàa *let's lower the box down into the boat!*

be lowered, reach bottom (of line): **ji-ka-ya-goot**^{2}

tléil g̲wadlàan: ax̲ tíx'ee dei yan jikaawagút *it's not deep: my line has already reached bottom (that is, has been completely lowered)*

shayéinaa tíx'ee héen-dei yaa jikanagút *the anchor line is being lowered/is going down in the water*

lower, let down (line): **ji-ka-li-goot**^{2}

deeyín-dei yei jikanax̲lagút *I'm lowering down my line*

át ajikawligòot *he lowered it (piece of string) (and left it dangling)*

lucky, see **bless, fortunate**

lull

lull baby to sleep by whistling softly: **ya-soos**^{2}

aawasóos *she whistled softly and put the baby to sleep*

lull baby to sleep by whistling softly through one's teeth: **k̲'a-ya-soos**^{2}

t'ukanéiyee ak̲'asóos *she's lulling the baby to sleep, whistling softly through her teeth*

m

mad at, see **angry**

maggoty

be maggoty, full of worms (of meat, fish): **dli-waan**

dlèey woodliwán *the meat is full of worms*

magic

make magic, perform rites to (a) bring desirable results in nature, (b) give youngsters power and confidence: **ya-héix̲waa**

x̲áat héenee doohéix̲waayeen; ách awé x̲áat shayandahèijeen *they used to make magic at the salmon streams (perform rites such as returning salmon eggs and milt to the stream); that's why the salmon used to be plentiful*

gax̲doohéix̲waa *they are going to make magic (pass someone through the fire for offending 'the world', and so restore good weather)*

make magic on a person: **dzi-héix̲waa**

t'ukanéiyee-x̲ ee satèeyee, ee wdoodzihéix̲waa: ee tàanee ch'áak' àasee k'ée-nax̲ kawdoodzihàa *they performed magic on you when you were a baby: they buried your umbilical cord at the foot of an eagle's tree*

x̲'eis'.awáa x̲'òosee ee wdzihéix̲waa; ách awé ee yagóot *they made magic on you with a ptarmigan foot, so you are going to be swift (thus encouraging youngster by autosuggestion)*

make

make, construct: **li-yeix̲**[1]

yaa s analyéx̲ *they are constructing a road*

ch'a nèek awé ax̲ dàa-t alyéix̲ *he's just making up stories about me*

loan words are quite frequently used with this verb, as in the following examples:

report: **tléil ldakát report-x̲ doolyèix̲ch** *they haven't all reported yet*

start: **yáa yeedát start-x̲ gax̲toolayéix̲** *we are going to start now*

so also: **bless, heal, second, move**

make cloth of any kind (by weaving, knitting, or crocheting): **ka-si-nei**

l'ée x'wán akawsinéi *she knitted socks*

naaxèin kadoosné *they weave Chilkat blankets*

make into, see **use**

make it, see **succeed**

make one, see **unite**

malinger, see **pretend**

many, see also **big**

be many, plenty, lots: **sha-ya-di-haa**

tléik̲w shayadihéin *there are lots of berries*

haa shayagoox̲dahéa *there are going to be many of us (that is, my grandchildren are becoming numerous)*

be many (but not really abundant), be quite a few: **sha-ya-dli-haa**

yàaw shayadlihéin *there are quite a few herring*

have many, have lots: **sha-ya-li-haa**

at la.át ashayalihéin *he has many pieces of baggage*

tléil naa.át ashawoolhéin *he doesn't have many clothes*

mark, see also **print**

mark a line, draw a line

(1): **A- + ya-yeek̲**[1]

a kát aawayîk̲ *he marked a line on it*

t'òoch' yát awdiyîk̲ *he marked a black line on his face*

(2): **A- + si-yeek̲**[1]

kooxéedaa tèen a kát awsiyîk̲ *he marked a line on it with a pencil*

mark around: **a dàa + ya-ya-yeek̲**[1]

a dàa yax̲waayîk̲, kooxéedaa tèen *I marked around it with a pencil*

mark (esp. to show ownership), label: **si-kweiy**

haa dàa woodoodzikwéy *they marked us (by putting registration ribbons on us)*

ee kooxéedaayee dàa yeesikwéy *you have marked your pencil (with your name)*

marry

marry: **ya-shaa**[1]

aadoo-ch sá oowasháa? *who married her?*

g̱unéit kanàayee woosh dashéix̱ *they marry on the other side*

marvelous, see **wonderful**

mash

mash by pressing flat: **ka-ya-t'aal'**

k'úns' kat'ál' *mash the potatoes!*

banana kax̱at'áal' *I'm mashing a banana*

mash by squeezing in the hand: **ka-ya-g̱ootl**

tléiḵw akaawag̱útl *he mashed the berries (with his hand)*

dei kawdig̱útl *they're already mashed*

mash by pounding with something heavy: **ka-ya-t'eix̱'**

k'úns' kat'éx̱' *mash the potatoes!*

massage

massage, rub and knead (body) with hands: **ya-choox**

ḵulnuks'àatee-ch ax̱ déx̱' oowachúx *the osteopath massaged my back*

master over, see **rule**

matted, see **tangle**

mature, see **grow**

mean[1]

be mean, bad-tempered: **tléil + chàa + x̱'a-ya-tee[3]**

tléil chàa x̱'eití *he's mean/bad-tempered*

mean[2]

mean, signify, denote

(1): **A + shu-ya-taan**

Greek x̱'éi-nax̱ yáa sàa yéi shután Christ *in the Greek language this name means Christ*

(2): **(A + ya-saa[2])**

Jesus ḵu.àa yáa naná ayá tá yóo aawasáa *Jesus meant that he had died (that is, he called death sleep)*

(3): **(A + ka-di-yaa[1])**

waa sáya at koodayéin? *what does this mean (that is, what is happening)?*

(4): **(A + ka-ya-neek)**

yéi akyá haa keenéek, oohàan tsú, tléil ḵutooshatéen? *you don't mean that we are blind too (that is, is it that you are telling us...)?*

measure

measure, take measurements (test eyes, take temperature): **ya-kaa[3]**

nadáakw koolayáat'ee aawakàa *he measured the length of the table*

doo t'àayee woodoowakàa *they took his temperature (that is, measured his heat)*

measure, take measurements of number of objects: **ya-kaay**

yan aawakáy *he's finished measuring (everything)*

measure off in lengths of a fathom (or arm span): **ya-waat**

yáa-dax̲ awé nás'k wàat yéi gag̲eewáat *you'll measure off three fathoms from here (pointing along a tree to be used for canoe)*

déix̲ wàat yéi x̲waawát *I measured off two fathoms*

meddle

meddle, finger, handle too much (esp. of small children touching other's property): **ji-li-.oos**

ee jili.òos *you are meddling*

medicine

treat with medicine (either applied externally or taken internally), medicate, dose: **ya-naakw**

yáa náakw tèen tlákw nanáakw *medicate him all the time with this medicine!*

Lingít yáx̲ awé sh x̲wadináakw *I dosed myself the Tlingit way*

meditate, see **sit**

meet, see also **visit**

meet with, come upon, come before eyes, be seen (esp. of game): **k̲aa kagéi-x' + ka-ya-haa**

tléil gé daa sá ee kagéi kawoohá? *didn't anything come before your eyes/didn't you see anything (when hunting)?*

melt

melt, melt away, dissolve

(1): **li-laa**[1]

yaa nalléin *it (ice) is melting all over*

(2): **ka-li-laa**[1]

dlèit yei kanalléin *the snow is melting away*

éil' héen kàa-dei yei klaléich *salt dissolves in water*

melt (but not to point of disappearance): **x̲'a-li-laa**[1]

k'óox̲' dei x̲'awliláa *the lead has already melted*

be melted (of metal) by intense heat: **ka-doo-ya-k̲waatl'**

dáanaa kawdoowak̲wátl' *the silver is melted*

melt (metal) by intense heat: **ka-li-k̲waatl'**

èek̲ akagoox̲lakwáatl' *he's going to melt copper*

mend

mend canoe crack (by sewing with roots and tightening with wedge): **ya-x̲aas'**

doo yàagoo aawax̲ás' *he mended his canoe by pulling the crack together with roots and tightening the stitches by means of a wedge*

mess up, see **dirty**

mild

be mild (of weather): **tléil + li-tseen**

yáa táakw shakdéi tléil kei goox̱latsèen *maybe this is going to be a mild winter*

become mild and damp (of weather): **ḵu-si-naa**[2]

ḵoowsináa *it's getting mild and damp*

milk

milk: **li-g̱oots**

wasóos agé eelag̱útsx̱ nòoch ts'ootàat-x'? *do you milk the cows every morning?*

mimic, see **imitate**

mind, see **watch**

minister to, see **serve**

mischievous

be mischievous, crazy, play practical jokes constantly: **tléil + yan di-ts'ein**

tléil yax̱ oodats'éin *he's mischievous/full of practical jokes (no one can control him)*

mislay, see **misplace**

misplace

misplace, mislay: **tléil + jidàa + di-nook**[2]

doo jikáa yan woodá: tléil jidàa oodanòok *keep an eye on him: he's always misplacing things (he never knows where he puts anything)!*

ax̱ táax'al'ee tléil jidàa x̱wdanòok *I've mislaid my needle (I don't know where I put it)*

miss[1]

miss the target when shooting with a gun: **ayawsi.únx̱aa**

miss when punching with fist: **ayawligwálx̱aa**

miss when slapping with hand: **ayawłit'áchx̱aa**

miss when shooting in basketball: **ayawlidzéix̱aa**

miss when hitting in baseball: **ayawlix̱íchx̱aa**

miss when hitting in baseball or (originally) shinny: **ayawliḵ'íshx̱aa**

miss when grabbing for: **ayawlishátx̱aa**

miss[2], see **lonesome**

mix, see also **water**

mix, mix together

woosh x̱òo-, when used with a variety of verbs (esp. those concerned with handling objects) will usually be translated 'mix'

x̱'àan néegwal' ḵa dlèit néegwal' woosh x̱òo-t ajikaawatée *he mixed together red and white paint*

shóogaa ka sakwnéin woosh xòo-t yéi awsinée *she mixed the sugar and flour together*

woosh xòo-t ajikaawaháa *she mixed them (various ingredients) and stirred them up well*

mock, see **laugh**, **tease**

moldy

be moldy, have mold (of cloth, dried fish, bread, etc.): **di-tlaax**

doo naa.ádee wooditláx *he has mold on his clothes*

at x'éeshee yaa ndatláx *the dried fish is starting to go moldy*

molt, see **fall out**

money

make lots of money: **ya-di-dlaak**

xáat gèiyee, has yandadlákch *they make lots of money, when the salmon are plentiful*

hòon daakahítx'ee yadadlákx'w *the stores make a lot of money*

moody, see **quick-tempered**

moon

be new (of moon): **ya-dzi-keen**

dís yawdzikèen *it's a new moon*

be full (of moon), be fully visible: **ya-ya-waat**

dís yan yaawawát *it's a full moon*

pass (of moon, month): **dzi-keen**

s'ikdísee woodzikèen *'black bear moon' (February) has passed*

shine (of moon): **a-dli-dees**

awdlidées *the moon is shining*

mop, see **wipe**

motionless

be motionless, keep utterly still: **tléil + ya-ts'oox**

tléil oots'úxx *he is motionless (either because so weak through sickness, or because giving whole attention to speech)*

mouth, see **close**[2], **keep silence**, **open**

move, see also **glide**, **pass**

move along (of number of objects all together and not having their own power of motion): **ka-ya-soos**[1]

gúx'aa woosh èet-dei yaa kandagasóos *the cans are moving along behind one another (on the conveyor belt)*

l'éiw yaa kanasóos *the sand is moving fast (through his fingers)*

move along: **ya-gaas'**

góos' naagáas' *the clouds are moving along*

yàkw yóo-t oowagás' *the canoe started off/moved over there*

move along, be moved along: **li-gaas'**

yaa nalgás' *it (car) is moving along*

kei sh ilgás'ch wéi tàan *the sea lion is moving along, coming to the surface and then going down again*

move vertically (esp. of long object): **ka-li-gaas'**

àa-x̱ ḵux̱ kawdligás' *it (long object) bounced down from there (having been thrown up against a wall)*

át kawligáas' *it (mercury in thermometer) moves up and down*

move through air (esp. in downward curve): **ya-li-gaas'**

choonèit doo tóo-nax̱ yawligás' *the arrow went through him*

xòodzee yawligáas' *a meteor (shooting star) shot across the sky*

move (often almost imperceptibly), move (of event): **ka-di-yaa**[1]

yaa koondayéin *it is moving (of boat on horizon); (it is moving so slowly that one can only tell it after a period of time)*

a yîk-t at kawdiyáay-éi yáx̱ ax̱ toowáa yatèe *I've come to the conclusion there's something moving round on it (boat, way out at sea)*

move (of light, star, etc.): **ya-si-xeex**

g̱unayéi at yasaxíxx̱ *it (light on boat) is beginning to move*

move forward with considerable momentum, keep moving from momentum: **ḵ'a-ya-ya-daax̱**[2]

yaa x̱at ḵ'ayanadáax̱ *I kept running (even after reaching the finishing line my legs continued to keep moving forward fast)*

ch'a yaa ḵ'ayagadáax̱ch *it moves forward even after the engine has been shut off*

move with uncontrollable motion, be out of control: **sha-ya-xeetl**[2]

yaa nahen át yoo shayaxítlk *it is moving objects that get out of control*

tlákw ḵaa yàagoo shanaxítlch *canoes get out of control (if paddlers not strong enough to resist force of the waves)*

move (of textile), move around: **ya-wooḵ**

doo yàa-x̱ woowòoḵ *it (curtain) moved away from him (on the stage)*

doo l'àakee át nawúḵch *her dress kept moving around (loosely, as she was active)*

move (of swamp), move back and forth: **si-wooḵ**

át woosiwòoḵ *it (swamp) is moving back and forth, like it's drifting*

move (of water) usually suddenly and strangely (as with tidal wave): **ya-doos'**

wóosh-t woodidús' *the waters (of Red Sea) came together real fast*

héen g̱unayéi oodóos'ch *the water began to be moved*

cause fish to move in another direction (esp. salmon, when seining): **ka-ya-tleix̱w**

x̱áat kax̱atlèix̱w *I made the salmon move (by slapping water, etc.)*

yaa akanatléx̱w *he's causing the fish to move in a certain direction* move in, come around (of large numbers, esp. birds): **ya-di-haa**

táakw èetee-x' shòox̲' kàa-x̲ yadahàa *in spring the robins move in/come around*

move household (permanently): **si-daak̲**^{2}

yáa-dax̲ haa goox̲sadáak̲ *we're going to move from here/never coming back*

ixkée-dei wsidàak̲ *he moved south permanently*

move household (with likelihood of return): **dli-tsoow**

yáa-dax̲ kei gax̲tooltsóow *we're going to move from here (probably returning after few years)*

move household (with future plans unspecified): **li-gaas'**

yáa-dax̲ kei haa goox̲lagáas' *we are going to move from here*

move, cause to move slightly: **li-ts'oox̲**

ch'a x̲walits'úx̲ *I moved it just a tiny bit (even though exerting all my strength)*

tléil g̲unayéi eelats'úx̲x̲ook̲: tlax̲ a yáa-nax̲ shaawats'ít' *don't move it the slightest bit, it's too full!*

move (lots of small objects, esp. possessions such as dishes): **ka-ya-k'eit**

doo s'íx'ee át akaawak'ét *she moved all her dishes (in order to look at them all)*

move heavy object a little at a time (first one end and then the other): **ya-li-t'aak̲**

ax̲ yàagoo yakwk̲alat'áak̲ *I'm going to move my boat down to the water (by lifting one end and swiveling and then the other end)*

move carefully and slowly: **ka-ya-.eits'**

s'íx' dei g̲unayéi-x' kax̲waa.éts' *I've already moved the dish carefully to another place*

yàakw yaa sh kanda.éts' *the boat is moving very slowly (reason not specified)*

yanéegoo k̲áa át sh kanda.éts'ch *a sick man moves around very slowly and carefully* move one's hands: **ya-jeil**

a kát woojèil *he moved his hands rapidly over things*

muddy, see also **dirty**, **swampy**

be muddy (of road, etc.): **ka-shi-ḵootl'**

ch'a g̱óot àa téel yéi na.òo; wéi dèi yík kawshiḵútl' *put on some other shoes, for that road is muddy!*

multiply, see also **increase**

multiply, increase in numbers

(1): **di-x̱eet**^{2}

doo nàa kei ndax̱ít *his tribe is multiplying*

(2): **dzi-x̱eet**^{2}

yaa nasx̱ít *the numbers (of animals) are getting bigger*

murmur

murmur, grumble, mutter, be disagreeable: **x̱'a-ya-tl'únkw**

x̱at x̱'ayatl'únkw *I'm murmuring/being disagreeable*

ax̱ yat'éi-dax̱ x̱'ayatl'únkw *he's talking behind me (grumbling and complaining under his breath, but I can hear some of what he's saying)*

muscle, see also **tense**

be muscular, have lots of muscle, be meaty: **li-dlèeyee**

doo dàa lidlèeyee *he's muscular*

g̱oowakàan kei naldlèeyee *deer are getting a little more meat on them*

mutter, see **murmur**

n

nail, see also **crucify**

nail, nail up: **ka-ya-x'oo**

doo x̱aawàag̱ee ká akaawax'óo *he's nailed up his windows*

t'áa yátx'ee awé kadoox'wèis' *they're nailing shingles*

nail, nail on, hammer in nails: **ka-si-x'oo**

tuháayee yaa akanasx'wéin *he's driving in nails*

át at kasax'ú *nail something over it (rat hole)!*

name

name, call by name, tell name of, nominate: **ya-saa**^{2}

waa sá doowasáakw? *how is he named (what do they call him)?*

doo èen sh eedasá *tell him your name!*

name for, give name on account of some characteristic:

A-ch (instr) + **li-saa**^{2}

doo yéi jinèiyee-ch woodoodlisáa *they named him for his trade (that is, gave him a name connected with his work)*

yáa a góon-nax̱ wooshòowoo dèi, ách ayá has awlisáa yáa àan *they named this town for the trail that went across the isthmus*

list names of, name off one by one: **ya-saay**[1]

yaa nx̲asáy *I'm naming all the objects I can think of*

narrate, see **tell**

narrow

be narrow (usually of small objects): **ya-saa**[1]

doo kasán yéi koosáa *his waist is that narrow*

lítaa yéi koosáa *the knife is narrow/slim*

be narrow, thin (usually of rope-like objects): **li-saa**[1]

tíx' yéi kwlisáa *it's a thin rope*

be narrow: **ka-ya-saa**[1]

ax̲ kéesee tlax̲ yéi kakoosáa *my bracelet is narrow*

be narrow (usually of long objects): **ka-li-saa**[1]

yáa dèi tlax̲ ayá kakwlisáa *that road is too narrow*

yàakw yéi kakwlisáa *the canoe is narrow*

nauseated, see **vomit**

near

be near, come nearer, be close: **ka-ya-sei**

tléil tlax̲ haa jèe-dax̲ at kawoosèi *we could not get close (to game in order to shoot)*

koonaséi awé, àa-dei awé daak at x̲wali.ún *when it got a bit nearer, I took a long shot at it (seal)*

near, approach, come nearer to (of time or space): **ka-li-sei**

yaa akoonalséin *he's coming closer now (nearing end of long journey)*

yáa k̲utàan yaa koonalséin *summer is getting closer*

neat

be neat, clean and tidy (esp. of personal appearance or housekeeping): **ya-neek'**

k̲únax̲ yanéek' wéi at k'átsk'oo *that child is really neat*

need

need, lack, require: **a èetee-nax̲ + ya-tee**[1]

yées téel èetee-nax̲ x̲at yatèe *I need new shoes*

nest

nest, lay eggs: **dli-k'wát'**

t'aawák̲ g̲èey yík alk'wát' *the Canada goose lays eggs up the bay*

yáa yeedát has awdlik'wát' déi *they have already laid eggs now*

net, see **fish**

new, see **moon**
nip, see **snap at**
no good, see **bad, worthless**
nod
  nod head (usually with palsy): **sha-ka-dzi-neit**
    shakawdzinét *his head is nodding*
noisy, see **lively, loud, talkative**
nominate, see **name**
normal, see **restore**
notable, see **famous**
note, see also **look**
  note, take note of: **a dàa- + ya-si-taaḵ**[2]
    doo yoox̱'atángee dàa-t haa yawoostàag̱een *we noted all that he said/took note of all his sayings*
    tléil at dàa-t yawoostàaḵ *he doesn't take note/doesn't pay attention to things*
notify
  notify, inform, bring news (esp. serious and important news): **li-nook**[2]
    ee tòowoo shat'íx': ee èe-dei yaa at nax̱lanúk *harden yourself to bear it: I am bringing you bad news (usually of the death of a relative)!*
    haa yaanàayee-t at woolinúk *he notified our enemy (told them what was going on)*
nourish, see **grow**
nudge
  nudge with the elbow: **li-t'eey**
    yoo awlit'éey *he nudged him with his elbow*
numb, see also **exhaust**
  be numb, have no feeling, go to sleep (of a limb): **li-x'wás'ḵ**
    ax̱ x̱'òos woolix'wás'ḵ *my foot has gone to sleep/is numb*
    yéi ee.àayee, ee daa.ittú kei goox̱lax'wás'ḵ *the way you are sitting you will get numb (esp. your legs)*
  be numb, lose feeling, go to sleep: **dli-naak**
    ax̱ jín woodlinák *my hand went to sleep*
    ax̱ tl'èiḵ woodlinák *I've lost the feeling in my finger (after surgery)*

O

obey
  obey, be obedient: **ḵaa x̱'éi + g̱áa + ya-tee**[1]
    ax̱ dachx̱ánk' ax̱ x̱'éi-g̱aa yatèe *my grandchild obeys me*
    doo x̱'éi-g̱aa ee natí *obey him!*
  obey, give heed to: **ḵaa x̱'éi- + si-.aax̱**[1]
    doo tláa x̱'éi-t awsi.áx̱ *he obeys his mother*

oblong, see **oval**

observe[1], see also **watch**

observe, watch: **ka-li-tín**

hàa-t x̲waagút, k̲aa k̲ustèeyee kank̲altínt *I came here, in order to observe people's way of life (how people live here)*

doo k̲ustèeyee yán-dei kakwk̲alatín *I'm going to observe her way of life/I'm going to watch carefully how she acts, etc. (so that I can copy her)*

observe[2], see **celebrate**

obstinate

be obstinate, sticking to one's opinion or purpose, not yielding to reason: **k̲aa tòowoo + ya-t'eex'**

tlax̲ k̲únax̲ doo tòowoo yat'éex' *he is really obstinate/he has a hard mind (is determined to go his own way)*

be obstinate, have a closed mind: **(tléil + k̲aa x̲'éi- + si-.aax̲**[1]**)**

tléil awé àa-dei k̲aa x̲'éi-t oox̲si.àax̲ee yé *he's obstinate, unable to take to new ideas/he won't listen to others*

obtain, see **gain**

occur, see **happen, take place**

offend, see also **insult**

offend, act against public opinion: **k̲aa tugéi- + dzi-geet**[2]

ch'a àa-dei yéi x̲at nay.òo: yee tugéi-t shakdéi x̲wadzigit *forgive me: maybe I have offended you!*

k̲aa tugéi-t woodzigít *he offended people/he did what wasn't approved of*

offended, see **quick-tempered**

oil

oil, put oil on, anoint, rub in oil or liniment: **li-naa**[2]

l'òowoo k̲élaa kook̲alanéis' *I'm going to oil the wooden platter*

at dòogoo kook̲alanáa *I'm going to oil the skin*

put oil or cream on the face: **ya-dli-naa**[2]

yawdlináa *he oiled his face (to keep the charcoal on for dance)*

yanèis'ee tèen yeelná *oil your face with the face oil (originally deer tallow)!*

put oil on hair, anoint: **sha-dli-naa**[2]

shax̲wdlináa *I anointed my hair*

put sweet oil on one's hair: **sha-ka-ji-x̲'aal'**[2] (rare)

shakakwk̲ashx̲'áal' *I'm going to put sweet oil (vaseline) on my hair*

old age

become old, show signs of old age (esp. grey hair): **di-shaan**

yaa x̲at nadashán *I'm growing old*

tléil ee wdashàan *you don't show any signs of old age*

show signs of old age, turn white (of hair): **dli-shaan**

ee shax̱àawoo yaa nalshán *your hair is turning white*

one eye

have the full use of only one eye: **ya-gool'**

yagóol' *one eyelid droops down, only one eye opens wide*

have only one eye: **wak̲-shi-gool'**

wak̲shigóol' *he has only one eye (the other is permanently closed/ eyeball has been removed)*

use only one eye: **A-x̱ + a-ka-shi-gool'**

ax̱ óonaayee dàa-x̱ akax̱wshigúl' *I looked down my rifle with one eye closed*

open

open pages of book: **shu-li-g̲eech**

át shux̱wlig̲èech *I opened it (book)*

open book (often plural object): **shu-li-.aat[2]**

ldakát doo x'úx'oo át ashoowli.àat *he opened all his books*

wóosh-dax̱ shukwk̲ala.áat *I'm going to open it (book)*

open by pulling (window, sliding door, etc.)

(1): **x̱'éi-dax̱ + ya-yeesh**

dei x̱'éi-dax̱ kei x̱waayísh *I've already opened it up*

(2): **héi-dei + x̱'a-ya-yeesh**

héi-dei x̱'einayèesh *open it/pull it open!*

open (hinged door)

singular object: **héi-dei + shu-ya-taan**

x̱'aháat héi-dei ashoowatàan *he opened the door*

plural object: **héi-dei + shu-li-.aat[2]**

g̲ayéis' hít x̱'aháadee héi-dei shoowli.àat *prison doors were opened*

open really quietly (usually door): **x̱'éi-dax̱ + ya-ka-ya-.eits'**

x̱'éi-dax̱ yakoo.éts' *open (the door) real quietly!*

be open (of season, show, etc.): **x̱'éi-dax̱ + shu-ji-x̱een**

k̲utàan yaa shunaxíxee, al'óon x̱'éi-dax̱ shooshx̱ínch *at the end of the summer, the hunting season opens*

tléil oonaléi x̱'éi-dax̱ shuwooshx̱èenee *it will soon be open/it isn't far from opening time*

open mouth wide, keep mouth open: **x̱'a-ya-t'aax̱**

k'é, x̱'at'áx̱, ee leitóox̱ k̲ak̲asatèen *open your mouth wide, so I can look at your throat!*

tlákw x̱'eit'áx̱ch *he leaves his mouth open all the time*

operate[1]

operate, perform surgery on: **ya-xaash**

x̱at woodoowaxàash *they operated on me (lit. cut me)*

gwátk sáwe gax̱dooxáash? *when are they going to operate?*

operate on, cut carefully using small strokes: **ya-ts'eit'**

k̲aa wàak̲ shagáal'ee yoo doowats'ét'k *they remove cataract by careful cutting*

operate[2], see **run**[2]

ordain

ordain, appoint for sacred duty: **yoo ka-si-tee**[2]

a yís yoo kawdoodzitée *he was ordained for this*

tléil yáa yoo kawdoodzitéeyee àa ayá x̲át *I am not the anointed one (the one specially ordained)*

order, see also **instruct, send**

order, command, give orders or instructions: **át + ka-ya-.aak̲w**

át k̲ukax̲waa.àak̲w *I gave the people instructions*

dei ch'a yéi awé át haa koona.ák̲wch *that's the way he orders us around*

order, give orders or instructions (esp. concerning work): **ji-ka-ya-.aak̲w**

has x̲at jikoo.àak̲w *they gave me orders (as to what work to do)*

ajikx̲waa.àak̲w *I directed him as to what he should do on the job*

order (esp. to go), send to: **ka-ya-naa**[3]

nèil-dei kawdoowanáa at yátx'ee *the children are ordered home*

choosh x̲òo-dax̲ has akawdináa *they ordered them to go out from among them*

order to work, send to work: **A-x̲ + ji-ka-ya-naa**[3]

yax̲ has jikawdoowanáa *they are sent to work*

doo jèeyis yóo-x̲ sh jikax̲wdináa *I started working for him (that is, set myself to work for him)*

order repeatedly (esp. order to go): **ka-li-naay**

doo sée gáan-dei akawlináay *he kept on ordering his daughter to go out*

tlákw school-dei x̲at kandoolnáaych *they were always ordering me to go to school*

order, send for (usually from catalog): **a-ya-woo**[1]

tléil àa-g̲aa ayeewóok̲ *don't send for it!*

x'úx' káx̲ awéis' *he's ordering from the book (that is, the catalog)*

káx̲ adoowes' x'úx' *catalog (book from which they order)*

originate, see also **introduce**

originate, start, begin, proceed from: **shu-ka-si-xeex**

Dikée Aank̲áawoo jèe-nax̲ kei shukawsixíx x̲'aséikw *life originates/proceeds from God*

àa-dax̲ yáa shux'áa-nax̲ àa-dei kei shukawsixíxee yé, kakwk̲anéek *I will tell how it all started from the beginning*

oval

be oval, egg-shaped (or oblong of box): **ka-shi-yaat'**

yéi kakwshiyáat' *it's oval (of watermelon)*

overbalance

overbalance, topple: **ya-k̲'eit'**

héen-t oowak̲'ét' *he overbalanced and tipped into the water*

overflow, see also **fill**

overflow, tumble forth (of contents of closet, etc.), tumble down (of rocks, etc. in pile): **yóo- + ka-ya-.ook**

yóo-t kaawa.úk *there was so much that they (closet contents) all tumbled out/they (rocks) tumbled down because the pile was so big*

overload

be overloaded, have too much to carry: **ya-ya-tleix'w**

ee sánee éet eedashí: yaa yandatléx'w *help your uncle: he has too much to carry!*

doo yátx'ee yaa ayanatléx'w *she is overloaded with children (carrying two and others clinging to skirt, etc.)*

overnight

stay overnight, spend the night (esp. camp out overnight): **ya-x̲ee**

déix̲ haa x̲ánee oowax̲ée *he stayed with us two nights*

áa x̲at googax̲ée *I'm going to camp over there*

remain alight overnight (of fire): **ya-dli-x̲ee**

ts'ootàat awé a tóo yag̲alx̲éech *in the morning it is alight/red right through*

overpower, see **dominate**

own, see also **claim**

own, possess, have: **ya-.oo**[1]

tlákw kèitl has aya.óo *they always own a dog*

tléil agé yàakw ee.òo? *don't you own a boat?*

p

pace

pace off, stride, take very long steps (often with purpose of measuring distance): **ka-di-k̲'eik'w**[2]

yaa kandak̲'ék'w *he's pacing it out*

pack, see also **carry, fill**

pack, lay one on top of another (clothes, etc.): **ka-ya-chaak**

k̲aa shukát yan kawdichák *he was through packing before the others*

paddle

paddle canoe alone: **di-t'eek**[1]

Aangóon-dei yaa nax̲dat'ík *I'm paddling to Angoon (going alone and taking time)*

nandachóon kook̲adat'éek *I am going to paddle straight up the bay* paddle, row: **a-ya-x̱aa**[2]

Eèḵ Héenee-dei adoox̱áa nòojeen *they used to paddle all the way to Copper River*

tláakw ax̱áa *paddle quickly!*

painful, see **hurt**

paint, see also **charcoal, redden, write**

paint: **ya-néegwal'**

ax̱ yàagoo x̱anéegwal' *I'm painting my boat*

t'áa ká awé googanéegwal' *he's going to paint the floor*

panting, see **breath**

paralyzed

be paralyzed (by sickness), unable to move: **tléil + ya-xwáchk**

tléil has ooxwáchk *they were paralyzed*

l oowaxwáchgee néekw *stroke, paralysis*

be paralyzed (by fright, shock, surprise), unable to take action: **di-.eik**

x̱at woodi.éik *it paralyzed me/I was so shocked I couldn't act*

ax̱ jèe wdi.éik *I couldn't shoot (when confronted by a bear)/my hands were rendered incapable of action*

pare, see **peel**

particular, see **fuss**

pass, see also **end, moon**

pass (of 24 hours), elapse: **ya-ya-x̱ee**

x'oon sá yaawax̱ée? *how many 24 hours have passed (that is, what date is it)?*

jinkàat ḵa déix̱ yaawax̱ée yáa dís *twelve have passed this month (it is the twelfth)*

pass, move through air (esp. of celestial body)

(1): **ya-xeex**

gagàan a t'éi-dei yaa anaxíx *the sun is passing behind it (the building)*

(2): **ya-ya-xeex**

gagàan kúnax̱ has doo keenáa yaawaxíx wei yakyèe *the sun had passed to the highest point above them (that is, it was midday)*

pass away, see **die**

pass on

pass on (property of dead person), hand on, bequeath to, will to: **ḵaa jèe-dei + li-yaaḵw**

ax̱ jèe-dei woodoodliyàaḵw *it was willed to me/they passed it on to me*

ax̱ tláa-ch yan x̱at yawsiḵáa doo àayee ee jèe-dei yan ḵalayàagoot *my mother told me to pass this on to you*

pass out[1], see **distribute**

pass out[2]

cause to pass out, faint, lose consciousness, be turned around in one's thinking: **k̲aa dàa + yaa k̲u-li-g̲aat**

a x̲oo.àa náakw k̲aa dàa yaa k̲ulag̲átch *some medicines make a person pass out*

ax̲ dàa yaa k̲oowlig̲át *I'm all turned around*

pat, see also **press**

pat, pet, gesture to express affection: **li-dléigoo**

t'ukanéiyee aldléigoo *she's rocking/patting the baby*

doo x̲'ás' x̲walidléigoo *I patted her on the chin (esp. grandparent, of child)*

patch

patch, sew a patch on: **ya-teey**[1]

ax̲ k'oodás'ee x̲atéeys' *I'm patching my shirt*

dei aawatéey *she already patched it*

pay

pay for, repay for something which cannot be expressed in terms of cash value (esp. for damage to a person or for tribal property): **si-geiy**

haa tl'átgee woodoodzigéy *they are paying for our land*

pay, repay for damage to one's face: **ya-si-geiy**

yawdoodzigéy; tléil k̲u.àas a yáx̲ kawoogé *they paid for the injury to his face, but it was not enough*

pay (by money, exchange of work, etc.), pay for: **ya-k̲ei**[1]

haa nahées'adee tléil wootook̲é *we didn't pay our bill*

asg̲èiwoo ít-x' ee kwk̲ak̲éi *I'll pay you after fishing*

pay (with emphasis on the payment involved): **A-ch** (instr) + **si-k̲ei**[1]

jinkàat dáanaa-ch x̲at woodoodzik̲éi *they paid me ten dollars*

tléil ách wootoosak̲é *we didn't pay with it (that is, the item formerly agreed upon for exchange)*

pay (esp. a person, for work done), pay for: **ji-ya-k̲ei**[1]

ldakát agé yee jeewtoowak̲éi? *did we pay all of you (for what you did)?*

waa sá ldakát x̲áat ee ée jeewdoowak̲éi? *how much did they pay you for all the salmon?*

pay medicine man, give wages to have someone healed: **ya-hee**

íx̲t' x̲waahèe doo káx' *I've already paid the medicine man to have him healed*

íx̲t' ayú doohèex'een *they used to give wages to the medicine man*

pay medicine man (with emphasis on the payment involved): **A-ch** (instr) + **si-hee**

yáa watch wéi íx̲t' ách nas.hèe *pay the medicine man with this watch!*

peace, see also **calm**

make peace, make up (after quarrel): **li-k'ei**

adawóotl tlèin yan shooshx̱éen, at woodoodlik'èi *they made peace after the big battle*

peck

peck (of bird): **ya-gook**[2]

gandaadagóok àas dàa agóok

the woodpecker pecks around the tree

pedal

pedal, kick around bicycle pedals: **sh ka-dli-tseix̱**

át sh kanaltséx̱ch *he's pedaling (his bicycle)*

peddle, see **sell**

peel

peel, pare by cutting: **daa-ka-ya-yeix̱**[1]

k'úns' daakx̱ayéix̱ *I'm peeling potatoes*

peel, skin, pare by tearing

(1): **daa-ya-s'eil'**

orange daax̱as'éil' *I'm peeling the orange*

(2): **daa-ka-ya-s'eil'**

yaana.èit daakakwḵas'éil' *I'll peel the celery*

peel off (bark from tree): **ka-ya-s'eil'**

tèey wòodee akaawas'éil' *he peeled off yellow cedar bark*

be peeling off (skin of dead creature): **shu-ya-dloox**

kei shoowadlúx *it's peeling off*

peel off (esp. skin of fish) using thumb: **shu-li-dleixw**

a shadaadògoo kei shukwḵaladléixw *I'm going to peel off skin from its (coho's) head*

peep, see **close**[2], **peer**

peer

peer, peep (lit. move the face towards)

singular subject: **ya-dzi-.aa**[2]

doo hídee-nax̱ yóo-x̱ yaa yanas.éin *he's peeping out from his house*

anax̱ kei yawdzi.áa *he looked up (on deck) (he peered up through* *the hatch)*

plural subject: **ya-di-xoon²**

doo dàa-t yawdixún *they (wolves) gathered round and peered at him*

penniless

be penniless, without any money: **ka-ya-waal'**

haa kaawawál' *we are penniless (lit. we are broke)*

perceive, see **see**

perfect

be perfect, lasting: **yan ya-jaak̲w²**

lingít àanee káx' tléil daa sá yan woojàak̲w *there is nothing perfect or lasting on earth*

perform, see **do**

permanent

be permanent, make permanent, happen for good: **yan ya-nee**

Dikée Aank̲áawoo yoox̲'atángee ldakát át yáa-nax̲ yan oowanéeyee át-x̲ sitèe *God's Word is more permanent than anything else*

John k̲a Mary yan has oowanée *John and Mary are made permanent (that is, they got married)*

persecute, see also **torment**

persecute, cause to suffer (either physically or mentally): **A-x' + tu-li-nook²**

doo éex' yéi s atoowlinúk *they persecuted him (that is, caused him suffering)*

perspire, see **sweat**

persuade

persuade, talk someone into willingness to do: **k̲aa tóo + li-nook²**

ax̲ tóo kei at woolinúk *he persuaded me (he talked about it so much that I became willing to go)*

persuade, cause to change mind: **k̲aa tóo + daak k̲u-ka-li-nook'**

ax̲ tóo daak has k̲ukalnúk'ch *they're trying to persuade me/make me change my mind*

pervade

pervade, go through every part of a person (of emotion or sickness): **k̲aa tóo-x̲ + ji-ka-ya-xeex**

doo sh danéegoo doo tóo-x̲ yei jikanaxíx *his rheumatism is going all over his body*

tòowoo sagú doo tóo-x̲ jikaxèex *he feels completely happy/gets filled with happiness (happiness pervades his being)*

fill (of odor), pervade: **sha-ka-ya-yaa²**

a ts'áayee ch'a ldakát yáa neilyèe-x̲ shakaawayàa *its fragrance filled the whole house*

pet, see **pat**

photograph

photograph, take pictures, X-rays of: **ka-shi-xeet**

doo éesh akshaxèet *he's taking pictures of his father*

àan k̲ukdooshxit át *camera*

pick, see also **pluck**

pick (esp. berries) into a container: **ya-.een**[1]

aatlèin kanat'á wootoowa.ín *we picked lots of blueberries*

tléik̲w akwg̲a.éen *he's going to pick berries*

pick (seaweed, bunches of things) into a container: **si-.een**[1]

laak̲'ásk as.èen *he's picking black seaweed*

pick berries (esp. pick in quantity to take home): **k̲u-ya-k'eet'**

k̲uk'éet' woogòot *he's gone berry-picking*

tatgé k̲ux̲waak'ít' *I picked berries yesterday*

pick berries (by shaking from bushes), hit bushes and cause berries to rain into basket (usually blueberries): **ka-li-taats**

kax̲wlitátskw kadádzaa yèit kàa-dei *I shook berries into a berrying basket*

tléil ldakát tléik̲w kadooltátskw *they don't gather all berries by shaking them off the bushes*

kanat'á awé kax̲wdlitàats kadádzaa yèit kàa-dei *I hit off blueberries into the big flat basket*

pick out

pick out, select, choose, sort out: **ya-ya-g̲eech**

woosh x̲òo-dax̲ yawdoowag̲ích *they pick them out (e.g., sockeye from other fish)*

doo g̲anaswáanee sákw ayaawag̲ích *he picked out/selected his crew men*

pick up, see also **gather**[2], **tongs**, **touch**

pick up, lift up, take from (general, often compact object): **kei ya-tee**[2]

wéi téel àa-x̲ gatí *pick up that shoe!*

pick up, etc. (usually long, simple object): **kei ka-ya-taan**

t'àaw k̲óok yík-dax̲ kei katàan *take the pinion feather out of the box!*

pick up, etc. (plural objects): **kei yéi + si-nee**

tléil kei yéi eesanèejeek̲ *don't lift them!*

pick up and carry (live creature): **kei si-nook**[1]

ax̲ kèitl yádee kei kwk̲asanóok *I'll pick up my puppy and carry it*

pick up and carry on one shoulder: **kei si-goot**[2]

t'áa gasagú *pick up the lumber and pack it on your shoulder!*

pick up and carry in skirt or apron: **kei ya-hoot**

x'áax' kei gax̱toohóot *we're going to pick up the apples and carry them in our aprons*

many other verbs listed under **carry** may also be used with **kei** to mean 'pick up'

picnic

take picnic, take lunch: **di-woo**[1]

has woodiwóo agé? *did they take their lunch?*

gax̱toodawóo *we're going to take a picnic*

pierce

pierce, enter, go into (of sharp object): **A- + ya-di-g̱eech**

ḵáas' ax̱ tl'èiḵ-t yawdig̱ích *a splinter went into my finger*

tuháayee anax̱ yawdig̱ích *a nail pierced it*

pile, see also **deep**

pile, stack away neatly: **ka-ya-chaak**

dzèit tayèe akaawachák *he piled it (firewood) under the stairs*

ḵaa shukát yan kawdichák *he was through packing before the others*

pile up, stack: **ka-li-chaak**

ch'a wéi cháash kax̱toolacháak yee.át sákw *we'll pile up those branches for bedding*

pile up, be piled up: **kei di-g̱aat**

dlèit kei ndag̱át *the snow is piling up*

l tlákw yéi jix̱wanèiyee, ax̱ yéi jinèiyee kei goox̱dag̱áat *if I don't work all the time, my work will pile up*

pile up, put in a pile: **kei si-g̱aat**

at dòogoo óonaa koolayáat'ee yáx̱, kei wdoodzig̱át *they piled skins as high as the length of a rifle*

gán kei nax̱sag̱át *I'm piling up firewood*

pin, see **wear**[1]

pinch

pinch with fingernails (usually spitefully)

(1): **ya-ts'eek'w**

doo dlaak'átsk'oo ats'ík'wt *he's pinching his little sister*

tléil x̱at eets'ík'wdeeḵ *don't pinch me!*

(2): **li-ts'eek'w**

doo dlàak' tlákw alts'éek'w nòoch *he was always pinching his sister (spitefully)*

pinch with finger and thumb (taking large amount of flesh, either spitefully or to show affection): **ya-s'ooshkw**

as'óoshkw akwshitán *he has a habit of pinching*

tléil ees'óoshgook̲ *don't pinch!*

pipe

pipe (water), bring by means of pipes: **A- + shu-ya-tee^{2}**

neil ashoowatée *he piped water into the house*

g̲èey x̲'akàa-nax̲ yan shoowdoowatée *they're bringing water across the bay by pipeline*

pitch

pitch (esp. fish), toss using pitchfork: **ya-g̲eech**

x̲áat doog̲éech *they pitch fish*

a yík-dei awé doog̲ích nòoch wéi x̲áat *they pitch the fish into it (the tender)*

pity

pity, have pity for, have compassion on:
(eeshandéin + k̲aa dàa + tu-ya-tee^{1})

eeshandéin at dàa tunatí *have pity (on him)!*

eeshandéin at dàa tutí doo tóo yéi woonèe *he was moved with compassion*

place, see also **put**

place upright

singular object: **A-nax̲ + ya-tsaak̲**

k̲áas' yanax̲ aawatsàak̲ *he placed a stick upright in the ground*

hít tayeegáas'ee anax̲ g̲atsàak̲ *put in the housepost!*

plural object

(1): **A-nax̲ + ya-tsoow**

k̲áas' yanax̲ aawatsóow *he placed several sticks upright in the ground*

g̲ayéis' gúx'aa kàa-nax̲ oowatsóow *they (knives and forks) were placed upright in the can*

(2): **A-nax̲ + li-tsoow**

inx'eesháa kàa-nax̲ latsóow *place them (flowers) upright in a bottle!*

plan

plan: **ka-ya-.aak̲w**

ldak̲át yan akaawa.ák̲w *it has been planned out*

yéi kawtoowa.àak̲w *we planned thus*

plane

plane, make smooth or even (using a plane): **ya-yeix̲^{1}**

a yáa-nax̲ kawsikáak; ách awé ayéix̲ *it's too thick, and so he's planing it*

plank

plank, add planks temporarily to heavily-laden boat (to make for safer transportation): **si-hoot**

awsihút doo yàagoo *he added planks (on side of his boat, because so full)*

s'ú tèen awé doos.hútx̱ yáa yàakw *they used to add planks to the boat with cedar withies*

plant

plant (using dibble stick): **ka-dli-tsoow**

katsóowaa tèen kadooltsóow *they planted (potatoes, etc.) with a planting stick*

plant (using spade, etc.): **ka-ya-haa**

ch'áakw anahòo kadoohéix̱een *long ago they used to plant rutabaga*

k'úns' kagax̱toohác *we're going to plant potatoes*

plaster

be plastered (of some large, solid object, usually of a body): **ḵaa dàa + ka-ya-tsaatl**

doo shèiyee doo dàa kaawatsátl *he was plastered with blood (from a wound)*

platform

build a platform: **ka-li-yaash**

x̱'awòol yei kakwḵalayáash *I'm going to build a platform at the doorway*

kawdoodliyáash *they build a platform*

play

play quietly (esp. pretending games), amuse oneself: **ḵu-dzi-.ook'**

sée tèen ḵunax̱toos.òok' *let's play with dolls!*

play active games (basketball or running around games): **ash ka-dli-yát**

ash kanax̱toolyát *let's play!*

gáan-x' has ash kawdliyát *they played outside*

play at ducks and drakes (bouncing flat rocks on water): **ya-si-x'oot'**

kei yadoosx'út'ch *they play at ducks and drakes*

play with ball (esp. basketball): **has ash koolch'éit'aa**

play with bat and ball (esp. baseball): **has ash koolḵ'íshaa**

play with boat (esp. toy boats): **has ash koosḵúx̱aa**

play with marbles: **has ash koolt'áax'aa**

play at jumping or twirling round: **has ash koolk'éinaa**

play on seesaw: **has ash koolkíts'aa**

play on swings: **has ash koolgèig̱ach'**

play at swimming: **has ash koodat'ájaa**

play instrument: **li-.aax̱**[1]

agoox̱la.áax̱ *he's going to play a musical instrument*

tu.óoxs' yèit ali.áx̱ch *he's playing a wind instrument*

play stringed instrument (esp. violin): **ash ka-dli-gíx̱'jaa**

has ash koolgíx̱'jaa *they are playing stringed instruments*

play around with one's hands, twiddle one's thumbs, pass time away: **yéi + ji-ka-ya-neiy**

t'ukanéiyee t'òok káx' yéi jikaawanéiy *a baby plays around in a papoose board*

ch'a yéi jikx̱waanéiy *I'm not doing much, just playing around/ passing the time*

plead, see **pray**

pleasant

be pleasant-faced: **ya-ka-si-.aan**[1] (rare)

yakwsi.àan àa-dei yeeliyéx̱ee yé *the way you've made it (totem pole), it has a pleasant face*

xíxch' tléil yakoos.àan *a frog isn't pleasant-faced/it is kind of ugly*

please, see also **appreciate, proud**

please, make happy: **k̲aa tòowoo + li-k'ei**

l a yáx̱ oowatèeyee nèek, tléil doo tòowoo kei agoox̱lak'èi *bad news won't please him (make him happy)*

ax̱ jèe-t eeyatéeyee át ax̱ tòowoo alik'éi *the thing you gave me pleases me (I am pleased with your present)*

plenty, see **big, many**

pluck

pluck, pick feathers from bird (esp. down feathers), break off roughly: **li-x'ool'**[2]

wéi kindachoonèit àa-x̱ lax'úl' *pluck that mallard duck!*

pluck hair, eyebrows: **ya-k'oots'**

doo x̱'adaadzàayee ak'óots' *he's plucking (pulling out one by one) his whiskers*

pluck feathers (one by one): **li-k'oots'**

t'àaw awlik'úts' *he plucked the pinion feathers*

plug in, see also **connect**

plug in (electric cord): **A- + shu-li-tsaak̲**

s'eenáa kaxées'ee át shulatsák̲ *plug in the light cord there!*

plug up, see also **close**[2]

be plugged up (of tube-like object): **dzi-deek'**

yáanax̲ àa-nax̲ woodzidík' *this side (nostril) is plugged up*

plug up (of engine, pipe, etc.): **tu-dzi-deek'**

yaa tunasdík' *it (pipe) is getting plugged*

g̲ayéis' háatl'ee-ch awé toowdzidík' *rust has plugged it up*

plug up (a hole in a surface): **ya-deex'**

wéi x̲aawàag̲ee èetee gax̲toodéex' *we are going to stuff up the hole in the window*

plug up the end (of pipe, etc.): **shu-ya-deex'**

wéi pipe shudíx' *put a plug in the end of that pipe!*

plump up, see **puff**

point

point (with finger): **A- + ya-ch'eix̲'**

át x̲waach'éx̲' *I pointed over there*

point at, point out (with finger): **ya-ch'eix̲'**

yàakw aawach'éx̲' *he pointed at the boat*

k̲aa x̲òo-t nach'éx̲'ch *he points them out among the people*

point at a person (with finger): **ya-ya-ch'eix̲'**

x̲at yaawach'éx̲' *he pointed his finger at me*

poke

poke (usually something small) with a stick: **ka-li-xeet**

át akawlixèet *he poked it about (worm) with a stick*

àa-x̲ daak kawdoodlixít yóo plane *they poked the toy plane from there (the roof) with a stick*

poke inside: **tu-ka-ya-xeet**

powder x̲'adáadzee atukaxèet *he was poking inside a powder cap*

poke, push at with stick, etc.: **A- + ya-gook̲**

gáan-dei kei x̲waagúk̲ *I poked (a stick) outside*

poke (with force), ram (stick, etc.) into: **A- + si-goo**[3]

lítaa a tóo-t awsigóo *he poked a knife through it*

k̲áas' doo yát x̲wasigóo *I poked a stick in his face (accidentally)*

poke, prod, jab at

(1): **ya-taak̲**[1]

tág̲aa tèen aawaták̲ *he poked it with a lancet*

(2): **si-taak̲**[1]

x̲'éix'al'-ch awsiták̲ *he poked it with a pin*

(3): **li-taak̲**[1]

gunx̲àa altákt *he's prodding abalone (getting them off the rocks)*

poke, prod (esp. round, inflated object): **ka-li-taak̲**[1]

akawliták̲ *he poked it (balloon, in order to burst it)*

poke in the face: **ya-si-taak̲**[1]

x̱at yawsitáḵ *he poked me in the face*

poke (esp. sand, beach), prod: **ka-ya-tsaaḵ**

ḵáas' tèen l'éiw akatsàaḵ *he's prodding in the sand with a stick (for shell creatures)*

poke in, ram in (esp. to fill a hole): **ka-li-tsaaḵ**

at s'éil'ee a èetee-x̱ has aklatsàaḵ *they put a rag in the opening (hole in a broken window)*

poke finger in: **A- + ya-ch'eix̱'**

gúx'aa kàa-dei wooch'éix̱' *he poked his finger in the can*

poke up

poke up or through (esp. of grey hairs, dead trees, etc., showing up amongst others): **ka-si-gooḵ**

shàan dei shax̱àawoo x̱òo-dei kasgòoḵ *he has grey hairs poking up among the others*

pole

pole canoe, push boat along with a pole

(1): **li-taaḵ**[1]

yàakw daak nadooltáḵ *they are pushing the canoe off from shore (using long poles)*

dúḵ yaa naltáḵ *he's poling along a canoe made of cottonwood (wide enough to stand in and used only in rivers)*

(2): **li-tsaaḵ**

yàakw héen yíx̱ kei dooltsáḵch *they pole the canoes up rivers*

naakée-dei naltsàaḵ *pole towards the head of the river!*

pole-vault

pole-vault: **sh ka-dli-taaḵ**[1]

kei sh kaltáḵch *he's pole-vaulting*

a kàa-nax̱ sh gax̱tooltáḵch *we are going to pole-vault over it*

polish, see also **sand**

polish, rub until shiny

(1): **ka-shi-g̱eel'**

nadáakw kagax̱tooshag̱éel' *we're going to polish the table*

(2): **A-dax̱ + ḵu-ka-si-haa**

ax̱ téelee dàa-dax̱ ḵukakwḵasahàa *I'm going to polish my shoes*

poor

be poor (in spirit and ability as much as in possessions): **li-.eesháan**

ee goox̱la.eesháan *you'll be a poor man*

yóo ḵáa li.eesháan *that man is very poor (doesn't know how to cope with his money matters)*

pop, see also **burst, crackle**

pop, pop apart, crack by heat: **ka-si-t'aax̱'**

té x̱'àan-ch kawsit'áx̱' *the fire made the rock crack with a pop*

pop up

pop up to surface, float up: **ji-tʼaax̲ʼ**

kei wjitʼáx̲ʼ *it popped to the surface/it floated up from the bottom*

portray, see **represent as**

possess, see **own**

possessed

be possessed, have evil spirits: **k̲aa tóo- + ya-di-xoon²**

yan kawtoosinúk ee tóo-t at yadaxúnee *we know for sure that you have a demon*

possible

be possible (to do), be a chance (of doing): **li-cheesh**

kei goox̲lachéesh *it's going to be possible*

kʼeeljáa tlèin tléil oolchéesh *it's not possible (to survive) in a big storm*

consider possible, think oneself able: **k̲aa tóo-ch** (instr) + **li-cheesh**

ax̲ tóo-ch tléil oolchéesh yéi x̲wsanèeyee *I don't think I can do it/ I don't consider it possible for me to do it*

doo tóo-ch lichéesh *he thinks he can do it*

potent

be potent (esp. of old coffee), or rancid, too strong to taste good: **li-took¹** (rare)

woolitúk *it is potent*

potluck

contribute to potluck, take food to share: **ji-k̲oox̲²**

daa sá hàa-dei kg̲eeshk̲óox̲? *what are you going to contribute to the potluck?*

áa k̲ugax̲doos.ookʼ yéi-dei yaa anashk̲úx̲ *he's taking potluck to the place where they are going to entertain*

potter, see **busy**

pound, see also **beat¹**

pound, hammer on

(1): **ya-tʼeix̲ʼ**

chʼa kʼeekát tʼéx̲ʼ wéi at x̲ʼéeshee *pound a little on the dried fish!*

(2): **ka-ya-t'eix̱'**

kawdoowat'éx̱' wéi té *they pounded that rock*

pour, see also **flow, wet**

pour, pour out

(1): **si-xaa** (rare)

yaa anasxéinee, neil oowagút *as she was pouring it, he came in*

(2): **ka-si-xaa**

tléil coffee yax̱ akoosxáaych *he hasn't poured the coffee yet*

a káa yax̱ aa ksaxá héen *pour some water in it!*

(3): **ya-si-xaa**

héen ax̱ jèe-t yasaxá *pour me some water!*

powder

powder face, protect face from the sun with gypsum, tallow, pitch

(1): **ya-di-wéinaa**

yadiwéinaa àa shaawát *a woman who uses powder*

(2): **ya-dli-wéinaa**

yakwḵalwéinaa *I'm going to powder my face*

powerful, see **strong**

practice, see also **know, rehearse**

practice, rehearse: **sh tóo + li-toow**

sh tóo-x' agé yan has at woodlitóow? *have they finished practicing?*

al'èix̱ sh tóo gax̱tooltóow *we're going to practice dancing*

praise, see also **boast**

praise, glorify: **ka-ya-sheix̱'**

at kaawashéix̱' *he's praising it/says it is great, wonderful*

tléil yéi jix̱wané daakw ḵáa sá x̱at kang̱ashéix̱'eet *I'm not working so that men will praise me*

praise, commend: **ka-li-sheix̱'**

Lingít atx̱àayee akawlishéix̱' *he praised the Tlingit food*

pray

pray, plead: **x̱'a-di-gaax'**

tléil x̱'eidagáx'x̱ *he doesn't pray*

a yáa-x' x̱'awdigáx' *he pleaded with him/prayed to him*

pray for, intercede: **ḵaa káa + x̱'a-di-gaax'**

ee káx' x̱'ax̱wdigáx' *I'm praying for you*

sh káa x̱'eidagáx' *pray for yourself!*

preach

preach: **sh ka-dli-neek**

Dikée Aanḵáawoo yoox̱'atángee kàa-x̱ ḵòon sh kawdlinèek *he preached from Scripture*

ax̱ éesh ḵòon sh kakwg̱alnéek seig̱ánin *my father is going to preach tomorrow*

precious

be precious, of great value: **x̲'a-li-tseen**

x̲'alitsèen wéi teenáa wéi Lingít jèe-x' *that 'copper' is precious to the Tlingits*

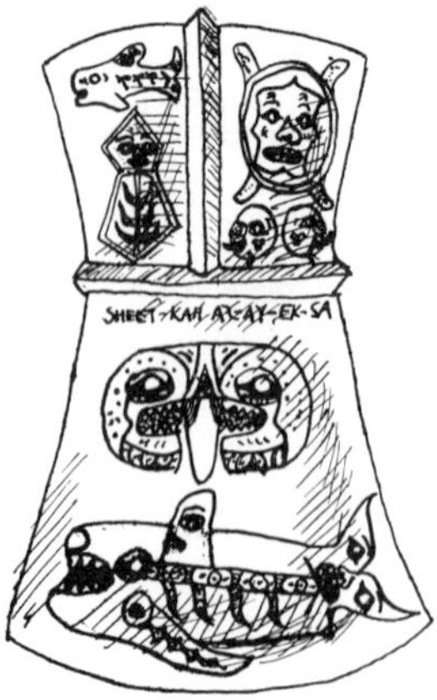

predict, see **prophesy**

prepare, see also **alert**

prepare, get ready (often for a trip) (may be either considerable or very small preparations): **ya-xoon**[3]

al'óon x̲waaxòon *I'm getting ready to go hunting*

daax'òon yakyèe x̲'áa-nax̲ at wooxòon *it took him four days to prepare (for trip)*

be prepared, ready: **yan ya-nee**

ldakát át gé yan oowanée? *is everything ready now (for a banquet)?*

yee yéi jinèiyee yayèe-dei yan yee ní *be prepared (have things ready) for your work!*

preserve, see **salt**

press, see also **iron, push, roll**

press, pat with palm of hand: **ka-ya-choox**

dlèey kaxákwl'ee kax̲waachúx *I patted out the ground meat into patties*

kawdoowachúx *they press it (mud) with their hands*

press, press together (esp. berries, seaweed) into cakes: **ka-si-t'aak**

laak̲'ásk kax̲sat'àak *I'm pressing black seaweed*

press with finger: **ka-li-ch'eix̲'**

akawlich'éix̲' *he pressed it (push button) with his finger*

ch'a g̲óot àa agé kayeelich'éix̲'? *did you press the wrong one/another one?*

pretend, see also **play**

pretend, make believe: **li-yeil**

doo yéi jinèiyee awliyél *he pretended he was working and that he knew his job*

tlákw k̲òon sh oolyélch *he's pretending all the time to be something that he isn't*

pretend to eat: **sh ak̲'alx̲á**

pretend to read: **sh ak̲'altóow**

pretend to be sick, malinger: **sh k̲'awdlinéekw**

pretend to be dead: **sh k̲'awdlinàa**

pretend to walk here: **hàa-t sh k̲'awdligút**

pretend to run here: **hàa-t sh k̲'awdlixíx**

pretty, see also **good**

be pretty, cute (general): **sha-ka-li-g̲ei**

shakligéi *she's real cute/pretty*

kei shakanalg̲éin *it's beginning to look good*

be very pretty (in face): **ya-li-g̲ei**

yalag̲éi doo jèewoo *she has a very pretty face*

prevent, see **delay**, **restrain**

prick

prick (accidentally): **A- + ya-di-g̲eech**

táax'al' doo tl'èik̲-t yawdig̲ích *she pricked herself (accidentally)*

prick (purposely): **A-nax̲ + ya-li-tsaak̲**

táax'al' doo tl'èik̲-nax̲ ayawlitsák̲ *she pricked herself (lit. stuck a needle in her finger)*

prime

be in prime condition, be prime fat (of animal, esp. deer): **ya-taa**[2]

yèis-x' g̲oowakàan yax̲ tàa *deer reach prime condition in the fall*

yan oowatáa déi *it's prime fat*

print

be imprinted, marked (esp. by pressure): **ka-di-daal'**

ax̲ jín kawdidál' *my hand is marked (where pressed on wood)*

print by machinery, type: **ka-li-daal'**

ee jèeyis kakwk̲aladáal' *I'll type it for you*

kawdoodlidál'ee s'ísaa *machine-printed cloth*

print by hand: **ka-shi-xeet**

kawdoojixídee s'ísaa *hand-printed cloth*

prod, see **poke**

promise

promise

(1): **at ya-si-k̲aa**[1]

x̲àan at yawsik̲àa *he promised me*

ch'a tlákw a kát satée nòoch doo at yawoosk̲àayee *he always remembers his promises*

(2): **k̲òon + ya-si-k̲aa**[1]

x̲àan yanask̲àa *promise me!*

doo jèe-t aawatée doo èen yawoos<u>k</u>áayee àa át *he gave him the thing he had promised him*
prong, see **barb**
prop
    prop up (by placing long object underneath): **li-gaas'**
        <u>k</u>áas' x'óow tayèe-t <u>x</u>waligás' *I propped up the blanket with a stick*
        inx'eesháa a tayèe-t lagás' *prop it up with a bottle (that is, put a bottle under it)!*
    prop up, lean up, stand up (stick-like object): **sha-ya-taan**
        doo x'ús'ee hít yát ashaawatán *he propped up his club by the wall*
        àas k'ée-t shawdoowatán *they leaned it up against the tree*
proper, see **fit**
prophesy
    prophesy, foretell, predict: **a shuká + ka-ya-neek**
        a shuká akaawanèek Jesus goo<u>g</u>anàawoo *he was prophesying that Jesus was about to die*
propose
    propose, ask in marriage: **ya-sháax'w**
        tléil shaawát koosháax'w *a woman doesn't propose*
        yei kw<u>k</u>asháax'w B. a<u>x</u> éek' jèeyis *I'm going to ask for B. for my brother*
protect, see **guard**
proud
    be proud of, highly pleased with: **<u>k</u>aa tòowoo + ka-li-<u>g</u>ei**
        a<u>x</u> tòowoo kli<u>g</u>éi ee kàa-<u>x</u> *I'm proud of you*
        woosh kàa-<u>x</u> has doo tòowoo kli<u>g</u>éi *they are proud of each other*
        doo tòowoo kali<u>g</u>éi *he's proud of himself/vain*
prove
    prove, verify, find out about and be sure of, understand situation: **yan ka-si-nook**[2]
        yóo <u>k</u>áa yan ka<u>x</u>wsinúk yaa <u>k</u>udzi<u>g</u>éi *I have proved/I know for sure that that man is smart*
        yan ka<u>k</u>asanòogoot, <u>x</u>àan akaawanèek *he has told me, so that I will understand the situation (in order that I might be sure of it)*
pry
    pry up from ground
    (1): **si-keet'**
        dooskéet' *they pry it up (run shovel down in ground and lift it up)*
    (2): **ka-si-keet'**
        yaloolèit kadooskéet' *they pry up cockles (dig them up carefully with a pointed stick)*

(3): **ya-li-keet'**
yaloolèit yadoolkéet' *they pry up cockles*
pry up, pry off (general): **li-keet'**
k̲óok yanáa-dax̲ kei doolkít'ch *they pry off the box lids*
x̲'éi-dax̲ kei analkít' *he's prying off the cover of a container*

puff
puff up (esp. hair, with back-combing, curling, etc.): **li-kootl**
ee shax̲àawoo yeelikútl *you have puffed up your hair*
puff up, plump up (pillow, etc.): **ka-li-kootl**
ax̲ shayèidee kalakútl *puff up my pillow!*
daat shayèit sáwe kaylikútl? *which pillow did you puff up?*

pull, see also **close[2]**, **drag, lead, link, open, root up**
pull, haul (esp. on line): **si-yeek̲[1]**
kín-dei at sayík̲x' *he's pulling goods/hauling up stuff*
pull (fairly light object): **ya-yeesh**
x̲aawàag̲ee áx̲ g̲ayèesh *pull the window to!*
tléix' doo òox̲ áx̲ kei aawayísh *he pulled one of her teeth*
pull, in quick movement: **ya-x̲oot'[1]**
lítaa àa-x̲ kei aawax̲út' *he pulled out a knife*
pull (on something fastened at other end), tug: **ka-si-xaat[1]**
tíx' akagoox̲saxáat *he's going to pull on the rope*
woosh kawdoodzixát *they are having a tug of war*
pull up (esp. root crop): **ka-ya-yeesh**
anahòo kadooyéesh *they pull up rutabaga*
pull up, tear up, roots (for basketry): **li-s'eil'**
x̲àat kook̲alas'éil' *I'm going to pull up roots (for baskets)*

pull off, see **take off[1]**

pull on, see **put on**

pull under, see also **sink**
pull under (of waves), pull out (to sea): **k̲òon + daak x̲'a-di-yeek̲[2]**
tèet doo èen daak x̲'awdiyík̲ *he was pulled out by the big swell*
tèet k̲òon daak x̲'adayík̲ch, koolixéetl'shan *waves pulling people under is dangerous*

pump out, see **bail**

punch, see **hit, miss[1]**

punish
punish, discipline, chastise (using any means): **ya-ya-jee[2]**
yáa k̲áa yagax̲doojèe *they are going to punish this man*
ax̲ geinyàax̲ yawdoowajèe *he was punished in my place*

pure
be pure, holy: **tléil + li-took[1]**
doo tundatáanee tléil ooltóok *his thoughts are pure*

purify, make clean: **(l ooltukdéin + si-nee)**

l ooltukdéin yoo sh doodzinèek, a yayèe-dei *they purified themselves ready for it (the Feast)*

l ooltukdéin ee tundatáanee nasní *purify your thoughts/clean up your thinking!*

pursue

exhaust, tire out game by pursuit (esp. fur seal on open sea): **ka-li-shaak̲**[2]

x̲'óon kadoolshák̲x̲ *they used to paddle after the fur seal until he was exhausted (then they could get close enough to kill it)*

follow game, pursue (esp. sea mammal in order to tire it): **ya-ya-tsaak̲**

x̲'óon yax̲waatsàak̲ *I followed a fur seal*

tàan yaa yandootsák̲ *they are following a sea lion (keeping steadily along behind it in order to tire it out)*

pus, see **draw**[2]**, infected**

push, see also **pole**

push

(1): **ya-gook̲**

kei x̲at oowagúk̲ yóot àa *that fellow pushed me*

(2): **ka-ya-gook̲**

yáa ilt'íx's'ee jèe-dei akagóok̲ yáa cháatl *he's pushing halibut to the man freezing it*

push (esp. canoe, on skids): **ya-tsaak̲**

doo yàagoo héen-t aawatsák̲ *he pushed his canoe forward into the water*

be pushed out, pushed away, crowded out: **ka-doo-ya-sheet'**

wasóos daakahídee-dei kawdoowashít' *he was crowded out to the stable*

push out, crowd out, press against: **ka-li-sheet'**

has doo àanee kàa-dax̲ shakdéi has kagax̲doolshéet' *maybe they will crowd them out of their own land*

wóosh-t kawdax̲dlishít' *they (books) are pressing against each other*

push onto, see **throw**

put, see also **cover, wrap**

put, leave (several objects and often a variety of things): **A-x' + yéi + ya-.oo**[1]

k'wátl káa yéi na.òo *put them in the pot!*

gáaxw x̲'wáal'ee shayèit tóo-x' yéi gax̲too.òo *we are going to put down feathers in the pillow*

put around (esp. fence): **a dàa + si-haat**

a dàa awsihát *he put it (a fence) around it*

put down, lay down, leave, place (general, often compact object):

yan ya-tee[2]
  ták̲l yáa-x' yan tí *leave the hammer here!*
 put down (solid, often complex object): **yan si-tee**[2]
  k̲óok t'áa káa yan awsitée *he put the box down on the floor*
 put down (small plural objects): **yan ka-li-.aat**[2]
  kas'éet nadáakw káa yan akawli.át *he put the screws on the table*
 put down (live creature): **yan si-nook**[1]
  dóosh yan sanú *put the cat down!*
 put down (dead weight, esp. dead creature): **yan si-taa**[1]
  doo séek' a yee.ádee káa yan awsitáa *he put his little daughter (who was dead asleep) down on her bed*
 put down (of animal, carrying object in mouth): **yan ya-yeek̲**[2]
  dóosh yádee shayèit káa yan aawayík̲ *the cat put her kitten on the pillow*
 many other verbs listed under **carry** may also be used with **yan** to mean 'put down'
 put down branches for herring to spawn on: **ya-l'aak̲**
  nèech-x' aawal'àak̲ *he put down hemlock branches (for herring to spawn on)*
  Shaaseiyee.àan nèejee-x' akwg̲al'áak̲ *he's going to put down branches in Jamestown Bay*

put back
 put back, restore joint or broken bone to correct position: **A-x̲ + gu-ya-ya-tàanan**
  doo x̲'òos wool'éex'; a yáx̲ guyagax̲dootàanan *his leg broke; they are going to put the bone back in place*
  ax̲ jín a yíx̲ guyanatàanan *put my arm back in joint!*

put off
 put off, defer, delay doing, give up: **a-li-xaach**
  áa ax̲wlixàach *I talk about doing something but never get to it/ I keep putting it off*
  ax̲ toowatèe gáal' kahàa; ax̲ tòowoo k̲u.àa awlixàach *I was wanting to dig clams, but I gave up (having thought about it, but never getting to it)*

put on, see also **belt**, **wear**[1]
 put on (shirt, dress, etc.): **káx̲ + di-tee**[2]
  doo keenaak.ádee káx̲ awditèe *he put on his topcoat*
 put on (trousers, shoes, etc.), pull on: **x̲'òos-x̲ + di-yeek̲**[1]
  x̲'òos-x̲ agoox̲dayéek̲ *he's going to put on shoes*
 put on (hat): **sháa-x̲ + di-tee**[2]
  yéil s'áaxw sháa-x̲ x̲waditèe *I put on the Raven hat*

put out

put out (of fire, light), let go out

(1): **ka-li-keesʼ**

jinkàat gàaw kadoolkísʼx̱ *they put the lights out at 10:00*

ee sdòoxoo agé akawlikísʼ? *did your stove go out?*

(2): **ya-li-keesʼ** (rare)

wéi x̱ʼàan yagoox̱lakéesʼ *the fire is going to go out*

put out, extinguish, turn out: **ya-ka-li-keesʼ**

sʼeenáa ayakagoox̱lakéesʼ *he's going to put out the lights*

yaklakísʼ *let it out!*

put up

put up (esp. food for winter), store up, accumulate: **yan ka-li-gaa**[2]

woosh g̱oowanáa-dei atx̱á yan kadoolgáayjeen *they used to put up all kinds of different foods*

ax̱ yátxʼee x̱ʼéis atx̱á yán-dei kakwḵalagáa *I'm going to put up food for my children (before I go on a journey)*

q

quake, see also **tremble**

quake (of earth): **yóo + àan + ka-ya-.aa**[3]

yóo àan kaawa.áa *an earthquake occurred*

yóo àan yoo kaya.éik *the earth is quaking (right now)*

quarrel

quarrel (usually of adults), exchange harsh words: **di-ḵaan**

doo èen woodiḵán *they exchanged harsh words*

ee èen kooḵadaḵáan *I'm going to quarrel with you*

question, see also **ask**

question closely, interrogate, cross-examine, try: **x̱ʼa-si-tʼeexʼ**

x̱ʼawdoodzitʼíxʼ *they really questioned him (in court)*

a káx̱ has x̱ʼagax̱toosatʼéexʼ *we are all going to question them closely about it*

quick, see **fast**[1]

quick-tempered

be quick-tempered, easily offended, moody: **tu-ya-x̱ootʼ**[1]

tuyax̲út'kw *he is easily offended/he'll be happy one day and stubborn the next*

tuyax̲út'goo k̲áa doo k̲ustèeyee tléil yax̲ oojàak̲w *a quick-tempered, moody person can't fit in any place*

quiet

keep quiet, say nothing (often on account of bad feelings): **ya-k'aatl'**

ch'a áa kwk̲ak'áatl' *I'll just keep quiet (I won't protest)*

sh woodik'átl'ee k̲áa *a silent man (mad and unsmiling)*

keep quiet (temporarily), stop talking: **sh dli-k'aatl'**

sh eelk'átl' *be quiet!*

tléil sh oolk'átl'x̲ *he never stops talking*

quieten down, stop talking

(1): **yan x̲'a-di-ts'ein**

yan x̲'eidats'én déi *stop talking/keep quiet!*

(2): **yan x̲'a-ka-di-ts'ein**

dei g̲áa yaa natèen: yax̲ x̲'akawdits'én *he's getting better, so he's quietened down (stopped groaning)*

quieten, cause to stop talking: **yan x̲'a-ka-li-ts'ein**

yan x̲'akax̲wlits'én *I quietened him down*

quit, see also **stop**

quit, stop work: **ji-di-naak̲**[2]

jix̲wdinák̲ *I quit*

jix̲toodanàak̲ goo.aa déi agé *I wonder whether we'd better quit*

quit, give up (esp. drinking): **x̲'a-ya-naak̲**[2]

x̲'anák̲ déi wéi at daná *quit drinking now!*

quit, give up: **kei ya-leet**

ax̲ yéi jinèiyee kei x̲waalít *I gave up my work*

ax̲ sháa-dei hánee tléil a yáx̲ yoo x̲'eitánk, ách awe kei x̲wdilít *my boss didn't talk right, so I quit*

quote, see **interpret**, **say**

r

radiate, see **hot**

raft

raft, travel by raft, make into raft: **a-dli-x̲àanas'**

yan awtoodlix̲àanas' *we went on a raft*

kax'ás'tee woodoodlix̲àanas'; hàa-t has aawax̲ách *they made the lumber into a raft and towed it here*

rain

rain (often hard, in dark rainstorm), fall (of rain, unless snow, etc., stated): **a-ya-geet**

aatlèin séew haa kàa-dei akwg̲ag̲éet *it's really going to rain on us*
yaa anag̲éet *it's beginning to rain*

rain, fall (of rain, unless snow, etc. stated): **daak si-taan**

séew daak woositán *it's raining*
daak satánch *it's always raining*

sprinkle with rain, rain briefly and clear again: **a-ka-ya-leet**

séew yoo akakwg̲alítk *it's going to sprinkle with rain*

rain in squalls, rain heavily intermittently: **k̲u-ka-doo-ya-g̲eet**

k̲ukawdoowag̲ít *it rains hard and then clears up and then rains again*

raise[1], see also **rise, set up**

raise, resurrect, cause to rise

singular object: **sha-si-nook**[1]

ee éek' naná tóo-dax̲ shagax̲doosnóok *your brother will be raised from death*

plural object: **sha-si-k̲ee**

yáa hóoch' yakyèeyee káx' nanáa-dax̲ has shakwk̲asak̲ée *on the last day I will raise them from death*

raise the flag: **li-naak̲**[3]

aankwéiyee has awlinàak̲ *they have raised the flag/put it up*
yaa analnák̲ *they are putting it (flag) up*

raise one's hand (for voting, etc.)

singular: **kei ji-li-tsaak̲**

kei jilatsàak̲ *raise your hand!*

plural: **kei ji-li-tsoow**

yee jín kei jilatsóow *raise your (pl.) hands!*

raise eyebrow (in order to communicate secretly): **s'ee-ka-dzi-g̲eex'**

ax̲ yáx̲ as'eekawdzig̲éex' *he raised his eyebrow at me (indicating he wished to meet me outside)*

raise[2], see also **grow**

raise child, animal: **si-waat**

ax̲ káalk'w kei nax̲sawát *I'm raising my nephew*

rake, see **fish**

rally round

rally round, gather round to encourage: **ka-ya-haakw**

has akaawaháakw *they rallied round him (wounded man)*
kawdoowaháakw *they gathered round the medicine man to encourage him*

ram in, see **poke**

rampage

rampage, be boisterous, 'have a good time' (of drunk person)

(1): **di-x'ool'**[1]

aatlèin ayá gax̲doox'óol' yáa xáanaa *there'll be lots of (drunk)* *folk rampaging around this evening*

(2): **dli-x'ool'**[1]

ḵut woodlix'óol' *he ran out and 'had a good time'*

goo-dei sá yeelx'óol'een? *where have you been 'having a good time' (drinking)?*

rancid, see **potent**

rap, see **knock**

rare, see **scarce**

raw

be raw (of meat, fish): **li-shís'k**

lishís'k *it's raw*

reach, see **extend**

reach for

reach for and catch (moving object): **ya-li-jeil**

doo tláa-ch át yawlijèil *his mother reached to catch him, while he was dodging away (and finally got hold of him)*

át woolihàashee at dòogoo yaa ayanaljél *he's reaching for the skin that's floating there*

reach out one's hand for something: **ji-li-tsaaḵ**

daak jeewlitsáḵ *he reached out his hand for it*

read

read: **ya-toow**

ax̱ x'úx'oo yan x̱waatóow *I've finished reading my book*

kée-nax̱ needatóow *read it aloud!*

pretend to read: **sh ḵ'a-dli-toow**

sh ḵ'eiltóow *you're pretending to read*

ready, see also **finish, prepare**

be ready, decided, intend to: **sa-di-haa**

sax̱wdihàa *I was ready (to be killed as a clan representative, to atone for death of an equal on the opposite side)*

rebound

rebound, bounce back: **dzi-k'oot**

àa-x̱ kei wdzik'út *it (axe) rebounded (off the rock)*

g̱útl àa-x̱ ḵux̱ isk'útch *a blunt play arrow bounces back*

rebound from, fail to cut or enter (of axe, knife, etc.): **ya-k'oot**

ax̱ shunax̱wáayee-ch k'útt; yakwḵag̱éel' *my axe keeps rebounding; I will sharpen it*

ax̱ lítaayee-ch oowak'út *my knife failed to cut (it bounced back)*

rebound, bounce back: **ka-dzi-k'oot**

doo shaláx̱' kàa-x̱ kask'óot *advice rebounds from his skull*

recall, see **remember**

recede

recede, subside, go down (of floodwater): **ya-laa**[1]

àa-dax̱ ḵux̱ daléich *the water receded from there (after a flood)*

receive, see also **welcome**

receive, accept, take: **a yèe + daak ya-shee**[1]

doo jèe-t x̱waatéeyee át tléil a yèe-x' daak wooshí *he didn't receive/accept what I was giving him*

a káx̱ at x̱wasi.éeyee dáanaa yèe-x' daak kooḵashée *I'll accept/take the money for which I worked at cooking*

recognize

recognize: **ya-ya-teen**

tléil agé x̱at yayeetèen? *don't you recognize me?*

haa yawdoowatín *they recognized us*

reconsider

reconsider, think over and change one's mind: **a dàa-x̱ + tu-ya-di-tàanan**

a dàa-x̱ agé tuyawditàanan? *did he reconsider it?*

ax̱ káanee hídee woo.òo dàa-x̱ tuyax̱wditàanan *I was thinking of buying my brother-in-law's house, but I've reconsidered it (and now I'm not going to buy it)*

recount, see **tell**

recover, see **heal**

redden

redden, make red, paint red: **ka-li-leix̱'w**

akawliléix̱'w *he made it red (painted the whole surface)*

redden the face, paint the face red: **ya-ya-leix̱'w**

x̱áa-ch awé yax̱waaléix̱'w *I'm the one who put red paint on his face*

redeem

redeem (in theological sense of rescue from bondage and penalty of sin)

l ooshk'é tóo-tx̱ x̱at woosinèix̱ *He has redeemed me (that is, saved me from sin)*

l ooshk'é tóo-tx̱ ḵux̱ haa yaawadláḵ *He has redeemed us (that is, won us back from sin)*

reflect, see also **sparkle**

reflect light (of a shoal of jumping fish): **ka-li-leek**

yàaw kawlilík *the herring are jumping and their tails reflect light*

refrain, see **abstain**

refuse, see also **sulk**

refuse to give or lend, keep for oneself, value for oneself, hold on to one's possessions: **yaa shi-gei**[2]

dáanaa yaa awshigéi *he refused to give or lend any money*

shigèigee ḵáa ch'a tlákw yaa at shigéi *the stingy man always refuses to give anything* refuse the company of, reject: **ya-ya-tsaak̲**

x̲at yaawatsák̲ *he didn't want me to go along/he refused my company*

àa-dax̲ ee yawdoowatsák̲ *they are refusing to take you/to have you go (on a trip, to a party, etc.)*

refuse to run (of machine): **tu-di-.oos**

doo washéenee ash jèe-x' tudi.ús *his machine refused to work*

regain consciousness, see **come to**

regard, see **respect**

rehearse, see also **practice**

rehearse, practice songs or music: **sh tóo + ka-dli-.aax̲**[1]

sh tóo yei at kagax̲dool.áax̲ch *they will be rehearsing*

dei sh tóo at kawtool.àax̲een *we've already been practicing (Indian songs)*

relax

relax, become calm and serene: **k̲aa tòowoo + ka-di-yaas'**

ax̲ àat hàa-t gagúdin, ax̲ tòowoo kax̲dayás'ch *whenever my aunt comes here, I relax in my inner feelings (lit. my feelings are smoothed out)*

relax, cause to relax: **k̲aa tòowoo + ka-li-yaas'**

ch'a tlákw doo tòowoo akawliyáas' *he is always relaxed/he makes a conscious effort to be calm (lit. he smooths out his feelings)*

release, see **let go**

relinquish, see **let go**

reluctant, see **hesitate**

rely, see also **trust**

be relying on, be depending on, be trusting in

(1): **k̲aa tòowoo-ch** (instr) + **yan li-jaak̲w**[2]

adoo-ch sá ee tòowoo-ch yan wooliják̲w? *who do you think it would be best to be depending on (when discussing elections)?*

(2): **A- + tu-ya-jaak̲w**[2]

doo kát haa toowaják̲w *we have lots of faith in him/we're depending on him*

ee èetee-nax̲ tléil yan x̲at tuwoojàak̲w *I can't do anything without you/I'm depending on you (trusting you to help)*

rely on, depend on, trust, have faith in: **A- + tu-li-jaak̲w**[2]

doo yát tulaják̲w *depend on him/trust him!*

ax̲ s'àatee, ee yát tux̲wliják̲w *I depend on you, my master*

remain, see also **stay**

remain, be left over: **A-dax̲ + k̲u-di-.oo**[1]

keijín dáanaa ayá àa-x̲ k̲oowdi.òo *there are five dollars remaining*

ee tòowoo-ch agé àa-x̲ aa k̲ugoox̲da.óo? *do you think there will be any over (food, cloth, materials of any kind)?*

remember

remember (esp. without conscious effort), recall, come to mind:
a káa + daak sa-ya-haa

tléil ee káa daak x̲at sawoohá *I didn't remember you/you didn't come to mind (while I was away)*

a káa daak has seiwaháa, yáa àa-dei yawook̲áayee yé *they remembered that he had said this*

remember, keep in mind: **a kát + sa-ya-tee[2]**

a kát sayatèe *he's remembering it/he is keeping it in mind all the time (and he will finally do it)*

remember, bear in mind (so that one's actions will usually be affected):
k̲aa tóo-x' + yéi + ya-tee[1]

doo k̲usax̲ánee tlákw doo tóo-x' yéi yatèe *he remembered his love all the time (and this affected how he behaved)*

remember (esp. by consciously thinking upon)
singular subject: **a káa + daak tu-di-taan**

gunalchéesh ax̲ káa daak teedatàanee *thank you for remembering me/thinking of me*

yee tula.àanee káa daak tukwk̲adatánch *I shall remember your kindness*

plural subject: **a káa + daak tu-li-.aat[2]**

ee káa daak toowtooli.át *we thought of you*

remind

remind, cause to remember, bring to mind: **a káa + daak sa-li-haa**

a káa daak sh sax̲wdliháa hòon daakahídee-dei kwk̲agòodee *I made myself remember that I'm to go to the store*

a káx' agé daak has sayliháa? *did you remind them?*

atx̲á hàa-t yéi k̲asanèet, a káa daak x̲at sawliháa *he reminded me to fetch the food*

remind, keep bringing to mind: **a kát + sa-li-tee[2]**

a kát x̲at sawlitèe *he kept on reminding me*

remove

remove, take away, pull out (teeth): **ka-ya-jeil**

ldakát ax̲ ádee akaawajèil *she took all I had/removed all my things (on being divorced)*

doo òox̲ kei kawdoowajél *he had his teeth pulled*

remove (splinter, shavings, etc.) from flesh, using instrument such as needle

(1): **ya-.oot**

táax'al' tèen x̲waa.út *I used a needle to remove it (splinter) from flesh*

(2): **kei li-.oot**

s'áxt' ax̲ jín-dax̲ kei x̲wli.út *I got the devil's club prickles out of my hand with a needle*

remove guts, etc. (esp. from salmon)

(1): **li-tl'eil**

x̲áat has altl'éil *they are removing the guts from the salmon*

k̲únax̲ yéi jiné yáa iltl'éilee *the man taking out the guts is sure working*

(2): **li-tl'éilak̲w**

wéi x̲áat naltl'éilak̲w *remove the guts from that salmon!*

remove shell (esp. from gumboots (chiton)): **ka-li-nóox'ak̲w**

shàaw g̲adoos.éenin, kadoolnóox'ak̲w *when they have cooked the gumboots, they remove the shell*

remove hair: **li-x̲'waas'**[1]

g̲oowakàan dòogoo yaa analx̲'wás' *he's taking the hair off a deer hide*

render

render, render down (for oil) (esp. of seal blubber): **a-ya-daakw**

tsàa tàayee aawadákw *he rendered seal oil*

agax̲toodáakw *we are going to render it down*

rent

rent (esp. house), pay rent: **li-hees'**

ch'a kei alhées'ch *he just rents it*

rent to, receive rent for: **A- + li-hees'**

x̲áa-t woodoodlihís' *they rent it to me*

repay, see **pay**

repeat, see **harp on**

repent

repent, be sorry for and turn from one's sins

singular subject: **k̲ux̲ tu-di-taan**

a dàa-dax̲ k̲ux̲ teedatán yáa l ooshk'é *repent of this sin!*

k̲ux̲ tux̲wditán *I repented*

plural subject: **k̲ux̲ tu-dli-.aat**[2]

k̲ux̲ tiyeel.á: ayaydanák̲ *repent and be converted!*

reply, see **answer**

report, see **make, tell**

represent as

represent in parable, portray, liken to (esp. as an illustration, but also for discussion): **li-yaak̲w**

x̲át ayá sakwnéin ax̲ daadlèeyee yéi x̲wliyàak̲w *I portray my body as bread*

x̲'aháat yóo sh x̲wadliyàak̲w *I represent myself as the door*

request, see **ask**

require, see **need**

resemble

resemble closely, look like, be almost identical with: **ya-yaa**[1]

woosh kikyátx'ee woosh oodiyáa *twins resemble each other closely*

tléil daa sá oodagayàa *they don't resemble anything (of modern paintings)*

resemble (esp. in shape), be like, look like

singular subject

(1): **A + ka-ya-xaat**[2]

shál tlèin yáx kaaxát *it (bailer) is like a large spoon*

(2): **A + ka-si-xaat**[2]

k'wát' yáx kasixádee nadáakw *a round table (that is, table resembling an egg)*

plural subject: **A + ka-di-xwaas'**[2]

daat yáx sá kadixwás'? *what do they look like/resemble?*

Anóoshee àayee ch'a góot yéi-dei kadixwás' *the Russian (letters) resemble something else (that is, are different from these)*

resound, see **echo**

respect

respect, regard highly, honor, think highly of: **kaa yáa + a-ya-ya-nei**

has doo káalk'w ayá xát, tléil ku.àa ax yáa has awoonèi *I'm their nephew, but even so they don't respect me*

Lingít-x haa satèeyee, sh yáa ayatoodinéi *we respect ourselves as Tlingits*

rest

rest, cease from activity: **dli-saa**[3]

gatoolsàa *let's rest!*

tléil oolséix nòoch *he never rests*

give rest to (esp. from work with hands): **ji-li-saa**[3]

haa gú: xat jilasá *come here and give me a rest (e.g., from steering the boat)!*

restless, see **lively**

restore, see also **get back, put back**

restore confidence (by re-election), give a vote of confidence

singular object: **a tóo-x + ya-si-hàanan**

a tóo-x yawdoodzihàanan *they gave him a vote of confidence/they re-elected him*

plural object: **a tóo-x + ya-si-nàagan**

a tóo-x has yawdoodzinàagan *they re-elected them (the whole committee)/they restored their confidence by the vote*

be restored to normality, become normal: **A-x + ya-ya-xèexan**

doo kustèeyee shakdéi yax yakwgaxèexan *there's hope for him that he'll live a normal life*

tléil tlax̲ jikooshgóok; doo jèe-x̲ k̲u.àa yakwgax̲èexan *he's very awkward, but in time to come he'll do all right (he'll become more normal in what he can do)*

restrain

restrain, forbid, warn, hold back: **áx̲ + ka-li-geik̲**

áx̲ x̲at kawdoodligéik̲ x̲wagòodee *I was restrained from going*

ax̲ tláa-ch áx̲ x̲at kooligéik̲ dzèit káa daak x̲wagòodee *my mother forbids me to go on the dock*

restrain from doing, stop from doing: **áx̲ + ji-ka-li-geik̲**

áx̲ ajikax̲wligéik̲ *I restrained him (for example, told him not to take something without asking permission)*

restrain from speaking: **áx̲ + x̲'a-ka-li-geik̲**

áx̲ x̲'akax̲wligéik̲ *I stopped him (from saying what might cause trouble)*

restrain, restrict, warn not to do, prevent from doing: **ya-ya-nei**

tléil aadoo sá x̲at yawoonèi; ách ayá k̲wáak̲-t x̲wasgèetch *no one ever restrained me; that's why I get into trouble every now and then*

ax̲ yéet woox̲anéi nòoch; tléil k̲u.àa ax̲ x̲'éi-x̲ oos.àax̲ *I warn my son, but he never listens to me*

restrict, see **restrain**

resurrect, see **raise**[1]

retain, see **hold**[2]

retreat, see **draw**[2], **turn**[1]

return, see **turn**[1]

reveal, see **show**

rich[1]

be rich, wealthy: **li-náalx̲**

doo káanee linaálx̲ *his brother-in-law is rich*

rich[2], see **distasteful**

rigid, see **stiff**

ring, see **beat**[1]

rip, see also **tear**

rip (boards), saw with the grain (for lumber): **ka-ya-x'aas'**

t'áa akaawax'áas' *he ripped the boards*

Hall sákw kadoox'ás't *they are ripping boards for the Hall*

rip back (sewing), undo (knitting): **ka-si-kei**

kawjigín; ách awé àa-x̲ kax̲wsikèi *it was puckered; that's why I ripped it back*

yáa kakéin k'oodás' yei kakwk̲asakéi *I'm going to undo this knitted sweater (take it apart)*

ripe

be ripe (of berries, fruit): **ka-ya-t'aa**

tléik̲w kaawat'àa *the berries are ripe*
ripen: **ka-si-t'aa**
shàax̲ héen yîk kanast'éich *grey currants ripen up the river*
tléik̲w g̲agàan-ch kawsit'àa *the sun ripened the berries*

rise, see also **stand, sun, wake**
rise, get up
singular subject: **sha-di-nook**[1]
x'oon gàaw-x' sá sheedanúkx̲? *what time do you (sg.) get up (that is, from bed)?*
seig̲ánin kook̲ak̲óox̲: keijín gàaw-x' shakwk̲adanóok *I'm going off by boat: I'm going to get up at 5 o'clock*
plural subject: **sha-di-k̲ee**
x'oon gàaw-x' sá shayeedak̲éex̲? *what time do you (pl.) get up?*
rise, swell up (of bread): **ka-di-k̲aach**
tléil k'idéin kei kawdak̲àach *it (bread) didn't rise well*
kei kagoox̲dak̲áach *it's going to rise (bread in pan)*
raise, leave (bread) to rise: **ka-li-k̲aach**
sakwnéin kei kanax̲lak̲ách *I'm raising bread*

roast
roast dried fish (by open fire), cook by roasting: **dli-waas**
at x̲'éeshee woosh g̲unayáa-dei doolwásx̲een *they used to roast dried fish in various ways*
ch'a yéi wdoodliwás *they roasted fish (until its skin blistered)*

rob, see **steal**

rock
rock: **li-keets'**
g̲èig̲ach' yoo alikíts'k *he's rocking the hammock*
yoo sh dlikíts'k *he's rocking himself (in a rocking-chair)*

roll, see also **flatten, fold, spin, turn**[1]**, wheel**
roll, be rolling: **ya-gwaatl**
àas éek̲-t nax̲laháshin, át nagwátlch *when a tree is drifting to the beach, it rolls back and forth*

shàa yadàa-x' daak x̲at oowagwátl *I rolled down the mountain*

roll (of spherical object): **ka-ya-gwaatl**

k'úns' daak kaawagwátl *a potato rolled off*

kadoogwatlx' héen *water rolling off in large drops*

yéil yaa kanagwadl-éi yáx̲ yaa gagútch *he walks along rolling from side to side like raven*

roll (general)

(1): **li-gwaatl**

káast yaa nax̲lagwátl *I am rolling a barrel*

héen-t sh woodligwátl *he rolled himself into the water*

(2): **ka-li-gwaatl**

àas kaxáshdee yaa akanalgwátl *he's rolling a block of wood*

roll (of canoe, boat): **ka-ka-ya-gwaatl**

tèet jiwoostàanee, yàakw át kakanagwátlch *when the waves are beating hard, the boat really rolls*

roll canoe, boat: **ka-ka-li-gwaatl**

tléil ooshk'é yàakw át kakawdoolgwáadlee *it's bad to roll or rock the boat*

yàakw át akakawligwáatl *he's making the boat roll*

roll in the swell: **ka-ka-li-teet**

yàakw yaa kakanaltít *the boat is really rolling in the swell (having no power and being caught in a trough)*

roll cedar bark and goats' hair together on one's lap (in making thread for Chilkat blankets): **ka-li-tooch'**

kadooltóoch' *they used to roll cedar bark and goats' hair together*

roll out (bread, pastry, etc.): **ka-li-choox**

sakwnéin kax̲wlichòox *I rolled out the bread*

roll up (anything flat and flexible): **ka-li-tool**

x'úx' akawlitúl *he rolled up the paper*

root up

root up, pull out by the roots: **sha-si-x'eet**

s'ín shadoosx'éet *they pull up carrots by the roots*

kei shax̲wdzix'ít *I rooted it up*

rope, see also **splice**

make rope by twisting roots: **ka-si-teex'**

x̲àat kadoostíx'x̲ *they twisted roots to make ropes*

kax̲wsitíx' *I made rope*

rot, see also **snow**

rot (animal matter) to stage where still firm, but smelly: **li-s'eex**

x̲áat shàayee dools'íxx̲ *they rot salmon heads*

rot, decay (esp. of wood, bones) to a stage where crumbling to pieces: **di-naak̲w**[2]

haa hídee woodináḵw *our house is old and rotting*
aх̱ sánee dei yaa ndanáḵw *my paternal uncle is already really old (polite)*
rot, decay (of wood) to stage where it breaks easily: **ka-si-naaḵw**[2] (rare)
yei kanasnáḵw *it is getting decayed*
kawsinág̱w-éi yáх̱ yatèe *it (willow stick) breaks easily*
rot, decay (of wood) to stage where it turns to powder
(1): **li-х̱'waan**
woolix̱'wán *it's becoming powdery*
(2): **ka-li-х̱'waan**
kawlix̱'wàan *it (log) is turning to powder*
rot, decay (of any matter) to final stage of rottenness
(1): **di-tl'ooḵ**
haa k'wát'ee wooditl'úḵ *our eggs were rotten*
ee òox̱ goox̱datl'óoḵ *your teeth will decay*
(2): **li-tl'ooḵ** (rare)
ch'oo tlèi yèis-x'w yáa a kayàanee wooltl'óog̱oo... *when the leaves all rot in the fall...*
rot and fall off (of fruit, leaves): **ka-di-tl'ooḵ**
tléiḵw kawditl'úḵ *the berries are rotting/falling*

rough[1]
be rough, gritty, scratchy, sandpapery, chapped (of skin): **ka-si-x'aax**
t'áa kasix'áx *the board is rough (before planing)*
tóos' dòogoo kasix'áx *sharkskin is like sandpaper*

rough[2], see also **storm**
be rough, careless: **tléil + ka-ya-.eits'**
tléil at koo.éits' *he's rough and careless with everything*
tléil áa yax̱ at koo.éits' *he is careless/doesn't leave things alone, where they should be*

rouse, see also **shake, wake**
rouse, cause to get up
singular object: **sha-si-nook**[1]
seigánin ts'ootàat x̱at shasanú *rouse me tomorrow morning (early)!*
plural object: **sha-si-ḵee**
yee shakwḵasaḵée *I'll rouse you (pl.)/I'll get you up*

row, see **paddle**

rub, see also **massage, polish, soft**

rub, rub in (esp. liniment, etc.): **A-x' + yoo ka-ya-haa**

ax̱ tláa ḵaa daanèis'ee ax̱ dàa yoo akaawahàa *my mother rubbed me with liniment*

náakw a dàa yoo akayahéik *he's rubbing in medicine (right now)*

rub hands together (for warmth): **li-choox**

doo jín alchúxs' *he's rubbing his hands together (to warm them)*

rub, rub together (two surfaces): **li-geex̱'**

wóosh-t yoo lag̱éex̱' *rub them against each other!*

yàakw yán yoo lig̱íx̱'k *the boat is rubbing on the shore*

rub oneself (of animal): **sh ji-g̱eel'**

yóo dóosh t'áa yáa yoo sh jig̱íl'k *that cat is rubbing himself against the wall*

rub (esp. one's eyes) until irritated: **ya-deech**

ax̱ wàaḵ x̱adèech *I'm rubbing my eyes constantly*

tléil ee wàaḵ eedèejeeḵ *don't rub your eyes!*

rub off, see **erase**

ruffle, see **gather**[2]

rule

rule, be master over: **li-s'àatee**

Rome ayá has doo àanee awlis'àatee *Rome ruled their country*

run[1], see also **chase, flee**

run

singular subject: **ji-xeex**

tláakw ḵux̱ woojixíx doo àat x̱án-dei *she ran back quickly to her aunt's place*

ḵóo at latóowoo-g̱aa neeshèex; sh yáa eedawútl *run for the teacher; hurry!*

plural subject: **lu-ya-gooḵ**

sakwnéin-g̱aa hòon daakahídee-dei haa lukwg̱agóoḵ *we're going to run to the store for bread*

éeḵ-dax̱ nèil-dei g̱unayéi s luuwagúḵ *they started to run home from the beach*

pretend to run: **sh ḵ'a-dli-xeex**

sh ḵ'awdlixèex *he pretended to run*

run[2]

run (of machine, engine): **ka-ya-joox**

kadoo.àaḵw kang̱ajòoxoot *they're trying to get the engine running*

run (machine, engine), operate: **ka-li-joox**

washéen g̱unayéi kakwḵalajóox *I'm going to start running the machine*

run[3]

run (of nose): **ka-ya-daa**[1]

doo lóo-t héen kaawadáa *his nose is running*

run (water), cause to flow: **si-daa**[1]

a kàa-dax̱ x̱wasidàa *I ran it (water) out (from the tub)*

run, flow (of sap): **ya-.aash**

táakw èetee-x' yei at ga.áasch *in spring the sap runs (that is, flows through the trees)*

run[4], see **take place**

run out of, see also **use up**

run out of: **shu-ya-xeex**

yéi jinéiyee yei shuxíxch *they ran out of workers (there was a shortage)*

S

sacrifice

sacrifice, offer (animal, food, etc.) to a deity: **(ḵaa yàa-dei + ya-li-s'eiḵ)**

wanadóo yádee Dikée Aankáawoo yàa-dei ayawlis'éḵ *he sacrificed a lamb (made its smoke rise) to God*

sacrifice, give up, renounce: **(ḵaa geinyàax̱ + ji-ya-naaḵ**[2]**)**

has doo geinyàax̱ doo x̱'aséigoo ajeewanáḵ *he sacrificed himself (gave up his life) for them*

sad, see also **long-faced**

be sad, sorry, unhappy: **ḵaa tòowoo + ya-neekw**

ax̱ tòowoo yanéekw *I am sad/in sorrow*

tòowoo néekw has aawatèe *they felt real sad*

make sad: **ḵaa tòowoo + si-neekw**

daa sáwe yéi ee tòowoo asinéekw? *what is making you sad?*

sag

sag, hang down loosely (of face skin): **ya-li-leil**

yawlilèil *the skin (of his face) is getting loose and hanging down*

sail

sail: **li-s'ees**

yan awlis'ís *he sailed safely ashore (that is, was blown ashore)*

haa goox̲las'ées *we're going to sail*

salt

salt, store in salt: **li-.eil'**

yàaw x̲wali.él' *I'm salting herring*

agawdli.él' táakw nèeyis *he salted it for the winter*

put salt on (for preserving): **ka-li-.eil'**

tlax̲ a yáa-nax̲ awé kayli.él' *you're putting too much salt on*

sample, see **taste**

sand

sand, put down sand: **ya-l'eiw**

wéi t'éex' ká aawal'éiw *he sanded over the ice*

dèi ká gax̲tool'éiw *we're going to sand the road*

sand, polish surface with a sander: **ya-g̲eel'**

t'áa ká yaa ndag̲íl' *he is sanding the floor*

satisfactory, see **acceptable**

satisfied, see **grateful**

saunter

saunter, walk around idly (leaning on each other): **sha-ka-dli-gaan**[2]

yaa s shakanalgán *they are sauntering round (leaning on each other)*

át has shakawdligàan *they sauntered round/walked slowly round together*

save, see also **keep**

be saved (from danger or harm, either physical or spiritual): **ya-neix̲**

aadoo sá ax̲ èe-nax̲ nèil-x̲ gòodee, hú awé yei kwg̲anéix̲ *whoever comes in by me will be saved*

save: **si-neix̲**

x̲at gasnèix̲ *save me!*

hàa-t oowagút,...agax̲sanèix̲t k̲ut woodzigèedee àa *he came...to save the lost ones*

save for future use: **li-neix̲**

héen káast káx' awlinèix̲ *he saved water in a barrel*

saw, see **cut**, **rip**

say, see also **tell**

say, speak: **A + ya-ya-k̲aa**[1]

dei yaa k̲ux̲wligát, waa sá yax̲waak̲àa *I've forgotten already what I said*

haa jèeyis yéi yanak̲á, "gunalchéesh" *say "thank you" for us!*

say (usually of present action): **A + x̲'a-ya-ya-k̲aa**[1]

waa sá x̱'ayaḵá? *what does she say?*

say it is, call it (a certain thing): **A-x̱** (compl) + **ka-si-neek**

shayadihéinee dlèit ḵáax'w Lingít-x̱ sh kasnèek *lots of white men say they are Tlingits*

yéil yàagoo-x̱ kawdoodzinèek *they said it was Raven's boat*

say proverbially, quote a saying or proverb: **yéi + li-koo**^{2}

yéi at g̱atoolakóowoon *this is what we used to say/this is a saying among us*

x'éig̱aa yéi at g̱adoodlikóo *they say truly/the saying is true*

scabby

become scabby with scratching (esp. of dog): **dzi-xein**

kèitl woodzixén *the dog has scabs and sores and keeps scratching*

scald, see **burn**

scar

scar, cause to have a scar, become scarred: **li-teel**

x̱walitîl *I wounded him, so he had a scar (that is, I scarred him)*

woolitîl doo kèigoo *he has a scar on his lungs*

scarce

be scarce, rare, lacking: **di-yáshḵ**

yáa táakw dáanaa diyáshḵ *money is scarce this winter*

tléil oodayáshg̱een *nothing was lacking/there was no shortage*

scare, see also **frightened**

be scared (by bad news or sudden event): **di-dleikw**

x̱at woodidlékw *I got scared (by falling)*

ḵúnax̱ doo tòowoo woodidlékw *he was really scared and upset (by bad news)*

scare, startle (by bad news, sudden movement, etc.): **li-dleikw**

x̱at yeelidlékw *you scared me*

tlax̱ x̱at ooldlékwch *I was really scared (by a dream)*

scatter, see also **sprinkle**

scatter (esp. rather carelessly): **ka-ya-leet**

t'éex' káx̱ l'éiw kawdoowalít *they scattered sand on the ice (not caring how much or where)*

scatter eagle down feathers from dance hat in final part of dance (by violent movements of the head, imitating the halibut slapping his tail):

a-ji-t'aakw

awjit'ákw *he made the eagle feathers fly (as he danced full blast in this manner)*

scavenge

scavenge, pick up things to eat here and there (esp. on the beach), feed on garbage: **k̲u-dli-l'ootl**

éek̲-t k̲oowdlil'óotl *it (dog) is picking up and eating things from the beach*

scold

scold, rebuke angrily: **k̲aa kàa-dei + ya-ya-k̲aa**[1]

k̲únax̲ a kàa-dei yaawak̲àa yóo doo sée; kei k̲ulahéich yóo sgóon-x' *she's really scolding her daughter, for she is always fighting in school*

scold: **k̲aa yàa-dei + ya-dzi-daay**

ch'a tlákw k̲aa yàa-dei yawdzidáy *he's always scolding*

tléil ax̲ yàa-dei yayeesdáayeek̲ *don't scold me!*

scoop

scoop out (esp. clam from shell): **li-g̲èiyak̲w**

gáal' nalg̲èiyak̲w *scoop the meat out of the clam shell!*

scorch, see also **singe**

be scorched, be discolored by surface burn (esp. of cloth): **ka-ya-gaan**[1]

kax̲'éel'aa a yáa-nax̲ yax̲wsit'áa; ax̲ k'oodás'ee kaawagàan
I overheated the iron and so my (cotton) shirt scorched

scrape

scrape (general): **ya-xaas'**

x̲áat k'áax̲'ee x̲axáas' *I'm scraping out the black part along the bone of the fish*

scrape (esp. plural objects or inside hemlock bark): **li-xaas'**

tsàa gèenee x̲walixás' *I scraped the hair seal flippers*

sáx' alxáas' *he's scraping inside hemlock bark*

scrape (esp. inside pot, etc.): **ka-ya-xaas'**

k'wátl kax̲waaxás' *I scraped out the pot*

kóox a kàa-dax̲ kaxás' *scrape the rice from the bottom!*

scrape (esp. inside hemlock bark): **dli-xeet'**

sáx' awdlixéet' *he scraped the inside hemlock bark (for food)*

scrape hide to soften it: **li-xwaach**

ax̱ káanee at dòogoo awé alxwáchs' *my sister-in-law is scraping a skin*

scratch

scratch with sharp instrument, in one direction: **ka-ya-x'oot'**

jili.òosee at k'átsk'oo nadáakw káx̱ akaawax'út' *the meddlesome child made a deep scratch on the table*

scratch (esp. glass, in order to cut it): **ka-si-x'oot'**

yáa x̱aawàag̱ee kanasx'út't *scratch (cut) this windowpane!*

be scratched by sharp instrument: **ya-ya-x'oot'**

g̱ayéis' gúx'aa ax̱ jín-x̱ yaawax'óot' *the tin can scratched my hand*

scratch with repeated movements (esp. of animal): **ka-ya-dlaakw**

dóosh doo jín akaawadlákw *the cat scratched up his hand*

yei akanadlákw wéi x̱'aháat *he's scratching at the door*

scratch the face: **ya-ka-ya-dlaakw**

dóosh ash yakaawadlákw *the cat scratched up his face*

scratch to relieve itching: **li-g̱aas'**

kèitl sh woodlig̱ás' *the dog is scratching himself*

yei nanéx̱ee-ch awé kalaxwèidlee: tléil eelag̱ás'x̱eek̲ *it's itching because it's healing: don't scratch it!*

scratch oneself (esp. of dog): **sh dzi-xein**

sh woodzixén *it's scratching itself (with paw)*

tlákw sh x̱wadzixén *I'm always scratching (said jokingly to close relation)*

scratchy, see **rough**[1]

screw

screw in or out, unscrew: **ka-li-teix̱'**

kas'éet àa-dei akawlitéix̱' *he screwed it in*

wéi kas'éet àa-x̱ daak kakwk̲alatéix̱' *I'm going to take that screw out/unscrew it*

scum

be scummed over, be covered with green ocean scum (algae): **di-kaas'**

gáal' woodikás' *the clams are covered with scum*

tláakw hàat áx̱ kanaadàayee yé, tléil tlax̱ oodakás'x̱ *where the tide flows fast, there isn't much scum*

be seasonally covered with scum (i.e., after herring spawning): **k̲u-li-kaas'**

k̲ulakás'x̱ *it gets scum-covered*

seal

seal, stick down: **x̱'éi-+ ka-li-s'eex'w**

x̱'éi-t kalas'íx'w *seal it (envelope)!*

search

search for, look for, hunt for, seek: **A-g̱aa + k̲u-ya-shee**[1]

àa-g̲aa k̲iyeeshèeyee-ch awé, yeet'èi *because you searched for it, you found it*

ax̲ tláa-g̲aa yaa k̲unx̲ashéen *I'm going along looking for my mother*

see, see also **meet**

see, perceive (general, often abstract): **ya-teen**

k̲eewoo.àayee, ldakát át dootèen nòoch *when it is daylight, everything can be seen*

ch'a ax̲ shantóo-x' x̲aatéen àa-dei yéi kwk̲asanei yé *I can see in my mind's eye how I'm going to make it (that is, what the finished product will look like)*

see, behold (usually specific): **si-teen**

tléil xóots awoostèen *he never saw a bear*

dlèit yáx̲ yatèeyee át héen x̲ookàa-dei woodoodzitèen *they saw a white thing on the water*

seek, see **search**

seesaw, see **play**

seethe, see **tide**

seine, see **fish**

select, see **pick out**

selfish, see **hog**

sell

sell (general): **ya-hoon**

ldakát át has ahóon *they sell everything/all kinds of things*

sell (usually complex or large object): **si-hoon**

doo yàagoo awsihòon *he sold his (large) boat*

sell (usually round, spherical object): **ka-ya-hoon**

haa ée akaawahòon *he sold it (ring) to us*

sell (usually stick-like object or plural round objects): **ka-si-hoon**

tléix' woosh yàayx'ee akawdzihòon *he sold a pair (of rings)*

go selling, peddle, hawk: **li-hoon**

x'úx' yaa nalhún *he's going round selling books*

haa éet woodoodlihún *they came to us selling things*

send, see also **order**

send (often by mail): **A-ch** (instr) + **a-si-woo**[1]

tsàa dlèeyee awé ee x̲'éi-dei ách aa akwk̲asawóo *I'm going to send you some seal meat*

yee éech agé adooswéix̲? *did somebody send you (to do this work)?*

laak̲'ásk-ch doo yéet jèe-x' awsiwóo *he sent the black seaweed by his son*

send (esp. send on a message or mission): **ka-ya-k̲aa**[1]

yaa akoonak̲éin haa jèeyis *he's sending someone for us*

haa s'àatee-ch ch'a doo yéet akaawak̲àa *our master sent his own*

  son (on a mission)
 send for, order: **ji-li-haa**
  káaxʼ hàa-t ajeewliháa *he sent for a chicken*
sentence
 sentence, declare guilty and pronounce punishment upon:
 (**ku-ya-si-ḵaa**[1])
  tléil àa-dei ḵáa yanaxdoodziḵàayee yé; chaa chʼa xʼawdoo.àaxee tsáa *they cannot sentence a man until they have heard him*
serve
 serve, minister to, care for: **ḵaa dàa- + ya-si-taaḵ**[2]
  ax dàa-t yawsitáḵ *he served me/attended to my needs*
 serve, wait on, minister to: **ḵaa dàa + ji-ka-li-.aat**[2]
  doo dàa yoo s jikwli.átk *they served him (as personal or household servants)/they waited on him*
 serve, work for: (**ḵaa jèeyis + yéi + ji-ya-nei**)
  ax jèeyis yéi jikwganéi *he is going to serve me/work for me*
set[1]
 make a set (with seine net): **héen- + di-ḡeex**ʼ
  héen-t woodigíxʼ *he made a set (that is, he threw (seine net) into the water)*
set[2], see **sun**
set up
 set up, raise (pole, tanning frame, etc.)
 singular object: **yan sha-si-taan**
  tʼéesh yan shaysatán: woosh éet eedashí *set up the tanning frame: help each other!*
 plural object: **yan sha-li-.aat**[2]
  tʼéesh yan shayla.á *set up the tanning frames!*
set upon
 set upon, turn upon suddenly and exert all one's strength against someone, go all out against: **sh dli-dleikw**
  xàan sh woodlidlékw *he set upon me suddenly and used all his strength against me*
  ḵúnax has doo èen sh gageeldléikw *you are really going to set upon them (in ball game) and go all out against them*
 set upon in speech, call down, speak at top of one's voice:
 sh xʼa-dli-dleikw
  sh xʼawdlidlékw *he turned on them and talked real loudly about their misdeeds (so that everyone would know)*
settle[1]
 settle, make one's village: **dzi-.aan**[2]
  áa wootoodzi.àan *we settled there/we made it our village*

Jilkàat-dax̱ awé has wooligáasʼ; tlèi Aangóon-xʼ has woodzi.àan *they moved from Chilkat and settled in Angoon/made Angoon their village*

settle²

settle (of mud), become clear by settling (of water): **ka-di-g̱oo**

yei kandag̱wéin *it (mud) is settling to the bottom*

kawdig̱òo wéi héen *that water has settled/become clear*

settle (of fine sediment): **ka-li-dlaa**

a takát kawlidláa *(sediment) has settled at the bottom*

settle³, see **comfortable**

settle down

settle down, become calm (of feelings): **ḵaa tòowoo + ka-shi-g̱oo**

ee tòowoo kax̱shag̱ú *keep calm/make your heart settle down!*

doo tòowoo shakdéi yaa akanashg̱wéin *maybe her feelings have settled down*

sew, see also **patch**

sew (general): **ya-ḵaa²**

tléil oodaḵéisʼ *she doesn't sew*

yáa lʼàak eeyaḵáa agé? *did you sew this dress?*

sew beads, embroider: **ka-ya-ḵaa²**

yáa ḵutàan kakwḵadaḵáa *this summer I'm going to sew beads*

téel iḵkèidee akaawaḵáa *she sewed beads on moccasin tops*

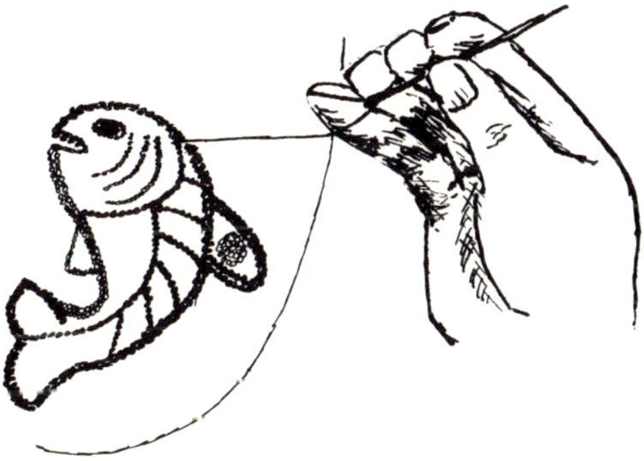

shabby

be shabby, untidy, slovenly (in personal appearance and housekeeping): **tléil + shi-neekʼ**

doo hídee tléil ooshnéekʼ *his house is shabby/in disorder*

shadow

be shady, be in shadow: **ka-li-cheix̱ʼ** (rare)

a tʼéiknax̱ á kawlichéix̱ʼ *opposite from where the sun is, it is in shadow*

be shadowed, become further in shadow (esp. at dusk): **ḵu-ka-di-cheix̱ʼ**

yán-dei yaa k̲ukandachéx̲' *the shadows are getting longer/a greater area is coming into shadow*

shake, see also **tremble**

shake (general): **sha-ka-ya-yook**

ch'oo l eedanáayjee, shakayúk *before you drink it (medicine), shake it!*

ax̲ keenaak.ádee shakx̲waayúk *I shook my overcoat (to remove dust)*

shake (esp. canoe, to signal animal sighted): **ka-ya-yook**

yàakw akaawayúk *he shook the canoe (gently, to indicate he had sighted an animal)*

tleiyéi-x' s'é: ax̲ jèe keeyayúk *stop! you were shaking my hand*

shake (blanket, etc. with large up and down movements): **ka-ya-keek**

x'óow akaawakík *he shook out the blanket (to remove dust)*

g̲áach kagax̲tookéek *we are going to shake the rug*

shake (person) (in order to rouse him): **yoo ya-x̲eech**

yoo ayax̲ích *he is shaking him (to rouse him)*

dei yageeyèe-dei yaa k̲unahéin, ách awé yoo ee x̲waax̲ích *it's getting on for noon, that's why I roused you*

shake head (to signal 'no'): **ya-ka-di-naash** (rare)

yakawdináash *he shook his head*

shkahàadei yáx̲ yaa yakandanáash *he (esp. young man) is going along like a crazy fellow, looking this way and that*

shake finger (usually at a child): **sh tl'ek̲-sha-ka-dli-naash**

ax̲ yàa-dei sh tl'ek̲-shakawdlináash *he shook his finger at me*

shake hand: **k̲aa jín + li-dléigoo**

doo jín x̲walidléigoo *I shook hands with him*

ax̲ jín naldléigoo *shake my hand!*

shake off, shake and throw off (usually of animal): **ka-li-naash**

koots'èen kèitl-ch kei kawlináash *the dog shook the rat and flung it away*

kei aklanáashch *it tries to shake it off (a spear)*

shake water off self (of bird or animal): **di-x̲eet**[1]

kèitl woodix̲ít *the dog shook himself dry (after swimming)*

kag̲èet woodix̲ít *the loon shook itself free of water*

shallow

be shallow (usually of large body or water): **ka-ya-ts'aan**

koog̲aats'áan *it (water) is shallow*

koog̲aats'ánee yéi-x' ee yàagoo daak̲ yèesh *pull your boat up in a shallow place!*

shame

be ashamed, feel shame: **ka-ya-déix'**

ax̲ dlàak' kayadéix' *my sister is ashamed*

tlax̱ tléil koodéix' *he's never ashamed (because hardened)*

be shamed or embarrassed by another, be put to shame: **ka-li-déix'**

doo yéi jinèiyee-ch kawlidéix' *his work/what he did made him ashamed*

tlax̱ x̱at kalidéix'ee *I'm real ashamed*

be a shameful thing, be of great shame: **ka-li-háach'**

kaliháach'ee át-x̱ sitèe *it's a deeply shameful thing*

kei kagoox̱laháach' *it's going to be a matter of great shame*

shape

shape, form, cause to take a certain shape: **ka-si-naak**

ax̱ téelee kax̱wsinák *I shaped my shoes/put them on a stretcher (till they were the shape I wanted)*

l'òowoo tsú kadoosnákx̱ *they shape wood too (by steaming it and then bending it for bentwood boxes)*

share

share, have in common: **(woosh tèen + di-hein)**

ldakát has doo ádee woosh tèen has oodihéin *they share everything (that is, claim everything together)*

sharp, see also **file**

be sharp (of point): **li-k'aats'**

s'áxt' dàa lik'áts' *devil's club has sharp spikes all over it*

yáa kooxéedaa tléil oolk'áts' *this pencil is not sharp*

be sharp (of edge): **ya-li-k'aats'**

lítaa yalik'áts' *the knife is sharp*

sharpen edge with a file: **ya-ya-x'aat**

shunax̱wáayee yax̱waax'át *I sharpened the axe with a file*

sharpen with a grindstone: **ya-ya-g̱eel'**

ḵaashaxáshaa yax̱waag̱íl' *I sharpened the scissors on a grindstone*

sharpen (general): **ya-li-g̱eel'**

ax̱ kooxéedaayee yakwḵalag̱éel' *I'm going to sharpen my pencil*

doo òox̱ s'àaḵ-ch ayalag̱éel' *it (dog) is sharpening its teeth on a bone*

sharpen by drawing back and forth: **ya-ya-x̱oot'**[1]

yáa lítaa sdòox dàa-x' yoo yax̱út' *sharpen this knife on the stove!*

shave

shave (face): **ya-di-xaas'**

yakwk̲adaxáas' *I'm going to shave*

yasx̲áawoo-ch, tlákw yadaxáas' *because his face is so hairy, he's always shaving*

shed

shed hair (of animal, esp. in spring): **dli-x̲àayak̲w**

yaa galx̲àayak̲wch *it sheds its hair (habitually each spring)*

shim

shim up, wedge up (esp. of building): **li-x̲'eex'w**[2]

awlix̲'íx'w *he put a shim in there*

shine, see also **bright, dazzle, moon, polish, sun**

shine, produce light by burning: **ka-di-gaan**[1]

s'eenáa k'idéin yéi awsinèe; ách k̲u.àa kei kagoox̲dagáan *he's fixed the light, so now it will shine brighter*

yee tula.àanee yee yadòok-nax̲ yóo-t kawdigán *your kindness shines through your faces*

shiver, see **tremble**

shock, see **cramp, paralyzed**

shoot, see also **fire**

shoot (with firearms): **ya-.oon**

dzísk'w x̲waa.ún *I shot a moose*

sh woodi.ún *he shot himself*

shoot with bow and arrow: **ya-t'ook**

g̲útl has aawat'úk *they shot blunt arrows (for practice)*

núkt àan x̲waat'úkt *I shot grouse with it*

shoot, aim with bow and arrow, let fly an arrow: **shi-t'ook**

kei awshit'úk *he aimed an arrow up/shot up in the air*

choonèit doo k̲ín-t woodoojit'úk *they shot an arrow which fell short of him*

shop, see **spend**

short, see also **lack, small**

be short (general): **ya-yaatl'**

inx'eesháa goowátl' *a short jar*

be short (usually of rope-like objects): **li-yaatl'**

tléil yán-dei kwk̲asanèe; ax̲ tásee yéi kwliyáatl' *I'm not going to get* *it finished; my thread is too short*

yéi kwliyáatl' doo l'èet wéi dóosh *that cat has a short tail*

be short (usually of stick-like objects): **ka-li-yaatl'**

kooxéedaa yéi kakwliyáatl' *the pencil is short*

be short (of time): **yee-ya-yaatl'**

ch'a yéi yeegoowáatl' *for a while/for a short time*

be too short, lack sufficient length: **ka-ya-yaach'**

t'áa áa kaawayáach' *the board is too short for there*

be too short (esp. of rope-like objects): **ka-li-yaach'**

tíx' kawliyáach' *it's too short a rope*

tíx' yátx'ee áa kawliyáach' *the string is too short for there*

shout, see also **call**

shout, cry out: **kei ya-.eex'**

yadák'w kei oowa.íx' *the young fellow cried out*

shout out (esp. at end of ceremonial song): **ya-laa**[2]

kei wdiláa *they put up their paddles and shouted out*

yan at kawdooshèeyee ít-dax̲, kei daléich *when they have finished singing, they shout out in a loud expression*

shovel

shovel

(1): **ya-xwein**[1]

k̲útl'kw x̲waaxwén *I shoveled the mud*

(2): **A-ch** (instr) + **si-xwein**[1]

yáa kootl'ídaa-ch saxwén *you shovel it, with this shovel!*

(3): **li-xwein**[1]

a tóo-dax̲ alxwénx' wéi dús' *he's shoveling the soot out from inside it*

show, see also **appear, demonstrate, instruct**

show, display, reveal: **k̲aa wak̲sheeyèe-x' + ya-tee**[2]

doo yahàayee haa wak̲sheeyèe-x' aawatèe *he showed us his picture*

doo yaa k̲usgèiyee k̲aa wak̲sheeyèe-x' kei aawatée doo yoox̲'atángee tóo-nax̲ *he displayed his intelligence through his speech*

show faces (as entering in ceremonial dance): **ya-di-xoon**[2]

nèil-dei s yandixún *they are showing their faces (and masks) as they enter dancing (one at a time)*

shrink
shrink, be shrunken (esp. of cloth): **di-x̱aak^{2}**
k'oodás' woodix̱ák *the shirt shrank*
ee x'óowoo goox̱dax̱áak *your blanket is going to shrink*
shrink (cloth, etc.), shrivel (with arthritis), spring back (of elastic): **si-x̱aak^{2}**
yat'àayee héen wéi x'óow agoox̱sax̱áak *the warm water will shrink that blanket*
ax̱ tláa woodzix̱ák *my mother is shriveled up with arthritis*
ax̱ jín-t woodzix̱ák *it (rubber band) springs back and hits my hand*
shrivel, see **burn, shrink**
shuffle
shuffle feet, take rapid small steps producing a noise: **di-tees**
needatèes *shuffle your feet (said to children when it is thundering; in making this noise with their feet they forget their fear of the thunder)!*
át nadatísch *they go around with rapid small steps, noisily*
shut, see **close^{2}, slam**
shy, see also **bashful**
be shy of someone, be bashful (of child): **ka-li-k̲ei^{2}**
doo dlàak' akwlik̲éi *he was shy of his sister*
Mary x̱at koolik̲éi *Mary is bashful and won't come to me*
sick
be sick: **ya-neekw**
k̲únax̱ x̱at yanéekw *I'm real sick*
make sick: **si-neekw**
tléil daa sá x̱at oosnéekw *nothing makes me sick*
kei ee goox̱sanéekw *it will make you sick*
pretend to be sick, malinger: **sh k̲'a-dli-neekw**
sh k̲'eedlinéekw akwé? *are you just pretending to be sick?*
sift
sift: **ka-li-g̱aat**
sakwnéin akagoox̱lag̱áat *she's going to sift the flour*
sight
have sight, be able to see: **k̲u-ya-teen**
tléil k̲oox̱shatéeneen; yáa yeedát k̲u.àa k̲ux̱aatéen *I was blind, and now I see (I have my sight)*
signal, see also **wink**
signal with smoke, use a smoke signal: **a-ya-taax̱'w^{2}**
ts'ootàat-x' awé aawatáax̱'w *he made a smoke signal early in the morning*
yóo diyáanax̱ á anax̱ awdoowatáax̱'w *on the other side of the*

strait they saw the smoke spreading out (they got the signal)

signify, see **mean**[2]

silence, see also **keep silence**

silence (arguments), cause to stop arguing: **k̲'a-si-xook**

k̲'ax̲wsixúk *I silenced him (lit. I dried up his mouth so he has no more to say)*

woosh k̲'awdoodzixúk *they reduced each other to silence*

silence, cause to stop talking or making noise: **x̲'a-si-naak̲**[2]

wéi wáach x̲'asanák̲ *silence that clock!*

at k'átsk'oo ax̲'awsinák̲ *he silenced the child*

similar

look similar to, like but not identical: **a kayàa + ya-yaa**[1]

k̲'àan chèech kayàa oowayáa *a dolphin looks similar to a porpoise (but they are not identical)*

sin

sin, transgress, do wrong, violate divine law

eelîl tsu l ooshk'é yéi yoo eesanèegeek̲ *don't sin any more (that is, don't do evil again)!*

Dikée Aank̲áawoo yoox̲'atángee a géi-dei woodzigèet *he sinned (that is, he acted against God's word/law)*

a géi-dei yan yéi jeewanéi *he sinned (that is, he did what was against it)*

sing, see also **call, compose, exclaim, lead, trill**

sing (general): **ya-shee**[2]

yadálee atshí ayá kei gax̲tooshée *we're going to sing an important song (National Anthem, historical song, etc.)*

start singing, break into song (esp. ceremonial songs): **kei ka-ya-shee**[2]

ax̲ x̲'éi shukawdook̲áayee-ch, kei at kax̲waashée *because they called on me, I began to sing a tribal song*

sing about close relatives (relating in song all that happened to them, etc.): **kei ya-ka-ya-shee**[2]

ax̲ káak hás dàa-t yoo kootèek kei yak̲x̲waashée *I sang about my uncles and all that happened to them*

prolong the note, lengthen in singing, hold on to: **si-.aax̲**[1]

x̲wasi.àax̲ *I lengthened the note (at the end of the song)*

yaa anas.áx̲ *he's holding on to the note*

sing out, sound forth, cry out, raise voice: **sa-si-.aax̲**[1]

kei s sawdzi.áx̲ lagawdéin *they cried out with a loud voice*

a goowanáa-x̲ awé yaa sanas.áx̲ *he's singing way off*

singe

singe, burn off all hair, bristles, etc.) (in preparation for cooking): **li-heets**

gáaxw agoox̱lahéets *he's going to singe the ducks*

g̱oowakàan shàayee x̱walihíts *I singed the deer's head*

be singed, scorched, have hair, nap, etc. partially burned (producing a smell): **di-xoosh**

x̱'wáal' woodixóosh *the down feathers got singed (just enough to smell unpleasant)*

singe, burn hairs, etc. slightly: **li-xoosh**

x̱'àan-ch woolixóosh *it got singed by the fire*

ee shax̱àawoo wdlixóosh *your hair singed (in curling iron)*

be singed (of live animal's hair): **x̱a-dli-xoosh**

dóosh x̱awdlixóosh *the cat's hair singed (just a small area)*

sink

sink: **ya-taax̱'w**^{1}

óonaa yan oowatáx̱'w *the gun sank*

g̱oowakàan tléil yoo ootáx̱'wk *deer don't sink (because of buoyant hair)*

sink, cause to sink: **si-taax̱'w**^{1}

doo yàagoo woositáax̱'w *his boat sank*

has doo yaanàayee has awoostèenee, has sh woodzitáax̱'w *when they (those in submarine) saw their enemy, they sank themselves (that is, the submarine went down)*

sink (in quicksand, swamp, etc.), be pulled under: **dzi-yeeḵ**^{2}

yín-dei woodziyèeḵ *he sank down/he was pulled under*

kadziyíḵgee yéi-dei woodziyèeḵ *he sank in the swampy place (or quicksand)*

sink, weight down, cause to be pulled under: **ka-si-yeeḵ**^{2}

doo keenaak.ádee kax̱wsiyèeḵ *I sank her topcoat (with stones, in the swamp)*

sip, see **drink**

sit

sit, sit down (esp. act of sitting)

singular subject: **ya-nook**^{1}

hít yát oowanúk *he's sitting/leaning against the wall*

ax̱ daa.ittú wdixwétl; yei kwḵanóok *I'm real tired, so I'm going to sit down*

plural subject: **ya-ḵee**

gáan-t tooḵéeneen *we were sitting outside*

yóo-x' g̱ax̱tooḵèe *let's sit down over there!*

sit (esp. state of sitting or being situated)

singular subject: **ya-.aa**^{1}

Mary ch'a nèil-t áa *Mary sat at home*

sit, cause (live creature) to sit: **si-.aa**^{1} (rare)

dóosh ḵóok yík-t as.áa *he sat the cat in the box (and it was very docile and remained there)*

sit down quickly, squat down: **ji-ḵaaḵ**

doo káa x̱wajiḵàaḵ *I sat on him quickly*

goo-dei sá yaa neeshḵáḵ? *which way are you moving (sitting down, along the bench)?*

sit quietly (meditating and esp. watching signs of the weather at sundown): **a-ya-.aan**[1]

gáan-t oodoo.ánjeen *they used to sit outside, quietly watching the clouds*

x̱'awòol dzèit kát a.án *he's sitting quietly on the steps of his porch meditating*

situated

be situated (esp. of buildings)

singular subject

(1): **di-nook**[1] (rare)

cannery áa yei goox̱danóok *there's going to be a cannery (sitting) there*

(2): **li-.aa**[1]

hít tlèin át la.àayeen; kei oowagán ḵu.àa *there used to be a large house there, but it burned down*

ax̱ hídee ANB Hall tuwán-t la.áa *my house is next to the ANB Hall*

plural subject: **di-ḵee**

déix̱ hítx' haa eeg̱ayáa-t daḵéen *there are two houses situated between us and the water*

hít woosh dòok-t daḵéen *the houses are situated close together*

size up, see **figure out**

sizzle, see **steam**

skeleton

become a skeleton or empty shell, dry out: **si-xaak**

goowakàan woosixàak *the deer has become a skeleton (no flesh or skin left at all)*

gáal' ḵa nées' yei saxákch *clams and sea urchins dry out till there is just an empty shell*

skid

skid along on one's knees: **yan keey-sha-ka-dli-gaas'**

yan x̱at keey-shakawdligás' *I fell on my knees and skidded along*

skilled

be skilled, artistic: **ḵut ji-ya-tee**[2]

ax̱ shát ḵut jeewatèe *my wife is skilled at making beautiful things (she is a craftsman)*

doo èe-dei doowatéen ḵut kei jikwg̱atée *one can see he (child) is* *going to be artistic (skilled with his hands)*

skin, see also **peel**

skin, flay (usually in preparation for food): **li-x'eesh**

g̱oowakàan x̱alax'éesh *I'm skinning a deer*

x̱alak'ách' yoo doodlix'íshk *they have to skin porcupine*

skin carefully (using small cuts), flay (taking off all the fat) in order to obtain a good hide: **ya-ts'eit'**

tsàa x̱ats'éit' *I'm skinning a hair seal carefully (to obtain hide)*

yáa yakyèe gax̱toodats'éit' *we're going to skin this afternoon*

skinny, see **thin**

slack, see also **tide**

be slack, hang down slackly (of rope between two fixed points): **ji-ka-ya-dleitl**

áa jikadléitl *it's hanging slackly*

slack (a line), hang way down: **ji-ka-li-dleitl**

jikawlidléitl *the line is hanging way down*

a shugáas'ee shunashx̱éin-g̱aa; ách awé jikax̱wlidléitl *the post on the end might be pulled in; that's why I slacked the line*

slacken (rope, etc.), loosen (bandage, etc.): **A- + ji-ka-ya-tsaaḵ**

a káx' ḵux̱ jikatsáḵ *loosen it (bandage, or something tied around)!*

naaléiyee yéi-dei jikanatsàaḵ *slacken the rope, letting it go way back!*

slack off

slack off, slacken, abate (of storm, fever, etc.): **ḵúx̱-dei + yóo + di-nee**

k'eeljáa ḵúx̱-dei yóo wdinèe *the storm slacked off/abated*

doo néegoo ḵúx̱-dei yóo yaa ndanèen *his sickness is slacking off right now*

doo atx̱àayee ḵúx̱-dei yóo wdinèe *he's not eating so well/he's losing his appetite*

slam

slam (door, lid), shut violently: **A- + shu-ya-x̱eech**

x̱'éi-t ashoowax̱ích *he slammed the door shut*

yáa x̱'aháat ax̱ yát ashoowax̱ích *he slammed the door in my face*

slap, see also **miss**[1]

slap, hit with the open hand: **ya-ya-t'aach**

yéi yawooḵàayee, wáachwaan-ch yaawat'ách *when he said that, the guard slapped him*

tléil yeet'áchx̱eeḵ ee dlàak' *don't slap your sister!*

slap tail down hard (as going down in water; esp. of killerwhale and beaver): **a-ji-t'aakw**

s'igèidee awjit'ákw *the beaver slapped his tail hard on the water (as he entered it)*

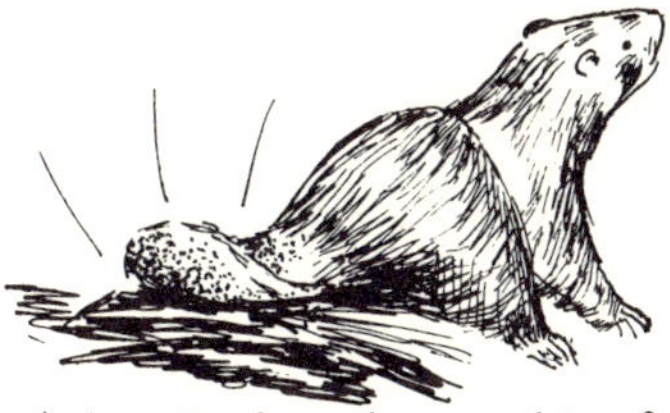

slaughter, see also **kill**

be slaughtered (in warfare), be wiped out by attacking force: **di-x̱aa**[3]

has woodix̱áa *they were slaughtered*

sleep

sleep (singular subject), sleep alone: **ya-taa**[1]

nisdàat doo gúk néegoo-ch woosix̱ék̲; tléil k'idéin wootàa *his earache kept him awake last night, so he didn't sleep well*

xóots táakw kàa-nax̱ natèich *bears sleep (alone) through the winter*

sleep (plural subject), sleep in company with others, go to bed: **ya-x̱eix'w**

ax̱ yátx'ee hít shantóo-x' has x̱éx'wx̱ *my children sleep upstairs*

ch'a yèisoo tléil oox̱éx'w *they haven't gone to bed yet*

sleepy

be sleepy: **A- + yata-ya-haa**

doo èe-dei yaa yatanahéin *he's getting sleepy*

ee éet agé yataawaháa? *are you sleepy?*

make sleepy: **A- + yata-si-haa**

g̲áax'w x̱áa-t yatawsiháa *herring eggs make me sleepy*

slice

slice, cut fish in preparation for drying: **ya-x'aas'**

kei awdoowax'ás' *they've sliced up all the fish ready for drying (usually after it has had one night to firm up)*

slice open, split open for smoking or drying: **li-x'aas'** (rare)

wéi x̱áat dei katx̱ awlix'ás' *he split open the fish for smoking*

slice, cut into thin slices (for food)

(1): **ka-ya-x'aas'**

k'úns' kag̲ax'áas' *slice the potatoes real thin (for frying)!*

(2): **ka-li-x'aas'**

x̱áat yei kakwk̲alax'áas' *I'm going to slice up the salmon*

geeshòo tàayee kadoolx'áas' *they slice bacon*

slice (not especially thinly): **ka-ya-xaash**

sakwnéin akaawaxàash *he sliced the bread (cut it in several pieces)*

slide, see also **slip**

slide (esp. of sled): **li-leet**

koox̱'ìl'aa yèit ax̱ jinák̲ woolilèet *the sled slid away from me (took off by itself)*

has doo èen át x̱walilèet *I slid it (sled) along with them on it*

slide (esp. in or into water), glide: **ya-leet**

yàakw héen-t oowalít *the canoe slid into the water*

yaa nalít *it (boat, sled) is sliding along*

slide oneself (esp. of animal): **sh ka-ji-leet**

kóoshdaa héen-dei sh kashlítk *land otters slide into the water (sliding down a clay bank)*

slim

slim, cause oneself to lose weight: **sh dli-xoon**[1]

yei sh gax̱toolxóon *we're going to slim*

slimy

be slimy, covered with slime (general): **shi-x̱eel'**

t'ukanéiyee doo x̱'éi shax̱éel' nòoch *a baby is always slimy (with dribble) round his mouth*

be slimy (of fish): **li-x̱éel'ee**

ishḵèen lix̱éel'ee *rock cod has heavy slime*

slime, make slimy, slippery, cover with slime: **ka-shi-x̱eel'**

ax̱ k'oodás'ee akawshix̱éel' *she slimed up my shirt*

ús'aa kawshix̱îl' *soap gets slippery*

sling

sling: **li-joox̱'**

yóo s'eenáa has aljúx̱'t *they take sling shots at the lights*

kei agoox̱lajóox̱' *he's going to aim with his sling*

slip

slip, slide: **shi-x̱'eel'**

t'éex' káa yei goox̱shax̱'éel' *he will slip on the ice*

dlèit daak wooshix̱'îl' *the snow slid down*

slippery, see also **slimy**

be slippery, smooth (of polished surface, etc.): **ka-ya-x̱'eel'**

nadáakw kaawax̱'îl' *the table is smooth/slippery*

be slippery (e.g., oil, ice, wet rocks): **ka-shi-x̱'eel'**

wéi èech ká kashix̱'îl'kw *those rocks are slippery*

sloppy

be sloppy (in appearance): **tléil + ka-ya-jaaḵw**[2]

tléil koojáaḵw *she's sloppy/doesn't fix her hair and clothes neatly*

slovenly, see **shabby**

slow, see also **delay**, **lazy**

be slow: **li-ch'éeyak̲w**

neilyèe-x' yéi jiné àan x̲at lich'éeyak̲w *I'm slow at housework*

a yáa-nax̲ lich'éeyak̲w: yasátgee shí awé *it's too slow (that is, you are singing it too slowly): it's a fast song*

be slow (in speaking or eating): **x̲'a-li-ch'éeyak̲w**

atx̲á tèen x̲at x̲'alich'éeyak̲w *I'm slow in eating/I eat slowly*

slurp, see **drink**

slushy, see **snow**

small, see also **tide**

be small (in quantity), little: **yéi + ya-géik'**

ch'a yéi googéik' *just a little*

a sáxwtee yéi googéik' *the handle is small*

be small, little, short (esp. of living creature or building): **yéi + si-géik'**

yéi kwsigéik'ee hít *a small house*

yéi kwsigéik' doo sée *her daughter is short*

be small (usually of spherical object): **yéi + ka-ya-géik'**

yéi kakoogéik'ee x'áax' *a small apple*

be small (usually of stick-like object): **yéi + ka-si-géik'**

kooxéedaa yéi kakwsigéik' *it's a small pencil*

be small (of grain-like objects): **yéi + ka-dzi-gei**[1]

yéi kakwdzigéi *they are small (berries, beads, etc.)*

be too small (in amount or size): **ka-ya-k'aa**

ax̲ náa kaawak'àa *it (dress) is too small for me*

atx̲á ayá kaawak'àa *they were short of food (the amount was too small)*

make too small: **ka-si-k'aa**

yóo yooka.óot' èetee áx̲ k̲ukawsik'áa *the buttonhole is too small*

kax̲wsik'àa *I made it too small*

be too small (of possessions), insufficient: **ji-ka-ya-k'aa**

x̲at jikaawak'àa *my money is not enough*

smart, see **intelligent**

smarten up, see **dress**

smash, see also **break**

smash up, break up by pounding

(1): **ya-t'eix̲'**

doot'éx̲'t yáa yàakw *they smashed up the canoes*

(2): **ka-ya-t'eix̲'**

ax̲ ták̲lee tèen kax̲waat'éx̲' *I smashed it with my hammer*

smash (berries, etc.): **ka-ka-si-t'eix̲'**

tléik̲w kaksat'éx̲' *smash the berries!*

x̱áat kaháagoo kakdoost'éx̱'t *they smash salmon eggs by pounding*

smash one's finger (when hammering): **sha-si-t'eix̱'**

ax̱ tl'èiḵ shax̱wsit'éx̱' *I smashed my finger (with the hammer)*

smash animal's head (with club or fist): **sha-ka-ya-t'eix̱'**

doo jín tèen ashakaawat'éx̱' yáa tsàa *he smashed in that seal's head with his fist*

smell, see also **fragrant, sniff, spoil**

smell: **dzi-neex'**

ee sakwnéin sa.èeyee naaléiyee yéi-dax̱ x̱wadziníx' *I smelled your bread cooking a long way off*

at x̱'éeshee chánee yáx̱ dzinéex' *it smells of dried fish*

smell strongly (usually unpleasant): **li-chaan**

lits'áayee héen lichán *the perfume smells powerful and not very pleasant*

smell strongly (of onion, raven, human perspiration): **li-teix̱**

yéil téx̱ee litéx̱ *onions smell strongly*

smile

smile (often knowingly or sarcastically): **ka-ya-noots**[1]

at kaawanúts ax̱ yáx̱ *he smiled at me about something*

at kanútst *he is smiling sarcastically about something (and suppressing laughter)*

communicate by smiling, flirt: **ya-ka-ya-noots**[1]

ayakaawanúts *he was smiling/flirting*

smile (often with laughter): **ya-shooḵ**

woodoowashúḵ *they smile (good-humoredly)*

smile at: **ya-ya-shooḵ**

woosh has yawdishúḵ *they smiled at each other*

ayashúḵx̱ *he was always smiling at him*

smoke, see also **blacken, dry**

smoke, be smoking: **di-s'eiḵ**

woodis'éḵ *it's smoking*

be smoky: **doo-ya-s'eiḵ**

neilyèe woodoowas'éḵ *it's very smoky in the house*

smoke, cure by placing in smoke: **li-s'eiḵ**

g̱oowakàan dlèeyee x̱alas'èiḵ èex̱ x̱òoyis *I smoke deer meat for storing in oil*

smoke, smolder (of firewood), cause to smoke: **ya-li-s'eiḵ**

wooditl'ák'ee àa gán x̱'àan ayalas'éḵx̱ *wet wood makes the fire smoky*

yawlis'éḵ *it's smoldering*

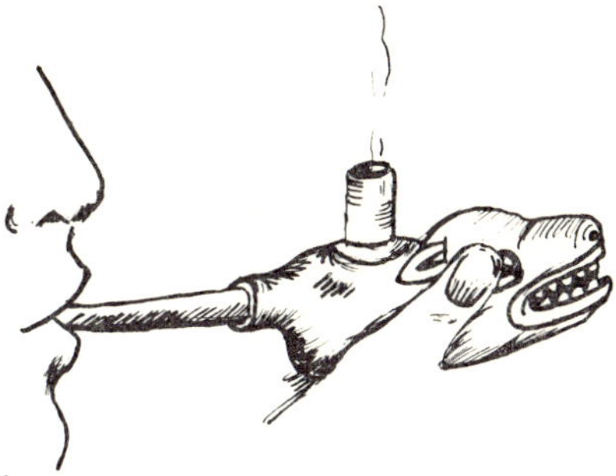

smoke (cigarette, etc.): **x̲'a-di-s'eik̲**

ax̲ yàa-dei x̲'adas'èik̲ *he's smoking in my face*

smoke signal, see **signal**

smolder, see **smoke**

smooth, see also **file, plane, slippery**

be smooth (esp. of textiles), be spread out: **ka-di-yaas'**

ax̲ naa.ádee kawdiyáas' *my clothes are smooth of their own accord (e.g., drip-dry clothes)*

smooth out, spread out: **ka-li-yaas'**

s'ísaa akawliyáas' *he spread out the cloth, smoothed out the wrinkles*

yax̲ kalayás' *spread it out smoothly!*

snap, see **break**

snap at

snap, snap at, bite at, nip: **ya-x'íx't**

kèitl woosh dax'íx't *dogs snap at each other*

snap eyes at (indicating anger, dislike or suspicion), look askance at, glance at and away again: **k̲aa yàa-x̲ + a-ka-dli-t'aas'**

ax̲ yàa-x̲ kei akoolt'áas'ch *she would snap her eyes at me*

woosh yàa-x̲ kei s akawdlit'ás' *they were looking askance at each other (real mad)*

snare

snare, catch in a snare: **dli-daas'**

xóots xwadlidás' *I snared a brown bear*

snatch, see **grab**

sneak

sneak away, cause oneself to disappear (by moving gradually out of sight): **sh ka-dli-haa**

doo tláa nák̲ yaa sh kanalhéin *he's sneaking away from his mother*

yaa sh kakwk̲alháa *I'm going to sneak away (disappear, from the meeting)*

sneak off, go secretly, quietly: **a-di-taaw**

àa-dax̲ akwk̲adatáaw *I'm going to sneak off*

yáa-dax̲ awditáaw, college-dei *he sneaked off from here to college*

sneeze

sneeze: **a-dli-ts'íxaa**

aatlèin ax̱alts'íxaa *I'm sneezing a lot*

akwk̲alts'íxaa *I'm going to sneeze*

sniff

sniff, smell around (of animal): **k̲u-dzi-neex'**

kèitl át k̲oowdzinéex' *the dog was sniffing around*

sháchk kát k̲oowdzinéex' jánwoo *the sheep was sniffing round the swamp*

snore

snore: **a-ya-keet**

ldakát yax̱ k̲uyawlijáḵ: ldakát adookéet *they are all fast asleep and snoring*

ax̱akéet agé? *did I snore?*

snore, with sudden starts and whining (esp. of dog): **ya-koos**

kèitl akóos *the dog is snoring and every now and then he moves a little and whines or whimpers*

snow, see also **rain**

snow heavily: **ya-ka-ya-daan**

dlèit yakaawadán *the snow is coming down so heavily, one can't see far*

yéi x̱waajée haa káa ayakakwg̱adáan *I think it's going to snow real heavily on us*

snow, fall (of snow): **daak si-taan**

dlèit daak woositán *it is snowing*

be dry and lightly piled up (of snow): **ka-ya-keits**

dlèit akaawakéts *the snow is dry and lightly piled up*

be slushy, wet (of snow): **ka-shi-dooḵ**

kawshidúḵ *it is slushy/there is wet snow on the ground*

rot (of snow), turn to slush, decay: **shi-neiḵ**

yaa nashnéḵ *the snow is rotting*

dlèit áa wshinéḵ *the snow is rotten there (that is, slushy and not firm to walk on)*

be in wide blobs (of snow): **ka-shi-neiḵ**

dlèit kawshinéḵ *the snow is in real wide blobs, which disappear as soon as they hit the ground*

soak, see also **wet, wrinkle**

soak (general, esp. clothes): **ka-li-keil**

naa.át aklakéls' *she's soaking clothes*

kawlikél *they (clothes) are soaked*

be soaked, waterlogged: **ka-di-.eet'**

ax̱ yàagoo yaa kanda.ít' *my boat is waterlogged (so heavy with* *water in the boards that it is going to sink*

soak (esp. dried foods in fresh water in preparation for eating): **ka-li-.eet'** (or **ka-li-.oot'**)

shàaw kadool.ít'x̱ *they soak gumboots (chiton)*

x̱áat shàayee kadool.út'x̱ *they soak salmon (esp. male coho) heads in fresh water*

soak, wet thoroughly: **li-yoox̱'**

g̱oowakàan dòogoo x̱waliyúx̱' *I soaked the deer skin (to soften it)*

soak dried fish: **ya-teey**^{2}

at x̱'éeshee dootéeyx̱een

they used to soak dried fish

soar

soar, glide: **ya-si-x'oot'**

ch'áak' tsú át sh yanasx'út'ch *eagles too soar and glide around*

sob

sob, cry with deep sobs (when trying to stop crying, but in deep sorrow): **ya-keech**

x̱at oowakích *I sobbed*

soft

be soft, flexible (esp. of hide): **di-xwaach**

yaa ndaxwách *it (a skin) is getting soft*

soften, make flexible by any method (but esp. of scraping a skin): **li-xwaach**

tsàa dòogoo kook̲alaxwáach *I'm going to soften the seal skin*

soften by rubbing in fists

(1): **ya-chook**

ch'a yéi x̱achúks' wéi at x̱'éeshee *I rub the dried fish in my hands to soften it*

(2): **ka-ya-chook**

at dòogoo kakwk̲achóok *I'll soften the skin by working it in my hands*

be soft, downy: **ka-shi-x̱'wáal'shan**

ee k'oodás'ee kashix̱'wáal'shan *your sweater is as soft as down*

lack softness or nap: **tléil + ka-li-x̱'wáal'shan**

yáa x'óow tléil koolx̱'wáal'shan *this blanket has no nap on it*

be soft and squashy: **ka-dli-teis'**

woodlit'íx'ee k'úns' yei kakwg̱altéis' *frozen potatoes will be soft and squashy (when thawed out)*

yaa kanaltés' *it (melting fat) is beginning to get soft*

soil, see **dirty**

solidify, see **hard**

sorry, see **sad**

sort out, see **pick out**

sound, see also **sing**

sound off, cause to sound (horn, whistle, hooter, etc.): **si-.eex'**

dei a gàawoo ayá kei sa.éex'ee *it's time to sound off (ship's siren) now*

yaa nas.íx' *he's going along blowing (the car horn)*

sour

be sour, taste acid, lose freshness of taste: **ka-li-s'oox**

tléik̲w kahéenee kawlis'úx *the fruit juice is sour*

yaa kanals'úx *it's beginning to get sour (of milk, etc.)*

spank, see **whip**

spark, see **glow**

sparkle

sparkle, reflect light: **ka-dli-.ít'ch**

yáa kawóot kadli.ít'ch *these beads are bright/sparkling*

dlèit tsú kadli.ít'ch *snow sparkles too, and reflects light*

spawn

spawn (esp. of herring): **a-di-l'oox̱'**

yaa andal'úx̱' *they (herring) are just beginning to spawn*

dàaw kát awdil'úx̱' *they spawned on the broad kelp*

speak, see also **say**

speak, talk, make a speech: **x̱'a-di-taan**

x̱'aneedatàan *speak out/make a speech!*

yóo-dei yaa x̱'andatán *he's beginning to talk (after a stroke)*

speak to, talk to: **A- + x̱'a-ya-taan**

ax̱ éet x̱'atán *talk to me!*

tléil has doo éex̱ x̱'atootàan *we don't speak to them*

speak, talk, converse: **x̱'a-li-.aat**[2]

haa èen yoo x̱'awli.átk *he talked to us/conversed with us*

has x̱'awli.àat *they spoke*

speak up, speak suddenly and impulsively, blurt out: **A- + x̱'a-si-goo**[3]

doo éet awé x̱'ax̱wsigóo *I spoke up (e.g., asked him suddenly where he was going)*

át x̱'awsigóo *he spoke up at once*

spear

spear

(1): **ya-taaḵ**[1]

x̱áat áadaa tèen dootáḵt *they spear salmon with a spear called áadaa*

tsàa aawatáḵ *he speared a hair seal*

(2): **si-taaḵ**[1]

s'àaw awsitáḵt *he speared lots of crab*

speed

speed along (in canoe), travel fast exerting all one's strength: **ya-leet**

yaa nx̱alít *I'm going along real fast (using all my strength in paddling)*

spend

spend: **dáanaa + ya-hoon**

ldakát doo dáanaayee aawahòon *he spent all his money*

go spending, go shopping: **dli-hoon**

woodlihòon *he's gone to spend his money*

sakwnéin-g̱aa gax̱toolhóon *we're going shopping for bread*

spill

spill, upset

(1): **yax̱ ka-ya-x̱eech**

kóox yax̱ akaawax̱ích *he spilled the rice*

s'íx' ka.ádee yax̱ kax̱waax̱ích *I spilled the contents of the dish*

(2): **yax̱ ka-ji-x̱een**

yax̱ kawjix̱ín yáa héen *the water spilled*

tléil yax̱ kawooshx̱èen wéi x'eesháa *the bucket isn't spilled*

spin, see also **twirl, wheel**

spin (of top, etc.): **ya-tool**

tòolch'an yaa natúl *the top is spinning*

make spin: **li-tool**

s'íx' awlitòol *he started the plate spinning*

spin thread: **ka-li-tool**

tèey wòodee aklatóol naaxèin sákw *she's spinning cedar bark into thread for a Chilkat blanket*

spin (of wheel), roll: **ka-ya-joox**

yaa kanajúx *it (a wheel) is spinning*

spit

spit: **A- + ḵ'a-di-toox̱**

tl'átk kát ḵ'awditúx̱ *he spat on the ground*

spit, spit out (medicine, etc.): **yóo- + li-toox̱**

tléil yóo-x̲ eeltòox̲ook̲, ch'a g̲alsháat s'é *don't spit it out (medicine); hold it in your mouth a while!*

spit, spit out: **yóo- + k̲'a-dzi-toox̲**

yóo-t k̲'awdzitúx̲ *he spat out*

spit out liquid (after holding it in mouth a while): **ya-koo**[1]

ee jintáa-t eeyakóo *you spit (water) on your hands (to wash them)*

héen yan aawakóo *he spat out the water (which he had been holding in his mouth)*

splash

be splashed, splash: **ka-di-ch'eesh**

té héen-t yeeg̲éex'ee, kei kdach'íshch *when you throw rocks in the water, it splashes up*

wáa k̲usa.áat'ee sáyu, héen kei kandach'íshee, ilt'íx'x̲ *when it is very cold, the water freezes as it splashes (as spray or droplets)*

splash: **ka-li-ch'eesh**

yáa héen ax̲ dàa-t kaylich'ísh *you splashed some water on me*

splash water (by slapping with *feet,* of waterfowl): **dli-t'aatl**

yòok̲ yaa galt'átlch *the cormorant goes along splashing up water with its feet as it takes off*

yóo-t woodlit'átl *it took off gradually, splashing up water as it went*

splash water up (with cupped hand): **ka-li-t'aatl**

héen kax̲wlat'átlch *I splash the water up*

ee yàa-dei kakwk̲alat'áatl *I'll splash water up in your face (with my cupped hand)*

splice

splice rope

(1): **ka-li-teex'** (rare)

wóosh-t kax̲wlitíx' *I spliced rope together*

(2): **A- + li-tsoow**

wóosh-t x̲walitsóow *I spliced the rope together (not very very permanently)*

split, see also **slice**

split (firewood): **ka-li-x̲oot'**[2]

gán kadoolx̲út't *they split firewood*

split down from the top: **li-x̲oot'**[2]

doo sháa-nax̲ yaa wdoodlix̲òot' *they split the head open (with a descending blow)*

split lengthwise (esp. basketry roots and grasses): **ka-li-k̲aas'**

sháak kax̲wlik̲áas' *I split grass (for basket decoration)*

k̲áas' kalk̲ás't *she is splitting sticks (for kindling)*

split or crack (esp. at regular intervals): **ka-ya-x̲aax'**

hít kat'áayee kadoox̲áax' *they split shingles (that is, split lumber at regular intervals to produce roofing lumber)*

yàakw kawdix̲áax' *the canoe is full of cracks*

spoil

begin to spoil (of animal matter): **ka-dli-noots**[2]

dlèey kawdlinúts *the meat is beginning to spoil (has a tincture of bad taste)*

begin to spoil, to smell bad: **tu-ka-dli-noots**[2]

tukawdlinúts yáa g̲áax'w *the herring eggs are starting to smell bad*

spoil, rot (of animal matter) to a stage where still firm, but smelly: **li-s'eex**

dlèey yaa nals'íx *the meat is starting to really spoil*

sponge

sponge, cadge, obtain without payment, borrow with no intention of return: **ya-choox̲**

ch'a tlákw awé achóox̲ nòoch *he's always sponging/getting what he can for nothing*

gán achòox̲ *he's cadging firewood*

spoon

spoon, dish out

(1): **ya-xwein**[1]

k'wátlx' kàa-dei axwéin *he's spooning it into the pots*

(2): **li-xwein**[1]

yáa kóox x̲òo-dei has alxwénx' *they spooned it into the rice*

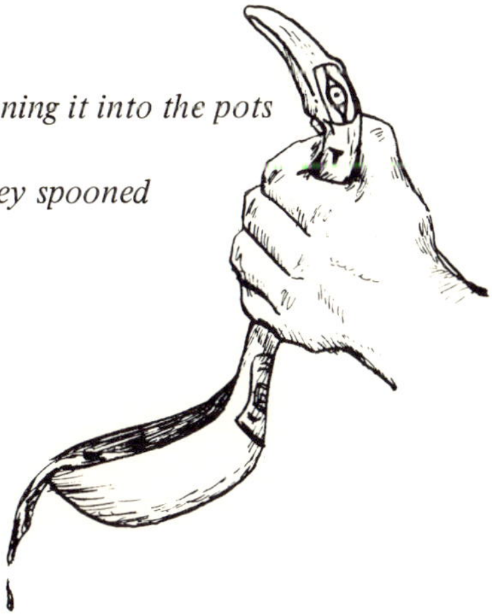

spotted

be spotted, have spots (general): **ka-di-ch'aach'**

s'íx' kawdich'ách' *the dish is spotted*

be spotted (of natural object,wood, rock, etc.): **ka-dli-ch'ách'x̱**

kadlich'ách'x̱-éi yáx̱ yatèe doo keenáanax̱ *it (a flicker) is spotted on top*

tsàa dòogoo kadlich'ách'x̱: ḵúnax̱ awé yak'éi *a seal skin that is spotted is real good*

be spotted, have polka-dots: **ka-ji-káx'x̱** (or **ka-dzi-gáx'x̱**)

g̱oowakàan yádee kajikáx'x̱ *a young deer is spotted all over*

s'ísaa kadzigáx'x̱ *the cloth has polka-dots all over it*

spout

spout forth (of steam): **yóo- + ka-ya-.ook**

x'úkjaa anax̱ yóo-t kaawa.úk *the steam spouted forth*

sprain

sprain ankle, turn ankle over: **shóo + yax̱ ka-li-tseix̱**

shóo yax̱ kax̱wlitséx̱ ax̱ x̱'òos *I sprained my ankle*

spread, see also **pervade, smooth, wrap**

spread, go around (of rumor, news, etc.): **A- + ya-xeex**

nèek yéi g̱unayéi oowaxíx, governor yáa yéi kwg̱atée *a rumor began to spread that the governor is going to be here*

spread out, unfold, lay out

singular object: **A- + ka-ya-yaa**^{2}

x'óow yax̱ akaawayàa *he spread the blanket*

yées t'aakas'él'ee a yèe-x̱ yei s akayéich *they are spreading a new linoleum in there*

plural object: **A- + ka-si-yaa**^{2}

x'óow yax̱ akawsiyàa *he spread all the blankets*

ax̱ naa.ádee l'éiw kàa-dei koox̱sayáaych *I would spread out my clothes on the sand*

spread out (small objects such as berries): **yax̱ ka-si-haa**

laaḵ'ásk yax̱ akawsihàa *he spread out the seaweed*

be spread out (of frog or bird): **shi-gwaan**

a k'wát'ee káx sh woojigwán *it (bird) spread itself out over its eggs*

yaa nashgwán *it (frog) goes along in spread-out position*

spring back

spring back (of elastic): **si-xaak**^{2}

ax jín-t woodzixák *it (rubber band) springs back and hits my hand*

sprinkle, see also **rain, wet**

sprinkle, scatter carefully: **ka-li-gaat**

éil' aklagátch *he sprinkles salt*

dèi kàa-dei l'éiw akawligátch *he sprinkled sand on the road*

sprinkle: **ka-ya-leet**

shóogaa a xòo-dei kalít *sprinkle some sugar in it!*

squall, see **rain**

squashy, see **soft**

squat

squat, sit down low

singular subject: **ji-kaak**

kúx-dei yan woojikák *he squatted back (out of the way, so as not to be seen)*

l'éiw kát woojikák *he squatted down on the sand*

plural subject: **ka-doo-ya-kaak**

náakw yátx'ee a káx' kei kandoowakák *the young octopuses squatted on it*

wéi-x daak kandookák *they went along in squatting position*

squeak, see **creak**

squeeze

be squeezed, stuck (in small opening): **A-x + ka-li-x'eex'**

kèitl k'anáaxan x'áa-x kawlix'éex' *a dog got stuck in the fence*

squeeze through, squirm through: **A-nax + ya-ka-li-x'eex'**

anax sh yakakwkalx'éex' *I'll squeeze myself through*

squeeze tightly (in hands or arms): **ka-ya-gootl**

xóots ash kaawagútl *a brown bear squeezed him*

squeeze in hand (esp. lemon): **li-goots**

eelag̱útsx̱ *you are squeezing it (lemon)*

squeeze by holding tightly in hand: **ka-li-g̱ook**

doo jín kalag̱úk *squeeze his hand (with all your might, when shaking hands)!*

ḵaa x̱òo-t akawlig̱úk *he squeezed the trigger (that is, fired) among the people*

clean out by squeezing (esp. guts, done as soon as animal has been killed): **li-shees'**

tsàa nàasee lashís' *clean out these seal intestines (by squeezing matter out of them)!*

yéin doolshées' *they clean out sea cucumber (by squeezing all the guts out after the head has been cut off)*

squirm, see **squeeze**

squirt

squirt (esp. of clam), send out a stream of water: **x̱'a-di-s'ees'**

gáal' x̱'adas'ées' *clams are squirting*

stab

stab (with knife or dagger)

(1): **ya-gwaal**

woodoowagwál *he was stabbed*

(2): **ka-ya-gwaal**

lítaa tèen akaawagwàal *he stabbed him (to death) with a knife*

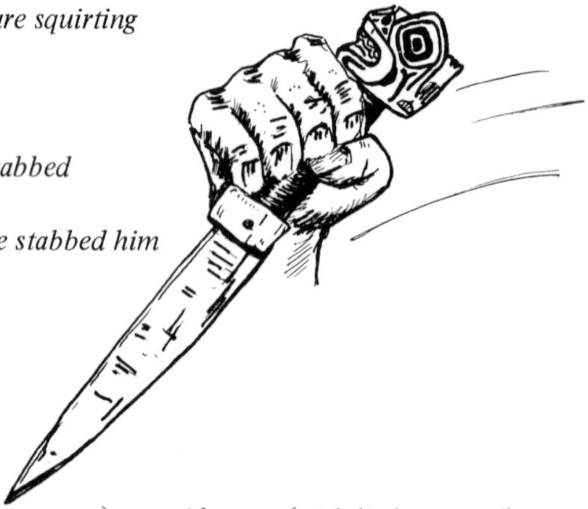

stack, see **fill, pile**

stagger

stagger (of wounded animal or person), run sideways (with little control) before dropping, totter, flounder (of wounded seal or exhausted fish) on top of water: **ya-ji-.aak[2]**

g̱oowakàan yaa yanash.ák *a (wounded) deer is staggering along sideways (before it drops)*

x̱áat yawji.áak *the salmon floundered on top of water (was exhausted from jumping so much)*

stagger (esp. of young child or drunkard): **ya-ka-li-.eis**

yaa yakanal.és *he's staggering (child starting to walk)*

nàaw jeeyèe-t awé yaa yakakla.ésch *he staggers around on account of the liquor*

stain

stain, dye, color with liquid (not paints or oils): **li-seiḵ'w**

sháak has laséḵ'wx̱ *they dye grass (for basketry)*

be stained, dyed: **ka-di-seiḵ'w**

kawdiséḵ'w wéi s'ísaa *this cloth is stained*

stain, dye, color the surface: **ka-li-seiḵ'w**

l'òowoo kax̱wliséḵ'w *I stained the wood*

x̱'e-kawdliséḵ'w *she used lipstick*

stalk

stalk, follow stealthily, creep up on: **ya-ya-yeik**[1]

g̱oowakàan yakwḵayéik *I'm going to creep up on that deer*

át at kawootlàagoo át ḵuyaawayèik *he (detective) is stalking a person, in order to investigate*

stamp

stamp feet rapidly, make noise with feet (in order to applaud or to attract spirit attention): **ya-toox**

x̱waditúx *I applauded (an especially good joke) by stamping*

yeetúx *start stamping!*

stamp, put foot down violently: **ya-tseix̱**

yan aawatséx̱ *he stamped/put his foot down violently*

stand, see also **astride**

stand

singular subject: **ya-haan**[1]

ḵaa x̱òo-t hán *he's standing among the people*

x̱'aháat x̱án-t yán-dei kwḵaháan *I'm going to stand near the door*

plural subject: **ya-naaḵ**[1]

g̱án kát toonáḵ *we're standing on the firewood*

ldakát át awé ax̱ géi-dei náḵ *everything is (standing) against me*

stand up, rise

singular subject: **di-haan**[1]

ch'a hú kei dahánch *he stands up by himself (said of baby or convalescent)*

ḵáa shàan woodihàan *the old man stood up*

plural subject: **di-naaḵ**[1]

gax̱toodanàaḵ *let's stand up!*

ldakát has woodinàaḵ *they all stood up*

stand up, see **prop**
start, see **make, originate**
startle, see **scare**
starve
starve, be starved: **ya-laaxw**
dei x̲at oowaláxw *I'm starved*
haa kwg̲aláaxw *we're going to starve*
state
state the facts, speak plainly: **tláakw + ya-ya-k̲aa** [1]
tláakw awé yax̲waak̲àa *I stated the facts/I spoke out plainly (e.g., on how to improve ANB)*
stay, see also **overnight**
stay, remain, be at: **A-x' + yéi + ya-tee**[1]
ee x̲án-x' yéi x̲at nag̲atèe *let me stay with you, at your place!*
yáa-x' agé yéi yee kwg̲atée? *are you going to stay here?*
stay with, be left with: **ya-t'ei**[2]
ax̲ x̲ánee goog̲at'èi *he'll stay with me*
aadoo x̲án-x' sá eeyat'èi? *at whose house did you stay?*
cause to stay with, leave behind: **si-t'ei**[2]
sh yáa x̲wdiwútl: ax̲ yéet tléinax̲ nèil-x' x̲wasit'èi *I'm in a hurry: I left my son alone in the house*
steady
steady, hold steady: **shi-t'eex'**
awshit'íx' *he steadied it (so nothing would spill)*
shat'íx' *steady it/hold it steady!*
steady, hold steady (esp. container): **ka-shi-t'eex'**
yaa anas.in héen akawshit'íx' *he held the water he was carrying steady*
yàakw akawshit'íx' *he steadied the canoe (so it wasn't tipping)*
keep song steady, lead steadily in song so that those unfamiliar can follow along and keep going
(1): **a x̲'éi + shi-t'eex'**
ee éesh hás àa-dei s x̲'ayak̲a yé, a x̲'éi shat'íx' *keep the song going steadily, like your fathers sang it!*
(2): **a x̲'éi + ya-shi-t'eex'**
ee éesh hás x̲'ashèeyee a x̲'éi yashat'íx' *lead in singing your fathers' song (and I'll depend on you to keep me going steadily)!*
steal
steal (general), rob: **ya-taaw**
awootáawoo akaawa.àk̲w; áa jix̲wliháa *he tried to steal; I caught him in the act*
ee wdoowatáw agé? *did they rob you?*

steal (usually large or complex object): **si-taaw**

yadák'w-ch car awsitáw *a young fellow stole the car*

steal (usually round, spherical object): **ka-ya-taaw**

x'áax' kax̱waatáw *I stole an apple*

steal (usually stick-like object or plural round objects): **ka-si-taaw**

kooxéedaa akawsitáw *he stole a pencil*

steam, see also **fog, hot**

steam berries, cook in hot ground with water poured on (usually food wrapped in skunk cabbage): **ka-li-ḵaash**

wéi kaxwéix̱ kalaḵásh *steam these high bush cranberries!*

kakwḵalaḵáash *I'm going to steam them*

steam fish, cook in hot ground with water poured on: **si-xoo**

t'á agawdzixóo *he steamed the king salmon (in the ground)*

gadoosxwéix̱ *they used to cook by steaming in the ground*

steam berries (in a hot pit in the ground): **ka-li-naal**

kaxwéix̱ kadoolnálx̱ *they steam high bush cranberries (most other types of berries are too soft and would go mushy)*

kakg̱eelnáal agé ee kaxwéix̱ee? *are you going to steam your high bush cranberries?*

steam oneself in a steam bath: **sh dàa + dzi-x'ook**

sh dàa wdzix'úk *he took a steam bath*

make steam with sizzling or hissing sound: **ya-naal**

x̱áay aawanál *he sprinkled water on hot rocks in the steam bath house, producing steam and causing a sizzling sound*

be steamy, give off steam (esp. from wet roof or body of water):

(1): **doo-ya-x'ook**

woodoowax'úk *it's steamy*

(2): **di-x'ook**

woodix'úk *steam is rising*

steep

be steep, precipitous

singular item: **sha-ka-si-taan**

shaksatán yáanax̱ áa: g̱îl'x' áa yéi dag̱aatèe *that mountain is real steep: there are cliffs there*

plural item: **sha-ka-li-.aat**^{2}

naakée shàax'oo shakla.át *the mountains up north are steep*

steer, see also **head for**

steer boat (general): **ya-si-taan**

yàakw yax̱satán *I steer the boat*

yan yeestán *steer it/you take the wheel!*

steer boat with rudder: **ya-ya-deek**^{2}

yan yeedadîk *take the rudder/steer it!*

yoo yadoowadîkk yóo yàakw *they steer that boat with a rudder*
steer boat with paddle: **di-t'eek**[1]
eedat'îk *steer it (using a paddle)!*
steer around: **ya-li-.aat**[2]
a x'àa dàa yagoox̲la.áat *he's going to steer around the point*

step, see also **pace, shuffle**
step, place one's foot: **ka-dli-yaas'**
doo x̲'us.èetee-x̲ keelyás' *step in his footsteps!*
yan kawdliyás' *he put his foot down*

stick, see also **gummy**
stick (esp. paper): **A- + ka-li-s'eex'w**
k̲aa jín-x̲ kei klas'íx'wch *it (wet flour) sticks to one's hands*
nèil-dei katoolas'éex'w *we are sticking it (paper) indoors (that is, we are papering the walls)*

stick in, see **connect**

stick out
stick out from (often of stick-like object)
(1): **A- + ya-xaat**[1]
shál s'íx' kàa-dei yaxát *a spoon is sticking out of the bowl*
(2): **A- + si-xaat**[1]
choonèit g̲oowakàan-dei sixát *the arrow is sticking out of the deer*
yàakw a géek héen táa-dei sixát *the bow of the boat is on land and the stern is sticking out into the water*
stick out (tongue): **ya-tsaak̲**
ee l'óot' daak tsàak̲ *stick out your tongue (for doctor)!*

stick up
stick up, be erect, upright (of slender item, esp. tree): **A-nax̲ + ya-shoo**[1]
yàakw ka.àasee yanax̲ naashóo *there's a mast sticking up there*
x̲áay anax̲ naashóo *there's one yellow cedar standing up over there*
stick up (of bulky item, pile of things): **A-nax̲ + shu-li-shoo**[1]
woositáax̲'oo yàakw héen-nax̲ shunlishóo *the stern or bow of the wreck is sticking out of the water*

stiff, see also **exhaust, thread**
be stiff (of cloth, skin, etc.), inflexible: **shi-g̲eel'**
ax̲ naa.ádee wooshig̲îl' *my clothes are stiff (with starch, etc.)*
stiffen, become stiff (permanently) (esp. of joints): **di-t'eek**[2]
ax̲ jín wooditʼîk *my hand has stiffened*
x̲at woodit'îk *my whole body is stiff*
stiffen, cause to become stiff: **si-t'eek**[2]
daa.ittunéekw-ch doo jín woosit'îk *arthritis has made her hand stiff*
stiffen, become rigid after death: **ka-li-t'eek**[2]
x̲áat kawlit'îk *the salmon was stiff*

yaa kanalt'ík *it (dead object) is getting stiff now*

stiffen (esp. of major joints): **dzi-x̱'eiy**

ax̱ daa.ittú woodzix̱'éy *my legs have stiffened (may or may not be painful, but can't use it well)*

still, see **motionless**

sting

sting (of nettle)

(1): **ya-x̱aak[1]**

t'óok'-ch oowax̱ák *he was stung by a nettle*

(2): **si-x̱aak[1]**

t'óok' x̱at woosix̱ák *the nettle stung me*

sting, be burning (from medicine): **li-t'ooch**

yan sh eeda.ín: yáa náakw lit'òojee *be ready for it; the medicine stings!*

ax̱ jín woolit'úch *my hand is stinging*

stingy

be stingy, be unwilling to share or give much: **shi-geiḵ[2]**

éil' tèen x̱at shigèiḵ: haa x̱'ax̱án-dei yaa shunaxíxch ayá *I'm stingy with my salt, because it's running out*

tléil ooshgèiḵ *he's not stingy/he is generous (will always give the very last he has)*

stink

stink, have unpleasant odor, smell bad: **li-chaan**

geeshòo ḵúnax̱ ayá lachán nòoch *pigs really stink*

lichán awé wéi èex̱ *that oil smells bad*

stir

stir: **yoo ka-ya-haa**

ee at gas.èeyee gwaa gé ee jèeyis káa yoo kakwḵaháa? *shall I stir your cooking for you?*

dlèey káa yoo kahá *stir the meat stew!*

stone

stone, kill by throwing stones at: **téi-ch** (instr) + **li-jaaḵ**

has doo toowáa sigóo, téi-ch has wooljàagee *they wanted to stone him*

stone, throw stones at, hit with missiles: **k̲aa káa + dli-dzoo**
a káa has woodlidzóo *they stoned him*

stop, see also **active, discourage, draw**[2], **quiet, quit, restrain, silence**

stop, come to a standstill
singular subject: **k̲ux̲ di-haan**[1]
k̲ux̲ eedahán s'é: ee èen at kank̲anèegeet awé *stop (for a moment): I've something to tell you!*
tléil dei doo x̲'ayèe-x' k̲ux̲ oox̲dahánch *I never stop to listen to him*
plural subject: **k̲ux̲ di-naak̲**[1]
ax̲ èe-g̲aa k̲ux̲ yeedanák̲ *stop and wait for me!*
k̲ux̲ has woodinák̲ *they stopped and stepped back*

stop, quit running (of engine): **yan ka-di-ts'ein**
yax̲ kawdits'én yáa yàakw yikwashéenee *the boat engine stopped*
tléil yax̲ koodats'énx̲ *it (engine) runs all the time/never stops*

stop, put a stop to: **yan ka-li-ts'ein**
tléil àa-dei yan kanax̲yeelits'énee yé *you can't put a stop to it*
tléil haa jèe-x' yax̲ akawoolts'éin *he didn't stop us (from stealing, etc.)*

stop, cease (of rain): **a-ya-daak̲**[1]
aawadàak̲ *it has stopped raining*

back up (esp. of water, smoke), go back up a pipe, stop flowing: **di-yeek̲**[2]
July yát shakdéi a tóo-dei goox̲dayéek̲ *the water will stop running (that is, will go back up the pipes) in July maybe*
a tóo-dei woodiyèek̲ yóo s'èik̲ *the smoke suddenly stopped coming out (of the chimney)*

store up, see **keep, put up**

storm, see also **rain**

storm, be stormy, be rough (of wind): **a-ya-di-tee**[2]
yéi x̲waajée, seig̲án yei ayagoox̲datée *I think it's going to be stormy tomorrow*
yei ayandatéen ayá *it's getting rough/it's beginning to storm*

straight

be straight: **tléil + ka-dzi-teix̲'**
a wán tléil kawoostéix̲' *it has a straight edge (that is, its edge is not crooked)*

strain

strain, filter, drain off: **ka-li-chaa**
tax̲héenee kalachá *strain the broth (that is, pour it out, leaving all the solids behind)!*
tléik̲w kahéenee kax̲wlicháa *I strained the fruit juice*

strangle

strangle, choke to death: **sa-ya-tseexʼ**

káaxʼ sax̱waatsíxʼ *I strangled a chicken*

tíxʼ-ch seiwatsíxʼ *he was strangled by the rope*

strengthen, see **encourage**

stretch

stretch (general): **ka-si-yeet**

tsàa dòogoo yaa kanax̱sayéet *I am stretching a seal skin*

sʼélʼ yoo ksiyéetk *rubber (elastic) stretches*

stretch (cloth, etc.) to make permanently larger: **ka-ya-yeet** (rare)

ax̱ kʼoodásʼee kax̱waayéet *I stretched my shirt*

stretch (a rope-like object): **ji-ka-si-yeet**

kaxéesʼ yax̱ ajikanasyéet *he's stretching out the wire*

stretch mouth (of sack, etc.): **x̱ʼa-ka-si-yeet**

ax̱ʼakawsiyéet *he stretched its mouth*

stretch one's limbs (esp. the arms): **sh dzi-waat**

sh woodziwát *I stretched my arms*

dóosh sh iswátx̱ *a cat stretches its legs (to full extent, one after the other)*

stretch out one's legs: **ka-dli-yaasʼ**

kag̱eelyáasʼ *stretch out your legs (and relax them)!*

stretch skin, put skin on stretcher (esp. in order to dry it)

(1): **ya-tʼeesh**

tsàa dòogoo g̱axòogoot awé, x̱waatʼèesh *in order to dry the seal skin, I put it on a stretcher*

(2): **li-tʼeesh**

x̱áa-ch awé x̱walitʼísh *I'm the one that put it on the stretcher*

stretch skin, put on stretcher for scraping: **tʼéesh- + ya-tee²**

k̲alaxwájeet awé, tʼéesh-t x̱waatée *so that I could scrape it, I put it on a stretcher*

stretch to, see **extend**

stride, see **pace**

string

string together, thread onto string, wire, etc. (esp. beads)

(1): **ka-li-.eesh**

yeedát tléil kawóot akool.èesh *she's not stringing beads now*

(2): **x̱ʼa-ka-li-.eesh**

kawóot x̱ʼakagax̱toola.éesh *we are going to string beads*

chʼoo tlèi x̱ʼakawtooli.ísh; g̱unayéi wtoodix̱ách *then we strung them (logs with staples in) together and we began towing*

string figures

make string figures: **a-dli-tlèilkʼoo**

eeltlèilk'oo agé? *can you make string figures?*

akwg̱altlèilk'oo *she's going to make string figures*

strive

exert one's full strength, strive, make great effort: **ya-xeech**

a x̱áa wootoowaxích *we paddled with all our strength*

at wooskú x̱waaxích *I exerted myself fully/put great effort into learning*

stroke

stroke: **A-x̱ + li-shee**[1]

dóosh a yáx̱ lashèekw *he's stroking the cat's face (and head)*

strong

be strong, powerful: **li-tseen**

yáa óoxjaa shakdéi kei goox̱latsèen *maybe this wind will get stronger*

latseendéin doolyéix̱ *they are building it solidly/making it strong*

strong-minded, see **determined**

stub, see **bump**

stubborn

be stubborn, harden oneself, refuse to give in: **tu-li-wooch'**

tuliwóoch' *he is stubborn/unyielding*

tléil x̱at toolwòoch': x̱at tuli.àan *I'm not stubborn: I'm real kind and gentle (said jokingly)*

study, see also **look**

study, learn: **sh tóo + li-toow**

Lingít yoox̱'atángee sh tóo tooltóow *we're studying the Tlingit language*

sh tóo-x' agé at iltóow? *does he study?*

subside, see **recede**

succeed

succeed, be successful, accomplish, make it: **ya-ya-dlaaḵ**

kagax̱too.àaḵw yóo yán yawtoodlàag̱ee *we are going to try to make it to shore (that is, to successfully reach the shore)*

yéi x̱waajée tléil yagax̱yeedlàaḵ *I don't think you'll succeed*

succeed, be successful: **tléil + ka-di-kei**

tléil ee kawdaké *you succeeded/you did pretty well (lit. you couldn't be undone because so well made)*

suck, see also **draw**[2], **drink**

suck (with the mouth only): **li-l'aa**

woolil'àa *he's sucking*

ḵaa shèiyee ḵaa tóo-dax̱ all'èix̱ *it (vampire bat) sucks blood from people*

suck, suck dry: **ya-s'îḵs'**

orange x̱waas'îḵs' *I sucked the orange (trying to get the last drop* *of moisture out)*

suck, hold on by suction: **ya-.oot'**

tl'étl' té yá oo.út'ch *the sucker fish fastens onto a rock and holds on by suction*

náak̲w a óot'ee k̲udzitèe *a devilfish has suckers*

sue

sue, try to collect payment of debt: **li-gèiyak̲w**

doo éex̲ woodoodligèiyak̲w *they sued him*

haa tl'átgee toolagèiyak̲w *we are trying to get payment for our land*

suffer, see also **persecute, torment**

suffer (physically or mentally): **A + tu-ya-nook**[2]

k̲únax̲ awé yéi toowanúk *he really suffered/he hurt himself badly (e.g., in an accident)*

ch'a eelí s'é: àa-dei kagoox̲dayáa áx' yéi tukg̲eenuk yé *wait a minute (don't do it without thinking about it)! the time will come when you'll suffer for it*

suffer: **eeshandéin + ka-ya-shoo**[2]

eeshandéin doo èen yoo x̲at kaawashòo *I suffered with him (staying up all night to care for a very sick person)*

suggest

suggest, say thus: **A + ya-ya-k̲aa**[1]

yéi k̲uyaawak̲àa *they suggested thus*

suit, see also **fit**

suit, look well on, be becoming to: **A-x' + g̲áa + doo-ya-nook**[2]

doo shaxáashee doo èe-g̲aa doowanòok *the way his hair is cut is becoming to him*

x̲'àan yáx̲ yatèeyee àa ee náa-g̲aa gax̲doonóok *the red one (dress) will suit you*

be suitable, fitting, becoming (in behavior and appearance), be approved of: **A-x' + g̲áa + doo-ya-nook**[2]

ee yoox̲'atáng̲ee yán-g̲aa doowanòok *your speech was suitable*

ee yan sh woosnéiyee tóo-x' yán-g̲aa ee doowanòok *what you are wearing is becoming to you*

sulk

sulk, be sulky, refuse to speak: **tu-di-.oos**

tudi.ús shakdéi *maybe he's sulking*

sulk, refuse to talk and have mouth puckered in bad feeling: **sh k̲'a-dli-.oosh**

daa sá tlax̲ yéi a dàa-t sh k̲'awdli.úsh? *what is he feeling so sad about, pouting and won't talk?*

summon, see **beckon, call**

sun

rise (of sun), pass upward: **kei ya-xeex**

gagàan kei naxíx *the sun is rising*

set (of sun), pass downward: **yei ya-xeex**

g̱agàan anax̱ yei naxíx *the sun is setting*

shine (of sun): **a-di-gaan**[1]

awdigàan *the sun is shining*

ax̱ kát awdigán *the sun is shining on me*

seig̱ánin yei agoox̱dagáan shakdéi *maybe it will be sunshiny tomorrow*

sunburn

be sunburned: **g̱agàan-ch + ka-si-gaan**[1]

doo yá g̱agàan-ch kawsigàan *his face was sunburned*

supple, see **twist**

suppurate, see **infected**

sure of, see **prove**

surface

surface and submerge (of whale, porpoise, etc.), double over and go down with tail curving after: **ka-ya-xees'**

tàan yaa kanaxís' *the sea lion is going along, surfacing and submerging continuously*

surmise, see **suspect**

surprise

be surprised, astonished, amazed: **ya-ya-jeich**

haa yaawajèich *we were surprised and amazed/reduced to utter silence (after coming through a great storm)*

really surprise, astonish, amaze: **ya-li-jeich**

àa-dei ash koolyat yé, x̱at yawlijèich *the way he played really surprised me (that is, I was amazed at how good he was)*

ch'a ch'áagoo at woodoodzikóowoo át awé: tléil x̱at yawooljèich *it is something that has been known for a long time: it doesn't surprise me*

surround, see **enclose**

suspect, see also **blame**

suspect, distrust, be suspicious of, lack confidence in: **ya-ḵeet**[1]

doo yoox̱'atángee x̱waaḵít *I suspect what he says/I'm not confident that he's telling the truth*

waa-nax̱ sáwe x̱at eek̲èet? *why are you suspicious of me/why do you suspect me?*

suspect, surmise: **A + ya-jee**[1]

yéi x̱waajée, hú awé aawatáw *I suspect he is the one who stole it*

suspend

be suspended (esp. of moon), be without visible support, be up in the sky: **A- + li-xaat'**

dís yax̱ woolixáat' *the moon is up in the sky*

g̲íl' yáx̱ woolixáat' *something or someone is suspended on the face of the cliff (stuck and unable to move up or down)*

be suspended (esp. of star): **A- + ya-li-xaat'**

k̲útx̱ ayanaháa kée-x̱ yawlixáat' *there is a star way up in the sky*

kalig̲éiyee k̲útx̱ ayanaháa Bethelehem keenáa-t yawlixáat' *a very bright star was over Bethlehem*

suspicious, see **jealous, suspect**

swallow

swallow (general): **ya-noot'**

aawanóot' *he swallowed it*

swallow (pill, etc.): **ka-ya-noot'**

náakw akaawanóot' *he swallowed medicine*

swampy

be swampy, muddy (such that something could sink there): **ka-dzi-yeek̲**[2]

kadziyík̲gee yé *a swampy place/a quicksand or deep mud hole*

doo kèey keenáa-dei kawdziyèek̲ wéi k̲útl'kw *it was so swampy there the mud came above his knee*

sway, see **swing**

sweat

sweat, perspire, be overwarm: **ka-doo-ya-saay**[2]

haa kawdoosáayeen *we were sweating*

sweep

sweep (esp. floor): **ya-xeet'**

neilyèe dooxít't *they are sweeping indoors*

g̲eedaxéet' *sweep the floor!*

sweet

be sweet, sweet-tasting: **li-núkts**

x̱alak'ách' dlèeyee k̲únax̱ linúkts *porcupine meat tastes real sweet*

yáa tléik̲w tléil oolnúkts *these berries are not sweet*

sweet-smelling, see **fragrant**

swell, see also **rise**

swell, be swollen (with boil, etc.): **dli-x'ees'**

ax̱ jín woodlix'ís' *my hand is swollen*

x̲at woodoodlix'ís' *I had a boil*

swell up, be swollen more generally: **di-k̲aach**

ax̲ jín woodik̲ách *my hand has swelled up*

swell up, increase in volume by swelling: **sha-ka-di-nook²**

xákwl'ee shakawdinòok *soapberries swell up (when beaten)*

kóox yaa shakandanúk *the rice is still swelling*

swim, see also **play**

swim (of human, using strokes which slap the water)

singular subject: **di-t'aach**

deikée-t wootoodit'ách *we swam way out*

héen kàa-nax̲ yaa ndat'ách *he's swimming across the river*

plural subject: **ka-doo-ya-t'aach**

k'isáanee deikée-t kandoot'áchch *the young fellows used to swim way out*

swim ashore with, bring ashore when swimming (esp. someone helpless): **li-t'aach**

at k'átsk'oo yan x̲walit'ách *I swam to shore with the child*

tsàa yan awlit'ách *he swam ashore bringing the (dead) hair seal*

swim under water (esp. of large fish and sea mammals)

singular subject: **ya-x'aak**

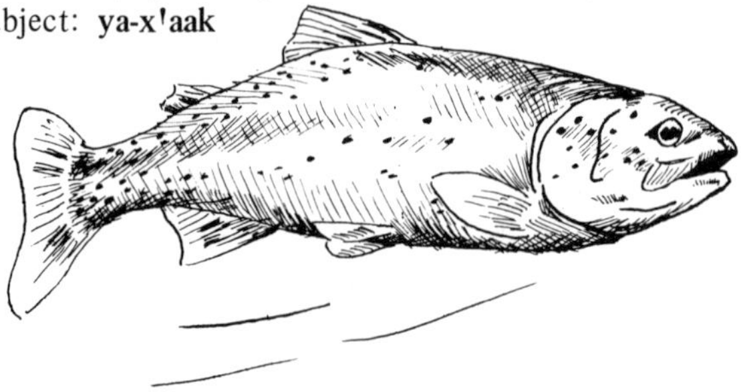

íx-dei yaa nax'ák *it (fish) is swimming downstream*

yáay anax̲ kei x'ákch *a whale is surfacing there (swimming up to the surface)*

plural subject: **ka-doo-ya-x'aak**

yáay deikée-x̲ yaa kandoox'ák *whale are swimming way out there*

swim under water (of shoal of fish): **ya-heen²**

aashát héen yík-t woohèen *steelhead trout are swimming in the creek*

swim on surface of water (of human or animal)

singular subject: **ya-hoo**

diyáanax̲ àa-dei daak oowahóo *he swam across to the other side*

dóosh tléil woohòo *a cat doesn't swim*

plural subject: **ya-kwaan**

g̲oowakàan yaa nakwán *there's a lot of deer swimming along*

yán-dei yaa s nakwán *they swam ashore*
swim on surface, esp. aimlessly or in circles
singular subject: **ji-di-hoo**
gáaxw át jeewdihòo *a duck is swimming around in circles*
át has jeewdihòo *they (boys) are swimming there (and playing with boats)*
plural subject: **ji-dzi-kwaan**
héen yíx̱ yei jinaskwán *they (ducks) are swimming down the river*
swim on surface of water (of bird)
singular subject: **si-hoo** (rare)
chʼa gáaxw át woosihòo *there's just a duck swimming around*
plural subject: **si-kwaan**
kindachoonèit haa x̱án-t woosikwán *mallard ducks were swimming towards us*
swim under water, but with head emerging every so often
singular subject: **ya-dzi-.aa²**

tsàa yaa yanas.éin *a hair seal is swimming along and putting its head out of the water every little while*
át yawdzi.àa *it looks around and then goes down again*
plural subject: **ya-si-xoon²**
kóoshdaa yaa yanasxún *land otters swim along putting their heads out of the water every now and again*
swim fast, and powerfully (esp. of sea mammal)
singular subject: **dli-tsees**
áa kát woodlitsèes *it's swimming fast (in this direction and that) in the lake*
tsàa íx-dei yaa naltsís *hair seal is swimming fast downriver*
plural subject: **ka-doo-ya-tsees**
chèech hàat yáx̱ kei s kandootsís *the porpoise are swimming against the tide*
k̲ʼàan yaa kandootsís *several dolphin are swimming along fast*
swim in a school (esp. of sea mammals)
(1): **ya-ya-goo²** (rare)
kéet yaawagòo *there's a school of killerwhales swimming there*
(2): **ya-si-goo²**

yéi x̲waajée tàan yagoox̲sagóo *I think the sea lion will be coming (in numbers)*
kóoshdaa tsú yanasgwéich *land otters also swim in a bunch*

swing, see also **play**
swing, sway to and fro: **li-g̲eik̲**[1]
doo óonaayee yaa analg̲ék̲ *he was swinging his rifle*
wooli g̲èik̲ *it was swinging*

swivel
swivel, turn on a point: **ya-ka-di-nook'**
yoo yakwdinúk'goo x'àa *swiveling-around point (of land)*

t

taboo, see **forbidden**

take, see also **carry**, **claim**, **give**, **pick up**, **receive**, **remove**, **touch**, **uncover**
take news, go or come carrying news
singular subject: **t'aa-ya-goot**[1]
hàa-t at'aa-oowagút *he came here bearing news*
plural subject: **t'aa-ya-.aat**[1]
doo géi-t at'aa-oowa.át *they met him with the news*
take by hand (esp. child), lead
singular object: **ji-ya-taan**
x̲at jikwg̲atáan *he'll take me by the hand and lead me there*
jigatàan *hold on to his hand/take him by the hand!*
plural object: **ji-li-.aat**[2]
yáa-x̲ á gooshé jidool.àadeen T. sháa *maybe this is the place where they took away the T. women*
take home food from party: **di-.een**[1]
yáat àa kook̲ada.éen *I'm going to take this home*
àa-x̲ eeda.ín agé? *are you going to take any home?*
take out and look at one's possessions (esp. tools, dishes, etc.): **ka-ya-k'eit**
daat yís sáwe át keeyak'èit? *why are you taking out all your things?*

take apart, see also **tear down**
take apart, tear down: **ya-keil'**[2]
washéen gax̲tookéil' *we're going to take the machine apart*
yáa hòon daakahídee yéeyee yaa anakél' *he's taking the old store apart/tearing it down*

take off[1]
take off (shirt, dress, etc.): **kàa-x̲ + kei di-tee**[2]
ee k'oodás'ee kàa-x̲ kei eedatí *take off your shirt!*

take off (trousers, shoes, etc.), pull off: **x̲'òos-dax̲ + di-yeek̲**[1]

x̲'òos-dax̲ awdiyík̲ *he took off (shoes)*

take off (hat): **sháa-dux̲ + kei di-tee**[2]

doo s'áaxoo sháa-tx̲ kei awditée *he took off his hat*

take off[2]

take off (of plane): **kei si-xeex**

kín-dei kei nasxíx *it (plane) is going up*

take place

take place, occur, happen: **ya-ya-xeex**

tléix' yakyèe káa yaawaxèex *it took place on the first day (that is, Monday)*

k̲únax̲ k̲ulagàaw ayawooxèexeen *lots of fighting used to take place*

cause to take place, run, hold (program, meeting, etc.): **ya-si-xeex**

k̲u.éex' g̲unayéi ayasaxíx̲x̲ *he began to run the party/he caused the party to get under way*

talk, see also **discuss**, **persuade**, **speak**

talk over: **a dàa + x̲'a-ya-taan**

a dàa yoo x̲'akwk̲atáan *I'm going to talk it over*

a dàa agé yan yoo x̲'eiyatán? *have you finished talking it over?*

talk into, lead astray, beguile: **ka-li-neek**

akawliník *he led them astray (telling them to do something they shouldn't, and leading them to do it by the way he spoke)*

talk out of, see **defraud**

talkative, see also **crazy**

be talkative, gossipy, noisy: **x̲'a-li-.oos**

has x̲'ali.òos *they are talkative/talk all the time/talk nonsense*

tléil ee x̲'eil.òoseek̲ *don't be talking all the time!*

k̲aa x̲'ala.òosee, gáan-t aawax̲ích *he talked improperly, so he was thrown out*

tall, see **big**

tame

become tame: **A-x̲ + tu-ya-daa**[2]

k̲óo-x̲ awé yaa has tunadéin *they are getting tame/becoming used to people*

tangle

tangle (of rope-like object): **ka-li-xees'**

ax̲ kakéinee kax̲wlixís' *I've tangled my yarn*

tíx' kawdlixís' *the rope is tangled*

tangle: **akaawaxís'** (rare)

akaawaxís' *he tangled it*

be tangled, matted: **dli-x'ees'**

woodlix'ís'-éi yáx̲ yatèe wéi koogánt'ee *it's really tangled where all* *those windfalls are*

be tangled, matted (of human): **sha-dli-x'ees'**

shawdlix'ís' *her hair is all matted*

be tangled in lumps, matted (of animal): **x̱a-dli-x'ees'**

kèitl x̱awdlix'ís' *the dog's hair is tangled in lumps*

taste

taste, taste of: **doo-ya-nook**^{2}

yak'éi àa-dei doowanòogoo yé *it tastes good (lit. it is good how it tastes)*

tléil doonòok *it has no taste/it doesn't taste of anything*

taste, sample: **x̱'éi + di-nook**^{2}

tsàa dlèeyee agé x̱'éi eedinúk? *have you tasted seal meat?*

ḵuk'éet' nagú; tléiḵw x̱'éi x̱toodanòok *go berry-picking, so we can have a taste of berries!*

tattle, see **gossip**

tattoo

tattoo: **ka-si-ḵaa**^{2}

ax̱ sée jín kax̱wsiḵáa *I tattooed my daughter's hand*

yáa ax̱ jín kasaḵá *tattoo my arm/hand!*

teach, see also **instruct**

teach: **A-x' + li-toow**

at shí haa ée awlitóow *he taught us to sing*

ḵóo at gax̱toolatóow *we're going to teach*

woosh ée s awdlitóow *they taught each other*

tear

tear (general): **ya-s'eil'**

tléil x̱'éi-tx̱ yaa ees'él'jeeḵ *don't tear it open (a present)!*

s'ísaa wóosh-dax̱ x̱waas'éil' *I tore apart a piece of cloth*

tear up, rip off: **ka-ya-s'eil'**

x'úx' kax̱as'él't *I'm making a big pile of torn paper*

g̱èiwoo kawdis'éil' *the seine net is all torn up*

tear (usually one specific tear): **ka-li-s'eil'**

g̱èiwoo kawlis'él' *the seine net is torn in one place*

tléil àa-dei koonax̱lis'él'ee yé *it won't tear*

tear through: **ya-ya-s'eil'**

daak yaawas'él' *it (a pierced ear lobe) tore through*

tear away, talk too much (joc.): **x̱'a-ya-ya-s'eil'**

daak x̱'ayaawas'él' *he talks too much/tears away in conversation*

tear away (from hook): **x̱'a-ya-li-s'eil'**

daak ax̱'ayawlis'él' *it (salmon) tore loose from the fishhook*

tear loose, get free: **ya-ya-dloox** (rare)

kei has yadlúxch *they tore away (at the Boston Tea Party)*

tear down, see also **take apart**

tear down, take apart (house, engine, etc.): **ka-li-x̱eech**

hít kawdoodlix̱èech *they tore down the house*

washéen akawlix̱èech a daa.èet angahòoneet *he tore the engine apart in order to sell the parts*

tease

tease, joke about (esp. particular tribal relations, such as paternal uncle): **ya-xwei**

doo sánee aawaxwéi *he made jokes about his paternal uncle*

has haa xwéi, "tléil àan yádee yee x̱òo" *they teased us, "there's no prince among you"*

tease, mock: **A-ch** (instr) + **li-xwei**

gòox̱-x̱ satí ayá ách woodoodlixwéi *they were teased with being slaves*

tell, see also **gossip**

tell, report, give facts about: **ka-ya-neek**

ldakát haa k̲ustèeyee yán-dei kakwk̲anéek *I have told the whole of our way of life*

adawóotl dàa-t yoo kootèek ayá, kax̱waanèek *I told all about the past trouble/I gave all the information about it*

tell a story, narrate

(1): **sh ka-dli-neek**

haa èen sh kaneelnèek *tell us a story!*

s'igèidee dàa-t sh kawdlinèek *he told a story about a beaver*

(2): **ka-li-neek**

yéi ayá kdoolnèek, yóo x̱waa.áx̱ *that's the way I heard it told*

tell, recount, narrate (legend, myth, fairy tale, etc.): **ya-tlaakw**

ch'áakw awé yéi dootláakw *long ago they tell the legend thus*

tell, say to, ask to do: **A + ya-si-k̲aa**[1]

nax̱too.àadeet haa yawdoodzik̲àa *we were told to go/they told us to go*

yéi yantoosak̲éich *we used to tell him so*

tell (usually in 'present tense'): **A + daa-ya-ya-k̲aa**[1]

waa sá ee daayak̲á? *what's he telling you?*

sdòox nak̲a.òot x̱at daayak̲á *he tells me (advises me) to buy a stove*

tell on, see **betray**

tempt, see also **try out**

tempt, test: **ka-ya-dlénx̱aa**

k̲áa x̱at koodlénx̱aa; tléil k̲u.àa a yáx̱ x̱at ootí *a man tempted me, but I disregarded it*

koox̱adlénx̱aa *I tempted him*

tense
tense or contract muscles, hold taut or rigid, brace (oneself) (e.g., to face pain): **shi-teet'**
ax x'òos xwashitít' *I tensed the muscles of my leg/held my leg rigid*
kei kwganéekw; sh eeshtít' *it's going to hurt; brace yourself (hold yourself still)!*
terrible, see **awful**
test, see **investigate, tempt, try out**
testify, see **witness**
thankful, see **grateful**
thick, see also **big, deep**
be thick (of board, cloth, etc.): **si-kaak**
t'áa koosakák *a thick board*
at dòogoo tléil ooskàak *the skin isn't thick*
kei naskâak yáa góos' *the clouds are getting thick*
thin, see also **narrow**
be thin, lean, skinny (usually of animal): **shi-gaax'**
goowakàan kei nashgáx' déi *the deer are getting pretty lean*
wooshigáax' *he's thin/skinny*
become thin: **li-xoon**[1]
kei xat nalxún *I'm losing weight/getting thinner*
think, see also **consider**
think, consider, have an opinion about: **a dàa + tu-ya-tee**[1]
waa sá a dàa-x' ee toowatèe? *what do you think about it?*
think so, imagine, guess: **A + ya-jee**[1]
yéi xwaajée *I think so/I imagine it is so*
think, imagine, expect (esp. re an event): **A + ku-ya-jee**[1]
yéi kukwgajée, Dikée Aankáawoo jèeyis awé yéi jiné *he will think that he is working for God*
tléil yéi kutoojéeyeen, yáa yán-dei haa kagooxdayàayee *we never expected anything like this would happen to us*
think it is: **A-x** (compl) + **ya-jee**[1]
k'inashú néekw-x woodoowajèe *they thought it was pneumonia*
think it is (esp. event or action): **A-x** (compl) + **ku-ya-jee**[1]
dei xwaakéi-x ayá kuxwajéeyeen *I thought I had already paid*
think over, consider, make up one's mind about
singular subject: **a dàa + tu-ya-taan**
has doo kustèeyee dàa yoo toowatánk *they are thinking over their way of life*
a dàa yoo tukatàan *let me think it over/consider it!*
plural subject: **a dàa + tu-li-.aat**[2]
a dàa yoo tugaxtoola.áat *we're going to think it over*

thirsty
be thirsty, dry: **sha-ya-koox**
x̲at shaawakúx *I'm real thirsty*
tléil tsu shakwg̲akòox *he will never thirst again*
thread, see also **string**
thread needle: **ya-ka-li-tsaak̲**
yáa tás, táax'al' k'ée-nax̲ yakax̲wlitsák̲ *I threaded the needle with this thread*
thread stick (through leaf, fish, etc.) in order to stiffen it: **ya-tl'éekat'**
x̲'áal' k̲ákw sákw wootoowatl'éekat' *we threaded sticks through skunk cabbage leaves to make them stiff enough to use as baskets (for berries)*
x̲áat tsú woodoowatl'éekat' *they put sticks through fish too (when too large to broil without threading sticks through at right angles to main stick, to keep it from hanging down)*
throw, see also **fling**
throw (usually plural objects), toss: **ya-g̲eech**
x̲'àan ganaltáa-dei yee gax̲doog̲éech *they will throw you into the furnace*
throw, keeping one end (esp. seine net): **shu-ya-g̲eech**
g̲èiwoo héen-dei shudoog̲éech *they threw the seine net overboard*
throw (esp. solid object having weight): **A- + ya-g̲eex'**
té yóo-t x̲waag̲íx' *I threw a rock over there*
ax̲ x'úx'oo gáan-t aawag̲íx' *he threw my book outdoors*
throw (esp. largish object, bundle of things): **A- + si-g̲eex'**
shayéinaa dáak̲-t x̲wasig̲íx' *I threw in the anchor (as we neared shore)*
gán diyée-x' awsig̲éex' *he threw down the bundle of firewood*
throw (esp. ball): **A- + ka-ya-g̲eex'**
kooch'éit'aa kei akaawag̲íx' *he's throwing the ball*
throw (stick-like object): **A- + ka-si-g̲eex'**
tléil diyée-x' akawoosg̲éex' *he didn't throw down (the pencil)*
throw (general, but usually non-rigid object): **A- + ya-x̲eech**
kèitl gáan-t aawax̲ích *he threw the dog out*
yan sh woodix̲ích *he threw himself down*
throw (esp. liquid): **A- + ka-ya-x̲eech**
héen gáan-t kax̲waax̲ích *I threw the water outside*
throw, usually with force, so that object scatters: **ya-leet**
héen gáan-t x̲waalít *I threw the water out, in a forceful motion*
dáanaa yóo-dei aléet *he's throwing money away (that is, spending foolishly)*
throw (as spear), hurl against
(1): **A- + si-gook̲**

kei sagòok̲ *throw it like a spear (that is, pointed end forward)!*
(2): **A- + ka-ya-gook̲**
k̲áas' gáan-t kax̲waagúk̲ *I threw the stick outside, end foremost*
throw, push onto: **A- + ya-gook̲**
té awé a déx̲' kát aawagúk̲ *he threw a rock on the other fellow's back*
throw at, aim at (with rock or other missile): **ya-dzoo**
kèitl aawadzóo *he threw (rock) at the dog and hit it*
ch'a yèisoo adzèit *he's still throwing stones*
throw at head (of person or animal)
(1): **sha-ya-dzoo**
shawdoowadzóo *someone threw (a rock) at him*
(2): **A-ch** (instr) + **sha-li-dzoo**
k'wát'-ch shawdoodlidzóo *an egg was thrown at him*

throw away
throw away, dispose of: **li-tl'eet**
doo nèilee daak awlitl'ít *he threw away all the rubbish from his house*
dei x̲walitl'èet *I've already thrown it away*

throw off, see **shake**

throw up, see **vomit**

tickle, see also **itch**
tickle, touch lightly: **ka-li-k̲eits'**
ee kakwk̲alak̲éits' *I'm going to tickle you*
sakwnéin t'óos'ee ax̲ leitóox̲ akawlik̲éts' *the toast tickled my throat*
tickle, itch, have sensation of running water (these sensations may be attributed to being grabbed by a ghost): **li-haach**
ax̲ dàa wlihách *my body is tickling (where a ghost is grabbing me)*
ax̲ washká woolihách *my cheek feels like water is running down it (but it is dry)*

tide

boil, seethe (of tide), be turbulent: **ḍoo-ya-x'ool'**[1]

dleew kát sh eeltín: aatlèin áa wdoowax'óol' *take care: the tide is really boiling there!*

ebb, go out (of tide): **ya-laa**[1]

yei naléin *the tide is ebbing/going out*

yan oowaláa *it's low tide (that is, the tide has gone out completely)*

flow, flood, come in (of tide): **ya-daa**[1]

daaḵ nadéin *the tide is coming in*

yan kát oowadáa *it's high tide (that is, the tide has flowed in completely to the shore)*

be slack (of tide): **doo-ya-gaa**[1]

ḵées' woodoowagáa *the tide is slack (at high tide)*

yaa ndoogéin *the tide is slacking/it's getting to slack tide*

be small (of tide)

(1): **ya-x̱oo**

léin oowax̱óo *there are no full tides*

(2): **di-x̱oo**

woodix̱óo *the tides are very small (that is, no extremes of high or low)*

become smaller (of tide): **di-woox̱**

léin yaa kdawúx̱ch *the minus tides are getting smaller*

ḵées' woodiwúx̱ *the high tide is smaller*

tidy, see **neat**

tie, see also **connect**

tie in a bow (in a knot that comes undone easily): **li-g̱waan**

ax̱ jèeyis lag̱wán *tie it in a bow for me!*

kooḵalag̱wáan *I'm going to tie it in a bow*

tie in a knot, tie around one

(1): **ya-doox'**

woodoowadúx' *they tied it in a knot*

jig̱wéinaa sh káa awdidúx' *he tied a towel around himself*

(2): **ka-ya-doox'**

tíx' yátx'ee akadóox' *he's tying the strings in knots*

yoowaa.át sh káa akawdidúx' *she tied an apron around herself*

tie up in a bunch (esp. hair)

(1): **ya-tl'een**

x̱waditl'ín *I tied my hair up*

aawatl'ín *her hair was in a pony-tail*

(2): **sha-ya-tl'een**

doo léelk'w-ch shaawatl'ín *his grandfather tied his hair in a bunch*

tie up hair with decoration (ribbon, feather, young spruce, etc.), tie in a bow: **ya-ch'een**

ee shax̲àawoo ch'ín *tie up your hair!*

t'àaw káx' wootoodich'ín *we tied our hair with feathers in it*

asyádee káx' kook̲adach'éen *I'll tie up my hair with young spruce (in preparation for death)*

tie up (box, etc.): **li-ch'een**

x̲walich'ín *I'm tying it (box) up (with wire)*

tie in a bundle (general): **daa-si-.aax̲w**

x'úx' daasa.áx̲w *tie up the books in a bundle!*

tie stems in a bundle: **k'i-ka-si-.aax̲w**

k'eikaxwéin ak'ikawsi.áx̲w *he tied up the stems of the flowers*

tie together loosely: **ka-si-yeey**

tèey wòodee g̲áach kadoosyéey *they tie together yellow cedar bark mats*

hàaw akawsiyéey *he tied hemlock branches together (for herring to spawn on)*

tie together (by wrapping rope, etc., around): **li-s'eet**

x̲àanas' woodoodlis'ít *they tied together a raft*

tie up mouth (esp. of sack): **x̲'a-si-.aax̲w**

yáa gwéil x̲'akwk̲asa.áax̲w *I'm going to tie up this sack*

tie hands (of captive): **s'aan-ya-.aax̲w**

s'aan-gax̲doo.áax̲w *they are going to tie his hands together*

tie up (esp. dog): **ya-ya-.aax̲w**

wéi kèitl yán-dei ya.áx̲w *tie up that dog!*

tight

be tight (of lid, rope, etc.): **ka-ya-xaat**[1]

yaa kanaxát *it (rope) is getting tight*

yáa kas'éet tlax̲ k̲údax̲ ax̲ káa kaawaxát *this bandage is too tight on me*

tighten, make tight: **ka-si-xaat**[1]

tíx' k̲ux̲ jikawdigás'; ách awé kax̲wsixát *the line was hanging down, so I tightened it*

tip, see also **upset**[1]

tip, go down (of one end): **shu-ya-keets'**

kei shoowakíts' *it tipped up and one end went right down*

tip out (lots of small objects) from container to have a look at them: **sha-ya-k'eit**

doo jishagóon daakak̲óogoo yáa nadáakw káx̲ ashaawak'ét
he tipped out everything (tools, screws, etc.) from his toolbox onto the table

tiptoe, see **walk**

tire, see also **annoy, exhaust, pursue**
  be tired, weary: **di-xweitl**
    x̲at woodixwétl *I'm tired (after housework)*
    yées k̲áa tléil oodaxwétlx̲ *a young person shouldn't be tired*
  tire, make tired (either physically or emotionally): **li-xweitl**
    kashx̲'îl'x̲ x̲at laxwétlx̲ *ironing tires me*
    x̲at yeelixwétl *you make me tired*
  be tired of talking: **x̲'a-di-xweitl**
    x̲at x̲'awdixwétl *I'm tired of talking*
  be tired by continual noise: **di-gaax'**
    x̲at woodigáx' *I'm tired by noise (of machinery, waves, etc., that has been going on continuously)*
  be tired by continual talking: **x̲'a-di-gaax'**
    dei x̲at x̲'awdigáx' *I'm tired of the continuous talking*
  be tired of another's talking: **tóo + x̲'a-shi-k̲eet**[1]
    tlax̲ tóo x̲'ax̲shik̲èet *I'm real tired of his talking*
  tire of, become tired of food
  (1): **k̲aa x̲'éi + ya-ch'eix̲'w**
    tléil àa-dei k̲aa x̲'éi g̲waach'éx̲'oo yé héen *one can't ever get tired of water*
  (2): **k̲aa x̲'éi + li-ch'eix̲'w**
    xóots dlèeyee ax̲ x̲'éi wlich'éx̲'w *I became tired of bear meat/couldn't take it any more*
  (3): **k̲aa x̲'éi + ya-li-ch'eix̲'w**
    ee x̲'éi yagoox̲lach'éix̲'w *you'll tire of it (certain food)*

toast
  toast (esp. seaweed), make crisp: **li-s'ook**
    k̲'áach' x̲walis'úk *I toasted ribbon seaweed*
  toast (esp. bread): **ka-li-s'ook**
    sakwnéin akawlis'úk *he toasted bread*
  toast (esp. cook by open flame): **ya-t'oos'**
    sakwnéin aawat'ús' *he toasted bread*

tongs
  use tongs to pick up or take object: **li-l'aat'**
    yaawat'áayee át awé kei dooll'át'ch *they use tongs to pick up hot things*
    galal'áat' *pick it up with the tongs!*

tooth
  have a tooth missing, have one or more gaps in one's teeth: **ya-k'aas'**
    x̲at yak'áas' *I have a tooth missing*

topple, see **overbalance**

torment

torment, cause physical or mental suffering: **eesháan-ch** (instr) + **li-jaak̲**

doo shát eesháan-ch awlijájk̲; ách awé doo wanáa oowagút *he tormented his wife, so she left him*

kèitl eesháan-ch yaa has analják̲ *they are tormenting the dog*

torment, persecute (esp. physically), ill-treat: **eeshandéin + ka-li-shoo**^{2}

dóosh eeshandéin yoo s akwlishéik *they are tormenting the cat*

yéi jiné tèen eeshandéin yoo yee kawtoolishóo *we tormented you/made you desperate with so much work*

toss, see **pitch, throw**

totter, see **stagger**

touch, see also **bother, tickle**

touch, feel with hands: **jèe + di-nook**^{2}

x̲áa-ch jèe k̲adanòogoo *let me feel it!*

touch, take, pick up: **A- + ya-shee**^{1}

tléil áx̲ eeshèek̲; kei ee kwg̲ayéek̲ *don't touch it (dog); it will bite you!*

át oowashée *he touched it/took it*

go along touching: **A-x̲ + li-shee**^{1}

k̲'anáax̲an-x̲ yaa nalshéen *he (child) is going along touching the fence*

only just touch: **ya-choox'**

ash oowachúx' *it only just touched him (tree being felled)*

touch lightly (esp. to awaken or to attract attention): **li-choox'**

táa-ch yaa naják̲: yoo lachúx' *he's falling asleep: touch him gently to rouse him!*

yoo awlichúx' *he touched him lightly (to get his attention)*

touchy, see **delicate**

tough, see **hard**

tow

tow (usually by boat): **ya-x̲aach**

àas yaa anax̲ách *he's towing timber/a tree*

tow (esp. large object): **li-x̲aách**

hít hàa-t wootoolix̲ách *we towed the house here (on a raft)*

track, see **trail**

trade, see **exchange**

trail

trail, follow the tracks of, track

(1): **ka-ya-kei**

g̲oowakàan yaa akanakéin *he's trailing deer*

(2): **ka-si-kei**

a x̲'us.èetee akawsikèi *he trailed its footprints*

train, see **instruct**

trample

trample, trample on: **ka-li-tseix̱**

héenee yoo kax̱wlitséx̱ *I trampled on (clothes) in the water (to get them clean)*

transport, see also **haul**

transport by boat, bring, take, or fetch by boat

(1): **ya-ya-x̱aa**[2]

haa atx̱àayee hàa-t yawdoowax̱áa *they bring our food here by boat*

yaa ḵuwanax̱éin *he's taking people by boat*

(2): **ya-si-ḵoox̱**[1]

néekw s'àatx'ee ayá hàa-t yawdoodziḵúx̱ *they brought lots of sick people here by boat*

ldakát hàa-dei yakwḵasaḵóox̱ *I'll bring everything here by boat*

trap

trap, catch land creature in trap (of any kind): **a-dzi-g̱aat**

k'óox awdzig̱át *he trapped a marten*

xóots tsú doosg̱ádeen *they used to trap brown bear too*

trap, catch fish in a trap: **ya-shaat**

sháal tèen x̱áat wootoowasháat *we caught salmon in a fishtrap*

travel

travel by boat (rarely, by car): **ya-ḵoox̱**[1]

Juneau-dei yaa nx̱aḵúx̱ *I'm traveling to Juneau by boat*

ḵux̱ has woodiḵúx̱ yáa áa kàa-nax̱ *they went back across the lake by boat*

travel on water in a fleet (of boats): **ya-ya-goo**[2]

xóon ayawdatèeyee-ch awé, tléil wéi yàakwx' át yawoogòo *while the north wind blew, the boats didn't travel*

yàakw hàa-dei yakwg̱agóo *the boats will be coming here*

travel, go on a trip (see places and people): **ḵu-ya-teen**

Juneau-dei ḵukwḵatéen *I'm going to take a trip to Juneau*

daat-g̱aa sáwe ixkée-dei koowatèen? *what did she travel down south for?*

travel (method not specified): **ka-di-yaa**[1]

ḵuti káa-x' át haa kawdiyáa *when we travel is dependent on the weather*

ḵúx̱-dei x̱at kagoox̱dayáa *I'll be coming back (traveling here again)*

treasure

treasure, value: **ḵaa yáa + li-ḵ'ei**

ch'a ax̱ yáa liḵ'éi yáa gàaw *I treasure this drum very highly*

treat

treat (usually to food): **li-gooch**

g̱oowakàan dlèeyee hàa-t awdligúch *he brought deer meat here*

as a treat
laak̲'ásk doo x̲'éi-dei kwk̲alagóoch *I'm going to treat him to some black seaweed*

tremble
tremble, shake (esp. from tiredness), shiver: **di-x̲waal** (rare)
ax̲ jín oodax̲wálch *my hand trembles/is unsteady (after carving too long)*
cause to tremble or shake: **li-x̲waal**
a yayèe-dei sh woodlix̲wál *he made himself tremble before taking part (in gambling or wrestling)*
néekw x̲at woolix̲wál *the sickness made me shake all over*
tremble, quake, shiver: **ka-di-neit**
x'íg̲aa k̲áa tléil koodanétx̲ *a brave man doesn't tremble*
kawdinét *he was trembling (from palsy, fear or cold)*
cause to tremble, quake, shiver, vibrate: **ka-si-neit**
k̲usa.áat' x̲at kawsinét *the cold made me shiver*
machine-ch kawsinét *the machine was making it vibrate*

tremendous, see **wonderful**

trill
trill, warble, sing (of bird): **k̲u-ka-li-seil**
k̲uklasélx̲ *it trills/sings shrilly (often said of cage bird)*
táakw èetee-x' ts'ítskw k̲ukagoox̲laséil *the small birds will be singing in springtime*

trip
trip over: **yan x̲'us-sha-si-goo**[3]
téix' dèi káa shayadihéin: yan tséi x̲'us-shaysagú *there are lots of rocks in the road: don't trip over!*

troll, see **fish**

trouble, see also **concern**
trouble, cause trouble or anxiety: **ka-ya-xeel'**
dáanaa awé ash kaawaxîl' *his money (that is, his financial state) is troubling him*
ax̲ yátx'ee naa.átx'ee x̲at kaawaxîl' *my children's clothing is causing me anxiety (because it is all wearing out)*
be troubled, be worried and upset: **tu-ka-di-xéel'**
tléil sh tukayeedaxéel'eek̲ *don't be worried and upset!*
doo yéi jinèiyee dàa-t sh tukawdixîl' *he's troubled about his work*

(because he's likely to be laid off)

trounce, see **dominate**

trust, see also **believe, rely**

trust oneself, have confidence in oneself: **sh tóo-k' + a-di-heen**[1]

tléil tlax̱ sh tóo-k' oox̱dahèen *I don't ever trust myself*

tlax̱ a yáa-nax̱ sh tóo-k' adihèen *he has more confidence in himself than in anybody*

put trust in, rely on, have faith in: **ḵaa káa + yan tu-ya-taan**

ee káa yan tux̱waatán *I have faith in you/I'm relying on you*

ch'a a káa yan tután yáa yoox̱'atánk *rely on this word (Scripture)!*

try[1]

try, attempt: **ka-ya-.aaḵw**

kax̱waa.àaḵw ee yát ax̱walg̱èenee *I tried to look at your face (that is, to get a response from you)*

kanay.àaḵw *try!*

try[2], see **question**

try out

try out, test

(1): **ka-ya-.aaḵw**

ch'a akaawa.àaḵw awé, waa sá yakwg̱aḵàayee *he tested him to see what he would say*

ḵukaawa.àaḵw *he tried out the people*

(2): **ka-ya-dlénx̱aa**

ax̱ yées yàagoo koox̱adlénx̱aa *I tried out my new boat*

tug, see **pull**

tumble, see also **overflow**

tumble (of many objects), fall down, cause to tumble, upset: **ka-dzi-kooḵ**

s'íx' daak kawdzikúḵ *the dishes tumbled down*

t'áa daak kakwg̱askóoḵ *the lumber is going to fall down*

turbulent, see **tide**

turn[1], see also **flee, swivel**

turn (a boat): **kei ya-li-.aat**[2]

héi-dei kei yala.á *turn (your boat) this way!*

kei ayagoox̱la.áat, át ḵuwoohàayee *he's going to turn, when the time comes*

turn back, return (by boat): **a-ya-di-ḵoox̱**[1]

haa àanee-x' ayawdiḵúx̱ *he returned to our town (by boat)*

turn back, return, retreat, go back (walking)

singular subject: **a-ya-di-goot**[1]

nèil-dei ayawdigút *he turned back and returned home*

plural subject: **a-ya-di-.aat**[1]

ayawdi.át *they turned back*

turn over, roll over in one's sleep: **a-ya-di-taa**[1]

ayagoox̲datáa *he's going to turn over*

táakw ayawditáa *winter has turned over (that is, days will be getting longer and spring weather is coming)*

turn[2]

have a turn, be one's turn: **k̲u-ya-haa**

doo éet awé k̲oowaháa *it's his turn*

ax̲ èe-dei tsáa k̲ukwg̲aháa *my turn will come some time*

turn on, see **flow**

turn out, see **put out**

turn over, see also **dump**, **sprain**

turn over pages, leaf through book (letting the pages fall of their own accord): **shu-ya-g̲eech**

x'úx' yaa shunx̲ag̲ích *I'm leafing through a book/magazine*

turn up

turn up hem: **li-k'waat'**

k̲údax̲ kakwliyáat'; ách awé doo jèeyis kei kwk̲alak'wáat' a kóon *it's too long, so I am going to turn up the hem for her*

twirl

twirl, spin round above one's head: **sha-ka-li-yein**

tíx' shakdoolyénx' *they twirl rope around*

ashakawdliyén *he was twirling it*

twist, see also **bend**

twist (rope, etc.)

(1): **si-teik̲'** (rare)

kaxées' awsiték̲' *he twisted the wire*

(2): **ka-si-teik̲'**

wéi kaxées' kasaték̲' *twist up that wire!*

(3): **ji-ka-si-teik̲'**

tíx' yaa ajikanasték̲' *he's twisting the rope*

twist and break: **ka-ya-teik̲'**

g̲àataa kanàasee yoo akaaték̲'k *it (wolverine) breaks the trap chain*

twist thin branch or root (to make flexible and supple)

(1): **ya-x'aa**

at t'ánee x̲waax'áa *I twisted the branch in my hands (to make it supple)*

(2): **si-x'aa**

s'ú awé doosx'éix̲ *they twist long thin roots or branches till they get limber*

twist branch back and forth to soften it: **ya-s'oo**

at t'ánee woodoowas'óo *they're working on branches, twisting them to get them limber (for use in canoe-mending, etc.)*

type, see **print**

u

ugly

be ugly, homely: **ya-ka-li-jee**[2]

xíxch' yakwlijée *a frog is ugly/homely-looking*

be ugly, not pretty (person or object): **tléil + sha-ka-li-g̲ei**

tléil shakoolg̲é *it's ugly/not pretty at all*

uncover

uncover (esp. pot, etc.), take lid off: **A-dax̲ + ya-taan**

a yanáa-dax̲ aawatàan *he uncovered it/he took the lid off*

undecided, see also **hesitate**

be undecided, irresolute, keep changing one's mind: **A- + a-li-t'aak̲**

át awlit'àak̲ *he was undecided, suggesting first one thing and then another*

woosh tugéi-t has awdlit'ák̲ *they can't decide together (when planning ceremony)*

be undecided in reply, make varied excuses: **A- + sh x̲'a-dli-t'aak̲**

át awé sh x̲'ax̲wdlit'àak̲ *I gave various different answers, making excuses this way and that*

understand

understand, comprehend: **k̲aa dàa + yaa k̲u-shu-si-g̲ei**[2]

daakw àa sá tléil ee dàa yaa k̲ushoosg̲é? *which don't you understand?*

doo dàa yaa x̲at kushusig̲éi *he understands me (can comprehend what I say)*

understand, get the meaning of what is said, hear with understanding: **x̲'a-ya-.aax̲**[1]

Lingít agé x̲'eeya.áx̲ch? *do you understand Tlingit?*

tléil k̲aa x̲'ei.áx̲ch *he doesn't understand people (that is, the language)*

undo, see **rip**

unfold, see **spread**

unhappy, see also **sad**

be unhappy, be a little lonesome or low-spirited: **tléil + tu-shi-goo**[1]

tléil x̱at tooshgú; ách awé x̱àan sh kaneelnèek *I feel a bit unhappy and low, so tell me some stories!*

waa sáwe l tooshgú? *why is he unhappy?*

unintelligent, see **foolish**

uninteresting, see **boring**

unite

be united, be close together in thoughts and attitudes, make one: **sh tóon-x̱** (compl) + **dli-yeix̱**[1]

sh tóon-x̱ x̱at yeelyèix̱ee, daa sá ee toowáa sigóo ee jèe-dei kwg̱atée *if you are united with me you will receive whatever you want*

sh tóon-x̱ yee kwk̲alyéix̱ *I am going to be united with you (one with you)*

unload

unload, carry from the boat (general): **yei ka-ya-jeil**

a yík-dax̱ yei ktoojéil awé, áa wlihàash *when we had unloaded it, it floated*

unload, carry from boat (esp. baggage and personal belongings): **yei li-.aat**[2]

yei at goox̱la.áat *he's going to unload/bring stuff up from the boat*

unripe

be unripe, green and hard (of berries): **ka-dli-x̱'aat'**

tléil koonat'éich: ch'a yèisoo kadlix̱'át' *they are not ripe yet: they are still green and hard*

áa kdlix̱'át' *they are unripe there, in that area*

unsuitable

be unsuitable, out of harmony, be unbefitting, fail to fit: **k̲óo + ka-di-geik̲**

àa-dei akaawa.àagoo yé k̲óo kawdigéik̲ *the thing that he planned isn't suitable/it doesn't fit the way it should*

kei s akaawashéeyee shí, k̲óo kdigéigee át-x̱ woositèe *the song that they sang was unsuitable/it didn't fit the occasion*

untangle

untangle: **ka-si-kei**

yei kakwk̲asakéi yáa tíx' *I'm going to untangle this line*

untidy, see **shabby**

untie

untie: **ka-ya-keil'**[2]

yàakw tíx'ee kax̱akél'x̱ *I tried to untie the boat line*

yáa tíx' yádee kakél' *untie this string!*

unwilling, see **hesitate**, **stingy**

unwise, see **foolish**
upright, see **stick up**
upset[1], see also **spill, tumble**
upset, cause to keel over, tip over: **sha-si-k̲'eit'**
t'éesh ashawsik̲'ét' *he upset the tanning frame*
hàaw héen-dei shagoox̲sak̲'éit' *he's going to tip the hemlock branches (for herring eggs) into the water (from the canoe; these branches have been tied together and weighted and therefore tip over easily)*
upset[2], see **trouble**
urge on, see **encourage**
use
use, make into: **A-x̲** (compl) + **li-yeix̲**[1]
tíx' x̲át'aa-x̲ awliyéx̲ *he used rope for a whip/he made rope into a whip*
kakéin át-x̲ toolayéix̲ *we are using the yarn (for it)*
use up
be used up (of supplies, etc.): **shu-ya-xeex**
kóox haa x̲'éi-tx̲ shoowaxèex; k'úns' káa yei k̲ugax̲toostée *our rice is all used up; we'll live on potatoes*
use up, run out of, finish up: **shu-li-xeex**
hóoch': **át sheeylixíx** *there's no more; you have used it all up*
ax̲ yéet nanàawoo ax̲ tòowoo ashoowlixèex *my son's death has used up all my feelings (that is, has left me unable to feel, think, etc.)*
used to, see **accustomed**
usher in, see **introduce**

V

value, see **precious, refuse, treasure**
verify, see **prove**
vibrate, see **tremble**
violate
violate, break (law or custom), act against: **a géi- + dzi-geet**[2]
yáa a káa doolseix̲ yakyèe géi-dei woodzigèet *he violated the Sabbath day of rest*
doo yoox̲'atángee a géi-dei has woodzigèet *they violated his word/they broke his law*
visit
visit (esp. for pleasure), meet with people: **ya-gaak̲**
yei haa gax̲doogáak̲ *they are coming to visit us/we'll be having visitors*

gunayéi k̲wáan haa woogàak̲ *folk from other localities are visiting us/staying temporarily in our town*

visit (usually at a particular event), meet (usually a particular person): **ka-ya-gaak̲**

kax̲waagàak̲ *I visited at that time (e.g., Convention time)*

doo x̲úx̲-ch kaawagàak̲ *her husband met her*

voice, see **lose, loud, sing**

vomit

feel like vomiting, be nauseated: **ya-haas'**

oowahás' *he vomited a little/is nauseated*

vomit, throw up: **dli-k̲oo**

kei wdlik̲óo *he vomited/threw up everything*

kèitl kei alk̲wéich (or **kei alk̲óoch**) *dogs vomit*

vote, see also **restore**

vote, cast vote: **di-g̲eex'**

doo sàayee woodoowag̲éex' *they voted for him*

ax̲ géi-dei wdig̲éex' *he voted against me*

W

wade

wade: **ya-hoo**

héen-t x̲waahòo *I'm wading in the creek*

yaa nahéin *he's wading along*

wade around: **ji-di-hoo**

át jeewdihòo *he's wading around*

wade along, dragging (canoe, log, etc.) behind one: **shu-ya-hoo**

doo yàagoo yaa ashunahéin *he's wading along, dragging his canoe*

wag

wag tail: **sha-ka-li-yein**

doo l'èet ashakoolyénch *he always wags his tail*

wait

wait, wait for, stay in one place: **tleiyéi + yéi + ya-tee**[1]

ch'a tleiyéi-x' yéi ng̲atèe *he'd better wait/let him stay there and keep still!*

tléil doo èe-g̲aa tleiyéi yéi haa ootí *we're not waiting for him*

wait, delay for: **k̲aa yèe-g̲aa + ya-ya-.aa**[4]

ee yèe-g̲aa yan yax̲waa.áa *I was waiting for you*

wait at anchor, remain at one place (of boat): **sha-dli-tsees**

g̲èey káx' yan has shawdlitsís *they anchored temporarily in the bay (they are still on board)*

át shatooltsís *we are staying in one place/our boat is stationary but* *not actually anchored*

wait on, see **serve**

wake

be wakeful, wake and rise early: **di-x̲eik̲**

woodix̲ék̲ *he's always wakeful/he doesn't get enough sleep*

keep awake, wake (oneself) early: **si-x̲eik̲**

sh gax̲toosx̲éik̲ *we're going to wake (and get up) early*

doo akèedee x̲at woosix̲ék̲ *his snoring keeps me awake*

wake up, rouse from sleep: **kei si-geet**[1]

gooshúk̲ gàaw kei x̲at woosigít *she woke me at nine o'clock*

ts'ootàat kei x̲at woodzigít *I woke up in the morning, early*

walk, see also **saunter**

walk, come or go by walking

singular subject: **ya-goot**[1]

waa sáwe tléil haa x̲án-x̲ eegòot? *why do you never come (walking) to our place?*

goo-dei sá yaa neegút? *where are you going (walking)?*

plural subject: **ya-.aat**[1]

yee x̲án-dei gax̲too.áat *we're coming to your place*

gáan-dei s woo.àat *they went outside*

pretend to walk: **sh k̲'a-dli-goot**[1]

hàa-t sh k̲'awdligút *he pretended to walk here*

walk softly and quietly (esp. after game): **ya-geit**

g̲oowakàan yaa anagét *he's walking real quietly after the deer*

walk softly (esp. on tiptoe): **dzi-geit**

neil woodzigét *he tiptoed in*

wander

wander, wander around trying to find the way: **yaa k̲u-dli-g̲aat**

s'eenáa gé wéidoo? kagít tóo-t yaa k̲ux̲wdlig̲aat *is there a light there? I'm wandering in the dark*

want, see also **dislike, willing**

want, like, desire: **k̲aa toowáa + si-goo**[1]

tsu dáanaa doo toowáa aa sigóo *he wants some more money*

ax̲ toowáa sigóo nèil-dei x̲wagòodee *I want to go home*

want (often with strong feeling), decide, be decided about, intend to: **sa-ya-haa** (or **sa-ya-hei**)

yáa x'úx' ee jèe-dei sax̲waahàa *I want to give you this book (I intend that you shall have it)*

aadoo-ch sá sahèiyee, kei jeeylatsóow *whoever wishes for this (that is, approves of what is being put forward), raise your hand!*

k̲úx̲-dei sax̲aahéi ax̲ shát *I want my wife back*

want (with strong feeling): **sa-di-haa**

ch'a hú ayá yéi sadihéi *he wants to be like him (that is, he wants to be dead, like his father who has just drowned)*

want to do, feel like doing: **tu-ya-tee**[1]

yax̱ has ayax̱lajàak̲t has toowatèe *they wanted to kill them*

gán-dei toowatèe *he feels like going outside*

want to, have a desire (to do something): **A- + ya-haa**

at shòok̲ x̱áa-t oowaháa *I wanted to laugh*

s'èik̲ doo éet oowaháa *he wanted to smoke*

warble, see **trill**

warm

be warm, hot: **ya-t'aa**

k̲únax̱ x̱at oowat'áa *I'm really warm*

héen tléil oot'áaych *the water isn't warm yet*

warm, warm up (water, etc.): **si-t'aa**

héen kook̲asat'áa *I'm going to warm (heat) the water*

warm (person): **li-t'aa**

x'óow x̱at woolit'áa *the blanket is warming me*

doo jín alt'éis' *he's warming his hands*

be warm, hot (of weather): **k̲u-ya-t'aa**

k̲oowat'àa yáa yakyèe *it's warm today*

kei k̲unat'éin *it's getting warmer/beginning to warm up*

warn, see **restrain**

warp

be warped, affected by heat: **ka-li-x̱'eix̱'**

yáa kax'ás'tee g̱agàan-ch yaa kanalx̱'éx̱' *that lumber is getting warped in the sun*

wash

wash (general): **ya-.oos'**

yàakw yík na.óos' *wash inside the boat!*

naa.át awé ch'a tlákw a.ús'kw *she's always washing clothes*

wash (often meat or feet): **li-.oos'**

dlèey agoox̱la.óos' *he's going to wash meat*

ax̱ x̱'òos x̱ala.ús'kw *I'm washing my feet*

wash (usually surface of table, pot, etc.): **ka-ya-.oos'**

nadáakw kanax̱too.óos' *let's wash the table!*

wash hair: **sha-di-.oos'**

shada.ús'kw *she's washing her hair*

tléil shax̱wda.óos' *I haven't washed my hair (yet)*

wash away

wash away, wash out (of tide, flood): **li-.oos'**

àa-x̱ daak awli.ús' *big swells washed away possessions piled there (on beach)*

yóo héen yík awli.óos' *it (the flood) washed the stream out (that is, washed away banks)*

watch, see also **look, observe**[1]

watch, keep watching, observe closely: **A- + ya-ya-daa**[2]

dei ch'áakw ayá ee kát wooxadéin *I've been watching you for a long time (to see how you behave)*

doo káa yan woodá *keep an eye on him!*

watch covertly, watch closely and look away before being observed: **ya-ya-heech**

yaxwaahích *I watched him, but he didn't notice me*

ee yaawahích *he's watching you, but whenever you look up, he is looking away*

watch, keep watch, keep a lookout

(1): **yan a-ya-deil**

sháal káx yan aawadél *he watched the fishtrap*

(2): **a káx + a-ya-deil**

at káx adélee-x sitèe *he's a watchman*

watch, take care of, care for, mind, look after: **li-tín**

x'àan k'idéin dooltínx *they watch the fire well (in the smokehouse)*

aak'éi at yátx'ee latínee-x sitèe *she's a good baby-sitter (that is, 'children-watcher')*

watch out for, lie in wait, keep watch on: **ya-ya-yeik**[1]

k'éx'aa tèen xáat yaxwaayék *I'm lying in wait for salmon with a gaff hook*

watch out for, be on guard: **ji-ya-ya-yeik**[1]

jiyaxwaayék *I was on guard/watching closely (in boxing)*

yéi jiné tléil ooshgóok: tlákw yan jiwooyék *he doesn't know the work: keep a good watch on him (in case he causes an accident)!*

water

water down, mix with water, add water: **ka-ya-heen**[2]

néegwal' akaawahéen *he's watered down the paint (stirring them together to become one)*

tléikw a xòo kanahéen *mix water with the berries!*

water (of eye): **ya-daa**[1]

héen doo wàak-t oowadáa *his eye watered*

waterlogged, see **soak, wet**

wave

wave (hand, handkerchief, etc.): **sha-ka-li-yein**

lugwéinaa ax yàa-dei ashaklayénx' *she's waving her hanky at me*

weak

weak: **tléil + li-tseen**

ax tláa tléil oolchèen *my mother is weak (not strong)*

be weak, limp and trembling: **ka-di-teis'**

áx x̲at kawditéis' *I'm weak all over/can't hold myself together like I used to*

weaken, lose strength (by lying down too much): **si-.aan**[1] (rare)

néekw-ch woosi.àan *sickness weakens one*

sheedanú; ee g̲wax̲dzi.àan *get up; you will get too weak (you'll be confined to bed for good)!*

wealthy, see **rich**[1]

wear[1]

wear blanket (pinned on): **di-x'oo**

g̲oowakàan x'óow doox'wèix̲ *they wear a deer blanket all the time*

x'óow g̲atoodax'óowoo: k̲útx̲ k̲usi.áat' *let's put on blankets: it's so cold!*

wear, put on, dress in: **náa + yéi + di-.oo**[1]

yées naa.át náa yéi s adi.óo *they're wearing new clothes*

wear[2]

wear out by continuous friction: **ya-shaash**

washéen x̲áa yoo yasháashk *machines wear out*

a x̲'ustáak yaa nasháash *the sole is wearing out*

wear out (esp. rope-like object) by friction: **li-shaash**

yaa nalsháash yáa tíx' *this rope is wearing out*

wear down, fray (of rope-like object): **ka-li-shaash**

dzàas kawlisháash *the thonging is worn (frayed, but not broken)*

wear down (of point): **lu-ya-shaash**

ax̲ kooxéedaayee loowasháash *my pencil is worn down*

wear through (of rope-like object): **ya-daas'**

áx' yaa nadás' *that's where it (rope) is wearing through*

weary, see **tire**

weave, see also **make**

weave basket or mat (using tree roots or bark): **ya-.aak**[1]

tèey wòodee a.áak g̲áach sákw *she's weaving yellow cedar bark for a mat*

k̲ákw woodoowa.ák *they weave baskets*

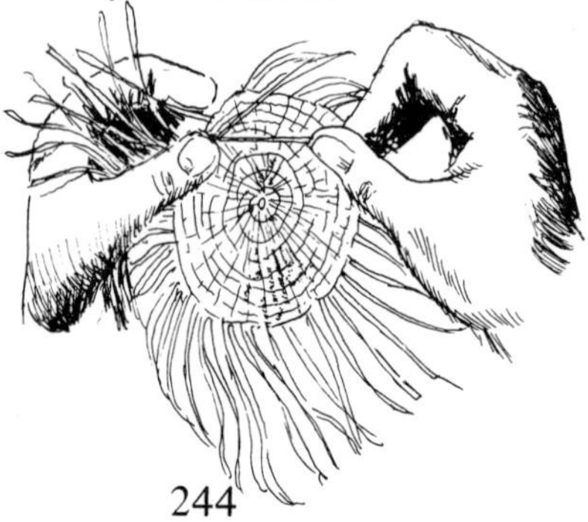

wedge up, see **shim**

weep, see **cry**

weigh

weigh, measure the weight of: **a koodáalee + ya-kaa**[3]

k'úns' koodáalee akwg̱akáa *he's going to weigh the potatoes*

dei a koodáalee woodoowakàa *it's already weighed*

gain weight: **dli-neitl**

yei x̱at nalnétl *I'm gaining weight*

lose weight: **li-xoon**[1]

yei x̱at nalxún *I'm losing weight*

weight down, see also **sink**

weight down with rocks (esp. on beach, when soaking something): **ka-ya-xoo**

kax̱waaxóo ax̱ l'àakee *I've got my dress held down by a rock (while it soaks)*

a kaxóowoo *big rock used as weight*

weighty, see **important**

welcome

welcome in, receive, let in (singular object): **neil si-goot**[1]

aadoo-ch sá neil woosgòodee yáa kax̱waaḵàayee àa, x̱át tsú nèil-x̱ x̱at sagòot *whoever receives and welcomes anyone I send, receives me also*

nèil-x̱ agé eesagòot? *did you welcome him/take him into the home?*

well-known, see **famous**

wet

be wet (may be thoroughly wet, but not by actual immersion): **di-tl'aak'**

gán wooditl'ák' *the firewood is wet*

wet, make wet by pouring on or immersion: **li-tl'aak'**

t'áa ká awlitl'ák' *she wet the floor (with water)*

be wet on the surface: **ka-di-tl'aak'**

ax̱ waḵdáanaayee kawditl'ák' *my glasses are wet (steamed up)*

wet, make wet by sprinkling: **ka-li-tl'aak'**

x'óow kakwḵalatl'áak' *I'm going to sprinkle water on the blanket*

be wet out of doors: **ḵu-ka-li-tl'aak'**

ḵukawlitl'ák' *all over the woods (all the vegetation) is wet*

be thoroughly wet, soaked, waterlogged: **di-yoox̱'**

at dòogoo woodiyúx̱' *the skin is soaking wet*

wet thoroughly, soak: **li-yoox̱'**

dzàas woodliyúx̱' *the thonging is thoroughly wet*

get wet, soaked: **sh dli-geesh**

sh woodligísh wéi kèitl *the dog got himself all wet*

be thoroughly wet (soaked like kelp): **ka-di-geesh**

kawdigísh *it has been in the water a long time and is thoroughly wet*

be dripping wet (esp. of animal coming out of water): **di-seets'**

kèitl woodisíts' *the dog is dripping wet*

have dripping wet face, wet hair on face: **ya-di-seets'**

dóosh yawdaséets' tléil tóo-g̱aa akooshnòok *a cat doesn't like to get its face wet*

haa yawdisíts' *our faces are wet, with our hair dripping over them*

wheel

wheel, spin, roll along on wheels: **ka-li-joox**

kajúxaa yaa kanax̱lajúx *I'm wheeling a wheelbarrow*

wéi-dei kakwḵalajóox *I'm going to wheel it over there*

whine

whine for, make a fuss about, throw a tantrum, act like a baby: **li-ts'eek**

yàakw yìkdei at woolits'ìk *he's whining and fussing to go on the boat*

tlax̱ ḵúnax̱ awé alits'èek doo jín *he's really making a fuss about his hand (doesn't want anyone to touch it to put medicine on)*

whip

whip, spank: **ya-x̱ísht**

ee kwḵax̱ísht *I'm going to spank you*

a x̱'áa-x' yoo x̱at doowax̱íshdik *I get whipped for that*

whisper

whisper, speak softly: **ḵu-ya-tlaakw**

ee èen ḵukwḵatláakw *I'm going to whisper it to you*

whistle, see also **lull**

whistle: **a-ka-ya-.eikw**

tléil akx̱wa.éikw *I don't whistle*

yaa akoona.éikw *he's going along whistling*

whistle softly under the breath: **sh ḵ'a-di-.ees**

sh ḵ'ada.ées *he's whistling softly under his breath*

white, see also **old age**

become white with age, get white spots (of salmon): **ji-xein**

g̱àat yaa nashxén yóo héen yìk-x' *the sockeye are getting white spots/are becoming old in that creek*

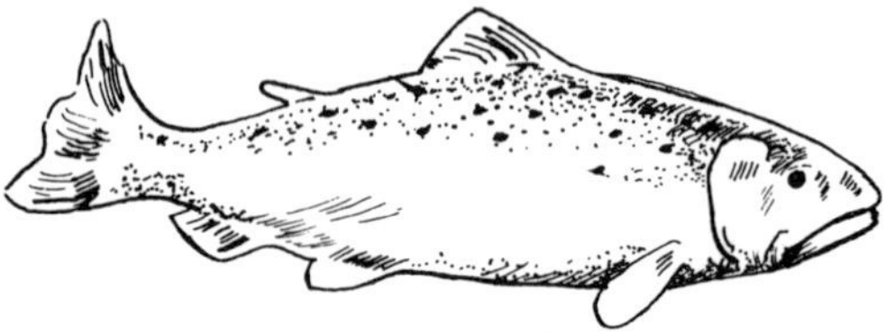

L'eenèidee ishxénch *the tribal emblem of the L'eenèidee turns white with age*

whittle

whittle, make kindling, cut into chips: **ka-ya-yeix̱**[1]

ts'ootàat nèeyis téil sákw akayéix̱ *he's whittling (wood) to make fast-burning kindling for the morning*

wide

be wide, broad (general): **ya-woox̱'**

yawúx̱'oo t'áa *a wide board*

yáa kayàanee tlax̱ yéi koowóox̱' *that leaf is broad*

be wide, broad (usually of ribbon-like objects): **li-woox̱'**

ḵúdax̱ kooliwóox̱' yáa ch'éen *this ribbon is too wide*

be wide, broad (usually of round objects): **ka-ya-woox̱'**

ax̱ kéesee yéi kakoowóox̱' *my bracelet is broad*

be wide, broad (usually of containers): **ka-li-woox̱'**

yàakw kaliwúx̱' *the canoe is wide*

ḵóok yéi kakwliwóox̱' *it's a wide box*

be wide, broad (of land)

(1): **ka-ka-ya-woox̱'**

kakayawúx̱' ayá yáa wás' àanee *it was a wide stretch of bushes*

(2): **ka-ka-li-woox̱'**

kakliwúx̱' yáa tl'átk *this land is wide*

will to, see **pass on**

willing, see also **agree to**

be willing, want (to do), agree to: **A- + ya-nook**[2]

ch'a x̱áa-ch, át x̱waanúk has doo geinyàax̱ x̱at woonàawoo *I am willing to die for them*

át oowanúk héen-g̱aa woogòodee *he is willing to go for water*

win

win: **ḵu-ya-ya-dlaaḵ**

Cháanwaan ḵuyaawadlàaḵ *the Chinese won*

wind[1]

wind (clock, etc.), wind up: **ka-li-teix̱'**

doo wáajee akawlitéix̱' *he wound his clock*

kanaltéix̱' *wind it up!*

wind[2], see also **breath**

be winded: **di-xeit**

woodixét *he's winded (fell on stomach and can't regain breath)*

kindayígin x̱at woodzigèet; x̱at woodixét *I fell flat on my back; it knocked the wind out of me*

wind: **si-xeit**

awsixét *he winded him (in boxing, etc.)*

wink

wink, signal by closing one eye

(1): **A-x̱ + a-ya-gool'**

ax̱ yáx̱ aawagúl' *he winked at me*

(2): **A-x̱ + a-ka-shi-gool'**

ee yáx̱ akax̱wshigúl' *I was keeping my eye on you, winking*

wink at, signal to someone by closing and opening both eyes rapidly: **ḵaa yá- + a-ka-dli-l'eek**

doo yáx̱ akax̱wdlil'îk *I winked at him*

winter

winter, spend the winter: **ḵu-si-taakw**

tl'áx̱'kw tóo-x' yei s ḵustáakwch *they spend the winter in the earth (winter underground, of snakes, etc.)*

wipe

wipe, mop, clean by wiping: **li-g̱oo**

s'ísaa tèen àa-x̱ x̱waligòo *I wiped it off with a cloth*

t'áa ká yei analg̱wéin *he's wiping the floor*

wipe (esp. the surface): **ka-li-g̱oo**

nadáakw kax̱lag̱ú *wipe the table!*

x'áax' a dàa akawlig̱òo *he wiped the apple*

wipe out, see **slaughter**

wise, see **intelligent**

wish

wish strongly, make a strong wish (often bringing supernatural results): **a-dli-x̱eis'**

gèesh kadóotl a kàa-dei kwshé alx̱éis' *he made a strong wish that he might land on a tangle of kelp*

ax̱alx̱éis' *I'm wishing and praying for help*

wither

wither (esp. leaves): **ka-shi-x̱'aal'**[1]

kayàanee kawshix̱'ál' *the leaves are withered*

g̱áax'w tsú kashax̱'ál'x̱ *herring eggs wither too (when dipped in boiling water)*

witness

witness to, tell about, testify to: **ka-ya-neek**

wéi kagán akang̱anèekt hàa-t oowagút *he came to witness to that light/to tell about it*

wobble

wobble: **ya-ḵ'eit'**

át wooḵ'éit' *he wobbled around (e.g., spastic child or child in high heels)*

wobble (of head): **sha-ya-ḵ'eit'**

át shaawak̲'éit' *his head is wobbling (of newborn baby)*

wonder

wonder, be curious, be anxious about: **ka-ya-jee**[1]

yoo s akoowajèek *they are curious/wondering about things*

yoo ktoowajèek x'oon dáanaa sá yagax̲toodlàag̲ee *we wonder how much money we will make*

wonderful, see also **amaze, fascinate**

be wonderful, amazing, marvelous, tremendous: **li-kòodzee**

ax̲ àat, ee likòodzee *my aunt, you are wonderful/amazing*

likòodzee àa-dei k̲'áatl' yáx̲ yatèeyee yé *my! it's amazing how thin he is*

kei goox̲lakòodzee *it's going to be tremendous*

work, see also **serve**

work, do: **yéi + ji-ya-nei**

lis'àag̲ee k̲áa ch'a tlákw yéi jinéi nòoch *an ambitious man works all the time*

has doo x̲'ayáx̲ yan yéi jix̲waanéi *I did it because they told me to/ I worked according to their instructions*

make work: **A-x' + yéi + ji-si-nei**

t'ix'déin haa ée yéi jeewdoodzinéi *they made us work hard*

tléil àa-dei x̲áa yéi jing̲eesinèiyee yé *you can't make me work*

work (often at housework or at small, varied tasks), work as a team: **ji-li-.aat**[2]

k'idéin át has jeewli.àat *they are all working well together*

tláakw g̲unayéi s jeewli.át *they started to work faster*

worked up

be worked up: **sh di-yeik**[1]

daat dàa-t sáwe tlax̲ yéi sh yeediyék? *what are you so worked up about?*

worry, see also **trouble**

worry, have constantly on one's mind, be continuously concerned about something: **kaa tóo-t + ya-xeex**

daa sá ee tóo-t wooxèex? *what is worrying you/what is on your mind all the time?*

doo yéi jinèiyee doo tóo-t wooxèex *he's constantly concerned about his work (what there is to be done)*

worry, concern oneself: **sh tóo-t + dzi-xeex**

ldakát k̲áa yoo kootèegee, sh tóo-t anasxíxch *it's none of his affairs, but he makes it his concern*

sh tóo-t at woodzixèex *he gets himself worried about things*

worship

worship, pray to: **(k̲aa yáa + x̲'a-di-gaax')**

wootoosikóo aadoo yáa sá x̱'atoodagáx'x̱ee *we know whom we worship*

worship, kneel to, kneel before: **(ḵaa yàa-dei + yan tóox'-ya-tsoow)**

a yàa-dei yan has tóox'-oowatsóow *they worshiped him/bowed the knee to him*

worship, bow before, prostrate oneself: **(ḵaa yàa-dei + yax̱ ya-di-xoon²)**

Dikée Aanḵáawoo yàa-dei yax̱ has yagoox̱daxóon *they will worship God/they will bow before Him*

worthless

be worthless (of speech), have no good in it, be full of lies: **x̱'a-di-.ék**

ḵúnax̱ awé ee x̱'adi.ék *your speech is worthless/you only know how to tell lies*

aak'éi at k'átsk'oo wa.é: tléil x̱'eida.ék *you're a good boy; you say what is good/tell the truth in most cases*

wound

be wounded, injured, bruised: **di-choon**

wáa ngạnèens ḵaa oodachúnch *once in a while a person is wounded (by octopus)*

ax̱ tláa woodichún *my mother was injured*

wound, injure, bruise: **li-choon**

g̱oowakàan woodoodlichún *they wounded a deer*

gandaas'àajee x̱at woolichún *a bee wounded me (that is, stung me)*

wrap, see also **bind, tie**

wrap, put (paper, etc.) around, spread out over: **a dàa- + ka-ya-yeeḵ¹**

x'úx' at dàa-t kax̱waayèeḵ *I wrapped it in paper*

x'óow doo g̱ushdàa-x̱ akaawayèeḵ *he had a blanket spread over his lap*

wrap blanket around one: **A-x' + ka-dli-g̱waach'**

x'óow sh dàa kawdlig̱wách' *he wrapped a blanket around himself*

doo yádee káa kawdlig̱wách' *he wrapped the blanket around himself and around his child too (holding him on his lap)*

wrestle

wrestle, fight (usually as sport): **ḵu-li-haa**

k'isáanee has ḵoowlihàa *the young fellows are wrestling*

doo èen kei ḵukwḵalaháa *I'm going to fight (wrestle) with him*

wring

wring (clothes, cloth): **ka-ya-teix̱'**

wooditl'ák'ee s'ísaa kadootéix̱' *they're wringing out wet cloths*

wéi óos'ee kei katéix̱' *wring out the laundry!*

wring (neck): **ka-li-teix̱'**

káax' shàayee akawlitéix̱' *he wrung the chicken's neck*

wrinkle

wrinkle, crumple cloth, paper, etc.: **ka-shi-geen**

kashgínx̱ wéi s'ísaa *that cloth wrinkles easily*

eelí: kakg̱eeshagéen *don't! you'll wrinkle it*

be wrinkled (of cloth, paper, etc.) not necessarily permanently: **ka-di-hootl'**

kawdihútl' *it (cloth) is wrinkled in large folds*

wrinkle (cloth, paper, etc.): **ka-li-hootl'**

kax̱wlihútl' *I wrinkled it (in large folds)*

a x̱oo.àa at dògoo kadoolhútl'x̱ *they wrinkle some skins (that is, for 'Morocco leather')*

become wrinkled through soaking: **di-naatl'**

ḵaa jín danátl'x̱ *a person's hands become all wrinkled (if they are soaked in water for a long time)*

ax̱ naa.ádee woodinátl' *my clothes became wrinkled (because they shrank in the soaking)*

write

use a pen, pencil, or paintbrush (that is, write, draw, or paint pictures): **ka-shi-xeet**

yak'éi wéi x'úx' ax̱ jèe-dei kayeeshxèedee *that was a good letter you wrote me*

x'úx' tlèin akagoox̱shaxéet *he's going to write a big book*

wrong

go wrong, go amiss, fail to fit: **tléil + a dàa + ya-goon**

tléil a dàa oogúnx̱ *it goes wrong/it doesn't turn out right*

doo ḵustèeyee tléil a dàa awoogóon *his life is going in the wrong direction*

y

yawn

yawn: **ḵ'a ya waash**

x̱at ḵ'eiwawáash *I yawned*

ax̱ yàa-dei ḵ'eiwawáash *he yawned in my face*

yell

yell, cheer (esp. at games): **ya-laa²**

ldakát ḵáa daléich áa sh kadoolch'éit'aa yéh *everyone was yelling at the ball game*

kei x̱toodaláa *let's yell/cheer!*

yelp

yelp or bark while chasing game (of dog), give tongue while pursuing: **shi-gaaḵ**

kèitl-ch wooshig̲ák *the dog chased it, yelping and barking as it went*
kèitl-ch xóots yaa nashg̲ák̲ *the dog is chasing the bear and yelping*

PART 2
TLINGIT - ENGLISH

INTRODUCTION - PART 2

The first four sections of this introduction are intended to explain the basic arrangement of Part 2. The later sections go into more detail and are mostly concerned with the parts of the sentence other than the verb word. A fuller and more systematic grammatical treatment of these features and others will be found in the appendix.

Stem and theme

The Tlingit verb contains a part called the stem, the meaning of which may be modified by other parts (called derivational prefixes in grammar) put at the beginning of the word. This is similar to the way in English *ad-*, *re-* and *super-* are put before the stem *-vise* to give the verbs *advise, revise* and *supervise.* These full words *advise, revise* and *supervise* correspond to what is called the theme in Tlingit grammar. The Tlingit theme may include more than one derivational prefix. English is similar in this way also: to the English stem *-pose*, the prefixes *com-* and *im-* may be added to give the verbs *compose* and *impose,* and to each may be added a second prefix to give *de-com-pose* and *super-im-pose.*

Other parts (called inflectional prefixes and suffixes) may be added to the Tlingit theme, but these do not give new words, just as in an English dictionary *advise, advises, advising, advised* are considered to be just different forms of the same word. (See Appendix, section 3 for a fuller discussion of the theme.)

A theme always contains at least two parts, stem and extensor, and may also contain one, two or three theme prefixes. The last part of the theme is always the stem and the part immediately before that is the extensor ('classifier' in Athapaskan terms). There are sixteen extensors and eight of these will be found in use in the diagramatic representation of the themes. (See Appendix, section 4 for a description of the extensors and for the meaning of the extensor given in the theme.)

A Tlingit theme is written with hyphens between the parts; for example, the theme **x̱'a-li-tseen** has a stem **-tseen**, an extensor **li-**, and a theme prefix **x̱'a-**. In this particular case the theme makes a full word (if a tone is written on the stem): **x̱'alitsèen** *it's expensive.* But not all themes are full words: **x̱'a-di-taan** is a verb meaning *speak*, but other parts (inflectional prefixes) have to be added to make it a full word: **x̱'awditàan** *he spoke.* (See Appendix, section 3.1 for further details on these.)

The listing of the stems

The stems are arranged in accordance with the following listing of the Tlingit alphabet: **.ee .ei .oo .aa .i .e .u .a h hw y w n d t t' dz ts ts' s s' j ch ch' sh dl tl tl' l l' g gw k kw k' k'w x xw x' x'w g̱ g̱w ḵ ḵw ḵ' ḵ'w x̱ x̱w x̱' x̱'w.**

Tlingit verbs change their shape something like English verb stems may (for example, *speak, spoke; take, took; write, wrote*), but in Tlingit the changes are much more regular than they are in English and are typical of the majority of verbs. In Tlingit, the vowels pair up for these changes, **ee** with **i**; **ei** with **e**; **oo** with **u**; and **aa** with **a**. In the following example (of **ee** pairing with **i**), the stem has the shape **hèen** in the first expression and **hín** in the second:

át-k' ax̱aahèen *I believe;* **át-k' ax̱waahín** *I believed*.

The tone on the stem may change (also in regular patterns) as well as the vowel (see Appendix, section 2.1).

The first of each vowel pair (that is, **ee**, **ei**, **oo**, and **aa**) are termed the 'long' vowels. In quoting the stem of a verb it is the long vowel which is written, and without tone. For example, the stem for the verb in the example above is quoted as **heen**, with the long vowel **ee** and without tone. This is so except in the case of those comparatively few stems which never change their shape (see Appendix, section 2.2). In these cases, they are quoted with the tone written on the stem and with whatever vowel they always contain, be it 'long' or 'short'. It may be noted in passing that all two-syllable stems are in this non-changing category.

Where two stems are of the same shape, they are distinguished by a raised numeral after the stem; for example, **heen**^{1} occurs in themes connected with believing, and **heen**^{2} occurs in themes to do with water. The distinctions in certain cases may need revision (in some cases, the pattern of stem changes (see Appendix, section 2.1) may show where this is necessary).

Arrangement of the entries

Under each stem, the verb expressions are grouped in accordance with the theme they contain.

The simpler themes are put first under each stem; a theme containing no theme prefix comes before any theme containing the theme prefix **ka-**

but no other theme prefix; any themes containing the theme prefix **ya-** (but none besides **ka-** and **ya-**) follow next; finally come any themes containing the remaining theme prefixes. These latter theme prefixes are arranged in accordance with the listing of the Tlingit alphabet in the previous section. Within these groupings dependent on the theme prefixes, ordering is by the extensor, broadly according to the same alphabetical listing: **ya-** before **di-**, before **si-** and **dzi-**, and so forth.

A theme may be transitive, intransitive, stative, or impersonal (see Appendix, section 3.3), and this, where known, is given in parentheses immediately following the theme; for example, **x̱'a-li-tseen** (st). When it is not known, the parentheses are left empty. Occasionally the contents of the parentheses are queried; this is where it has seemed worthwhile to make a hypothesis on the evidence available. When the contents of the parentheses are not queried, it is not expected that further evidence will modify the classification, especially if the theme is claimed to be transitive.

Following each theme, different expressions containing that theme are given. Immediately following the expression, its meaning is given in English, in one or more phrases. When these words or phrases are separated by commas, they should be taken together in understanding what the Tlingit verb expression means, each phrase being understood only in senses which will not exclude the sense of any other within the group. Generally one of the words contained in one of the phrases will be underlined; it is under that word that an example of that expression with that sense will be found in Part 1.

When the English phrases or words are separated by semicolons (;), this symbolizes that two or more senses of a Tlingit verb expression are distinguished. In this case, there are generally as many underlined words as there are senses distinguished. Explanations in parentheses will generally apply to all the different senses of one expression or even of the one theme. The following is an example:

tee²

> **ka-ya-tee** (tr): carry, take (round object); lie²; load (a gun), put a bullet in; **hàa- + ka-ya-tee** bring; **ḵaa jèe- + ka-ya-tee** give, take to, hand to

This entry describes the following three expressions, of which the first has three senses:

ka-ya-tee² (tr): (1) carry, take (round object)
(2) lie² (round object)
(3) load (a gun) (with a round object), put a bullet in

hàa- + ka-ya-tee² (tr): bring (round object)

ḵaa jèe- + ka-ya-tee² (tr): give, take to, hand (round object) to

In Part 1 of the dictionary, examples of this theme entering into these expressions will be found under the words **carry, lie**^{2}**, load, bring, give.** (The raised numerals here distinguish different senses of the English words, as explained in the Introduction to Part 1; for example, **lie** has the senses *tell a* **lie**^{1}, and **lie**^{2} *at rest*.)

Verb expressions

This dictionary might have been made a dictionary of Tlingit verb themes, but there are a fair number of cases in which the verb must always be used with some word or words besides the verb word itself; these groups of words are called verb expressions. For these it is not enough to give the theme alone.

In addition to the expressions in which the verb always must be used with another word or words, there are also expressions where the verb theme commonly is used with other words to give a particular sense. The dictionary has been expanded to include expressions of this type. It is by no means exhaustive of such expressions however.

The word or words that are used with a particular verb word may be inside or outside the verb phrase (see Appendix, sections 6 and 7 for details on the composition of the verb phrase and other phrases). When an expression contains phrases other than the verb phrase alone, a plus sign (+) is written between the phrases.

The symbol A for an adverbial phrase

The symbol **A** is used to represent any adverbial phrase. An adverbial phrase is any adverb, adverb phrase or its equivalent. By the equivalent of an adverb phrase is meant any nominal or locative phrase, marked or unmarked, or a marked demonstrative, directional or pronominal (see Appendix, section 7.5 for the marking of phrases) that is grammatically substitutable for an adverb phrase.

If the meaning of a verb expression is dependent upon a particular choice of **A**, then that specific phrase will be given in the representation of the expression. The use of the symbol **A** in the representation of an expression indicates, therefore, that more than one adverbial phrase has been found to occur at that point, giving the same general sense of the verb expression.

An example of a verb theme which must always be used with some other word outside the verb phrase itself is the theme **ya-tee**^{1}. This theme must always be used with an adverbial phrase and this fact is shown by the theme **ya-tee**[1] always being represented with either a preceding **A** or a preceding specific adverbial phrase.

When the adverbial phrase used in conjunction with the theme **ya-tee**[1] is not specified, the expression is represented as **A + ya-tee**[1] and may be given the general meaning *be (a certain way).* Examples of this expression in use are:

ch'a g̲áa yatèe	*it's better (improved)*
waa sá yatèe?	*how is it/would it be O.K.?*

Examples of specified adverbial phrases used in conjunction with the theme **ya-tee**[1] are:

A		theme	
k̲aa tóon	+	**ya-tee**[1]:	*care about, be concerned about, be affected by*
a yáx̲ (sim)	+	**ya-tee**[1]	*be like*
a èetee-nax̲	+	**ya-tee**[1]	*need, lack, require*

These, of course, might be considered to be included in the expression **A + ya-tee**[1], but have been listed separately in the dictionary chiefly on the basis of near equivalence to some English expression.

The symbol A- for a marked phrase

When the symbol **A** is followed by a hyphen, this represents a phrase or word which is followed by a marker. Such a marker is either locational, subjectival, complemental or adjunctival (see Appendix, section 7.1 for the forms of the markers). In writing, the marker is joined to the last word of the phrase by a hyphen (except in a few cases where it is conventionally dropped, for example: **a káx'** for **a ká-x'**).

Phrases or words followed by a marker are almost entirely of two main groups: directional, locative or locative phrase, and pronominal, noun or nominal phrase. No attempt has been made in the dictionary to symbolize a distinction between these groups.

The use of a specific phrase plus a hyphen, or of **A** plus a hyphen, parallels the use of symbols for the unmarked adverbial phrase above. That is, when a particular locative or nominal (or its equivalent) must be used to give a particular sense, then that locative or nominal is specified in the representation of the expression, as in the following example (in which the phrase is nominal in the first and locative in the other three):

k̲aa leitóox̲-	+	**ya-xeex**	*choke*
k̲aa dàa-	+	**ya-si-taak̲**	*care for, take care of, look after*
x̲'éi-	+	**shu-ya-taan**	*close hinged door (also abstract, season, etc.)*

shóo- + **a-di-.aak**[1] *fix fire, build fire (using wood)*

When **A-** is used in the representation of the expression (whether the marker is specified or not), then more than one locative or nominal (or its equivalent) has been found to give the same general sense.

If the marker is locational, the marked phrase may be either an outer or an inner locational phrase (see Appendix, section 7.5). If outer, the locational marker is constant for all forms of the verb; if inner, then generally this marker depends on the form of the verb. An inner locational phrase is shown in the representation of the verb expression by a hyphen not followed by a marker. The following are examples of expressions containing inner locational phrases:

A- + **ya-taan** *cover (esp. pot, etc.), put lid on*
A- + **li-tsaak̲** *connect, stick in, plug in*
A- + **ya-shoo**[1] *extend, stretch, reach to*

In the four examples with specified nominal or locative phrase given in the preceding paragraph, all the phrases were inner (shown by the hyphen with no following marker).

In the following examples, the marked phrases are not inner locational phrases and the marker is specified in each case. The markers are: **-dax̲** and **-x'** (both locational), **-x̲** (complemental), **-g̲aa** (adjunctival), and **-ch** (instrumental) respectively:

A-dax̲ + **ya-taan** *uncover, take off lid*
A-x' + **yéi** + **ya-.oo**[1] *put, leave (several objects...)*
A-x̲ (compl) + **si-tee**[1] *be (member of a set)*
A-g̲aa + **k̲u-ya-shee**[1] *search for, look for, hunt for, seek*
A-ch (instr) + **si-xwein** *shovel*

Writing markers

The particles called markers are listed in Appendix, section 7.4. They are hyphenated to nouns and adverbs, and generally to locatives, but the hyphen is omitted in the case of **á**, **ká**, and **yá** when the locative is in its basic form.

The locational marker **-x'** is not always pronounced; when it is not, a short vowel in the locative is replaced by its long counterpart. The first two columns in the following table give the forms of nine common locatives with the marker **-x'** when the marker is pronounced and when it is not. In the other three columns, the same locatives are given with the locational markers **-x̲**, **-t**, and **-dei**:

Locative	marker -x'		-x̱	-t	-dei
á	áx'	or áa	áx̱	át	àa-dei
yá	yáx'	or yáa	yáx̱	yát	yàa-dei
dàa	dàa-x'	or dàa	dàa-x̱	dàa-t	dàa-dei
tú	tóo-x'	or tóo	tóo-x̱	tóo-t	tóo-dei
jèe	jèe-x'	or jèe	jèe-x̱	jèe-t	jèe-dei
shú		shóo	shóo-x̱	shóo-t	shóo-dei
shá		sháa	sháa-x̱	sháa-t	sháa-dei
ká	káx'	or káa	káx̱	kát	kàa-dei
x̱'é	x̱'éi-x'	or x̱'éi	x̱'éi-x̱	x̱'éi-t	x̱'éi-dei

When a locational marker occurs with a pronominal, a 'buffer' **ee-** occurs between the pronominal and the marker, except when the pronominal is **x̱at**, **ḵu** or **a**. These three are given in the table below, together with **doo**, which is representative of the other pronominals:

x̱at	x̱áa-x'	or x̱áa	x̱áa-x̱	x̱áa-t	x̱àa-dei
ḵu	ḵóo-x'	or ḵóo-x̱	ḵóo-x̱	ḵóo-t	ḵòo-dei
a	áx'	or áa	áx̱	át	àa-dei
doo	doo ée-x'	or doo ée	doo ée-x̱	doo ée-t	doo èe-dei

(Note: the marked forms of the pronominal **a** sound the same and are written the same as the marked forms of the locative **á**.) These forms are used in the representation of the expressions. Note that the complemental marker **-x̱** has the same form as one of the locational markers but is distinguished from it by writing **A-x̱** (compl).

The locational marker **-dax̱** may be pronounced **-x̱** with the locatives **á**, **ká**, and **yá**; the locative and marker together then have the forms **àa-x̱**, **kàa-x̱**, and **yàa-x̱**, respectively.

Not all markers are hyphenated to another word, but only those which do not carry their own tone. One marker which does carry its own tone is **èen**. Following the pronominals **a** and **ḵu**, the pronominal and marker together have the forms **àan** and **ḵòon** respectively. Where **ḵòon** is found in the representation of some verb expressions, nominal substitutions can be made for the pronominal.

Two forms which occur only rarely in expressions contain the markers **èen** and **-ch**. The forms are **tóon** and **tóo-ch**, which probably consist of the noun **(ḵaa) tòowoo** *(a person's) mind* and the markers (rather than the locative **tú** and the markers).

Directionals in verb expressions

The most commonly used directionals are listed in the appendix, section 6.1. They will be found in a few representations of verb expressions, either outside the verb phrase with a marker, or in the verb phrase unmarked. If outside the verb phrase and marked, the marker is invariable for all forms of the verb.

If the directional is in the verb phrase, then its form, in many cases, is dependent on the form of the verb word; in those cases it is equivalent to an inner locational phrase. The directional **yan** is one that will be found quite often in the representation of the verb expression and that is equivalent to an inner locational phrase. Either **yan, yax̲**, or **yán-dei** will be found with different forms of the verb; for example, if the verb expression is **yan si-nee**, the following forms are possible:

yan at woosinée	*he finished (doing something)*
yax̲ at sanèe	*he finishes (every day, say)*
yán-dei at goox̲sanée	*he will finish*

(**at** is the indefinite object pronominal).

Other directionals are invariable or may have two or three forms, depending on the form of the verb. In the case of the directional **kei**, in certain expressions, every form of the verb will either be used with the directional **kei** or the verb prefix **ga-** (see Appendix, section 5.1). Such an expression is **kei ya-tee**[2] (if the expression has the meaning *pick up and take,* rather than *carry*). This is indicated by writing **kei ya-tee**[2]. Where **kei** is written in an expression, this pattern is probably always followed, at least for the sense given.

Pronominals in verb expressions

In the section concerning the arrangement of entries, it was said that verb themes could be transitive, intransitive, stative, or impersonal (see also Appendix, section 3.3). This classification tells us whether or not a subject pronominal prefix may be used in any verb word, and whether or not an object pronominal word may be used immediately before the verb word in the verb phrase. (The pronominal words are listed in Appendix, section 6.2.) It does not tell us whether any pronominal may be used outside the verb phrase (in adverb, locative or nominal phrase). In fact, a verb that is transitive in English may be translated in Tlingit by an intransitive verb theme and an adverb or locative phrase which contains a pronominal having reference to a second participant. An example is the English *blame*, translated by the expression **k̲aa káa + ka-si-haa** (in):

ee káa kax̲wsiháa	*I blame you*

In the representation of a verb expression, **k̲aa** represents the position (in an adverb, locative or nominal phrase) at which a pronominal, noun, or nominal phrase which has reference to a person may be substituted.

Similarly, **a** represents the position (in an adverb, locative or nominal phrase) at which a pronominal, noun or nominal phrase which is not restricted in having reference to a person may be substituted.

k̲aa (or its alternate form **k̲u**) and **a** may also be used as object pronominal words in the verb phrase but are not represented in this position in a verb expression unless they are not substitutable (see Appendix, section 3.4). (If they are substitutable, then this is accounted for in the classification of transitive, intransitive, stative and impersonal.) Examples of expressions containing object pronominals which are not substitutable are **a-dzi-kaa**[1] (in) and **A-x' + a-ka-dli-x̲eetl'** (in):

atoodzikàa	*we're lazy*
áa ak̲oox̲dlix̲éetl'	*I'm afraid of it*

In a few verbs, the pronominal prefix **doo-** *fourth* is always used, without any possibility of substitution. An example is **doo-ya-nook**[2] (st):

woodoowanúk	*it (wind) is blowing*

ALPHABETIC ORDERING OF TLINGIT ENTRIES

The Tlingit verb stems in Part 2 of the dictionary are arranged in the Tlingit alphabetical order listed below. This alphabet has been set up to show the sound patterns of the language. It begins with all the vowels (each shown with a glottal stop in front of it, since no Tlingit verb stem begins with just a vowel). Following the vowels are the *aspirates* (h-like sounds) and then the *sonorants* (**y**, **w** and **n**). The remainder are grouped partly according to how far back in the mouth they are made, from the *alveolars* (d-like sounds), which are nearest the front, through the *sibilants* (s- and sh-like sounds) and *laterals* (l-like sounds) to the *velars* (k-like sounds) and, furthest back of all, the *back velars* (k-like sounds, but made further back in the mouth).

Symbols to the left in each pair of columns are the letters used in written Tlingit, those to the right are the equivalent technical (phonetic) symbols.

.ee	ʔi	**ts**	¢	**k'**	k'
.ei	ʔe	**ts'**	¢'	**k'w**	k'ʷ
.oo	ʔu	**s**	s	**x**	x
.aa	ʔa	**s'**	s'	**xw**	xʷ
.i	ʔɩ	**j**	ǰ	**x'**	x'
.e	ʔɛ	**ch**	č	**x'w**	x'ʷ
.u	ʔʊ	**ch'**	č'	**g̱**	G
.a	ʔʌ	**sh**	š	**g̱w**	Gʷ
h	h	**dl**	λ	**ḵ**	q
hw	hʷ	**tl**	ƛ	**ḵw**	qʷ
y	y	**tl'**	ƛ'	**ḵ'**	q'
w	w	**l**	ɬ	**ḵ'w**	q'ʷ
n	n	**l'**	ɬ'	**x̱**	X
d	d	**g**	g	**x̱w**	Xʷ
t	t	**gw**	gʷ	**x̱'**	X'
t'	t'	**k**	k	**x̱'w**	X'ʷ
dz	ʒ	**kw**	kʷ		

(Note: two further symbols are employed in written Tlingit, but these do not affect the alphabetical ordering; they are ´ for high tone and ` for low tone.)

TLINGIT-ENGLISH

.ee

ya-.ee (st): be cooked (general)

si-.ee (tr): cook (general)

.een[1]

ya-.een (tr): pick (esp. berries) into a container

di-.een (tr): take home food from party

si-.een (tr): carry in a container (esp. liquids and small objects); pick (seaweed, etc.) into a container; **hàa- + si-.een** bring in a container

.een[2] (basically plural; see **jaak** for singular)

ya-.een (tr): kill, slaughter

.eet'

ka-di-.eet' (st): be soaked, waterlogged

ka-li-.eet' (tr) (some speakers, in certain forms: **ka-li-.oot'**): soak (esp. dried foods in preparation for eating)

.ees

k'a-di-.ees (in): **sh k'a-di-.ees** whistle softly under the breath

.eesh

ka-li-.eesh (tr): thread (esp. beads) on string, wire, etc., string together

x'a-ka-li-.eesh (tr): thread (esp. beads), string together

.eesháan

li-.eesháan (st): be poor (in spirit and ability as much as in possessions)

ya-li-.eesháan (st): be long-faced, look sad

.eex'

ya-.eex' (tr): call out to, shout to, holler at; invite, ask to a party

ya-.eex' (in): **kei ya-.eex'** growl (of bear); cry out, shout

si-.eex' (tr): sound off (horn, whistle, hooter), give a blast

ka-li-.eex' (tr): call out at, holler at repeatedly

t'aa-ya-.eex' (in): call out, shout out a message, announce by calling out

.ei

dzi-.ei (tr): ask for more (of medicine man), demand more in payment for services

a-di-.ei (in): answer, reply to a greeting or to one's name

.éiyakw

ka-di-.éiyakw ( ): be injured (very general, covering dislocation, torn ligament, etc., rendering the limb useless)

.eits'

ka-ya-.eits' (tr): move carefully and slowly;
tléil + ka-ya-.eits' be careless, rough[2]

ya-ka-ya-.eits' (tr): **x'éi-dax + ya-ka-ya-.eits'** open door quietly

shu-ka-ya-.eits' (tr): **x'éi- + shu-ka-ya-.eits'** close[2] door quietly

.eis

ya-ka-li-.eis (st): stagger (esp. of young child or drunkard)

.eil'

li-.eil' (tr): salt, store in salt

ka-li-.eil' (tr): put salt on (for preserving)

.eik

di-.eik (st): be paralyzed (with fright, shock, or surprise), panic, be incapable of action

.eikw

a-ka-ya-.eikw ( ): whistle

.oo[1]

ya-.oo (tr): own, possess, have; **A-x' + yéi + ya-.oo** put, leave;
kaa daatòowoo + ya-.oo care for, have strong affection for;
ch'a àa-dei + yéi + ya-.oo forgive, excuse

di-.oo (tr): **náa + yéi + di-.oo** wear[1], put on, dress in

si-.oo (tr): **A-ch** (instr) **+ si-.oo** give to take away

li-.oo (tr): give (at pay-off party, an amount over and above payment)

sha-ya-.oo (tr): **A-x' + yéi + sha-ya-.oo** dress, dress up; decorate, dress in clan emblems

ku-ya-.oo (in): live, live at, dwell permanently

ku-di-.oo (in?): **A-dax + ku-di-.oo** remain, be left over

.oo[2]

ya-.oo (tr): buy (general)

si-.oo (tr): buy (usually large or complex object)

ka-ya-.oo (tr): buy (usually round, spherical object)

ka-si-.oo (tr): buy (usually stick-like object)

.oow

ya-.oow (tr): buy lots

a-ya-ya-.oow (tr): **wóosh- + a-ya-ya-.oow** buy many things (esp. when being sold off cheap)

.oon

ya-.oon (tr): shoot (with firearms)

li-.oon (tr): shoot off, fire[1]; blast, blow up

.oot

ya-.oot (tr?): remove (splinter, shaving, etc.) from flesh, using an instrument such as a needle

li-.oot (tr): **kei li-.oot** remove (splinter, etc.)

.oot'

ya-.oot' (tr): suck, hold on by suction

.oos

li-.oos (st): be crazy, lively, noisy, never still

tu-di-.oos (st): sulk, be sulky, refuse to speak; refuse to run (of machine)

ji-li-.oos (st): meddle, handle too much

x̲'a-li-.oos (st): be talkative, gossipy, noisy

.oos'

ya-.oos' (tr): wash (general)

di-.oos' (in): **sh dàa + di-.oos'** bath, take a bath

li-.oos' (tr): wash (often meat or feet); wash away, wash out

ka-ya-.oos' (tr): wash (usually surface of pot, table, etc.)

sha-di-.oos' (in): wash hair

.oosh

k̲'a-dli-.oosh (in): **sh k̲'a-dli-.oosh** sulk, refuse to talk and have mouth puckered with bad feeling

.ootl

shi-.ootl (tr): boil fish

.ook

li-.ook (tr): boil (esp. water)

ka-ya-.ook (tr?): **yóo- + ka-ya-.ook** overflow, tumble forth (of contents of closet, etc.), tumble down (of rocks, etc. in pile); spout forth (of steam)

ka-ya-.ook (st): advance (of glacier), grow, slide forward slowly

ka-si-.ook (tr): fill, be full (esp. to point of overflowing?) (esp. with berries, salt, etc.)

.ook'

k̲u-dzi-.ook' (in): entertain, amuse oneself; play quietly (of children)

.oox

ya-.oox (tr): blow

li-.oox (tr): blow

ka-ya-.oox (tr): blow up[1], inflate

ya-ka-li-.oox (tr?): blow out (light)

.aa[1] (basically singular; see **k̲ee** for plural)

ya-.aa (in): sit (esp. state of sitting or being situated)

si-.aa (tr): cause (live creature) to sit (rare)

li-.aa (st?): be situated (esp. of building)

.aa[2] (basically singular; see **xoon**[2] for plural)

ya-ya-.aa (in): **a dàa + ya-ya-.aa** consider, think over, come to senses

ya-dzi-.aa (in): swim under water but with head emerging every so often; peer, peep; **a dàa + ya-dzi-.aa** examine, inspect, look into, judge, assess; **x̲'éi- + ya-dzi-.aa** kiss

.aa[3]

ka-ya-.aa (st): grow (esp. of plants), yield; flow, pour forth (of stream of water); **yóo + àan + ka-ya-.aa** quake (of earth)

ka-si-.aa (tr): cause to grow, raise (plants); cause to flow, turn on (hose)

k̲ee-ya-.aa (st): become daylight, dawn

k̲ee-si-.aa (tr): celebrate, set apart (a particular day)

.aa[4]

ya-ya-.aa (tr): delay, hinder

ya-ya-.aa (in): **k̲aa yèe-g̲aa + ya-ya-.aa** wait for

x̲'a-ya-ya-.aa (tr): delay someone in speech, interrupt

x̲'a-ya-di-.aa (st): delay to speak, hold back in speech, be slow to speak

x̲'a-ya-si-.aa (st): **A-ch** (instr) + **x̲'a-ya-si-.aa** be delayed in speaking

.aan[1]

si-.aan (st): weaken, lose strength (by lying down too much) (rare)

ya-ka-si-.aan (st): be pleasant-faced (rare)

tu-li-.aan (st): be kind, gentle

a-ya-.aan (in): sit quietly (meditating and esp. watching signs of the weather at sundown)

.aan[2]

dzi-.aan (in): settle[1], make one's village

.aat[1] (basically plural; see **goot**[1] for singular)

ya-.aat (in): walk, go or come (by walking or as a general term); **kei ya-.aat** ascend, climb up; **yei ya-.aat** descend; **k̲aa ít-x̲ + ya-.aat** follow; **k̲òon + ya-.aat** accompany, go with

di-.aat (in): **woosh kàa-nax̲ + di-.aat** assemble, congregate, gather together (for meetings)

si-.aat (tr): let in or out (esp. animals), cause to go or come; **neil si-.aat** welcome in, receive; **a tóo + daak si-.aat** appoint, choose for a certain position

t'aa-ya-.aat (tr): take news, go or come carrying news

ji-di-.aat (in): attack, assault, fall upon

shu-ya-.aat (tr): lead (esp. by walking ahead)

xee-ya-.aat (im): fade (of daylight), be dusk

a-ya-di-.aat (in): turn[1] back, retreat, return, go back (walking); **kei a-ya-di-.aat** escape, flee (on foot)

.aat[2] (basically plural; see **taan** for singular)

li-.aat (tr): carry (esp. baggage); **yei li-.aat** unload, carry ashore (esp. baggage and personal belongings); **a yík- + li-.aat** load, carry aboard

dli-.aat (in): **sh dli-.aat** lie[2] down (of human) (see **dzi-taa**[1] for singular)

ka-li-.aat (tr): carry (small objects); lie[2]; **yan ka-li-.aat** put down, lay down, leave; **k̲aa jèe- + ka-li-.aat** give, take to, hand to; **A-nax̲ + ka-li-.aat** button up

ya-li-.aat (tr): steer around: **kei ya-li-.aat** turn[1] (boat)
tu-li-.aat (in): **A + tu-li-.aat** decide, make up one's mind; **a dàa + tu-li-.aat** think over, consider; **a káa + daak tu-li-.aat** remember (esp. by consciously thinking upon)
tu-dli-.aat (in): **kux̲ tu-dli-.aat** be converted, turn round, change in one's thinking; repent
ji-li-.aat (tr): take by hand, lead; work (often at housework or small varied tasks)
ji-ka-li-.aat (tr): **k̲aa dàa + ji-ka-li-.aat** serve, wait on, minister to
shu-li-.aat (tr): open (pages, etc.); **héi-dei + shu-li-.aat** open (hinged doors); **woosh yá- + shu-li-.aat** close[2] (pages)
sha-li-.aat (tr): **yan sha-li-.aat** set up (pole, tanning frame)
sha-ka-li-.aat (st): be steep (esp. of mountains)
x̲'a-li-.aat (in): speak, talk, converse: **a dàa + x̲'a-li-.aat** discuss, talk over together; **k̲aa tòowoo yàa-dei + yoo x̲'a-li-.aat** discourage, try to stop from doing

.aat'
si-.aat' (tr): make cold, cool
ya-dzi-.aat' (st): be cold (of face)
sa-ya-.aat' (st): feel cold (of person)
k̲u-si-.aat' (im): be cold (of weather)

.aas
taa-ya-.aas (st): be lonesome for, wish to see (someone)

.aash
ya-.aash (st?): run[3], flow (of sap)

.aatl'
ya-ka-ya-.aatl' (st): be insufficient, not enough; be just a little, few

.aak[1]
ya-.aak (tr): weave basket or mat (using tree roots or bark)
a-ya-.aak (in): **A- + a-ya-.aak** fix fire[2] (using wood)
a-di-.aak (in): **shóo- + a-di-.aak** fix fire[2] (using wood)

.aak[2]
ya-ji-.aak ( ): stagger (of wounded animal or person), flounder (esp. wounded seal or exhausted fish)

.aax'w[1]
si-.aax'w (st): be bitter (of taste); be spicy hot

.aax'w[2]
ya-.aax'w (st): fracture (of bone)
di-.aax'w (st): be cracked on the surface (esp. of dishes, rock)
li-.aax'w (tr): cause to be cracked on the surface (rare)

.aak̲w
ka-ya-.aak̲w (tr): try[1], attempt; plan; try out, test; **át + ka-ya-.aak̲w** order, command, give orders or instructions

ji-ka-ya-.aak̲w (tr): order, give orders or instructions (esp. concerning work)

.aax̲[1]

ya-.aax̲ (tr): hear

si-.aax̲ (tr): prolong the note, lengthen in singing, hold on to note

si-.aax̲(in): **A- + si-.aax̲** listen; **k̲aa x̲'éi- + si-.aax̲** listen; obey, give heed to

dzi-.aax̲ (st): echo, resound

li-.aax̲ (tr): play instrument

ka-li-.aax̲ (tr?): barely hear, mis-hear

ka-dli-.aax̲ (tr): **sh tóo + ka-dli-.aax̲** rehearse (songs or music)

sa-ya-.aax̲ (tr): hear a voice (esp. singing)

sa-si-.aax̲ (tr?): sound forth, cry out, sing out, raise voice

x̲'a-ya-.aax̲ (tr): hear with understanding, understand, comprehend

.aax̲[2]

ya-.aax̲ (tr): carry, take (textile-like object) (often over one's arm); lie[2], be on (of textiles); **hàa- + ya-.aax̲** bring; **k̲aa jèe- + ya-.aax̲** give, take to, hand to

.áax̲ch'an

x̲'a-ka-li-.áax̲ch'an (st): be fascinating to listen to, be a compelling storyteller

.aax̲w

ya-ya-.aax̲w (tr): tie up (esp. dog)

daa-si-.aax̲w (tr): tie together in a bundle (general)

s'aan-ya-.aax̲w (tr): tie up hands (of captive)

k'i-ka-si-.aax̲w (tr): tie together stems in a bundle

x̲'a-si-.aax̲w (tr): tie up mouth (esp. of sack)

.ít'ch

ka-dli-.ít'ch (st): sparkle, reflect light

.ét

ka-di-.ét (st) (some speakers: **ka-di-.ék**): **tléil + ka-di-.ét** **tléil + ka-di-.ét** be empty, contain nothing

tu-di-.ét (st): **tléil + tu-di-.ét** be empty (of container with small opening)

.ék

x̲'a-di-.ék (st): be worthless (of speech), have no good in it, be full of lies

.únx̲aa

ya-si-.únx̲aa ( ): miss[1] the target (when shooting with a gun)

h

hee

ya-hee (tr): pay medicine man, give wages to have someone healed

si-hee (tr): **A-ch** (instr) + **si-hee** pay medicine man (with emphasis on the payment involved)

heen[1]

a-ya-heen (in): **A-k' + a-ya-heen** believe, trust, believe in; **tléil + A-k' + a-ya-heen** doubt; **kaa x'éi-k' + a-ya-heen** believe message of, accept as true

a-di-heen (in): **sh tóo-k' + a-di-heen** trust oneself, have confidence in oneself

heen[2]

ya-heen (st): swim under water (of shoal of fish)

ka-ya-heen (tr): water down, mix with water, add water

heets

li-heets (tr): singe, burn off all hair (in preparation for cooking); cook whole in skin (usually seal) when camping

hees'

ya-hees' (tr): borrow (general): **A- + ya-hees'** lend

li-hees' (tr): borrow (often large object such as stove, table); rent (esp. house); charter (plane); **A- + li-hees'** lend, rent (to someone)

ka-ya-hees' (tr): borrow (round, spherical object); **A- + ka-ya-hees'** lend

ka-li-hees' (tr): borrow (stick-like object); **A- + ka-li-hees'** lend

heech

ya-heech (tr): fuss at, make a fuss (of husband or wife, concerning the other's conduct)

ya-ya-heech (tr): watch covertly, watch closely and look away before being observed

heek

sha-ya-heek (st): be filled, be full (general and abstract); (fig.) **yan sha-ya-heek** be finished, completed

sha-li-heek (tr): fill (with solids or abstracts)

heexw

ya-heexw (tr): bewitch, cause sickness by witchcraft

hein

ya-hein (tr): own, claim (esp. clan property)

di-hein ( ): **a yèe- + di-hein** hog for oneself, claim, keep selfishly

héixwaa

ya-héixwaa (tr): make magic, perform rites to (a) bring desirable results

in nature, (b) give youngsters power and confidence
dzi-héix̱waa (tr): make magic on a person

hoo (basically singular: see **kwaan** for plural)
ya-hoo (in): swim on surface of water (of human or animal); wade
si-hoo (in): swim on surface of water (of bird) (rare)
ji-di-hoo (in?): swim on surface (esp. aimlessly or in circles); wade
shu-ya-hoo (tr): wade along dragging (canoe, log, etc.) behind one

hoon
ya-hoon (tr): sell (general); **dáanaa + ya-hoon** spend
si-hoon (tr): sell (usually complex or large object)
li-hoon (tr): go selling, peddle, hawk
dli-hoon (in): go spending, go shopping
ka-ya-hoon (tr): sell (usually round, spherical object)
ka-si-hoon (tr): sell (usually stick-like object or plural round objects)
ka-dli-hoon (in): **sh ka-dli-hoon** hire oneself out, look for a job, for employment

hoot
ya-hoot (tr): carry in skirt or apron; **kei ya-hoot** pick up and carry in skirt or apron
si-hoot (tr): plank, add planks temporarily to overladen boat (to make for safer transportation)

hootl'
ka-di-hootl' (st): be wrinkled (of cloth, paper, etc.) not necessarily permanently
ka-li-hootl' (tr): wrinkle (usually loose folds)
duk-ka-di-hootl' (st): graze, scrape off (skin)

hook
ya-hook (tr): **kei ya-hook** empty large dish (at party) and lift it with a shout to show it is empty

haa
ya-haa (st): be invisible, move invisibly; **A-x' + ya-haa** fit, move into exact position; **A-dax̱ + ya-haa** disappear (esp. turn into vapor, cease to exist); **gák-x̱ + ya-haa** be exposed, move into the open; **A- + ya-haa** want to, have a desire (to do something); **A- + yàan + ya-haa** be hungry
si-haa (tr): **A-x' + si-haa** fit, fit together; **A-dax̱ + si-haa** erase, rub off, cause to disappear; **A- + yàan + si-haa** make hungry; **ḵaa tòowoo yáa-x' + si-haa** comfort, cheer up, take mind off
li-haa (tr): **A-x' + li-haa** come upon (esp. suddenly), discover
ka-ya-haa (tr): plant; dig, dig up; **yoo ka-ya-haa** move to and fro; stir; **A-x' + yoo ka-ya-haa** rub in (esp. liniment, etc.); **ḵaa káa + ka-ya-haa** be blamed, suspected; **ḵaa kagéi-x' + ka-ya-haa** meet

with, come across, come before, be seen (esp. of game)

ka-ya-haa (st): move (esp. indefinite motion); be invisible, move invisibly; **k̲aa jèe-nax̲ + ka-ya-haa** be in charge[2] of, have authority over, take charge of

ka-di-haa (st): disappear (esp. turn into vapor, cease to exist)

ka-si-haa (tr): dig (esp. deep), excavate (rare); **A-nax̲ + ka-si-haa** bury (in the ground); **yax̲ ka-si-haa** spread out (small objects); **A-x' + ka-si-haa** force, compel; **k̲aa káa + ka-si-haa** blame, suspect; **k̲aa kagéi-x' + ka-si-haa** give (esp. as a favor); **k̲aa tòowoo yáa-x' + ka-si-haa** comfort

ka-li-haa (tr): cause to disappear mysteriously

ka-dli-haa (in): **sh ka-dli-haa** sneak away, cause oneself to disappear (by moving gradually out of sight)

ya-di-haa (st): move in, come around (of large numbers, esp. birds)

ya-si-haa (tr): gather[2] up, pick up, take up

yata-ya-haa (im): **A- + yata-ya-haa** be sleepy

yata-si-haa (in?): **A- + yata-si-haa** make sleepy

sa-ya-haa (tr) (in certain verb forms: **sa-ya-hei**): want, intend to, decide, be decided about; agree to, be willing

sa-ya-haa (st): **a káa + daak sa-ya-haa** remember (esp. without conscious effort), recall, come to mind

sa-di-haa (in): be ready, decided, intend to; want, desire (with strong feeling)

sa-li-haa (tr): **a káa + daak sa-li-haa** remind, cause to remember, bring to mind

ji-ya-haa (st): come (usually of non-human item, and esp. by mail), arrive, be delivered

ji-li-haa (tr): send for, order; **a káa + ji-li-haa** come upon, find doing, catch in the act, discover doing

ji-ka-si-haa (tr): **A-x' + ji-ka-si-haa** force, compel (esp. to do something by hand)

sha-di-haa ( ): **A-x' + sha-di-haa** hurt again, cause pain (to wound, etc.)

sha-ya-di-haa (st): be many, plenty, lots

sha-ya-li-haa (tr): have many, lots; increase, add to, make more

sha-ya-dli-haa (st): be many (but not really abundant), be quite a few

a-ka-ya-haa (st): float, move around on surface of water

k̲u-ya-haa (im): come (of time or season); have a turn[2], be one's turn

k̲u-li-haa (in): wrestle, fight (usually as sport)

k̲u-ka-si-haa (in): **A-dax̲ + k̲u-ka-si-haa** polish, rub until shiny

haan[1] (basically singular; see **naak̲**[1] for plural)

ya-haan (in): stand

di-haan (in): stand up, rise; **k̲ux̲ di-haan** stop; convert

si-haan (tr): hold[2] up (esp. children), cause to stand

a-ya-di-haan (in): flee, run from, turn back from (see **di-keil'**[1] for plural)

haan[2]

ka-ya-haan (tr): cut into strips (esp. seal blubber)

ka-si-haan (tr): fringe, cut into a fringe

hàanan (basically singular; see **nàagan** for plural)

ya-si-hàanan (tr): **a tóo-x̱ + ya-si-hàanan** restore confidence (by re-election), give a vote of confidence

haat

si-haat (tr): carry (heavy object) (usually with arms straight and sharing load with another); **hàa- + si-haat** bring (heavy object); **a dàa + si-haat** put around (esp. fence)

ka-si-haat (tr): cover completely, cover up out of sight; drive (group of animals), herd

daa-si-haat (tr): enclose, surround completely

haas'

ya-haas' (st): feel like vomiting, be nauseated

haach

li-haach (st?): tickle, itch, have sensation of running water (these sensations may be attributed to being grabbed by a ghost)

háach'

ka-li-háach' (st): be a shameful thing, be of great shame

haash

li-haash (tr): float, drift

haakw

ka-ya-haakw (tr): rally round, gather round to encourage

y

yeey

ya-yeey (tr): gather[2] together, tie together loosely (esp. logs), put together

ka-si-yeey (tr): tie together loosely

yeet

ka-ya-yeet (tr): stretch (cloth, skin, etc.) to make it permanently larger

ka-si-yeet (tr): stretch (cloth, skin, elastic, etc.)

ji-ka-si-yeet (tr): stretch (rope-like object)

x̱'a-ka-si-yeet ( ): stretch (mouth of sack, etc.)

yeech (basically plural; see **ḵeen** for singular)

ka-dli-yeech (st?): fly (of creatures that flap wings visibly)

yeesh

ya-yeesh (tr): pull (fairly light object); **x̱'éi-x̱ + ya-yeesh** close[2] by pulling to; **x̱'éi-dax̱ + ya-yeesh** open by pulling (sliding door, etc.)

ka-ya-yeesh (tr): pull up (root crops)

x̱'a-ya-yeesh (tr): **héi-dei + x̱'a-ya-yeesh** open by pulling

yeeḵ[1]

ya-yeeḵ (tr): **A- + ya-yeeḵ** mark a line

di-yeeḵ (tr): **x̱'òos-x̱ + di-yeeḵ** put on, pull on (shoes, trousers); **x̱'òos-dax̱ + di-yeeḵ** take off[1], pull off (shoes, trousers)

si-yeeḵ (tr): pull, haul (esp. of line); fish with a line; hoist up; hang (person): **A- + si-yeeḵ** mark a line

ka-ya-yeeḵ (tr): **a dàa- + ka-ya-yeeḵ** wrap, put (paper, etc.) around, spread over

ka-dzi-yeeḵ (tr): fish with a line

ya-ya-yeeḵ (in): **a dàa + ya-ya-yeeḵ** mark around

ya-si-yeeḵ (tr): lead on string, pull along (animal)

yeeḵ[2]

ya-yeeḵ (tr): bite, carry in mouth (of animal); **yan ya-yeeḵ** put down, lay down, leave (of animal, carrying object in mouth)

di-yeeḵ (st): back up, stop coming out (esp. of water in pipe, smoke)

dzi-yeeḵ (st): sink (in quicksand, swamp, etc.), be pulled under

ka-si-yeeḵ (tr): sink, weight down, cause to be pulled under

ka-dzi-yeeḵ (st): be swampy, muddy (such that something could sink there)

sha-ya-yeeḵ (tr): fill, fill up (esp. gradually with fish, berries, etc.)

x̱'a-di-yeeḵ (st): **ḵòon + daak x̱'a-di-yeeḵ** pull under (of waves), pull out (to sea)

yeeḵ[3]

ya-ka-li-yeeḵ (st): fly (of sparks)

yein

sha-ka-li-yein (tr): wag (tail), wave (hand, etc.); twirl, spin round above one's head

yeis'

ka-di-yeis' (st): be discolored

ka-li-yeis' (tr): dye, change color of

ya-ka-dli-yeis' (im?): **a x̱'éi- + ya-ka-dli-yeis'** blacken, turn black (of firewood)

yeil

li-yeil (tr): pretend, make believe; **ḵut li-yeil** cheat, deceive, fool

ḵ'a-li-yeil (st): lie[1] habitually, be a liar

ḵ'a-dli-yeil (in): **sh ḵ'a-dli-yeil** lie[1], deceive; (very rarely) misinform unintentionally

yeil'

ka-doo-ya-yeil' (st): be calm, peaceful

k̲u-ka-doo-ya-yeil' (im): be calm, peaceful, without storm (of weather)

yeik[1]

di-yeik (in): **sh di-yeik** be worked up

di-yeik (st): busy oneself with, potter

ya-ya-yeik (tr): watch out for, keep watch on, lie in wait; stalk, follow stealthily, creep up on

ya-shi-yeik (tr): beat[1] drum too fast

ji-ya-ya-yeik (tr): watch out for, be on guard for (esp. in boxing)

x̲'a-ya-si-yeik (st): talk too fast

yeik[2]

li-yeik (st): hold[1] more, contain more

yeix̲[1]

ya-yeix̲ (tr): plane, make smooth or even (using a plane)

li-yeix̲ (tr): build; make, construct; **A-x̲** (compl) + **li-yeix̲** use, make into; **hóoch'-x̲** (compl) + **li-yeix̲** destroy, make nothing of; for loan words, see under make

dli-yeix̲ (in): **sh tóon-x̲** (compl) + **dli-yeix̲** be united, be close together in thoughts and attitudes, make one; **k̲òon-x̲** (compl) + **sh dli-yeix̲** accompany all the time

ka-ya-yeix̲ (tr): whittle, make kindling

daa-ka-ya-yeix̲ (tr): peel, pare (by cutting)

yeix̲[2]

ya-yeix̲ (st): lack, be short of (with amount specified; used esp. of time 'from now')

yoo

x̲'a-dli-yoo (tr): address as, call by certain relationship term and thus adopt that relationship

yook

ka-ya-yook (tr): shake (esp. canoe, to signal animal sighted)

sha-ka-ya-yook (tr): shake (clothing, medicine, etc.)

yoox̲'

di-yoox̲' (st): be thoroughly wet, soaked, waterlogged

li-yoox̲' (tr): soak, wet thoroughly

yaa[1]

ya-yaa (tr): resemble closely, look like[2] or alike, be almost identical with; **a kayàa + ya-yaa** be similar, like but not identical

ka-di-yaa (st): move (often almost imperceptibly), travel (indefinite as to method); happen, move (of events); **a yáx̲** (sim) + **ka-di-yaa** be fulfilled, come true; be like[2] (of tribal relationships)

ka-dzi-yaa (tr): **a yáx̲** (sim) + **ka-dzi-yaa** make like[2] (of tribal relationships), consider to be like

tu-ka-ji-yaa (st): hesitate, be reluctant, back out (from task), be unwilling

yaa[2]

ya-yaa (tr): carry on back, pack

ka-ya-yaa (tr): **A- + ka-ya-yaa** spread out, unfold, lay out (singular object)

ka-si-yaa (tr): **A- + ka-si-yaa** spread out, etc. (plural object)

ka-li-yaa (tr): lower down

sha-si-yaa (tr): anchor, lower anchor

sha-ka-ya-yaa (st): fill (of odor), pervade, spread through

sha-ka-dzi-yaa (in): comb hair

yàayee

ka-si-yàayee (st): be crazy, too lively, over-excited

x̲'a-ka-si-yàayee (st): be crazy in speech, talk foolishly, be too talkative

yaat'

ya-yaat' (st): be long (usually of stick-like objects, when focus is on length rather than width, etc.)

li-yaat' (st): be long (general)

ka-shi-yaat' (st): be oval, oblong

ka-li-yaat' (st): be long (usually of flexible objects, including ropes)

yee-ya-yaat' (st): be long (of time)

yaas'

ka-di-yaas' (st): be smooth (esp. of textiles), be spread out; (fig.) **k̲aa tòowoo + ka-di-yaas'** relax, be calm

ka-li-yaas' (tr): smooth out, spread out; (fig.) **k̲aa tòowoo + ka-li-yaas'** relax, calm

ka-dli-yaas' (in): stretch out legs; step, place one's foot

yaach'

ka-ya-yaach' (st): lack, be short of, have insufficient of (esp. time); be too short, lack sufficient length (in size)

ka-li-yaach' (st): be too short (esp. of rope-like objects)

yaash

ka-li-yaash (tr): build a platform

yaatl'

ya-yaatl' (st): be short (general)

li-yaatl' (st): be short (usually of rope-like objects)

ka-li-yaatl' (st): be short (usually of stick-like objects)

yee-ya-yaatl' (st): be short (of time)

yaakw

a-ka-li-yaakw (in): **A-x̲ + a-ka-li-yaakw** deny, contradict, declare untrue

yaak̲w

li-yaak̲w (tr): represent as, portray, liken to (esp. as an illustration, but also for discussion); **k̲aa jèe-dei + li-yaak̲w** pass on (esp. property of dead person), hand on, bequeath, will to

yát

ka-dli-yát (in): **ash ka-dli-yát** play (esp. active games)

yáshk̲

di-yáshk̲ (st): be scarce, rare, lacking

W

wéinaa

ya-di-wéinaa (st): have powdered face, protect face from sun with gypsum, tallow, pitch

ya-dli-wéinaa (in): powder face, etc.

weis'

di-weis' (st): be lousy, infested with lice

woo[1]

di-woo (in): take lunch, take a picnic

a-ya-woo (in): send for, order (usually from catalog)

a-si-woo (in): **A-ch** (instr) + **a-si-woo** send (often by mail)

woo[2]

dli-woo (st): be fair-skinned, fair-complexioned

woos'[1]

ya-woos' (tr): ask, question; ask for, inquire concerning

x̲'a-ya-woos' (tr): ask, question (usually specific person)

woos'[2]

ya-woos' (st): be tough, hard (esp. of close-grained wood)

ka-di-woos' (st): be discolored, be dirty (of water)

ka-li-woos' (st): **A-ch** (instr) + **ka-li-woos'** discolor, dirty (water)

wooch'

ka-di-wooch' (st): be discolored, dirty, cloudy (of water)

ka-li-wooch' (st): **A-ch** (instr) + **ka-li-wooch'** discolor, dirty, muddy water

tu-li-wooch' (st): be stubborn, harden oneself, refuse to give in

wootl

di-wootl (in): **k̲aa yáa** + **di-wootl** hurry

x̲'a-di-wootl (in): **sh yáa** + **x̲'a-di-wootl** hurry with eating, eat fast

wool

ya-wool (st): have a hole, outlet

wook̲

ya-wook̲ (st): move, fall (esp. of textiles, often a gradual, rippling movement)

si-wook̲ (st): move (esp. of swamp)

x̲'a-ya-di-wook̲ (in): **sh x̲'a-ya-di-wook̲** hesitate to say, 'have cold feet' about speaking

woox̱

di-woox̱ (st): become smaller (of tide)

woox̱'

ya-woox̱' (st): be wide, broad (general)

li-woox̱' (st): be wide, broad (usually of ribbon-like objects)

ka-ya-woox̱' (st): be wide, broad (usually of round objects)

ka-li-woox̱' (st): be wide, broad (usually of containers)

ka-ka-ya-woox̱' (st): be wide, broad (of land)

ka-ka-li-woox̱' (st): be wide, broad (of land)

waan

dli-waan (st): be maggoty, full of worms (of meat, fish)

waat

ya-waat (tr?): measure off in lengths of a fathom (or arm span)

ya-waat (st): grow (in size and maturity) (esp. of human and animal)

si-waat (tr): raise[2] (child, animal); grow (plant), cause to grow

dzi-waat (in): **sh dzi-waat** stretch one's limbs

dli-waat (in): **sh dli-waat** make oneself bigger

ya-ya-waat (st): be full (of moon), be fully visible

waas

dli-waas (tr): roast dried fish (by open fire)

waas'

dli-waas' (in): **A-x̱ + dli-waas'** ask, go around asking (esp. throughout village)

x̱'a-ya-waas' (tr): keep on asking, question

waash

ḵ'a-ya-waash (st): yawn

waal

ya-waal (st): be holey, have a hole

ka-di-waal (st): be holey, have a number of holes

ka-li-waal (tr): make holes

ḵu-ya-ya-waal (in): **A-nax̱ + ḵu-ya-ya-waal** bore holes through

waal'

ya-waal' (tr): break off pieces (esp. bread, dried fish) with the hand

ya-waal' (st): break; burst forth, give way suddenly (of dam, canoe, etc.)

li-waal' (tr): break (rare)

ka-ya-waal' (tr): break (usually of fairly fragile objects); (fig.) be penniless; (fig.) **kaa tòowoo + ka-ya-waal'** be disappointed

ka-li-waal' (tr): break (esp. fairly fragile object) into many pieces

ka-ka-li-waal' (tr): break (esp. eggs)

sha-ya-li-waal' (st?): burst forth (of water, from above)

n

nee

ya-nee (st): **A + ya-nee** happen, occur; **yan ya-nee** be permanent, happen for good; be finished, complete, ready; be prepared, ready; **kaa yáa + kut ya-nee** amaze, cause wonder, astonish

di-nee (st): **kúx-dei + yóo + di-nee** slack off, slacken, abate (of storm, fever, etc.)

si-nee (tr): **A + si-nee** do (general term), fix, cause to happen; **yan si-nee** finish, complete; **yéi + si-nee** carry, take (plural objects, general); **kei yéi + si-nee** pick up, lift up, take from (plural objects); **hàa- + yéi + si-nee** bring; **kaa jèe- + yéi + si-nee** give, take to, hand to; **a yîk- + yéi + si-nee** load, carry aboard; **héen-ch** (instr) **+ yéi + si-nee** drown; **kaa waksheeyèe-x' + yéi + si-nee** demonstrate, perform publicly, show by action

dzi-nee (tr): **sh tugéi- + dzi-nee** insult, offend (by actions)

dzi-nee (in): **kaa waksheeyèe-x' + yéi + sh dzi-nee** appear, show oneself

nees'

a-ya-nees' (in?): eat raw sea urchins on the beach

neek

dli-neek (in): gossip, tattle, tell tales; tell news (rare); **woosh x'ayá- + dli-neek** disagree, argue, dispute

ka-ya-neek (tr): tell, report, give facts about; witness to, tell about, testify to; **kei ka-ya-neek** betray (secret), inform on, tell on; **a shuká + ka-ya-neek** prophesy, foretell; **kunáax + daak ka-ya-neek** explain

ka-si-neek (tr): **A-x** (compl) **+ ka-si-neek** say it is, call it (a certain thing)

ka-li-neek (tr): tell a story; talk into; **a káx + ka-li-neek** defraud, talk out of

ka-dli-neek (in): **sh ka-dli-neek** preach; narrate, tell a story

x'a-ka-ya-neek (tr): interpret, quote

neek'

ya-neek' (st?): be neat, clean and tidy (of personal appearance or housekeeping)

shi-neek' (st?): **tléil + shi-neek'** be shabby, untidy, slovenly (in personal appearance and housekeeping)

neex'

dzi-neex' (tr): smell

ku-dzi-neex' (in): sniff, smell around (of animal)

néegwal'

ya-néegwal' (tr): paint

ka-li-néegwal' ( ): make jam, preserves

neekw

ya-neekw (st): be sick; hurt; **k̲aa tòowoo+ ya-neekw** be sad, sorry, unhappy

si-neekw (tr): make sick; **k̲aa tòowoo+ si-neekw** sadden, make sad

ji-ya-neekw (st): **A-x' + ji-ya-neekw** annoy (esp. by one's actions)

k̲'a-dli-neekw (in): **sh k̲'a-dli-neekw** pretend to be sick, malinger

a-ya-neekw (in): **A-x̲ + a-ya-neekw** bother (esp. by touching)

nei

ka-si-nei (tr): make cloth of any kind (by weaving, knitting, or crocheting)

ya-ya-nei (tr): restrain, restrict, warn not to do, prevent from doing

daa-ya-nei (tr): **yéi + daa-ya-nei** do, perform (a particular action)

ji-ya-nei (in): **yéi + ji-ya-nei** work, do; **k̲aa náa- + yéi + ji-ya-nei** dress, clothe

ji-si-nei (in): **A-x' + yéi + ji-si-nei** make work

shu-ya-nei (tr): guide, instruct and lead along at the same time

a-ya-ya-nei (in): **k̲aa yáa + a-ya-ya-nei** respect, regard highly, honor, think highly of

neiy

ji-ka-ya-neiy (in): **yéi + ji-ka-ya-neiy** play around with one's hands, twiddle one's thumbs, pass time away

neit

ka-di-neit (st): tremble, quake, shiver

ka-si-neit (tr): cause to tremble, vibrate

sha-ka-dzi-neit (st): nod head (usually with palsy)

neitl

dli-neitl (st): be fat; gain weight

neil'

li-neil' (tr): clasp against oneself in order to carry (because otherwise too bulky or heavy to handle)

neik̲

shi-neik̲ (st): rot (of snow), turn to slush, decay

ka-shi-neik̲ (st): be in wide blobs (of snow)

neix̲

ya-neix̲ (st): be saved; healed, cured, recover; be satisfied

si-neix̲ (tr): save; heal, cure

li-neix̲ (tr): save for future use

noot'

ya-noot' (tr): swallow (general)

ka-ya-noot' (tr): swallow (pill, etc.)

noots[1]

ka-ya-noots (tr): smile (often knowingly or sarcastically)

ya-ka-ya-noots (tr?): communicate by smiling, flirt

noots[2]

ka-dli-noots (st): begin to spoil (of animal matter)

tu-ka-dli-noots (st): begin to spoil, to smell bad

nook[1] (basically singular; see **k̲ee** for plural)

ya-nook (in): sit, sit down (esp. act of sitting)

di-nook (st): be situated (esp. of building)

si-nook (tr): carry, take (live creature); **kei si-nook** pick up and carry (live creature); **yan si-nook** put down; **hàa- + si-nook** bring

sha-di-nook (in): get up, rise

sha-si-nook (tr): raise[1], resurrect; rouse, cause to get up

nook[2]

ya-nook (tr): **tóo + ya-nook** feel (physical or emotional)

ya-nook (in): **A- + ya-nook** act like; feel like (esp. emotional); be willing, want to, agree to

di-nook (tr): **jèe + di-nook** touch, feel with hands; **x̲'éi + di-nook** taste, sample; **tléil + jidàa + di-nook** misplace, mislay

di-nook (in): **A + sh di-nook** feel (esp. physical sensation)

doo-ya-nook (st): blow, be felt (of wind); taste; **A-x' + g̲áa + doo-ya-nook** suit, look well on, be becoming to; be suitable, fitting (in behavior and appearance), be approved of

li-nook (tr): notify, inform, bring news (esp. serious or important news); **k̲aa tóo + li-nook** persuade, talk into willingness to do

ka-si-nook (tr): **yan ka-si-nook** prove, verify, find out and be sure of; investigate, make trial of, test out

ka-shi-nook (tr): **tléil + tóo + g̲áa + ka-shi-nook** dislike, disapprove

ka-li-nook (tr): doubt someone's ability, lack confidence in, consider unworthy

tu-ya-nook (in): **A + tu-ya-nook** suffer (physically or mentally)

tu-li-nook (tr): **A-x' + tu-li-nook** persecute, cause to suffer (either physically or mentally)

ji-di-nook (in): **A-dax̲+ ji-di-nook** desire, be anxious to acquire

sha-ka-di-nook (st): swell up, increase in volume by swelling; (fig.) multiply, increase in quantity

x̲'a-di-nook (in): **A-dax̲ + x̲'a-di-nook** be hungry for, be anxious to eat; **k̲aa x̲'éi-dax̲ + x̲'a-di-nook** be hungry for, be anxious to eat

k̲u-ya-nook (in) (in certain paradigms and persons: **k̲u-ya-neekw**): **A + k̲u-ya-nook** behave like, do, act (in certain way), be customary to

nook'

ya-ka-di-nook' (st): swivel, turn on a point

k̲u-ka-li-nook' (in): **k̲aa tóo + daak k̲u-ka-li-nook'** persuade, cause to change mind

nóox'ak̲w
ka-li-nóox'ak̲w (tr): remove shell (esp. from gumboots (chiton))

naa[1]
ya-naa (tr): inherit
ya-naa (st): die (of human and creature)
si-naa (tr): bury with appropriate ceremony, give burial to and disperse property
li-naa (tr): **A-x' + li-naa** cause to inherit
k̲'a-dli-naa (in): **sh k̲'a-dli-naa** pretend to die

naa[2]
di-naa (tr): drink (esp. cold liquids)
si-naa (tr): make damp, dampen (clothes, dried food, etc.)
li-naa (tr): put oil on, anoint, rub in oil or liniment; **k̲aa x̲'éi + li-naa** give to drink
ka-ya-naa (st?): be damp
ya-dli-naa (in): oil the face, put on cream
sha-dli-naa (in): oil the hair, anoint
k̲u-si-naa (im): become mild and damp (of weather)

naa[3]
ka-ya-naa (tr): order (esp. to go), send, command; (fig.) give (esp. in accordance with clan relationship)
ji-ka-ya-naa (tr): **A-x̲ + ji-ka-ya-naa** order to work

naa[4]
li-naa (tr): carry (many objects) in bundles (esp. number of textiles); **hàa- + li-naa** bring in bundles

naay
ka-ya-naay (tr): be in command (rare)
ka-li-naay (tr): order repeatedly (esp. order to go); **at ka-li-naay** ask repeatedly (esp. for permission to go)
shu-ka-ya-naay (tr): lead singing (by reading out words ahead of the singers)

naaw
li-naaw (st): leak (of house, boat, etc.)

naash
ka-li-naash (tr): shake off, shake and throw off (usually of animal)
ya-ka-di-naash (in): shake head (to signal a negative response) (rare)
tl'ek̲-sha-ka-dli-naash (in): **sh tl'ek̲-sha-ka-dli-naash** shake finger (usually at child)

naatl'
di-naatl' (st): become wrinkled through soaking
ji-di-naatl' (st): be clumsy, awkward (as when hands have been in water too long)

naal

ya-naal (tr): sizzle (of water poured on hot rock), make steam with sizzling or hissing sound

di-naal (in): blow through nose, blow one's nose noisily

ka-li-naal (tr): steam berries (in hot pit in ground)

náalx̱

li-náalx̱ (st): be rich[1], wealthy

naak

dli-naak (st): lose feeling, become numb

ka-ya-naak (st): **a káa + ka-ya-naak** become a habit, be habitual (done without conscious thought); **A-x' + ka-ya-naak** become a habit with

ka-si-naak (tr): shape, form, cause to take a certain shape

naakw

ya-naakw (tr): treat with medicine, medicate, dose

nàag̱an (basically plural; see **hàanan** for singular)

ya-si-nàag̱an (tr): **a tóo-x̱ + ya-si-nàag̱an** restore confidence (by re-election), give a vote of confidence

naak̲[1] (basically plural; see **haan**[1] for singular)

ya-naak̲ (in): stand

di-naak̲ (in): stand up, rise; **k̲ux̱ di-naak̲** stop

ya-si-naak̲ (tr): chase, run after (see **li-keil'**[1] for plural object)

a-ya-di-naak̲ (in): (fig.) convert, turn back from

naak̲[2]

ji-ya-naak̲ (tr): let go, release, relinquish; leave, desert; hand over, deliver up

ji-di-naak̲ (in): quit, stop work

x̱'a-ya-naak̲ (tr): quit, give up (esp. drinking)

x̱'a-si-naak̲ (tr): silence, cause to stop talking

naak̲[3]

li-naak̲ (tr): raise[1] flag

naak̲w[1]

di-naak̲w (in): fish with halibut hook

ya-ya-naak̲w (tr): bait, put bait on fishhook or trap

naak̲w[2]

di-naak̲w (st): rot, decay (esp. of wood, bones) to stage where crumbling to pieces

ka-si-naak̲w (st): rot, decay (of wood) to stage where it breaks easily (rare)

núkts

li-núkts (st?): be sweet (in taste)

d

deen

tu-ka-ya-deen (tr): concern, trouble, be on the mind of

tu-ka-di-deen (st): be concerned, feel troubled

dees

a-dli-dees (im?): shine (of moon)

deech

ya-deech (tr): rub until irritated (esp. one's eyes)

dèegaa

dzi-dèegaa (tr): fish with dip-net

deek[1]

dzi-deek (tr): fish with dip-net

deek[2]

ya-ya-deek (tr): steer boat with rudder

deek'

dzi-deek' (st): be plugged up (of tube-like object); be constipated

tu-dzi-deek' ( ): plug up (of engine, pipe, etc.)

deex'

ya-deex' (tr): plug up a hole in a surface

shu-ya-deex' (tr): plug up end of pipe, etc.

x̲'a-ya-deex' (tr): cork up (bottle), shut mouth of

deil

a-ya-deil (in): **yan a-ya-deil** watch, keep a lookout; guard, protect; **a káx̲ + a-ya-deil** watch; guard, protect

déix'

ka-ya-déix' (st): be ashamed, feel shame

ka-li-déix' (tr): be ashamed, be put to shame, be embarrassed

deik̲

ya-deik̲ (tr): challenge, dare (esp. to do what is socially unacceptable)

doot'

ya-doot' (st): hiccup, have hiccups

doos'

ya-doos' (st): move (of water) (usually suddenly and abnormally, as with tidal wave)

dooch'

ka-li-dooch' (tr): cut fish in chunks for boiling (esp. cut between ribs, leaving skin attached)

dootl[1]

ka-di-dootl (in): be doubled up (of limbs)

ka-di-dootl (st): be crumpled up, folded over and over

ka-li-dootl (tr): double up, fold up (of limbs); crumple up

dootl[2]

ka-li-dootl (tr): entice, call or bring to oneself (esp. child or wild animal)

dook

di-dook (st): become whole, closed[2] up, come together (of wound)

ka-di-dook (st): be closed[2] up, plugged up permanently

tu-ka-di-dook (st): be closed[2] up, plugged up (tube-like object)

ka-ka-si-dook (tr): keep closed[2] up, keep as one piece (round object)

x̲ʼa-dzi-dook (in): **k̲òon + sh x̲ʼa-dzi-dook** give a final pronouncement of one's opinion and then keep silence

x̲ʼa-ka-dzi-dook (in): **k̲òon + sh x̲ʼa-ka-dzi-dook** keep silence, keep one's mouth closed, seal one's lips

dooxʼ

ya-dooxʼ (tr): tie in a knot, tie around one

ka-ya-dooxʼ (tr): knot, tie in a knot, tie around one

dook̲

ka-shi-dook̲ (im): be slushy, be wet (of snow)

daa[1]

ya-daa (st): flow (of water, tide); flood; water (of eye)

si-daa (tr): cause to flow, run[3] water

ka-ya-daa (st): flow; run[3] (of nose); bleed, flow (of blood)

ka-si-daa (tr): fill, cause to flow into

daa[2]

ya-daa ( ): **A-x̲ + ya-daa** become accustomed to, get used to; **k̲aa x̲ʼéi-x̲ + ya-daa** become accustomed to, get used to (of manner of speech)

ya-ya-daa (in): **k̲aa dàa-x̲ + ya-ya-daa** figure out (someone), size up, investigate and evaluate; **A- + ya-ya-daa** watch, keep watching, keep eye on

tu-ya-daa (st): **A-x̲ + tu-ya-daa** become accustomed to, get used to (esp. in attitudes); become tame

daay

ya-dzi-daay (in): **k̲aa yàa-dei + ya-dzi-daay** scold

x̲ʼa-ya-dzi-daay (in): exclaim, cry 'hoo, hoo' (in order to strengthen resolve to endure pain or death)

daan

ya-ka-ya-daan (st): snow heavily

daas

ka-ya-daas (st): be insufficiently heavy (esp. of anchor)

daasʼ

ya-daasʼ (st): wear[2] through (of rope-like object)

li-daasʼ (tr): cut through with wire

dli-daasʼ (tr): snare

daal

ya-daal (st): be heavy (usually of inanimate things); (fig.) be weighty, important (of abstracts)

li-daal (st): be heavy (usually of live creature)

ka-li-daal (tr): (fig.) **A + ka-li-daal** esteem someone equal to or better than another

daal'

ka-di-daal' (st): be marked, imprinted

ka-li-daal' (tr): print, type

daak

li-daak (tr): cook in pit under fire

daakw

a-ya-daakw (tr): render down (usually seal blubber)

daak̲[1]

a-ya-daak̲ (im): stop (of rain); **k̲aa dàa + a-ya-daak̲** regain consciousness, come to

daak̲[2]

si-daak̲ (st): move household (permanently)

daax̲[1]

ya-daax̲ (tr): use adze, make (esp. canoe) with adze

daax̲[2]

k̲'a-ya-ya-daax̲ (st): move forward with considerable momentum, keep moving from momentum (e.g., after engine shut off); bounce or skip along on water (of flat rocks)

t

tee[1]

ya-tee (st): **A + ya-tee** be (a certain way); **A-x' + yéi + ya-tee** be at, stay, remain; dwell, live at; **k̲aa wak̲sheeyèe-x' + yéi + ya-tee** appear; **k̲aa tóo-x' + yéi + ya-tee** remember, bear in mind; **k̲òon + ya-tee** affect; **k̲aa tóon + ya-tee** care about, be concerned about, be affected by; **a yáx̲** (sim) **+ ya-tee** be like[2]; **a èetee-nax̲ + ya-tee** need, lack, require; **k̲aa tóo + g̲áa + ya-tee** be acceptable, satisfactory, well-liked; **k̲aa x̲'éi + g̲áa + ya-tee** obey, be obedient; **tleiyéi + yéi + ya-tee** wait

di-tee (st): **sh tóon + di-tee** be insulted, offended, take offense; **sh tóo + g̲áa + di-tee** be grateful, thankful, satisfied

si-tee (st): **A-x̲** (compl) **+ si-tee** be (a member of a set); become

shi-tee (st): **tléil + g̲áa + shi-tee** fail (esp. to conform to expectations and standards of the culture), fail partially

tu-ya-tee (st): want to do, feel like doing; **a dàa + tu-ya-tee** think about, consider, have opinion

k̲u-ya-tee (im): **A + k̲u-ya-tee** be (of weather); **k̲aa tóo-x̲ + k̲u-ya-tee** be frightened, thoroughly scared

k̲u-dzi-tee (in); be, be in existence, live; be born

tee[2]

ya-tee (tr): carry, take (general, often compact object); lie[2]; **kei ya-tee** pick up, lift up, take from; **yan ya-tee** put down, lay down, leave, place; **hàa- + ya-tee** bring; **k̲aa x̲'éi + ya-tee** give to eat (food, esp. for immediate eating); **k̲aa jèe- + ya-tee** give, take to, hand to (general, esp. abstract objects); **k̲aa wak̲sheeyèe-x' + ya-tee** show, display, reveal; **t'éesh- + ya-tee** stretch skin, put on stretcher for scraping

di-tee (tr): **káx̲ + di-tee** put on (shirt, dress, etc.); **sháa-x̲ + di-tee** put on (hat); **kàa-x̲ + kei di-tee** take off[1] (shirt, etc.); **sháa-dux̲ + kei di-tee** take off[1] (hat)

si-tee (tr): carry, take (solid, often complex object); lie[2]; **yan si-tee** put down, lay down, leave, place

ka-ya-tee (tr): carry, take (round object); lie[2]; load (a gun), put a bullet in; **hàa- + ka-ya-tee** bring; **k̲aa jèe- + ka-ya-tee** give, take to, hand to

ka-si-tee (tr): carry, take (small stick-like object, or string-like object); lie[2]; introduce, usher in, institute (rare); **yoo ka-si-tee** ordain, appoint for sacred duty

sa-ya-tee (st): **a kát + sa-ya-tee** remember, keep in mind

sa-li-tee (tr): **a kát + sa-li-tee** remind, keep bringing to mind

ji-ya-tee (st): **kut ji-ya-tee** be skilled, artistic

ji-ka-ya-tee (tr): **woosh x̲òo- + ji-ka-ya-tee** mix (paints, etc.)

shu-ya-tee (tr): **A- + shu-ya-tee** pipe (water), bring by means of pipelines; **k̲aa jèe- + shu-ya-tee** blame, put blame on (esp. for specific event), accuse

shu-ya-tee (st): be expected

shu-si-tee (tr): anticipate, foresee; expect, consider likely to happen or arrive

shu-ka-si-tee (tr): introduce, originate, usher in, institute

sha-si-tee (tr): **daak sha-si-tee** anchor temporarily

sha-ya-ya-tee (tr): **A- + sha-ya-ya-tee** hang up (esp. to dry)

sha-ya-si-tee (tr): **A- + sha-ya-si-tee** hang up (string, etc.)

g̲ax̲-si-tee (in): cry, weep; mourn; howl (esp. of wolves) (plural subject; see **ya-g̲aax̲** for singular)

a-ya-di-tee (im?): storm, be stormy, rough (of weather)

tee[3]

ya-tee (tr): imitate, mimic (actions)

x̲ʼa-ya-tee (tr): imitate, mimic (speech); quote;
tléil + chàa + x̲ʼa-ya-tee be mean[1], bad-tempered

teey[1]
ya-teey (tr): patch, sew a patch on

teey[2]
ya-teey (tr): soak dried fish

teey[3]
ka-ya-teey (tr): carve (large objects, esp. totem poles), using chisel or adze

teey[4]
ya-si-teey (tr): be jealous of (husband or wife), be suspiciously watchful

teen
ya-teen (tr): see, perceive (general, often abstract)
si-teen (tr): see, behold (usually specific)
ya-ya-teen (tr): recognize
k̲u-ya-teen (in): have sight (see people); come (on a trip), travel, go on a trip
k̲u-shi-teen (in): **tléil + k̲u-shi-teen** be blind, lack sight

teet
si-teet (tr): calk, stop up to prevent leaking, make watertight
li-teet (st): be afloat, be carried by waves, drift
ka-ka-li-teet (st): roll in the swell

teetʼ
shi-teetʼ (tr): tense or contract muscles, hold (oneself) taut or rigid, brace (oneself) (e.g., to face pain)

tees
di-tees (in): shuffle feet, take rapid small steps producing a noise

teesʼ
k̲u-ya-teesʼ (in): stare, look steadily; **A-g̲aa + k̲u-ya-teesʼ** look out for, keep watch for (expecting some person or thing to appear);
k̲aa dàa-dei + ku-ya-teesʼ inspect, look around, look over a situation

téesʼshan
ka-li-téesʼshan (st): be fascinating to watch, be a wonderful sight;
k̲aa toowáa + ka-li-téesʼshan be fascinated, enjoy watching, be spell-bound

teesh
li-teesh (st): be lonesome, miss someone (with strong feeling)

teel
li-teel (tr): scar, be scarred

teex
dzi-teex (st): have fleas (of animal)

teex'

ka-si-teex' (tr): make rope by twisting roots

ka-li-teex' (tr): splice rope

teis'

ka-di-teis' (st): be weak, limp and trembling

ka-dli-teis' (st): be soft and squashy (esp. of rotting root crops or melting fat)

teiḵ'

si-teiḵ' (tr): twist (rope-like object) (rare)

ka-ya-teiḵ' (tr): twist, break by twisting

ka-si-teiḵ' (tr): twist

ji-ka-si-teiḵ' (tr): twist (rope)

teix̱

li-teix̱ (st): smell strongly (of onion, raven, human perspiration)

teix̱'

ka-ya-teix̱' (tr): wring (cloth)

ka-si-teix̱' (tr): bend (by twisting), make crooked

ka-dzi-teix̱' (st): be crooked; **tléil + ka-dzi-teix̱'** be straight

ka-li-teix̱' (tr): screw; wind[1] (clock, etc.); wring (neck); **x̱'éi- + ka-li-teix̱'** lock

too

x̱'a-si-too (st): be glib, always have an answer, be ready with excuses

toow

ya-toow (tr): read

dzi-toow (in): **A- + dzi-toow** count

li-toow (tr): **A-x' + li-toow** teach; **sh tóo + li-toow** study, learn; practice, rehearse

ḵ'a-dli-toow (in): **sh ḵ'a-dli-toow** pretend to read

tooch

li-tooch (tr): partially cook fish when fresh-killed from water; broil fast (directly over live coals)

dli-tooch (st): be fresh-killed (of fish)

tooch'

li-tooch' (tr?): dab, apply (paint, etc.) with a quick movement of the finger (rare)

ka-li-tooch' (tr?): roll cedar bark and goats' hair together (to make thread for Chilkat blankets)

tool

ya-tool (tr): drill, bore hole; spin (top, etc.)

li-tool (tr): drill; spin, make spin

ka-li-tool (tr): roll up (flat and flexible object); spin thread

took[1]

li-took (st): potent (esp. of old coffee) or rancid (rare);
tléil + li-took clean; pure, holy

took[2]

shi-took (tr): explode, blow up

ka-shi-took (tr): blow up[2] with explosive; burst (esp. round object)

toox

ya-toox (tr?): stamp feet rapidly, make noise with feet (applaud, etc.); dance with rapid little steps

toox̱

li-toox̱ (tr): **yóo- + li-toox̱** spit, spit out (medicine, etc.)

ḵ'a-di-toox̱ (in): **A- + ḵ'a-di-toox̱** spit

ḵ'a-dzi-toox̱ (in): **yóo- + ḵ'a-dzi-toox̱** spit, spit out

taa[1] (basically singular; see **x̱eix'w** for plural)

ya-taa (in): sleep, sleep alone

si-taa (tr): put to bed, put to sleep; carry, take (a dead weight, esp. dead creature); **yan si-taa** put down, lay down, leave, place (dead creature, sleeping child, etc.); **hàa- + si-taa** bring

dzi-taa (in): **sh dzi-taa** lie[2] down (of human) (see **dli-.aat**[2] for plural)

a-ya-di-taa (in): turn[1] over, roll over in one's sleep

taa[2]

ya-taa (st): be in prime condition (of animal, esp. deer), be prime fat

taa[3]

si-taa (tr): boil food (esp. meat)

ka-si-taa (tr): boil food (esp. berries)

taaw

ya-taaw (tr): steal (general), rob

si-taaw (tr): steal (usually complex or large object)

ka-ya-taaw (tr): steal (usually round, spherical object)

ka-si-taaw (tr): steal (usually stick-like object or plural round objects)

a-di-taaw (in): sneak off, go secretly

taan (basically singular; see **.aat**[2] for plural)

ya-taan (tr): carry, take (usually container or hollow object); lie[2]; **hàa- + ya-taan** bring; **A- + ya-taan** cover (esp. pot, etc.), put on lid; **A-dax̱ + ya-taan** uncover, take off lid

ya-taan (st?): **kei ya-taan** jump, leap (of fish)

si-taan (tr): carry, take (usually long, complex object); lie[2]; **hàa- + si-taan** bring

si-taan (st): **daak si-taan** fall (of natural precipitation), rain; snow

ka-ya-taan (tr): carry, take (usually long, simple object); lie[2]; drive (group of animals) fast, hustle; **kei ka-ya-taan** pick up, lift up, take from; **hàa- + ka-ya-taan** bring; **yóo + ka-ya-taan** bend, bend over

ka-di-taan (in): **yín-dei + sh ka-di-taan** bend over, lean down

ka-si-taan (tr): carry, take (usually quite small, stick-like object); lie[2]; bend knee; **ḵaa jèe- + ka-si-taan** give, take to, hand to

ka-shi-taan (tr): be in habit of doing, do frequently because one enjoys doing it

ya-ya-taan (st): **A- + ya-ya-taan** head for, steer towards (in boat)

ya-si-taan (tr): steer (boat)

tu-ya-taan (in): **a dàa + tu-ya-taan** think over, consider, make up one's mind about; **ḵaa káa + yan tu-ya-taan** put trust in, rely on, have faith in

tu-di-taan (in): **A + tu-di-taan** decide, make up one's mind; **ḵux̱ tu-di-taan** be converted, turn round, change (in one's thinking); repent; **a káa + daak tu-di-taan** remember (esp. by consciously thinking upon)

tu-dzi-taan (tr): **ḵux̱ tu-dzi-taan** convert, cause to make up mind

ji-ya-taan (tr): take by hand (esp. child), lead

ji-si-taan (st): beat[1] hard (of waves), pound or dash against shore

shu-ya-taan (tr): **A + shu-ya-taan** mean[2], signify, denote; **x̱'éi- + shu-ya-taan** close[2], shut (hinged door, season, etc.); **héi-dei + shu-ya-taan** open (hinged door)

sha-ya-taan (tr): prop up (stick-like object), lean up, stand up

sha-si-taan (tr): **yan sha-si-taan** set up (pole, tanning frame, etc.)

sha-ka-si-taan (st): be steep

x̱'a-ya-taan (in): **A- + x̱'a-ya-taan** speak to, talk to; **a dàa + x̱'a-ya-taan** talk over; **ḵaa tòowoo yàa-dei + yoo x̱'a-ya-taan** discourage, try to stop from doing

x̱'a-di-taan (in): speak, talk, make a speech

x̱'a-shi-taan ( ): **tléil + x̱'a-shi-taan** be dumb, unable to speak

a-ya-taan (st?): **kei a-ya-taan** clear (of weather), lift (of clouds)

tàanan

tu-ya-di-tàanan (in): **a dàa-x̱ + tu-ya-di-tàanan** reconsider, think over and change one's mind

gu-ya-ya-tàanan (tr): **A-x̱ + gu-ya-ya-tàanan** put back in joint, restore joint or broken bone to correct position

taats

ka-li-taats (tr): pick berries (by shaking from bushes), hit bushes and cause berries to rain into basket (usually blueberries)

taakw

ḵu-si-taakw (in): winter, spend the winter

taax'

ya-taax' (tr): chew (usually food or snuff)

si-taax' (tr): bite (of insect); **A-dax̱ + si-taax'** bite off (thread, etc.)

dli-taax' (in): **sh dli-taax'** bite for fleas (of dogs)
ka-ya-taax' (tr): bite, bite on, grip (esp. with teeth or pliers), (fig.) be in grip of (trouble)

taak[1]
ya-taak (tr): spear; prod, poke, jab at
si-taak (tr): spear; prod, poke, jab at
li-taak (tr): poke, prod; pole (canoe)
ka-li-taak (tr): poke, prod (esp. round, inflated object in order to burst it)
ka-dli-taak (in): **sh ka-dli-taak** pole-vault
ya-si-taak (tr): poke in the face

taak[2]
ya-si-taak (in): **kaa dàa- + ya-si-taak** care for, take care of, look after; serve, minister to; **a dàa- + ya-si-taak** note, take note of

taax'w[1]
ya-taax'w (st): sink
si-taax'w (tr): sink, cause to sink

taax'w[2]
a-ya-taax'w (in): signal with smoke, make smoke signals

tín
li-tín (tr): look at, gaze at, watch; watch, take care of, mind, look after
ka-li-tín (tr): look at, take note of, study; observe[1], watch

tált
ya-tált (tr): discourage, dissuade, deter

t'

t'eey
li-t'eey (tr): nudge with the elbow

t'eet
ku-dli-t'eet (in): look for, roam around keeping one's eyes open for things to pick up

t'eesh
ya-t'eesh (tr): stretch skin, put on a stretcher (esp. in order to dry the skin)
li-t'eesh (tr): stretch skin (rare)

t'eek[1]
di-t'eek (in?): steer boat with paddle; paddle canoe alone

t'eek[2]
di-t'eek (st): stiffen, become stiff permanently (esp. of joints)
si-t'eek (tr): stiffen, cause to become stiff
ka-li-t'eek (st): stiffen, become rigid after death

t'eex'

ya-t'eex' (st): be hard (abstract), difficult; **k̲aa tòowoo + ya-t'eex'** be obstinate, unyielding

si-t'eex' (st): be hard, tough

shi-t'eex' (tr): steady, hold steady; **a x̲'éi + shi-t'eex'** keep song steady

li-t'eex' (tr?): harden, solidify; freeze

ka-ya-t'eex' (st): harden, cake up

ka-si-t'eex' (st): be hard (esp. of round object)

ka-shi-t'eex' (tr): steady, hold steady (esp. container)

ka-li-t'eex' (tr): harden (esp. in a container)

ya-shi-t'eex' (tr): **a x̲'éi + ya-shi-t'eex'** keep song steady

x̲'a-ya-t'eex' (st): talk hard in defending (esp. oneself)

x̲'a-si-t'eex' (tr): cause to talk hard, question closely, interrogate, try, cross-examine

t'ei[1]

ya-t'ei (tr): find (general) (usually as the result of searching)

si-t'ei (tr): find (usually complex or large object or rope-like object)

ka-ya-t'ei (tr): find (usually round, spherical object)

ka-si-t'ei (tr): find (usually stick-like object or plural round objects)

t'ei[2]

ya-t'ei (in): stay with, be left with

si-t'ei (tr): cause to stay with, leave behind

t'eix̲

si-t'eix̲ (tr): fish with hook, catch on hook

t'eix̲'

ya-t'eix̲' (tr): smash up, break up by pounding; pound, hammer on

ka-ya-t'eix̲' (tr): smash up by pounding; mash by pounding with something heavy; pound, hammer on

ka-ka-si-t'eix̲' (tr): smash (berries, fish eggs, etc.)

sha-si-t'eix̲' (tr): smash one's finger (when hammering)

sha-ka-ya-t'eix̲' (tr): smash animal's head (with club or fist)

t'oos'

ya-t'oos' (tr): toast (esp. cook by open flame)

li-t'oos' (tr): cook meat by open flame or near live coals

t'ooch

li-t'ooch (st): sting (of medicine); (fig.) **k̲aa tòowoo + li-t'ooch** be disappointed

t'ooch'

li-t'ooch' (tr): char, reduce to charcoal, burn

ka-li-t'ooch' (tr): char, burn slightly, burn on surface

t'ook

ya-t'ook (tr): shoot (with bow and arrow); choose (in gambling with sticks)

shi-t'ook (tr): shoot, aim (with bow and arrow)

t'aa

ya-t'aa (st): be warm, hot (general)

si-t'aa (tr): warm (water, etc.)

li-t'aa (tr): warm (person); (fig.) **kaa tòowoo + li-t'aa** comfort

ka-ya-t'aa (st): be ripe (of berries, fruit)

ka-si-t'aa (st): ripen

ya-ya-t'aa (st): be hot, heated

ya-si-t'aa (tr): heat

ku-ya-t'aa (im): be warm, hot (of weather)

t'aan

sa-si-t'aan (tr): expect, look forward to seeing

sa-dli-t'aan (in): **A- + sa-dli-t'aan** be lonesome for, impatient to see again

t'aas'

a-ka-dli-t'aas' (in): **kaa yàa-x + a-ka-dli-t'aas'** snap at with eyes (indicating anger, dislike or suspicion), look askance at

t'aach

di-t'aach (tr): **jintáak + di-t'aach** clap hands

di-t'aach (in): swim (of human, using strokes which slap the water) (singular subject)

li-t'aach (tr): swim ashore with, bring ashore when swimming

ka-doo-ya-t'aach (st): swim (of human) (plural subject)

ka-li-t'aach (tr): clap, applaud

ya-ya-t'aach (tr): slap

t'aatl

dli-t'aatl (st): splash water (by slapping with feet, of waterfowl)

ka-li-t'aatl (tr): splash water up (with cupped hand)

t'aal'

ka-ya-t'aal' (tr): flatten, roll flat (esp. metals); mash by pressing flat

t'aak

ka-di-t'aak (st): be dented, bent in; battered, really dented

ka-si-t'aak (tr): press, press together (esp. berries, seaweed)

ka-li-t'aak (tr): dent, bend in

t'aakw

a-ji-t'aakw (in): slap tail down hard (as going down in water; esp. of killerwhale and beaver); hit out at someone and floor him; scatter eagle feathers from dance hat in final part of dance (by violent movements of the head)

t'aax'

ya-t'aax' (tr): flip (marble, small rock, etc.), hit with the thumb

ka-ya-t'aax' (tr): cut (esp. root vegetables) in small pieces (bringing the knife towards one)

t'áax'aa

ka-dli-t'áax'aa (in): **ash ka-dli-t'áax'aa** play with marbles

t'aak̲

dzi-t'aak̲ (tr): **A- + dzi-t'aak̲** give a little extra; **k̲aa yáx' + dzi-t'aak̲** bet

ya-li-t'aak̲ (tr): move (heavy object) a little at a time

x̲'a-dli-t'aak̲ (in): **A- + sh x̲'a-dli-t'aak̲** be undecided in reply, give varied excuses

a-li-t'aak̲ (in): **A- + a-li-t'aak̲** be undecided; irresolute, keep changing mind

t'aax̲

x̲'a-ya-t'aax̲ (in): open mouth wide, keep mouth open

t'aax̲'

si-t'aax̲' (st): **A- + si-t'aax̲'** be hot, radiate, throw out heat

ji-t'aax̲' (st): pop up to surface, float up

ka-si-t'aax̲' (tr): pop, pop apart, crack by heat

ka-ji-t'aax̲' (st): crackle, pop (of fire)

ka-ka-ji-t'aax̲' (st): burst open with a popping sound

t'ájaa

ka-di-t'ájaa (in): **ash ka-di-t'ájaa** play at swimming

t'áchx̲aa

ya-li-t'áchx̲aa ( ): miss[1] the target (when slapping with the hand)

dz

dzee

li-dzee (st): be hard (in abstract) and almost impossible, be very difficult

a-ka-di-dzee (in): **k̲ux̲ a-ka-di-dzee** draw[2] back, stop suddenly and retreat, stop short

dzéix̲aa

ya-li-dzéix̲aa ( ): miss[1] the target (when shooting in basketball)

dzoo

ya-dzoo (tr): hit with a missile; throw at, aim at

dli-dzoo (in): **k̲aa káa + dli-dzoo** stone, throw stones at, hit with missiles

sha-ya-dzoo (tr): throw at head; hit with missile (esp. aimed at head of animal or person)

sha-li-dzoo (tr): **A-ch** (instr) **+ sha-li-dzoo** hit with missile (esp. aimed at head of animal or person); throw at head

dzaas[1]

ka-ya-dzaas (st): be exhausted, short of breath, tired out

ka-li-dzaas (tr): exhaust, tire out

dzaas[2]

x'a-ka-li-dzaas (tr): lace (shoes, clothing)

ts

tseen

ya-tseen (st): be alive, living, still capable of movement

li-tseen (tr): **kaa tòowoo + li-tseen** encourage, comfort, strengthen

li-tseen (st): be strong, powerful; **tléil + li-tseen** be weak; be mild (of weather); be anemic; **kaa tòowoo + li-tseen** be determined, strong-minded

x'a-li-tseen (st): be expensive, high-priced; precious, of great value; **tléil + x'a-li-tseen** be cheap, inexpensive

note: **l- + tseen** frequently becomes **lcheen**

tsees

dli-tsees (st): swim fast and powerfully (esp. of sea mammals) (singular subject)

ka-doo-ya-tsees (st): swim fast (plural subject)

sha-dli-tsees (in): wait at anchor, remain in one place (of boat)

tseek

li-tseek (tr): broil slowly, cook directly over live coals, barbecue

tseex'

sa-ya-tseex' (tr): strangle, choke to death

tseix

ya-tseix (tr): kick; stamp, put foot down violently

ka-li-tseix (tr): trample on; **shóo + yax ka-li-tseix** sprain ankle, turn ankle over

ka-dli-tseix (in): **sh ka-dli-tseix** pedal, kick around bicycle pedals

shu-ka-li-tseix (tr): kick in

tsoow (basically plural; see **tsaak** for singular)

ya-tsoow (tr): **A-nax + ya-tsoow** place upright (esp. stick-like objects)

li-tsoow (tr): **A- + li-tsoow** connect up, connect together; splice; **A-nax + li-tsoow** place upright

dli-tsoow (st): move household (usually temporarily)

ka-dli-tsoow (in): plant (using dibble stick)

tóox'-ya-tsoow (in): **yan tóox'-ya-tsoow** kneel

s'ee-li-tsoow (tr?): frown (with effort or concentration), pucker the the brow

ji-li-tsoow (tr): **kei ji-li-tsoow** raise[1] the hand

tsoox̲

ya-tsoox̲ (tr): dam up (not very completely or permanently); make an obstruction, close[2] up with materials put close together

tsaa

a-li-tsaa (in): belch, burp

tsaay

ya-tsaay (tr): ask (someone) to accompany one, invite (someone) to go along

ka-li-tsaay (tr): ask repeatedly to go

tsaatl

ka-ya-tsaatl (st): **k̲aa dàa + ka-ya-tsaatl** be plastered (of some large, solid object, usually of a body)

tsaakw

ya-tsaakw (st): last a long time, be durable (of clothing, machinery, etc.)

li-tsaakw (tr): keep, save, store up (usually food, for winter or for special occasion)

x̲'a-ya-tsaakw (st): last a long time (of firewood)

tsaak̲ (basically singular; see **tsoow** for plural)

ya-tsaak̲ (tr): push (esp. canoe on skids); stick out (tongue); **A-nax̲ + ya-tsaak̲** place upright (esp. stick-like object)

li-tsaak̲ (tr): pole canoe, push boat along with pole; **A- + li-tsaak̲** connect, stick in, plug in (esp. electric cord)

ka-ya-tsaak̲ (tr): poke (esp. sand, beach), prod

ka-li-tsaak̲ (tr): poke, poke in, ram in (esp. to fill a hole)

ya-ya-tsaak̲ (tr): follow, pursue (esp. sea mammal in order to tire it); refuse the company of, reject

ya-li-tsaak̲ (tr): **A-nax̲ + ya-li-tsaak̲** prick (purposely); **x̲'éi-x̲ + ya-li-tsaak̲** bolt door, fasten with a bolt

ya-ka-ya-tsaak̲ (tr): follow (person, with intent to catch up with them)

ya-ka-li-tsaak̲ (tr): thread needle

ji-li-tsaak̲ (tr?): reach for, reach out (one's hand); **kei ji-li-tsaak̲** raise[1] the hand (in voting, etc.)

ji-ka-ya-tsaak̲ (tr): **A- + ji-ka-ya-tsaak̲** slacken (rope, etc.), loosen (bandage, etc.)

shu-li-tsaak̲ (tr): **A- + shu-li-tsaak̲** plug in (electric cord)

sha-li-tsaak̲ (tr?): launch out, push out boat to sea

ts'

ts'eet'

ya-ts'eet' (st): be floating low in water because heavily loaded

sha-ya-ts'eet' (st): be filled (with liquid); be pregnant

sha-li-ts'eet' (tr): fill (with liquid)

ts'eek

li-ts'eek (tr): whine for, make a fuss about, throw a tantrum, act like a baby

ts'eek'w

ya-ts'eek'w (tr): pinch with fingernails

li-ts'eek'w (tr): pinch with fingernails

x̱akw-di-ts'eek'w (in): pick fingernails

ts'ein

di-ts'ein (in?): **tléil + yan di-ts'ein** be mischievous, be crazy, play practical jokes; never stop, be always on the go, constantly active

li-ts'ein (tr): **yan li-ts'ein** leave alone, stop bothering

ka-di-ts'ein (in?): **yan ka-di-ts'ein** stop, quit running (of engine)

ka-li-ts'ein (tr): **yan ka-li-ts'ein** stop, put a stop to

x̱'a-di-ts'ein (in): **yan x̱'a-di-ts'ein** quieten down, stop talking

x̱'a-ka-di-ts'ein (in): **yan x̱'a-ka-di-ts'ein** quieten down, stop talking

x̱'a-ka-li-ts'ein (tr): **yan x̱'a-ka-li-ts'ein** quieten, cause to stop talking

ts'eit'

ya-ts'eit' (tr): operate[1] on, cut carefully (using small strokes); skin by careful cutting (in order to obtain a good hide)

ts'eix̱

li-ts'eix̱ (tr): indulge oneself (esp. in eating certain foods), be extreme (in eating or sleeping)

ts'oon

ka-di-ts'oon (in): close[2] eyes partially (peeping from under eyelids)

ts'oot

ka-ya-ts'oot (tr): put close together, close[2] up tightly

x̱'a-ka-di-ts'oot (in?): close[2] mouth, seal the lips, say nothing; refuse to eat (of child)

ts'oots'

ji-ya-ts'oots' (tr): jerk (of fish on line, esp. flatfish)

ts'oox̱

ya-ts'oox̱ (st?): move slightly (rare); **tléil + ya-ts'oox̱** be motionless, keep perfectly still

li-ts'oox̱ (tr): move, cause to move slightly

ts'aa

li-ts'aa (st): be fragrant, sweet-smelling

ts'aan

ka-ya-ts'aan (st): be shallow (usually of large body of water)

ts'ígwaa

ka-li-ts'ígwaa (tr): need to treat delicately

ka-li-ts'ígwaa (st): be delicate, need diplomacy, be a touchy subject, require tact

ts'íx̲aa

a-dli-ts'íx̲aa (in): sneeze

S

seen

li-seen (tr): hide, conceal, put out of sight

a-dli-seen (in): hide oneself, remain out of sight

seet

ka-li-seet (tr): braid (esp. hair)

sha-ka-dli-seet (in): braid hair

seets'

di-seets' (st): be dripping wet (esp. of animal coming out of water)

ya-di-seets' (st): have dripping wet face, wet hair on face

seek[1]

ka-li-seek (tr): be bashful of, shy, backward, hold back from people

ya-ya-seek (st): be delayed, prevented, held back from plans

ya-li-seek (tr): delay, prevent, hold back from plans

seek[2]

dli-seek (in): put on a belt

ka-dli-seek (in): put on a belt

sei

ka-ya-sei (st): be near, come nearer, be close

ka-li-sei (tr): near, approach, come nearer to (of time or space)

seil

k̲u-ka-li-seil (in): trill, warble, sing (of bird)

sèig̲akw

ka-di-sèig̲akw (in): regain breath, get one's wind back

seik̲'w

li-seik̲'w (tr): stain, dye, color with liquid (not paints or oils)

ka-di-seik̲'w (st): be stained, dyed

ka-li-seik̲'w (tr): stain, dye, color the surface

soo

ya-soo (st): **A-g̲aa + ya-soo** be fortunate, lucky, be helped supernaturally, favored by spirits

soon

doo-ya-soon (im?): bubble (with very tiny bubbles)

dli-soon (st?): bubble (with very tiny bubbles, usually from a living creature)

x̲'a-dli-soon (st): bubble (esp. bubbles made by salmon)

soos[1]

ka-ya-soos (st): fall, drop; move along (of number of objects all together); **a tóo + daak ka-ya-soos** be elected (plural subject; see **dzi-geet**[1] for singular)

ka-li-soos (tr): let fall, drop; **a tóo + daak ka-li-soos** elect (plural object); **kut ka-li-soos** lose

ka-li-soos (st?): fall out (esp. of hair)

soos[2]

ya-soos (tr): lull baby to sleep by whistling softly

k'a-ya-soos (tr): lull baby to sleep by whistling softly through one's teeth

saa[1]

ya-saa (st): be narrow (general)

li-saa (st): be narrow, thin (usually of ribbon-like objects)

ka-ya-saa (st): be narrow (usually of round objects)

ka-li-saa (st): be narrow (usually of containers)

saa[2]

ya-saa (tr): name, call by name, tell name of, nominate

di-saa (in): breathe

li-saa (tr): **A-ch** (instr) **+ li-saa** name for, give name on account of some characteristic

x'a-ya-saa (tr): call on spirits

saa[3]

dli-saa (in): rest

ji-li-saa (tr): give rest to

saay[1]

ya-saay (tr): call roll; list names of, name off one by one

saay[2]

ka-doo-ya-saay (st): be hot (of room or person), be steamy hot, be overheated; sweat, perspire, be overwarm

ka-li-saay (tr?): heat (esp. room) till steamy hot

sàayee

li-sàayee (tr): glorify, bring glory to (a name)

li-sàayee (st): be famous, well-known, notable

saan

ya-saan (tr): cure[1], heal (of medicine man), remove sickness by going round patient, gathering up the air and then blowing it away

saak

ya-saak (st): be exhausted, faint for lack of food

li-saak (st?): be exhausted, stiff, numb

ka-ya-saak (st): be exhausted, faint, all in

ka-li-saak (tr): exhaust, cause to be all in

sáyjaa

ka-li-sáyjaa (st): give off much heat, be real hot (of source of radiation)

sátk

ya-sátk (st): be fast[1], quick (at doing things)

x̲'a-ya-sátk (st): be fast in speech

S'

s'eet

li-s'eet (tr): tie together (by wrapping rope, etc. around)

ka-ya-s'eet (tr): bind up, wrap round, bandage

s'ees

li-s'ees (tr): be blown (by wind); sail

ka-dli-s'ees (st): be blown away

s'ees'

x̲'a-di-s'ees' (in): squirt (esp. of clam), spit out a stream of saliva; (fig.) **k̲aa gúk yîk-dei + x̲'a-di-s'ees'** instruct privately

s'eex

li-s'eex (tr): spoil, rot (of animal matter) to stage where still firm, but smelly

s'eex'w

ka-li-s'eex'w (tr): **A- + ka-li-s'eex'w** stick (esp. paper); **x̲'éi- + ka-li-s'eex'w** seal, stick down

s'eek̲

li-s'eek̲ (tr): draw[2] out (esp. pus) by suction

s'eil'

ya-s'eil' (tr): tear (general)

li-s'eil' (tr): tear up, pull up (roots)

ka-ya-s'eil' (tr): tear, tear up, rip off; peel off (bark from tree)

ka-li-s'eil' (tr): tear (usually one specific tear)

ka-ka-li-s'eil' (tr?): burst open, be torn open by weight of contents

ya-ya-s'eil' (tr?): tear through (edge of hole)

daa-ya-s'eil' (tr): peel (esp. skin of fruit)

daa-ka-ya-s'eil' (tr): peel, pare by tearing

x̲'a-ya-ya-s'eil' (st?): tear away (from hook); (joc.) talk too much

x̲'a-ya-li-s'eil' (tr): tear loose (from hook)

s'eik̲

doo-ya-s'eik̲ (im): be smoky

di-s'eik̲ (st): smoke, be smoking

li-s'eik̲ (tr): smoke, cure by placing in smoke

ya-li-s'eik̲ (tr): smoke, smolder, cause to smoke

x̲'a-di-s'eik̲ (in): smoke (cigarettes, etc.)

s'oo

ya-s'oo (tr): twist branch back and forth to soften it

li-s'oo (tr): prepare and use withies (esp. in canoe-mending)

s'oow

ya-s'oow (tr): chop (esp. wood)

li-s'oow (tr): chop (esp. small tree)

ka-ya-s'oow (tr): chop up (esp. in food preparation)

ka-li-s'oow (tr): chop up

sha-ya-li-s'oow (tr): chop off tree limbs

s'óoshkw

ya-s'óoshkw (tr): pinch with fingers and thumb (taking large amounts of flesh)

s'ook

li-s'ook (tr): toast (seaweed), dry out and make crisp, crispen

ka-li-s'ook (tr): toast (bread); fry (usually till crisp)

s'oox

ka-li-s'oox (st): be sour, taste acid, lose freshness of taste

s'aa

ya-s'aa (tr): claim, take property that was about to be destroyed

s'àatee

li-s'àatee (tr): rule, be master over

s'aat'

ya-s'aat' (st?): be left-handed

s'aas'

dli-s'aas' (in?): dance lightly, sliding the feet

k̲u-ya-s'aas' (in): dance by swaying the body (not moving the feet)

s'aak̲

li-s'aak̲ (st): be ambitious, energetic, hard-working; (some speakers: **li-s'àagee**) be bony (of food, esp. fish)

s'îk̲s'

ya-s'îk̲s' (tr): suck dry; drink through a straw

j

jee[1]

ya-jee (tr): **A + ya-jee** think so, imagine, guess; suspect, surmise; **A-x̲** (compl) + **ya-jee** think it is

ka-ya-jee (tr): wonder, be curious, anxious about

k̲u-ya-jee (in): **A + k̲u-ya-jee** think, imagine, expect (esp. re an event); **A-x̲** (compl) + **k̲u-ya-jee** think it is (esp. re event or action)

jee[2]

ka-li-jee (st): be awful, terrible (in appearance)

ya-ya-jee (tr): punish, discipline, chastise (using any means)

ya-li-jee (st): be distasteful (esp. when too rich and fatty)
ya-ka-li-jee (st): be ugly, homely
x'a-ka-li-jee (st): be awful (of weeping, etc.)

jeek'

li-jeek' (tr): carry across shoulders, carry (deer, person, etc.) on back with head up

jeich

ya-ya-jeich (st): be surprised, astonished, amazed
ya-li-jeich (tr): surprise, astonish, amaze

jeil

ya-jeil (in): move one's hand; crawl, proceed slowly using hand to help one along (esp. of old person)
ka-ya-jeil (tr): carry, take (esp. to one place, making several trips); collect, collect together; remove, take away; **yei ka-ya-jeil** unload, carry ashore; **a yîk- + ka-ya-jeil** load, carry aboard
ka-li-jeil (tr): carry, take to one place (usually stick-like objects); collect (people) together
ya-li-jeil (tr): reach for and catch (moving object)
tu-ka-di-jeil ( ): **a dàa- + sh tu-ka-di-jeil** cherish, set one's affection upon, care for greatly

joon

a-ya-joon (tr): dream

joox

ka-ya-joox (st): roll, spin (of wheel); run[2] (of machine, engine)
ka-li-joox (tr): wheel, spin, roll along on wheels; run[2] (machine, engine), operate

joox'

li-joox' (tr): sling; fling, throw aside carelessly or roughly
sha-li-joox' (tr): fling roughly (head of something)

jaa

shu-ka-ya-jaa (tr): instruct, show (by word); advise, give advice to, counsel

jaak (basically singular; see **.een**[2] for plural)

ya-jaak (tr): kill; (fig.) let go without expecting any return (at party)
li-jaak (tr): kill (usually with agent specified; often with no resistance or evasion on the part of the victim); **eesháan-ch** (instr) + **li-jaak** torment, cause physical or mental suffering; **téi-ch** (instr) + **li-jaak** stone, kill by throwing stones

jaakw[1]

ya-jaakw (tr): beat up[1], assault, attack violently

jaakw[2]

ya-jaakw (st): **yan ya-jaakw** be fitting, proper; perfect, lasting

li-jaak̲w (tr): **A- + li-jaak̲w** fit, suit, fit together; apply (esp. name, illustration); be fitting

li-jaak̲w (tr?): **k̲aa tòowoo-ch** (instr) + **yan li-jaak̲w** be relying on, depending on, trusting, consider fit (for a task)

dli-jaak̲w (in): **yan sh dli-jaak̲w** make oneself comfortable, settle into a comfortable position

ka-ya-jaak̲w (st): **tléil + ka-ya-jaak̲w** be sloppy (in appearance)

tu-ya-jaak̲w (st): **A- + tu-ya-jaak̲w** be relying on, depending on, trusting, consider fit (for a task)

tu-li-jaak̲w (in?): **A- + tu-li-jaak̲w** rely on, trust, depend on, have faith in

x̲'a-dli-jaak̲w (in): **sh x̲'a-dli-jaak̲w** excuse oneself, make excuses

x̲'a-ka-ya-jaak̲w (st): fit the speech to the occasion, say or sing that which is suitable

ch

cheesh

li-cheesh (st?): exploit the possibility, take the chance, successfully take advantage of the situation; **k̲aa tóo-ch** (instr) + **li-cheesh** consider possible, think oneself able

li-cheesh (st): be possible (to do), be a chance of doing

cheich

ka-ya-cheich ( ): be astride, stand or walk with legs far apart

cheix̲'

ka-li-cheix̲' (st): be in shadow, be shady (rare)

k̲u-ka-di-cheix̲' (im): be shadowed, become further in shadow (esp. at dusk)

choon

di-choon (st): be wounded, injured, bruised

li-choon (tr): wound, injure, bruise

chook

ya-chook (tr): soften by rubbing in fists

ka-ya-chook (tr): soften by rubbing, make flexible; crumple (card or stiff paper) till soft

choox

ya-choox (tr): massage, rub with palm of hand

li-choox (tr): rub hands (for warmth)

ka-ya-choox (tr): knead; press, pat with palm of hand

ka-li-choox (tr): press hand on, roll out (bread, pastry, etc.)

choox'

ya-choox' (tr): only just touch (rare)

li-choox' (tr): touch slightly (esp. to awaken or to attract attention)

choox̲
  ya-choox̲ (tr): sponge, cadge, obtain without payment
chaa
  ka-li-chaa (tr): strain, filter, drain off
chaan
  li-chaan (st): stink, have unpleasant odor, smell bad; smell strongly
chaak
  ka-ya-chaak (tr): pile, stack away neatly (food, clothing, firewood, etc.); pack, lay one on top of another (clothes, etc.)
  ka-li-chaak (tr): pile (long objects?)
  sha-ka-ya-chaak (tr): fill (suitcase, etc.), pack to the top neatly, stack up

ch'

ch'éeyak̲w
  li-ch'éeyak̲w (st): be slow
  x̲'a-li-ch'éeyak̲w (st): be slow (in speaking or eating)
ch'een
  ya-ch'een (tr): tie up hair with decoration, tie in a bow
  li-ch'een (tr): tie up (box, etc.)
ch'eet'
  ya-ch'eet' (tr): eat after dipping (in oil, etc.)
  li-ch'eet' (tr): eat with fingers
  ka-ya-ch'eet' (tr): use back of fingers to clean up plate and eat up the last scrap
ch'eesh
  ka-di-ch'eesh (st): be splashed, splash
  ka-li-ch'eesh (tr): splash
ch'éit'aa
  ka-dli-ch'éit'aa (in): **ash ka-dli-ch'éit'aa** play with ball (esp. basketball)
ch'eix̲'
  ya-ch'eix̲' (tr): point at, point out (with finger)
  ya-ch'eix̲' (in): **A- + ya-ch'eix̲'** point (with finger); poke finger in
  ka-li-ch'eix̲' (tr): press (with finger)
  ya-ya-ch'eix̲' (tr): point at a person (with finger)
ch'eix̲'w
  ya-ch'eix̲'w (st): **k̲aa x̲'éi + ya-ch'eix̲'w** tire of (food)
  li-ch'eix̲'w (tr): dirty, soil (esp. clothing or person)
  li-ch'eix̲'w (st): **k̲aa x̲'éi + li-ch'eix̲'w** tire of (food)
  ka-li-ch'eix̲'w (tr?): be dirty (on surface)
  ya-li-ch'eix̲'w (st): **k̲aa x̲'éi + ya-li-ch'eix̲'w** tire of (food)

ch'aach'

  ka-di-ch'aach' ( ): be spotted, have spots (general)

ch'aak'w

  ka-ya-ch'aak'w (tr): carve (usually smaller, detailed work) using a knife

ch'ách'x̲

  ka-dli-ch'ách'x̲ ( ): be spotted (of natural object, wood, rock, etc.)

sh

shee[1]

  ya-shee (tr): ask for help, seek assistance

  ya-shee (in): **A- + ya-shee** touch, take, pick up; **a yèe + daak ya-shee** receive, accept, take

  di-shee (in): **A- + di-shee** help, give help to, assist

  li-shee (tr): **A-x̲ + li-shee** stroke; go along touching

  a-di-shee (in): **á- + a-di-shee** hope, desire and expect

  k̲u-ya-shee (in): **A-gaa + k̲u-ya-shee** search for, look for, hunt for, seek; **k̲aa káx̲ + k̲u-ya-shee** find, come across (often without searching)

shee[2]

  ya-shee (tr): sing (general)

  ka-ya-shee (tr): **kei ka-ya-shee** start singing, break into song (esp. ceremonial songs)

  ka-li-shee (tr): compose songs (esp. about opposite clan)

  ya-ka-ya-shee (tr): **kei ya-ka-ya-shee** sing about close relatives on opposite side (relating in song all that happened to them, etc.)

  shu-ka-li-shee (tr): compose songs about opposite clan

sheey

  li-sheey (st): be knotty (of lumber), have many branches (of tree)

sheet'

  ka-doo-ya-sheet' (st?): be pushed out, pushed away, crowded out

  ka-li-sheet' (tr): push out, crowd out, press against

shees'

  li-shees' (tr): clean out by squeezing (esp. guts)

shèidee

  li-shèidee (st): be horned, have horns

sheix̲'

  ka-ya-sheix̲' (tr): praise, glorify; approve, commend; comment on (rare)

  ka-di-sheix̲' (in): **sh ka-di-sheix̲'** boast, brag, praise oneself

  ka-li-sheix̲' (tr): praise, commend

shoo[1]

  ya-shoo (st): **A- + ya-shoo** extend, stretch, reach to (of slender item, esp. road); **A-nax̱** + **ya-shoo** stick up, be erect and upright (of slender item, esp. tree); **A-x̱** + **ya-shoo** hang down (of bulky item) **li-shoo** (st): **A-x̱** + **li-shoo** hang down (of slender item, esp. rope) **ka-ya-shoo** (st): **A-x̱** + **ka-ya-shoo** hang down (of small item, esp. padlock) **shu-li-shoo** (st): **A-nax̱** + **shu-li-shoo** stick up (of bulky item, pile of things, etc.)

shoo²
    ka-ya-shoo (st): be intoxicated, be drunk; **eeshandéin** + **ka-ya-shoo** suffer
    ka-li-shoo (tr): intoxicate; **eeshandéin** + **ka-li-shoo** torment, persecute (esp. physically), ill-treat, cause to suffer

shooch
    ya-shooch (tr): bathe, give a bath to (live being)
    li-shooch (tr): bathe (esp. feet)

shook¹
    ka-dli-shook¹ (st): have cramps, get shocked (by electricity)

shooḵ
    ya-shooḵ (tr): laugh (with amusement); smile (often with laughter)
    li-shooḵ (tr): make laugh, cheer up, joke
    ka-ya-shooḵ (tr): laugh at, deride, mock
    ya-ya-shooḵ (tr): smile at
    ya-dli-shooḵ (in?): keep laughing

shaa¹
    ya-shaa (tr): marry

shaa²
    ya-shaa (tr): bark at (of dog)
    ya-li-shaa (tr): bark at (esp. begin barking)

shaan
    di-shaan (st): show signs of old age (esp. grey hair), become old, age
    dli-shaan (st): show signs of old age, turn white (of hair)

shaat
    ya-shaat (tr): catch; grab, take hold of, snatch (general); arrest; trap
    li-shaat (tr): hold², retain in one's grasp; capture, hold captive
    ka-ya-shaat (tr): catch; grab (usually round, spherical object)
    ka-li-shaat (tr): catch, grab up (usually stick-like object)

shaash
    ya-shaash (st): wear² out by continuous friction
    li-shaash (st): wear² out (esp. rope-like object) by friction
    ka-li-shaash (st): wear² down, fray (of rope-like object)
    lu-ya-shaash (st): wear² down (of point)

shaak

ya-ya-shaak (tr): decorate (basketry) with grass

sháax'w

ya-sháax'w (tr): propose, ask in marriage

shaak̲[1]

ya-shaak̲ (tr): deny, disclaim connection with (person or thing)

shaak̲[2]

ka-ya-shaak̲ (st): be breathless, panting, short of wind

ka-li-shaak̲ (tr): exhaust, tire out game by pursuit (esp. fur seal on open sea)

shís'k

li-shís'k (st): be raw (of meat, fish)

shátx̲aa

ya-li-shátx̲aa ( ): miss[1] the target (when grabbing for something)

dl

dlèeyee

li-dlèeyee (st): be muscular, have lots of muscle

dleitl

ji-ka-ya-dleitl (in): be slack, hang down slackly (of rope between two fixed points)

ji-ka-li-dleitl (tr): allow slack, hang down slackly

dléigoo

li-dléigoo (tr): pat, gesture to express affection; **k̲aa jín + li-dléigoo** shake hand

dleikw

di-dleikw (st): be scared (by bad news or sudden event)

li-dleikw (tr): scare, startle (by bad news, sudden movement, etc.)

dli-dleikw (in): **sh dli-dleikw** set upon, turn upon suddenly and exert all one's strength against

x̲'a-dli-dleikw (in): **sh x̲'a-dli-dleikw** set upon in speech, call down, speak at top of one's voice

dleixw (possibly dialect variant of **dloox**)

li-dleixw (tr): remove (esp. edible parts of shell creatures) with thumb and eat

shu-li-dleixw (tr): peel off (esp. skin of fish), using thumb

dloox (possibly dialect variant of **dleixw**)

ya-ya-dloox ( ): tear loose, get free (rare)

shu-ya-dloox (st): be peeling off (skin of dead creature), start to tear off (esp. small corner of skin or cloth)

dlaa

ka-li-dlaa (st?): settle² (of fine sediment)

dlaan

ya-dlaan (st): be deep (of water, snow, etc.), be piled thickly

li-dlaan (tr): **a káa + li-dlaan** make deep, pile thickly (rare)

ka-ya-dlaan (st): be deep, thick (usually of grain-like objects, pine needles, etc.)

ka-li-dlaan (tr): **a káa + ka-li-dlaan** make deep, thick

dlaakw

ka-ya-dlaakw (tr): scratch (esp. of animals); rake

ya-ka-ya-dlaakw (tr): scratch the face

dlaak̲

ya-ya-dlaak̲ (tr): gain, get, obtain, acquire; succeed, be successful, accomplish, 'make it'; defeat, beat; **tléil + ya-ya-dlaak̲** fail

ya-di-dlaak̲ (in): make lots of money

ya-li-dlaak̲ (tr): present, give as a permanent gift

k̲u-ya-ya-dlaak̲ (tr): win

dlénx̲aa

ka-ya-dlénx̲aa (tr): tempt, try out, test

tl

tleit'

ya-tleit' (tr): lick, lap up

tlèilk'oo

a-dli-tlèilk'oo (in): make string figures

tleix'w

ya-tleix'w (tr): clutch in order to carry (many objects, esp. more than one can manage)

ya-ya-tleix'w (tr): be overloaded, have too much to carry

tleik̲w

sha-ya-tleik̲w (tr): grab up, grab and carry one at a time

sha-li-tleik̲w (tr): grab up (esp. long objects?)

tleix̲w

ka-ya-tleix̲w (tr): cause fish to move (esp. salmon, when seining)

tloox'

ya-tloox' ( ): creep, crawl on hands and toes with body close to ground (usually when stalking game)

tlaa

ya-tlaa (st): be big around, in girth (general)

li-tlaa (st): be big around, thick (usually of stick-like and rope-like objects)

ka-ya-tlaa (st): be big around (usually of small objects such as screws)
ka-ka-ya-tlaa (st): be big around (usually of needles)

tlaakw
ya-tlaakw (tr?): tell, recount, narrate (legend, myth, fairy tale, etc.)
ka-ya-tlaakw (tr): investigate, make inquiry into
k̲u-ya-tlaakw (in?): whisper, speak softly

tlaax̲
di-tlaax̲ (st): be moldy (of cloth, food, etc.)

tlék̲wk
ya-tlék̲wk (st?): be greedy, eat fast and hoggishly

tl'

tl'een
ya-tl'een (tr): tie up in a bunch (esp. hair)
ka-ya-tl'een (tr): gather[2] (of cloth), ruffle, bunch together
sha-ya-tl'een (tr): tie up hair in a bunch

tl'eet
li-tl'eet (tr): abandon, desert, leave; throw away, dispose of

tl'eet'
sha-ya-tl'eet' (st): be filled to overflowing (with liquid)
sha-li-tl'eet' (tr): fill to overflowing (with liquid)

tl'éekat'
ya-tl'éekat' (tr): thread stick (through leaf, fish, etc.) in order to stiffen it

tl'eex
di-tl'eex (st): be dirty (with accumulation of rubbish)
li-tl'eex (tr): dirty (either with rubbish or something plastered on), mess up
ka-li-tl'eex (tr?): dirty (of container)

tl'eit'
dli-tl'eit' (in): climb (tree, rope, etc.) by holding on tightly
ka-li-tl'eit' (tr): hold[3] tightly, hold with pressure

tl'eil
li-tl'eil (tr): remove guts, etc. (esp. from salmon)

tl'éilak̲w
li-tl'éilak̲w (tr): remove guts of fish (specifically milt of male fish)

tl'eikw[1]
ya-tl'eikw (tr): dodge, duck; avoid
ji-ya-tl'eikw (tr): dodge another's fist
a-di-tl'eikw (in): draw[2] back instinctively

tl'eikw[2]

ya-tl'eikw (tr): eat raw seafoods

tl'oo<u>k</u>

di-tl'oo<u>k</u> (st): rot, decay (of any matter) to final stage of rottenness

li-tl'oo<u>k</u> (st): rot, decay (rare)

ka-di-tl'oo<u>k</u> (st): rot and fall (of fruit, leaves)

ka-doo-ya-tl'oo<u>k</u> ( ): drip slowly

ka-li-tl'oo<u>k</u> (tr): put drop[1](s) in

tl'aak'

di-tl'aak' (st): be wet (may be thoroughly wet, but not by actual immersion)

li-tl'aak' (tr): wet by pouring on or immersion

ka-di-tl'aak' (st): be wet on the surface

ka-li-tl'aak' (tr): wet by sprinkling

<u>k</u>u-ka-li-tl'aak' (im): be wet out of doors

tl'únkw

<u>x</u>'a-ya-tl'únkw (st): murmur, grumble, talk behind someone's back, mutter, be disagreeable

l

leet

ya-leet (tr): throw (usually with force so that object scatters);
kei ya-leet quit, give up

ya-leet (in): slide (esp. into water), glide; speed, travel fast (esp. in canoe)

li-leet (tr): slide (esp. of sled)

ka-ya-leet (tr): scatter (esp. carelessly); sprinkle

ka-ji-leet (in): **sh ka-ji-leet** slide oneself (esp. of animal such as land otter)

a-ka-ya-leet (st): sprinkle with rain, rain briefly and clear again

leel'

shu-ya-ka-li-leel' (tr): **A-<u>x</u> + shu-ya-ka-li-leel'** draw[2] across (curtains);
A-da<u>x</u> + shu-ya-ka-li-leel' draw[2] back (curtains)

leek

ka-ya-leek (st?): be dazzled; be dizzy (?)

ka-li-leek (tr): dazzle, shine strongly in one's eyes

ka-li-leek (st): be dazzling, be strong (of light); reflect light (of a shoal of jumping fish)

lei

ya-lei (st): be far, distant (in time or space);
A-<u>x</u> + ya-lei high, far to the top

leil

li-leil ( ): sag, be loose (of skin, esp. in old age)

ka-li-leil (tr): deflate, cause to sag

ya-li-leil (st): sag, be loose (of face skin), hang down loosely

leix̱'w

ka-li-leix̱'w (tr): redden, make red

ya-ya-leix̱'w (tr): redden face, paint face red

look

ya-look (tr): drink in sips, sip (esp. hot liquids)

li-look (tr): give to drink, give a sip to

loox̱

ka-doo-ya-loox̱ (im?): drip real fast

laa[1]

ya-laa (st): ebb, go out (of tide); recede, subside (of floodwater)

li-laa (tr): melt, melt away, dissolve

ka-li-laa (tr?): melt away, dissolve

x̱'a-li-laa (tr): melt (but not to point of disappearance)

laa[2]

ya-laa (in): yell, cheer (esp. at games); shout out (esp. at end of ceremonial song)

laaxw

ya-laaxw (st): be starving, starved

laax̱

di-laax̱ (st): die, be dead (of tree, bush)

li-laax̱ (tr): kill (tree, bush)

l'

l'eek

a-ka-dli-l'eek (in): **ka̲a yá- + a-ka-dli-l'eek** wink at, signal to someone by closing and opening both eyes rapidly

l'eex'

ya-l'eex' (tr): break, break across (general, usually solid objects)

li-l'eex' (tr): break (often by bending) (usually long objects)

ka-ya-l'eex' (tr): break (esp. by bending)

ka-li-l'eex' (tr): break (esp. long objects into short pieces)

sha-ya-li-l'eex' (tr): break (halibut hooks)

l'eiw

ya-l'eiw (tr): sand, put down sand

l'eix̱

a-ya-l'eix̱ (in): dance

l'oon

a-ya-l'oon (tr): hunt (for game)

l'ootl

k̲u-dli-l'ootl (in?): scavenge (esp. of dog or raven); feed on garbage (rare)

l'ook

a-ya-l'ook (in): blink

l'oox

ka-di-l'oox (in): close[2] eyes

ka-di-l'oox (st): be closed[2] (of eyes)

l'oox'

ka-li-l'oox' (tr): drink up, finish up drink

l'oox̲'

di-l'oox̲' (st): discolored (of water) (made a milky color) (rare)

a-di-l'oox̲' (in?): spawn (esp. of herring)

l'aa

li-l'aa (tr): suck (with the mouth)

l'aat'

li-l'aat' (tr): use tongs to pick up or take object

l'aak̲

ya-l'aak̲ (tr?): put down branches for herring to spawn on

g

geen

ka-shi-geen (tr): wrinkle, crumple (of cloth, paper)

geet[1]

si-geet (tr): **kei si-geet** wake up, rouse from sleep

dzi-geet (st): fall (of live creature); **k̲ut dzi-geet** lose oneself, be lost, unsure of one's location; **k̲aa káa + daak dzi-geet** be elected (singular subject; see **ka-ya-soos**[1] for plural)

geet[2]

dzi-geet (in): **A + dzi-geet** do, act (often in relation to instruction or to public opinion); **a géi- + dzi-geet** violate, break (law or custom); **k̲aa tugéi- + dzi-geet** offend; **k̲aa yàa-dei + yóo + dzi-geet** honor, salute, farewell (often by giving banquet, etc.)

ka-dzi-geet (in): **yóo + ka-dzi-geet** honor by giving a memorial party

geesh

dli-geesh (in): **sh dli-geesh** get wet, soaked

ka-di-geesh (st): be thoroughly wet, soaked (rare)

gei[1]

ya-gei (st): be big (in quantity), be lots, many, plenty (usually of solid mass or abstracts); **A-x' + g̲áa + ya-gei** fit, be big enough to suit

li-gei (st): be big (esp. of live creature or building)
ka-ya-gei (st): be big (usually of spherical object)
ka-li-gei (st): be big (of narrow or stick-like object)
ka-dzi-gei (st): **yéi + ka-dzi-gei** be small (of grain-like objects)
ya-ya-gei (st): be big in numbers, many (often of people)

gei[2]
shi-gei (tr): **yaa shi-gei** refuse to give or lend, keep for oneself, value for oneself, hold on to one's possessions
k̲u-dzi-gei (in): **yaa k̲u-dzi-gei** be intelligent, smart, wise
k̲u-ji-gei (in): **tléil + yaa k̲u-ji-gei** be foolish, dull, unwise, crazy
k̲u-shu-si-gei (im): **k̲aa dàa + yaa k̲u-shu-si-gei** understand, comprehend

geiy
si-geiy (tr): pay for, repay for something which cannot be expressed in terms of cash value (esp. for damage to a person or for tribal property)
ya-si-geiy (tr): pay, repay for damage to one's face

gèiyak̲w
li-gèiyak̲w (tr): sue, try to collect payment of debt

geit
ya-geit (tr): walk softly and quietly (esp. after game)
dzi-geit (in): walk softly, walk on tiptoe

geis
ka-ya-geis (tr): entice, call (animal) with words or sounds

géik'
ya-géik' (st): **yéi + ya-géik'** be small (in quantity), little
si-géik' (st): **yéi + si-géik'** be small, little, short (usually of living creature or building)
ka-ya-géik' (st): **yéi + ka-ya-géik'** be small (usually of spherical object)
ka-si-géik' (st): **yéi + ka-si-géik'** be small (usually of stick-like object)

geik̲
di-geik̲ (st): **k̲óo + di-geik̲** die, pass away, cease to exist
si-geik̲ (tr): **k̲óo + si-geik̲** make not to fit, put on unsuitably (some ceremony) (rare)
ka-di-geik̲ (st): **k̲óo + ka-di-geik̲** be unsuitable, be out of harmony, unbefitting, fail to fit
ka-li-geik̲ (tr): **áx̲ + ka-li-geik̲** restrain, forbid, warn, hold back
ji-ka-li-geik̲ (tr): **áx̲ + ji-ka-li-geik̲** restrain from doing
x̲'a-ka-li-geik̲ (tr): **áx̲ + x̲'a-ka-li-geik̲** restrain from speaking

goo[1]
si-goo (st): **k̲aa toowáa + si-goo** want, like, desire;
k̲aa tòowoo + si-goo be happy, glad
shi-goo (st): **tléil + k̲aa toowáa + shi-goo** dislike, not want, not care for

tu-shi-goo (st): **tléil + tu-shi-goo** be unhappy, be a little lonesome or low-spirited

k̲'a-si-goo (st): be enjoyable, fun, make one happy (esp. of speeches or songs at party); **k̲aa toowáa + k̲'a-si-goo** enjoy

x̲'a-shi-goo (st): **tléil + x̲'a-shi-goo** be boring, dry and uninteresting (esp. of speeches at party)

goo[2]

ya-ya-goo (st): travel on water in a fleet of boats; swim in a school (esp. of sea mammals) (rare)

ya-si-goo (st): swim in a school (esp. of sea mammals)

goo[3]

si-goo (tr): **A- + si-goo** poke with force, ram (stick, etc.) into

x̲'a-si-goo (in): **A- + x̲'a-si-goo** speak up, speak suddenly and impulsively, blurt out; join in singing

x̲'us-sha-si-goo (in): **yan x̲'us-sha-si-goo** bump one's foot; trip over

goon

ya-goon ( ): **tléil + a dàa + ya-goon** go wrong, go amiss, fail to fit

goot[1] (basically singular; see **.aat**[1] for plural)

ya-goot (in): walk, go or come (by walking or as general term); be fast[1] (at running or walking); **kei ya-goot** ascend, climb up; **yei ya-goot** descend; **k̲aa ít-x̲ + ya-goot** follow; **gágee + ya-goot** appear (esp. from unknown source)

si-goot (tr): cause to come or go, let in or out (esp. animal); **neil si-goot** welcome in, receive; **a tóo + daak si-goot** appoint, choose for a certain position

ka-shi-goot (in): **tléil + ka-shi-goot** be lame, crippled, be unable to walk

t'aa-ya-goot (tr): take news, go or come carrying news

ji-di-goot (in): attack, assault, fall upon

ji-si-goot (tr): **x̲áa + ji-si-goot** attack, assault, fall upon (of war praty)

shu-ya-goot (tr): lead (esp. by walking ahead)

k̲'a-dli-goot (in): **sh k̲'a-dli-goot** pretend to walk

a-ya-di-goot (in): turn[1] back, return, retreat, go back (walking); **kei a-ya-di-goot** escape, flee (on foot)

goot[2]

si-goot (tr): carry on one shoulder; **kei si-goot** pick up and carry on shoulder

ji-ka-ya-goot (st): be lowered, reach bottom (of line)

ji-ka-li-goot (tr): lower, let down (line)

goos'

k̲u-li-goos' (im): be cloudy (of sky)

gooch

li-gooch (tr): treat (usually to food)

gootl

ka-shi-gootl (st): have a high hill

gool'

ya-gool' ( ): have the use of one eye

wak-shi-gool' ( ): have only one eye

a-ya-gool' ( ): **A-x + a-ya-gool'** wink, signal by closing one eye

a-ka-shi-gool' (in): **A-x + a-ka-shi-gool'** use only one eye; wink

gook[1]

ya-gook (tr): know how, be practiced, competent

shi-gook (tr): know how; learn how

ka-li-gook (tr): **A-x' + ka-li-gook** instruct (by demonstration), train, teach how, show

x'a-ka-shi-gook (st): know how to speak publicly

gook[2]

ya-gook (tr?): peck (of bird)

goox'

ya-goox' (tr): dip up (esp. liquid)

gook

ya-gook (tr): push; **A- + ya-gook** throw (usually rock), push onto; poke, push at with stick

di-gook (in): **sh di-gook** drive in (of rain)

si-gook (tr?): push or carry along (of water); **A- + si-gook** throw (as a spear), hurl against

ka-ya-gook (tr): push; **A- + ka-ya-gook** throw (as a spear)

ka-si-gook ( ): poke up or through (esp. of grey hairs, dead trees); drop anchor, push overboard

lu-ya-gook (st): run[1] (plural subject; see **ji-xeex** for singular)

gaa[1]

doo-ya-gaa (st): be slack (of tide)

ka-ya-gaa (st): **A-x + ka-ya-gaa** delay, take one's time, be detained

tu-ka-ya-gaa (st): **A-x + tu-ka-ya-gaa** hesitate, be undecided (on account of some other person or circumstance)

gaa[2]

ka-li-gaa (tr): distribute, hand out, pass out (esp. definite amount given out at party); **yan ka-li-gaa** put up (esp. food for winter), store up, accumulate

gaaw

li-gaaw (st): be loud, noisy

sa-li-gaaw (st): be loud-voiced, noisy in speech

ku-li-gaaw (in): fight; **kaa káx + ku-li-gaaw** defend

x'a-li-gaaw (st): be loud-voiced; harp on, repeat tediously

gaan[1]

si-gaan (tr): burn

ka-ya-gaan (st): burn; cremate; scorch

ka-di-gaan (st): shine, produce light by burning

ka-si-gaan (tr): burn (usually completely); cremate;
gagàan-ch + **ka-si-gaan** be sunburned

a-di-gaan (im): shine (of the sun)

a-ka-ya-gaan (im): **A- + a-ka-ya-gaan** burn, catch alight

a-ka-li-gaan (in): **A- + a-ka-li-gaan** light, set fire to, cause to shine

gaan[2]

sha-ka-dli-gaan (in): saunter, walk around idly (leaning on each other);
A- + sha-ka-dli-gaan lean[1] on, lean against

gaas'

ya-gaas' (st): move along

li-gaas' (tr): prop up (by placing long object underneath)

li-gaas' (st): move along, be moved along; move household (with future plans unspecified)

ka-li-gaas' (st): move vertically (esp. of long object)

ya-li-gaas' (st): move through air (esp. in a downward curve)

keey-sha-ka-dli-gaas' (st): **yan keey-sha-ka-dli-gaas'** skid along on knees

gaal'

wak-shi-gaal' (st): have cataract

gaax'

di-gaax' (st): be tired by continual noise

si-gaax' (tr): annoy by continual noise, bother

x'a-di-gaax' (in): pray, plead; **kaa káa + x'a-di-gaax'** pray for, intercede

x'a-di-gaax' (st): be tired by continual talking

x'a-si-gaax' (tr): annoy by compelling to talk

gaak

ya-gaak (tr): visit (esp. for pleasure), meet with people

ka-ya-gaak (tr): visit (usually at a particular event), meet (usually a particular person)

gánt'

si-gánt' (tr): burn (usually out of doors), burn over an area

ka-si-gánt' (tr): burn (esp. trash)

gw

gwaas'

ka-di-gwaas' (st): fog up, become opaque (of glass, etc.)

ka-li-gwaas' (tr): fog up, make opaque

ku-di-gwaas' (im): be foggy (of weather)

gwaash

ya-dli-gwaash (in): hop, jump on one leg

gwaatl

ya-gwaatl (st): be rolling; **áa + yax̲ ya-gwaatl** capsize

li-gwaatl (tr): roll (log, barrel, etc.)

ka-ya-gwaatl (st): roll (of spherical object); roll, be tippy (of canoe)

ka-di-gwaatl (in): draw knees up to chest, bend knees

ka-li-gwaatl (tr): roll (general); bend knee or arm; fold up (paper, etc.)

ka-ka-ya-gwaatl (st): be rolling (of canoe)

ka-ka-li-gwaatl (tr): roll canoe

k̲'a-di-gwaatl (st): be astonished, flabbergasted, be left open-mouthed

gwaal

ya-gwaal (tr): beat[1] (esp. drum), ring (bell); stab

ka-ya-gwaal (tr): knock, rap; stab; hit (with fist), punch

ya-ya-gwaal (tr): beat up[1]; hit in the face (with fist), punch

gwaal'

sha-ka-dli-gwaal' (in): curl hair with curling iron

gwálx̲aa

ya-li-gwálx̲aa ( ): miss[1] the target (when punching with the fist)

k

keen

shi-keen (tr): bother (by interrupting, etc.), annoy

keet

a-ya-keet (in): snore

keet'

ya-keet' ( ): be jammed in (often diagonally)

si-keet' (tr): pry up from ground

li-keet' (tr): pry up, pry off (general)

ka-si-keet' (tr): pry up from ground

ya-li-keet' (tr): pry up from ground

keets'

li-keets' (tr): rock

shu-ya-keets' (st?): tip in one direction; (fig.) change direction of life

kees'

ka-ya-kees' (st): end, pass (of month); be lost (of voice)

ka-li-kees' (tr): put out, let go out (of fire, light); lose voice, be hoarse

ya-li-kees' (tr): put out, be put out (of fire, light) (rare)

ya-ka-ya-kees' (st): end (of month) (rare)

ya-ka-li-kees' (tr): put out, extinguish, turn out (fire, light)

keech

ya-keech (st): sob, cry with deep sobs

keek

ka-ya-keek (tr): shake (blanket, etc.) with large up and down movements

kei

ka-ya-kei (tr): trail, follow tracks of; be untangled, undone

ka-di-kei (st): be undone; (fig.) fail completely;
(fig.) **tléil + ka-di-kei** succeed, be successful

ka-si-kei (tr): trail, follow tracks; untangle; rip back, undo

keits

ka-ya-keits (tr): be alert for, prepared for anything to happen

ka-ya-keits (st?): be dry and lightly piled up (of snow)

ji-ka-ya-keits (tr): be alert for, prepared (esp. for the actions of another)

a-ka-ya-keits (in): **A-x̲ + a-ka-ya-keits** be apprehensive, fearful, anxious about; **k̲aa x̲'éi-x̲ + a-ka-ya-keits** be apprehensive, fearful of what someone will say

keil

ya-keil (st): be calloused, have a callus or corn

ka-li-keil (tr): soak (esp. clothes); be buckled by water

keil'[1] (basically plural)

di-keil' (st): flee, run from, turn back from (see **ya-di-haan**[1] for singular)

li-keil' (tr): chase, run after, cause to flee (see **ya-si-naak̲**[1] for singular)

keil'[2]

ya-keil' (tr): take apart, tear down

ka-ya-keil' (tr): untie

keil'[3]

shi-keil' (tr): burn to ashes, make into ashes (for snuff)

koo[1]

ya-koo (tr): spit out liquid (after holding it in mouth a while)

koo[2]

si-koo (tr): know, be acquainted with, make known (esp. people, facts); learn (esp. facts)

li-koo (tr): **yéi + li-koo** say proverbially, quote a saying or proverb

kòodzee

li-kòodzee (st): be wonderful, amazing, tremendous

koos

ya-koos ( ): snore with sudden starts and whining (esp. of dog)

kooch'

ka-dli-kooch' (st): be curly (general) (rare)

sha-ka-dli-kooch' (st): be curly (of human), have a 'permanent'

x̲a-ka-dli-kooch' (st): be curly (of animal)

kootl

li-kootl (tr): puff up (esp. hair, with back-combing)

ka-li-kootl (tr): puff up, plump up (pillow, etc.)

koox

ka-si-koox (tr): bail out water (by hand or with a pump)

ka-li-koox (st?): drain out, go dry (of kettle, etc.)

sha-ya-koox (st): be dry, thirsty

kook

doo-ya-kook (st): bubble out, leak real fast with bubbles

dzi-kook (st): bubble, ferment

li-kook (tr): **kaa leitóox-x' + li-kook** gargle

ka-dzi-kook (tr): tumble (of many objects), fall down, cause to tumble, upset

a-dzi-kook (in): cough

kaa[1]

a-dzi-kaa (in): be lazy, slow

a-x'a-dzi-kaa (in): be lazy to talk

kaa[2]

ya-ka-di-kaa (tr): make faces at, try to embarrass by imitating with grimaces

kaa[3]

ya-kaa (tr): measure, take measurements (test eyes, take temperature); **a koodáalee + ya-kaa** weigh

kaay

ya-kaay (tr?): measure, take measurements of a number of objects

kaas'

di-kaas' (st): be scummed over, be covered with green ocean scum (algae)

ku-li-kaas' (im?): be seasonally covered with scum (i.e., after herring spawning)

kaak

si-kaak (st): be thick (of board, cloth, etc.)

kíts'aa

ka-dli-kíts'aa (in): **ash ka-dli-kíts'aa** play on seesaw

káx'x

ka-ji-káx'x (st): be spotted, have polka-dots (some speakers use **ka-dzi-gáx'x**)

kw

kweiy
  si-kweiy (tr): mark (esp. to show ownership), label
kwaan (basically plural; see **hoo** for singular)
  ya-kwaan (st?): swim on surface of water (of human or animal); wade
  si-kwaan (st?): swim on surface of water (of bird)
  ji-dzi-kwaan (st): swim on surface of water (of bird) (esp. aimlessly or in circles)
kwaat
  a-ka-li-kwaat ( ): blacken with smoke, make black by holding in heavy smoke
kwaach
  ya-kwaach (tr): carry in cupped hands (sand, berries, etc.); **hàa- + ya-kwaach** bring in cupped hands
  li-kwaach (tr): carry grasped in hand (esp. bunch of long objects)

k'

k'eet'
  ya-k'eet' (tr): eat up, finish up, consume
  si-k'eet' (tr): eat up, finish one whole thing (rare)
  ka-di-k'eet' (st): all leave, go or come (of a whole group of people); die off (of a number, leaving few survivors)
  ku-ya-k'eet' (in): pick berries (esp. pick in quantity to take home)
k'ei
  ya-k'ei (st): be good, fine, pretty; **kei ya-k'ei** improve, get better; **kaa tòowoo + ya-k'ei** be glad, be happy, feel fine; **A-dei + kaa tòowoo + ya-k'ei** appreciate, be pleased with, grateful for
  shi-k'ei (st): **tléil + shi-k'ei** be bad, evil, no good
  li-k'ei (tr): make peace, make up (after quarrel); **kaa tòowoo + li-k'ei** please, make happy
  ku-ya-k'ei (im): be fine (of weather)
  ku-shi-k'ei (im): **tléil + ku-shi-k'ei** be bad (of weather)
k'ein
  ji-k'ein (in): jump (singular subject); dive (as from diving board)
  ka-doo-ya-k'ein (st): jump (plural subject)
k'éinaa
  ka-dli-k'éinaa (in): **ash ka-dli-k'éinaa** play at jumping or twirling round

k'eit

ka-ya-k'eit (tr): take out and look at one's possessions (esp. tools, dishes); move lots of small objects (esp. dishes)

sha-ya-k'eit (tr): tip out (lots of small objects) from container to have a look at them

k'eix̱'

ya-k'eix̱' (tr): hook; fish with gaff-hook, gaff

si-k'eix̱' (tr): **A-ch** (instr) + **si-k'eix̱'** hook

li-k'eix̱' (tr): hook, retrieve with a hook

ka-si-k'eix̱' (tr): crochet, make by hooking

k'oot

ya-k'oot (tr): rebound from, fail to cut or enter (of axe, knife, etc.)

dzi-k'oot (st): rebound, bounce back

ka-dzi-k'oot (st?): rebound, bounce back; bounce (esp. of ball)

k'oots

ya-k'oots (st): break, be broken, snap (esp. of rope-like objects)

li-k'oots (tr): break (esp. rope-like objects)

k'oots'

ya-k'oots' (tr): pluck (esp. facial hair)

li-k'oots' (tr): pluck feathers (one by one)

k'oox̱'

ka-shi-k'oox̱' (st): be sticky, gummy (with resin, paint, etc.)

k'aa

ka-ya-k'aa (st): be too small (in amount or size)

ka-si-k'aa (tr): make too small

ji-ka-ya-k'aa (st): be too small (of possessions), insufficient

k'aan

shi-k'aan (tr): hate

ka-ji-k'aan (tr): **sh déin** + **ka-ji-k'aan** dislike

k'aats'

li-k'aats' (st): be sharp (of point); **tléil** + **li-k'aats'** be blunt

ya-li-k'aats' (st): be sharp (of edge)

k'aas'

ya-k'aas' (st): have a tooth missing, have one or more gaps in one's teeth

k'aatl'

ya-k'aatl' ( ): keep quiet, say nothing

dli-k'aatl' (in): **sh dli-k'aatl'** stop talking, keep quiet temporarily

k'w

k'waat'
  li-k'waat' (tr): turn up (hem)
  ka-li-k'waat' (tr): fold up (esp. cloth, paper) with creases, neatly
k'waach
  ya-k'waach (tr): break off (esp. solid object fastened onto another object)
  li-k'waach (tr): break off, break one object from another
k'wát'
  dli-k'wát' ( ): lay eggs, nest

X

xeen
  si-xeen ( ): frown (with bad-temper, displeasure)
xeet
  li-xeet (tr): furrow, make furrows or trenches in
  ka-di-xeet (st): move (of clock hands), go (of clock)
  ka-shi-xeet (tr): use a pen, pencil, or paintbrush (that is, write, draw, or paint pictures); print by hand; photograph, take pictures, X-rays of
  ka-li-xeet (tr): poke (usually something small) with a stick
  tu-ka-ya-xeet (tr): poke inside
xeet'
  ya-xeet' (tr): sweep (esp. floor)
  dli-xeet' (tr): scrape inside hemlock bark
  ka-si-xeet' (tr): brush (clothes)
xees'
  ka-ya-xees' (tr): tangle (rare)
  ka-ya-xees' (st?): surface and submerge (of whale, porpoise, etc.), double over and go down with tail curving after
  ka-li-xees' (tr): tangle (rope-like object)
xeech
  ya-xeech (tr): exert one's full strength, strive, make great effort; concentrate on, put effort into
xeetl[1]
  ya-xeetl (tr): fish with rake, rake (esp. herring)
  x̲'a-li-xeetl (tr): hem, bind the edge, put an edging on
xeetl[2]
  sha-ya-xeetl (st): move uncontrollably, be out of control when in motion

xeel'

ka-ya-xeel' (tr): trouble, cause trouble or anxiety

ka-li-xeel' (tr): erase (writing)

tu-ka-di-xeel' (st): be troubled, be worried and upset

xeex

ya-xeex (st): pass, move through air (esp. of celestial body); blow (esp. of strong wind); fall, drop (usually small, compact object); **yan ya-xeex** bump; **A- + ya-xeex** hit (of bullet); spread, go around (of rumor, news, etc.); **kei ya-xeex** rise (of sun); **yei ya-xeex** set (of sun); **ḵaa tóo-t + ya-xeex** worry, have constantly on one's mind; **ḵaa leitóox̱- + ya-xeex** choke

si-xeex (st): fall, drop (usually large or complex object); **kei si-xeex** take off^{2} (of plane)

dzi-xeex (st): **sh tóo-t + dzi-xeex** worry, concern oneself

ji-xeex (in): run^{1}, proceed at fast pace (singular subject; see **lu-ya-gooḵ** for plural) (note: **sh- + xeex** becomes **sheex**)

ka-ya-xeex (st): fall, drop (usually round object)

ka-si-xeex (st): fall, drop (usually small stick-like object)

ya-ya-xeex (st): take place, occur, happen; pass, move through air (esp. of celestial body)

ya-si-xeex (tr): cause to take place, run, hold (program, meeting, etc.), celebrate, observe

ya-si-xeex (st): move (of light, star); drop^{2} (of spark)

sa-ya-xeex (st): collapse, fall down (esp. of large structure)

ji-ka-ya-xeex (st): **ḵaa tóo-x̱ + ji-ka-ya-xeex** pervade, go through every part of (of emotion, sickness)

shu-ya-xeex (st): run out of; end, come to an end, pass; be used up (of supplies, etc.); **ḵútx̱ + shu-ya-xeex** be killed off

shu-li-xeex (tr): use up, run out of, finish; empty; **ḵútx̱ + shu-li-xeex** kill off

shu-ka-si-xeex (st?): originate, start, begin, proceed from

ḵ'a-dli-xeex (in): **sh ḵ'a-dli-xeex** pretend to run^{1}

x̱'asakw-ya-xeex (im?): **A-dax̱ + x̱'asakw-ya-xeex** die

xèexan

ya-ya-xèexan (st?): **A-x̱ + ya-ya-xèexan** be restored to normality, become normal

xein

dzi-xein (in): **sh dzi-xein** scratch oneself (esp. of dog)

dzi-xein (st): become scabby (esp. with scratching), have running sores

ji-xein (st): become white with age (of salmon), become white with soaking (of man's flesh)

xeit

di-xeit (st): be wind²ed

si-xeit (tr): wind²

xeik'w

si-xeik'w (tr): drink by sipping noisily (esp. drawing in air to cool the drink), slurp

ka-ya-xeik'w ( ): make certain kind of noise (of bear)

xoo

si-xoo (tr): steam fish by cooking in hot ground with water poured on

ka-ya-xoo (tr): weight down with rocks

xoon¹

li-xoon (st): lose weight; become thin

dli-xoon (in): **sh dli-xoon** slim, cause oneself to lose weight

xoon² (basically plural; see **.aa**² for singular)

ya-di-xoon (in): show faces (as entering in ceremonial dance); peer, peep; **k̲aa tóo- + ya-di-xoon** be possessed

ya-si-xoon (st?): swim under water but with head emerging every so often

xoon³

ya-xoon (tr): prepare, get ready (often for a trip)

xoots¹

ya-li-xoots (tr): make charcoal, burn wood slowly till charcoal-covered (for kindling)

xoots²

ka-dli-xoots (in): **sh ka-dli-xoots** try to dominate or trounce, attempt to overpower (like brown bear)

xoosh

di-xoosh (st): be singed, scorched, have (hair, nap, etc.) partially burned

li-xoosh (tr): singe, burn (hairs, etc.) slightly

x̲a-dli-xoosh (st): be singed (of live animal's hair)

xook

ya-xook (st): be dry, dried (general)

si-xook (tr): dry (by any method)

ka-ya-xook (st): be dry (of inside of container, of loose objects)

ka-si-xook (tr): dry (inside of container)

ka-li-xook ( ): dry apart, cause to part by drying (something previously glued together)

k̲'a-si-xook (tr): (fig.) silence (arguments)

k̲u-ya-xook (im): be dry (of weather)

xaa

si-xaa (tr): pour (rare)

ka-si-xaa (tr): pour, pour out; dump, empty in one mass (by turning over container)
ya-si-xaa (tr): pour

xaat[1]
ya-xaat (st): **A- + ya-xaat** stick out from
si-xaat (st): **A- + si-xaat** stick out from
ka-ya-xaat (st): be tight (of lid, rope, etc.); extend in area; **A- + ka-ya-xaat** be tied or connected
ka-si-xaat (tr): tighten; pull (on something fastened at the other end), tug; **A- + ka-si-xaat** tie or connect up

xaat[2] (basically singular; see **xwaas'**[2] for plural)
ka-ya-xaat (st): **A + ka-ya-xaat** resemble (esp. in shape)
ka-si-xaat (st): **A + ka-si-xaat** resemble

xaat'
si-xaat' (tr): drag (esp. heavy object or limp object such as dead animal), pull; haul, transport (by non-motor power)
li-xaat' (st): **A- + li-xaat'** be suspended (esp. of moon), be without visible support, be up in the sky
ya-li-xaat' (st): **A- + ya-li-xaat'** be suspended (esp. of star), be without visible support, be up in the sky

xaats'
a-ka-ya-xaats' (im?): clear (of sky), be clear, cloudless

xaas'
ya-xaas' (tr): scrape
li-xaas' (tr): scrape (esp. plural objects or inside hemlock bark)
ka-ya-xaas' (tr): scrape (esp. inside pot, etc.)
ya-di-xaas' (in): shave

xaach
a-ya-xaach (im): **A-x' + a-ya-xaach** be despaired of
a-li-xaach (in): despair, give up hope; put off, defer, delay doing, give up

xaash
ya-xaash (tr): cut (general) with knife, saw, etc; operate[1]
li-xaash (tr): cut (esp. rope like object) (rare)
ka-ya-xaash (tr): cut in several pieces; carve (on surface); slice (e.g., bread)
ka-li-xaash (tr): butcher, cut up in small pieces
ka-ka-li-xaash (tr): cut (animal, fish) open for cleaning
sha-li-xaash (tr): cut hair

xaak
si-xaak (st): become a skeleton or empty shell, dry out
k̲u-ka-ya-xaak (im): be dry and crisp (of weather)

xaakw

ka-li-xaakw (tr): grind up; beat up[2] (soapberries)

XW

xwei

ya-xwei (tr): tease, joke about (esp. particular tribal relations such as paternal uncle)

li-xwei (tr): **A-ch** (instr) + **li-xwei** tease, mock

xwein[1]

ya-xwein (tr): shovel; spoon, dish out

si-xwein (tr): **A-ch** (instr) + **si-xwein** shovel

li-xwein (tr): shovel; spoon, dish out

xwein[2]

shi-xwein ( ): be about to cry (usually of child), be about to burst into tears (having puckered face) (rare)

ka-shi-xwein ( ): be about to cry, etc.

k'ei-ka-dli-xwein (st): flower, bloom, blossom

xweitl

di-xweitl (st): be tired, weary

li-xweitl (tr): tire, make tired (either physically or emotionally)

ka-li-xweitl (tr): itch, tickle

x'a-di-xweitl (st): be tired of talking

xwaan

ku-ka-dli-xwaan (im): be frosty

xwaats

ya-dli-xwaats (in): paint the face with charcoal (for hunting, fighting or ceremonial)

xwaas'[1]

di-xwaas' ( ): **A-** + **di-xwaas'** hang in clusters (rare)

dli-xwaas' (st): **A-** + **dli-xwaas'** hang (of string, etc.)

ka-di-xwaas' (st): **A-** + **ka-di-xwaas'** hang in clusters (esp. of berries)

ka-dli-xwaas' (tr): **A-** + **ka-dli-xwaas'** hang, attach to

xwaas'[2] (basically plural; see **xaat**[2] for singular)

ka-di-xwaas' (st): **A** + **ka-di-xwaas'** resemble (esp. in shape), be like, look like

xwaach

di-xwaach (st): be soft, flexible (esp. of hide)

li-xwaach (tr): soften, make flexible; scrape (hide) to soften it

xwáchk

ya-xwáchk (st): **tléil** + **ya-xwáchk** be paralyzed (by sickness), be unable to move

X'

x'eet

sha-si-x'eet (tr): root up, pull out by the roots

x'ees'

dli-x'ees' (st): swell, be swollen locally; be matted, tangled in lumps

sha-dli-x'ees' (st): be matted, tangled in lumps

xa-dli-x'ees' (st): be matted, tangled, etc. (of animal)

x'eesh

li-x'eesh (tr): skin, flay (usually in preparation for food)

x'eil

ka-ya-x'eil (tr): break in pieces, crumble

ka-li-x'eil (tr): break up, smash (rare)

x'oo

di-x'oo (tr): wear[1] blanket (pinned on)

ka-ya-x'oo (tr): nail, nail up

ka-si-x'oo (tr): nail, nail on, hammer in nails

ji-ka-si-x'oo (tr): crucify, nail the hands

x'oot'

ka-ya-x'oot' (tr): scratch with sharp instrument in one direction

ka-si-x'oot' (tr): scratch with sharp instrument (esp. to cut glass)

ya-ya-x'oot' (st): move steadily (esp. in air or on water) in one direction, glide, soar; be scratched

ya-si-x'oot' (tr): cause flat object to move thus (esp. throwing flat rocks), play at ducks and drakes; soar, glide

x'ool'[1]

di-x'ool' (in): rampage (of drunk person)

doo-ya-x'ool' (im?): boil, seethe (of tide), be turbulent

shi-x'ool' (st): carry along (of strong, boiling tide)

dli-x'ool' (in): rampage, 'have a good time' (of drunk person)

x'ool'[2]

li-x'ool' (tr): pluck, pick feathers from bird (esp. down feathers), break off roughly

x'ook

doo-ya-x'ook (im?): be steamy, give off steam

di-x'ook (st?): be steamy, give off steam

dzi-x'ook ( ): **sh dàa + dzi-x'ook** steam oneself in a steam bath

x'aa

ya-x'aa (tr): twist branch (to make supple) (rare)

si-x'aa (tr): twist branch or root (to make supple)

x'aan

ya-x'aan (st): be angry continuously, be bad-tempered

ka-li-x'aan (tr): be angry, be mad at (usually shown by refusal to speak)

x'aat

ya-x'aat (tr): file, smooth or sharpen with a file

ya-ya-x'aat (tr): sharpen an edge with a file

x'aas

li-x'aas (st?): fall, drop (of water), cascade

ka-doo-ya-x'aas ( ): drip fairly fast

ka-li-x'aas (st?): drip, leak (at fairly fast rate)

x'aas'

ya-x'aas' (tr): slice (esp. preparing fish for drying)

li-x'aas' (tr): slice open, split open (for drying) (rare)

ka-ya-x'aas' (tr): slice, cut into thin slices (food for cooking); rip, saw with grain (boards)

ka-li-x'aas' (tr): slice (food); bite (of shark)

x'aash

li-x'aash (tr): bewitch, use sorcery on someone so that they practice witchcraft

x'aak

ya-x'aak (st): swim under water (singular subject)

ka-doo-ya-x'aak (st): swim under water (esp. of large fish and sea mammals) (plural subject)

x'aax

ka-si-x'aax (st): be rough[1], gritty, scratchy, sandpapery; chapped (of skin)

x'aa<u>k</u>w

sa-ya-x'aa<u>k</u>w (st): **a ká- + sa-ya-x'aa<u>k</u>w** forget

sa-li-x'aa<u>k</u>w (tr): **a ká- + sa-li-x'aa<u>k</u>w** make forget

ka-ji-x'aa<u>k</u>w (in): **sh ka-ji-x'aa<u>k</u>w** be comfortable, sit or lie comfortably

ya-si-x'aa<u>k</u>w (st): **ya<u>x</u> ya-si-x'aa<u>k</u>w** die off, come to an end (usually all at one time)

x'íx't

ya-x'íx't (tr): snap, snap at, bite at, nip

x'út't

ji-x'út't (tr): link middle fingers and pull (as a contest of strength)

X'W

x'wás'<u>k</u>

li-x'wás'<u>k</u> (st): be numb, have no feeling

g

geen

a-dli-geen (in): **A- + a-dli-geen** look, look at

geet

ka-ji-geet (st?): be getting dark

a-ya-geet (st): rain (often hard, in dark rainstorm), fall (esp. of rain, but also of hail, snow, etc.)

ku-ka-ji-geet (im): be dark

ku-ka-doo-ya-geet (im): rain in squalls

gees

li-gees (tr): cook on a stick over open fire

geech

ya-geech (tr): throw, toss (usually plural object); pitch (esp. fish), toss using pitchfork

li-geech (tr): fell (trees); clear (beach, land, etc.)

ka-ya-geech (tr): donate (usually of present action)

ya-ya-geech (tr): pick out, select, sort out

ya-di-geech (in): **A- + ya-di-geech** pierce, enter, go into (of sharp object); prick (accidentally)

shu-ya-geech (tr): throw keeping one end (esp. seine net); turn over pages, leaf through

shu-li-geech (tr): open (book); **x'éi- + shu-li-geech** close[2], shut (book)

sha-li-geech (tr): **kax sha-li-geech** knock over (furniture, etc.) (plural object; see **sha-si-geex'** for singular)

sha-ka-dli-geech (in): **ká- + sha-ka-dli-geech** dive from surface of water (plural subject; see **sha-di-xeech** for singular)

geel

ya-di-geel (st): be blunt (of edge)

ya-li-geel (tr): blunt, dull the edge (esp. of cutting tool)

lu-di-geel (st): be blunt (of point)

geel'

ya-geel' (tr): file or sharpen with a grindstone; sand (polish surface with sander)

shi-geel' (st): be stiff (esp. of cloth)

ji-geel' (in): **sh ji-geel'** rub oneself (of animal)

ka-shi-geel' (tr): polish

ya-ya-geel' (tr): sharpen (with a grindstone)

ya-li-geel' (tr): sharpen (general)

geek'

a-ya-geek' (in): jerk (esp. head), move head or feet fast when dancing to rhythm of drum

geex'

ya-geex' (tr): **A- + ya-geex'** throw (esp. solid object having weight); **kut ya-geex'** lose

di-geex' (in): vote; **héen- + di-geex'** make a set[1], throw in seine net

si-geex' (tr): **A- + si-geex'** throw (bundle of items, anchor); **kut si-geex'** lose

ka-ya-geex' (tr): donate (esp. money); load (gun), put bullet in; **A- + ka-ya-geex'** throw (esp. ball)

ka-si-geex' (tr): **A- + ka-si-geex'** throw (esp. stick-like object)

sa-ya-geex' (tr): collapse (esp. large structure), cause to collapse in one action

sha-si-geex' (tr): **kax sha-si-geex'** knock over (esp. long object, furniture) (usually singular object; see **sha-li-geech** for plural)

s'ee-ka-dzi-geex' ( ): raise[1] eyebrow (in order to communicate secretly)

geex'

shi-geex' (tr): creak, squeak, make noise produced by friction

li-geex' (tr): rub, rub together

gei

li-gei (st?): be very bright, shine brightly

ka-li-gei (st?): be fancy, prominent (esp. in appearance), conspicuous, attracting attention; **kaa tòowoo + ka-li-gei** be proud of, highly pleased with

ya-li-gei (st?): be very pretty (in face)

sha-ka-li-gei (st?): be cute, pretty (general); **tléil + sha-ka-li-gei** be ugly (person or object)

x'a-ka-li-gei (st?): be fussy (with food), very particular; boast

geiy

ka-ji-geiy (in): **sh ka-ji-geiy** dress up, smarten up, make an effort to look different

gèiyakw

li-gèiyakw (tr): scoop out (esp. clam from shell)

gèiwoo

a-dzi-gèiwoo (tr): fish with seine net, seine

gèigach'

ka-dli-gèigach' (in): **ash ka-dli-gèigach'** play on swings

geik[1]

li-geik (tr): swing, sway to and fro

geik[2]

shi-geik (st): be stingy, be unwilling to give or share much

goo

li-goo (tr): wipe, mop, clean by wiping

ka-di-g̲oo (st): settle[2] (of mud), be clear by settling (of water)
ka-shi-g̲oo (tr): **k̲aa tòowoo + ka-shi-g̲oo** become calm, settle down (of feelings)
ka-li-g̲oo (tr): wipe (esp. the surface)

g̲oots
li-g̲oots (tr): squeeze in hand (esp. lemon); milk
ka-li-g̲oots (tr): clasp in order to carry (in hand or under arm)

g̲ootl
ka-ya-g̲ootl (tr): mash by squeezing in the hand; squeeze tightly

g̲ook
ka-ya-g̲ook (tr): clutch, hold tightly
ka-li-g̲ook (tr): squeeze tightly in hand; crumple by squeezing

g̲aat
di-g̲aat (st): fall (rare); **kei di-g̲aat** pile up, be piled up; **wóosh-dax̲ + di-g̲aat** fall apart, crack into two
si-g̲aat (tr): **kei si-g̲aat** pile up, put in a pile
dzi-g̲aat (st): molt, fall out (of hair or feathers)
li-g̲aat (tr): **wóosh-dax̲ + li-g̲aat** crack apart (log, rock, etc.)
ka-di-g̲aat (st): fall (esp. of grain-like objects)
ka-si-g̲aat (tr): pour out (esp. of grain-like objects)
ka-li-g̲aat (tr): sprinkle, scatter carefully; sift
sa-di-g̲aat (st): fall down (of buildings)
x̲'a-di-g̲aat (st): **wóosh-dax̲ + x̲'a-di-g̲aat** fall apart (of fitted tube-like object)
a-dzi-g̲aat (tr): trap, catch in trap (deadfall or other, but not fishtrap)
k̲u-si-g̲aat (in): **k̲aa dàa + yaa k̲u-si-g̲aat** be confused, confuse, bewilder; be dizzy
k̲u-li-g̲aat (in): **k̲aa dàa + yaa k̲u-li-g̲aat** pass out[2], lose consciousness, faint
k̲u-dli-g̲aat (in): **yaa k̲u-dli-g̲aat** wander

g̲aas
li-g̲aas (tr): abstain, refrain, keep from doing (usually for ceremonial or religious reasons, esp. of Lent)
li-g̲aas (st): be forbidden, taboo, not allowed by custom

g̲aas'
li-g̲aas' (tr): scratch to relieve itching

g̲aak̲
shi-g̲aak̲ (tr): yelp or bark while chasing game (of dog), give tongue while pursuing

g̲aax̲
ya-g̲aax̲ (in): cry, weep; mourn, lament (singular subject; see **g̲ax̲-si-tee**[2] for plural)

dzi-gaax̱ (tr): cry for, ask for
dzi-gaax̱ (in): keep crying
ka-di-gaax̱ (in): cry loudly (of child, or person in great pain), cry out or scream (in fear or pain)
ka-si-gaax̱ (tr): make cry, cause to cry

gaax̱'
shi-gaax̱' (st): be thin, lean, skinny (usually of animal)

gíx̱'jaa
li-gíx̱'jaa (st): creak, squeak
ka-dli-gíx̱'jaa (in): **ash ka-dli-gíx̱'jaa** play instrument (stringed)

g̱w

g̱waan
shi-g̱waan ( ): be spread out (of frog or bird)
li-g̱waan (tr?): tie in a bow

g̱waat'[1]
di-g̱waat' (in): crawl on hands and knees (esp. of child)

g̱waat'[2]
di-g̱waat' (tr): **x̱'éi- + di-g̱waat'** close[2] up completely

g̱waach'
ka-dli-g̱waach' (tr): **A-x' + ka-dli-g̱waach'** wrap blanket around one

ḵ

ḵee (basically plural; see **.aa**[1] and **nook**[1] for singular)
ya-ḵee (in): sit, sit down
di-ḵee (st): be situated (esp. of buildings)
si-ḵee (tr): carry live creatures
sha-di-ḵee (in): get up, rise
sha-si-ḵee (tr): raise[1], resurrect; rouse

ḵeen (basically singular; see **yeech** for plural)
di-ḵeen (in): fly (of bird, or persons in a plane); **yax̱ di-ḵeen** hover
dzi-ḵeen (st): fly (of cloud of insects); pass (of moon, month)
ya-dzi-ḵeen (st): be new (of moon)

ḵéenas
ya-ḵéenas (tr): ask to exchange (usually in close in-law relationship)

ḵeet[1]
ya-ḵeet (tr): suspect, distrust, be suspicious of, lack confidence in
shi-ḵeet (tr): **tóo + shi-ḵeet** be annoyed with, be tired of, be fed up with
x̱'a-shi-ḵeet (tr): **tóo + x̱'a-shi-ḵeet** be tired of another's talking

k̲eet[2]
ya-k̲eet ( ): dam up (rare)
si-k̲eet (tr): dam up completely; close[2] up completely, barricade

k̲eet'
dli-k̲eet' (st): be infected, have pus, suppurate

k̲ees'
ya-k̲ees' (st): flood, be flooded, inundated (esp. of limited area)
li-k̲ees' (st): flood, be flooded

k̲ei[1]
ya-k̲ei (tr): pay (by money, exchange of work, etc.), pay for
si-k̲ei (tr): **A-ch** (instr) + **si-k̲ei** pay (with emphasis on the payment involved)
ji-ya-k̲ei (tr): pay (esp. a person, for work done), pay for

k̲ei[2]
ka-li-k̲ei (tr): be shy of someone, be bashful (of child)

k̲eits'
ka-li-k̲eits' (tr): tickle, touch lightly

k̲oo
li-k̲oo (st): be flooded, completely covered with water
dli-k̲oo (in): vomit, throw up

k̲oosh
di-k̲oosh (st): fall (of many things falling all at once in a pile or heap), tumble

k̲ootl'
ka-shi-k̲ootl' (st): be muddy (of road, etc.)

k̲oox̲[1]
ya-k̲oox̲ (in): travel by boat (occasionally by car); come (by boat)
si-k̲oox̲ (tr): boat, take a boat out, skipper a boat
ya-si-k̲oox̲ (tr): transport by boat, bring, take or fetch by boat
a-ya-di-k̲oox̲ (in): turn[1] back, return by boat;
kei a-ya-di-k̲oox̲ escape by boat

k̲oox̲[2]
ji-k̲oox̲ (tr): contribute to potluck, take food to share

k̲aa[1]
ka-ya-k̲aa (tr): send (esp. on a message or mission)
ya-ya-k̲aa (in): **A** + **ya-ya-k̲aa** say, speak; confess, acknowledge, declare; suggest, say thus; **k̲aa kàa-dei** + **ya-ya-k̲aa** scold; **tláakw** + **ya-ya-k̲aa** state the facts, speak plainly
ya-si-k̲aa (tr): confess, acknowledge, declare; charge[1], set the price, charge for; **A** + **ya-si-k̲aa** tell, say to, ask to do; **at ya-si-k̲aa** promise; **k̲òon** + **ya-si-k̲aa** promise; **tláakw** + **ya-si-k̲aa** criticize, run down, speak ill of

ya-dzi-k̲aa (tr): **sh tugéi- + ya-dzi-k̲aa** insult, offend by what one says
daa-ya-ya-k̲aa (tr): **A + daa-ya-ya-k̲aa** tell (usually in 'present tense')
t'aa-ya-ya-k̲aa (tr): announce
ji-ka-ya-k̲aa (tr): **áa + ji-ka-ya-k̲aa** instruct, give orders (to do)
x̲'a-ka-ya-k̲aa (tr): instruct, give orders (to say or sing)
x̲'a-ya-ya-k̲aa (in): **A + x̲'a-ya-ya-k̲aa** say (usually in 'present tense')

k̲aa[2]
ya-k̲aa (tr): sew (general)
ka-ya-k̲aa (tr): sew beads, embroider
ka-si-k̲aa (tr): tattoo

k̲aa[3]
dli-k̲aa (tr): gamble (by means of gambling sticks, dice, etc.)

k̲aan
di-k̲aan (in): quarrel, exchange harsh words

k̲aas'
ya-k̲aas' (st): be cracked, fractured (with pieces still together) (esp. of bones)
li-k̲aas' (tr): crack (esp. purposely) (rare)
ka-li-k̲aas' (tr): crack (general); split lengthwise (esp. basketry roots and grasses)

k̲aach
di-k̲aach (st): swell up (of body part)
ka-di-k̲aach (st): rise (of bread)
ka-li-k̲aach (tr): raise, leave to rise (bread)

k̲aash
ka-li-k̲aash (tr): steam (berries) (by cooking in hot ground with water poured on)

k̲aak̲
ji-k̲aak̲ (in): squat, sit down low; sit down quickly, squat down; land (of waterfowl, plane) (singular subject)
ka-doo-ya-k̲aak̲ (st): squat, etc. (plural subject)

k̲aax̲
li-k̲aax̲ (tr): exclaim 'ha! ha!' in ceremonial singing and dancing; **k̲aa x̲'éi- + li-k̲aax̲** hand over song or story (for another to finish)

k̲úx̲aa
ka-dzi-k̲úx̲aa (in): **ash ka-dzi-k̲úx̲aa** play with boat (esp. toy boats)

k̲áchk
li-k̲áchk (st): limp, be lame, walk unevenly

k̲w

k̲waatl'
  ka-doo-ya-k̲waatl' (st): be melted (of metal) by intense heat
  ka-li-k̲waatl' (tr): melt (metal) by intense heat

k̲'

k̲'eesh
  ya-k̲'eesh (tr): bat (esp. in baseball), hit a ball
  ka-ya-k̲'eesh (tr): bat, hit (esp. in hockey?)
  ka-li-k̲'eesh (tr): bat

k̲'eek'
  di-k̲'eek' (st): be crowded, be jammed together
  si-k̲'eek' (tr): crowd, cause to be crowded

k̲'ei
  li-k̲'ei (st): k̲aa yáa + li-k̲'ei admire, think highly of; treasure, value

k̲'eit'
  ya-k̲'eit' (st?): wobble; overbalance, topple
  sha-ya-k̲'eit' (st?): wobble (of head); keel over
  sha-si-k̲'eit' (tr): upset[1], tip over, cause to keel over

k̲'eitl'
  li-k̲'eitl' (tr): cut (animal, fish) open down center to clean it

k̲'eik'w[1]
  ya-k̲'eik'w (tr): cut (human body), usually accidentally, wound with a sharp instrument

k̲'eik'w[2]
  ka-di-k̲'eik'w (in): pace, stride, take long steps (often to measure off)

k̲'íshaa
  ka-dli-k̲'íshaa (in): ash ka-dli-k̲'íshaa play bat and ball (esp. baseball)

k̲'íshx̲aa
  ya-li-k̲'íshx̲aa ( ): miss[1] the target (when hitting in baseball or, originally, shinny)

x̲

x̲ee
  ya-x̲ee (st): stay overnight, spend the night (esp. camp out overnight)
  ya-ya-x̲ee (st): pass (of 24 hours), elapse
  ya-dli-x̲ee (st): remain alight overnight
  x̲'a-ya-x̲ee (st): fast[2] (esp. for 24 hours at a time)

x̱een

ji-x̱een (st): fall (of hard, solid object), drop;
áa + yax̱ ji-x̱een capsize (of tippy canoe)
ka-ji-x̱een (st): **yax̱ ka-ji-x̱een** spill (of liquid)
shu-ji-x̱een (st): **yan shu-ji-x̱een** end, close; **tléil + shu-ji-x̱een** be eternal, everlasting; **x̱'éi-dax̱ + shu-ji-x̱een** be open (of season, show)
sha-ji-x̱een (st): fall (of stick-like object)
gu-ji-x̱een (st): dislocate, put out of joint

x̱èenan

gu-ya-ji-x̱èenan (st): **a yíx̱ + gu-ya-ji-x̱èenan** get back into joint (by itself); be restored into correct position

x̱eet[1]

di-x̱eet (st?): shake water off self (of bird or animal); jump around (of fish on land)

x̱eet[2]

di-x̱eet (st): multiply, increase in numbers; produce young, breed
dzi-x̱eet (st?): multiply, increase in numbers; produce young, breed

x̱eech

ya-x̱eech (tr): **A- + ya-x̱eech** throw; **yoo ya-x̱eech** shake (to rouse); **ḵut ya-x̱eech** lose
li-x̱eech (tr): throw away (usually long object) (rare)
ka-ya-x̱eech (tr): **A- + ka-ya-x̱eech** throw (esp. liquid), throw away; **yax̱ ka-ya-x̱eech** spill, upset
ka-li-x̱eech (tr): tear down, take apart
shu-ya-x̱eech (tr): **A- + shu-ya-x̱eech** slam (door, lid)
sha-ya-x̱eech (tr): club, hit on the head
sha-di-x̱eech (in): **ká- + sha-di-x̱eech** dive from surface of water (singular subject; see **sha-ka-dli-g̱eech** for plural)

x̱eesh

x̱'a-li-x̱eesh (st): foam, break into foam (esp. of whitecaps)

x̱eetl'

a-ka-dli-x̱eetl' (in): **A-x' + a-ka-dli-x̱eetl'** be afraid of, fear, frightened of; **ḵaa x̱'éi-x' + a-ka-dli-x̱eetl'** be afraid of, frightened of, fear (what is said)

x̱éetl'shan

ka-li-x̱éetl'shan (st): be dangerous

x̱eel

shi-x̱eel (st): foam, foam up, be foamy

x̱eel'

shi-x̱eel' (st?): be slimy, covered with slime (general)
ka-shi-x̱eel' (tr): slime, make slimy, slippery, cover with slime

x̱éel'ee

li-x̱éel'ee (st): be slimy (of fish)

x̱eis'

a-dli-x̱eis' (in?): wish strongly, make a strong wish (often bringing supernatural results)

x̱eitl

li-x̱eitl (tr): be blessed, be lucky

ka-li-x̱eitl (tr): bless, make lucky

x̱eil

ka-li-x̱eil (tr): coil (rope, wire, etc.) (rare)

ji-ka-li-x̱eil (tr): coil (rope, wire, etc.)

x̱eix'w (basically plural; see **taa**[1] for singular)

ya-x̱eix'w (in): sleep, sleep in company with others, go to bed

si-x̱eix'w (tr): put to bed

x̱eiḵ

di-x̱eiḵ (st): be wakeful, wake and rise early

si-x̱eiḵ (tr): keep awake, wake (oneself) early

x̱oo

ya-x̱oo (st): be small (of tide)

di-x̱oo (im?): be small (of tide)

x̱oot'[1]

ya-x̱oot' (tr): drag (esp. light object or solid, stiff object), pull; pull in quick movement

si-x̱oot' (tr): drag, pull; haul, transport, convey (by motor power)

li-x̱oot' (tr): drag (esp. tail, of fish)

ya-ya-x̱oot' (tr): draw across (in order to sharpen), sharpen by drawing back and forth

tu-ya-x̱oot' (st): be quick-tempered, easily offended, moody

sha-si-x̱oot' (tr): lead (esp. into bad habits)

sha-dli-x̱oot' (tr): fish with rod, jig (esp. herring), sport-fish

xoot'[2]

ya-x̱oot' (tr): chop (wood); chip out (with adze)

li-x̱oot' (tr): split down

ka-li-x̱oot' (tr): chop up; split (wood)

x̱oox̱

ya-x̱oox̱ (tr): call, summon; **A-x̱ + ya-x̱oox̱** ask for

si-x̱oox̱ (tr): **kaa tl'èiḵ-ch** (instr) + **si-x̱oox̱** beckon, summon by gesture

ka-li-x̱oox̱ (tr): ask for

shu-ka-dli-x̱oox̱ (in?): call forth response (from opposite clan, by means of song)

x̱aa[1]

ya-x̱aa (tr): eat (general)

si-x̱aa (tr): eat (variety of things, small amounts)
ka-ji-x̱aa (tr): eat berries directly from bush
ya-si-x̱aa (tr): **yax̱ ya-si-x̱aa** eat up, finish, consume (eating lots of pieces)
k̲'a-dli-x̱aa (in): **sh k̲'a-dli-x̱aa** pretend to eat

x̱aa^2
ya-ya-x̱aa (tr): transport by boat, bring, take or fetch by boat
a-ya-x̱aa (in?): paddle, row

x̱aa^3
di-x̱aa (st?): be slaughtered (in warfare)

x̱àayak̲w
dli-x̱àayak̲w ( ): shed hair (of animal, esp. in spring)

x̱aaw
dzi-x̱aaw (st): be hairy (as contrasted with furry)
ya-dzi-x̱aaw (st): have hairy face
daa-dzi-x̱aaw (st): have hairy body
sha-dzi-x̱aaw (st): have hairy head

x̱aan
li-x̱aan (tr): barb, make barbs or prongs (on arrow, hook, etc.)

x̱àanas'
a-dli-x̱àanas' (tr): raft, travel by raft, make into a raft

x̱aat
ka-dzi-x̱aat (st?): flip tail (of small fish, feeding on surface of water)

x̱aas'
ya-x̱aas' (tr): mend canoe crack (by sewing with roots and tightening with wedge)

x̱aach
ya-x̱aach (tr): tow (usually by boat)
li-x̱aach (tr): tow (usually by boat) (esp. large object)
shu-ka-dli-x̱aach (in): fish by trolling

x̱aak^1
ya-x̱aak (tr): sting (of nettle)
si-x̱aak (tr): sting (of nettle)

x̱aak^2
di-x̱aak (st): shrink, be shrunken (esp. of cloth)
si-x̱aak (tr): shrink (cloth, etc.), shrivel (with arthritis); spring back (of elastic)

x̱aakw
ji-x̱aakw ( ): cling, hold on tightly (esp. of octopus), resist attempts to move

x̱aax'
ka-ya-x̱aax' (tr): split or crack (esp. at regular intervals); flake (of fish flesh)

x̲ích̲x̲aa

ya-li-x̲ích̲x̲aa ( ): miss[1] the target (when hitting in baseball)

x̲ísht

ya-x̲ísht (tr): whip, spank

sha-ya-x̲ísht (tr): club (esp. fish) on head

x̲án

si-x̲án (tr): love

dli-x̲án (in): A-x' + sh dli-x̲án accompany, take to one, follow around

X̲W

x̲waal

di-x̲waal (st): shake, tremble (esp. from tiredness), shiver (rare)

li-x̲waal (tr): cause to shake or tremble

X̲'

x̲'eet'

ya-x̲'eet' (tr): gnaw, chew on

x̲'eel'

shi-x̲'eel' (st); slip, slide

ka-ya-x̲'eel' (st): be slippery, smooth (of polished surface, etc.)

ka-shi-x̲'eel' (tr): iron clothes

ka-shi-x̲'eel' (st): be slippery (oil, ice, wet rocks, etc.)

x̲'eex'

ka-li-x̲'eex' (st): A-x̲ + ka-li-x̲'eex' stick, get stuck, be squeezed

ya-ka-li-x̲'eex' (tr): A-nax̲ + ya-ka-li-x̲'eex' squeeze through, squirm through

x̲'eex'w[1]

ya-x̲'eex'w (tr): eat gumboots (chiton) raw

x'eex'w[2]

li-x̲'eex'w (tr): shim up, wedge up (esp. building)

x̲'eiy

dzi-x̲'eiy (st): stiffen (esp. of major joints)

a-ya-li-x̲'eiy (in): kaa yáx̲ + a-ya-li-x̲'eiy encourage, exhort to continue, urge on

x̲'eix̲'

di-x̲'eix̲' (st): be burned (of flesh, skin), become shriveled and brittle through burning

li-x̲'eix̲' (tr): burn (flesh, skin), scald

ka-li-x̲'eix̲' (tr): be warped, be affected by heat; get burnt (person)

x̲'aan

ya-x̲'aan (tr): dry (fish, meat) over fire, smoke lightly
li-x̲'aan (st): glow, contain live sparks

x̲'aat'

ka-dli-x̲'aat' (st): be unripe, green and hard (of berries)

x̲'aal

ka-ya-x̲'aal (tr): crunch, chew noisily

x̲'aal'[1]

ka-shi-x̲'aal' (tr): wither (esp. leaves); cook herring eggs by dipping briefly in boiling water and oil

x̲'aal'[2]

sha-ka-ji-x̲'aal' (in): put oil on hair (rare)

x̲'aakw

dzi-x̲'aakw (st): change color (of sockeye and coho) at spawning time

X̲'W

x̲'waan

li-x̲'waan (st?): rot, decay to powder (of wood)
ka-li-x̲'waan (st): rot away to powder (of wood)

x̲'waas'[1]

li-x̲'waas' (tr): become bald, lose hair; remove hair
sha-li-x̲'waas' (st?): become bald (of human)

x̲'waas'[2]

li-x̲'waas' (st): **A-x'+ li-x̲'waas'** be easy to obtain, be easy to get to (esp. in hunting), easily accessible

x̲'wáal'shan

ka-shi-x̲'wáal'shan (st): be soft as down
ka-li-x̲'wáal'shan (st): **tléil + ka-li-x̲'wáal'shan** lack softness or nap

APPENDIX

APPENDIX

GRAMMAR SKETCH

Since this dictionary is a dictionary of Tlingit verb expressions, the following sketch will concern itself mainly with the structure of the verb word and will touch only briefly on other aspects of the grammar. The first five sections are descriptive of the verb word and the sixth of the verb phrase. In the final section, the other classes of words and phrases are summarized.

1. Prefixes and suffixes
1.1 Finding the prefixes and suffixes
1.2 Prefix and suffix positions
1.3 Inflectional prefixes and suffixes
1.4 Combinations of prefixes

2. The verb stem
2.1 Stem changes of variable verb stems
2.2 Invariable stems and suffixes in the verb stem
2.3 Singular and plural stems

3. The verb theme
3.1 Finding the theme
3.2 Active and middle themes
3.3 Transitivity system of themes
3.4 Pronominals that are not substitutable

4. The extensors
4.1 A and B extensors
4.2 Odd and even extensors
4.3 Extensor sets

5. The conjugations of the verb
5.1 The conjugations illustrated
5.2 Meaning of the conjugations

6. The verb phrase
6.1 The directionals

6.2 The pronominals
6.3 The auxiliary verb

7. Other classes of word and phrase
7.1 Nuclear words
7.2 Satellite words
7.3 Marginals and conjunction
7.4 Markers
7.5 Marked phrases

1. Prefixes and suffixes

In English, we may compare pairs of words and find that we can break them down into smaller parts. For example, comparing *fishing* and *fished,* we find that we can break off the parts *-ing* and *-ed,* and that we can find these endings in a great many other words, for example: *covering, loading, packing, sealing* and *covered, loaded, packed, sealed.* We can also have *covers, loads* and so on, and so can break off the ending *-s.*

The part from which the ending is subtracted is the **stem**: *fish, cover, load, pack, seal.* It is the part of the word which carries the dictionary meaning of the word. For example, the word *cover* will be listed in a dictionary and *covering, covered* and *covers* will all be considered variations of that same word and will not be listed as separate words.

The endings which can be broken off, *-ing, -ed* and *-s*, are **suffixes.** These particular suffixes, because they can be subtracted and still leave the same dictionary meaning, are called **inflectional** suffixes. There are other endings which can be added to the stem to form new dictionary words, for example: *-age* as in *coverage, package,* or *-er* as in *loader, packer.* These suffixes which form new words are **derivational** suffixes.

Prefixes are parts which may be added in front of the stem. For example, *uncover, unload, unpack, unseal* and *re-cover, reload, repack, reseal* give us *un-* and *re-*. Since they are used to form new dictionary words, *un-* and *re-* are derivational prefixes. Inflectional prefixes cannot be illustrated from English, since English has only derivational prefixes (and inflectional and derivational suffixes).

1.1 Finding the prefixes and suffixes

Tlingit has both inflectional and derivational prefixes and suffixes. In the verbs, there are many more prefixes, inflectional or derivational, than there are suffixes.

As in English, we can compare pairs of words to see what these prefixes (or suffixes) are:

natàan	**(na-tàan)**	*go and carry it (e.g., pot)!*
gatàan	**(ga-tàan)**	*pick it up and carry it (e.g., pot)!*

These words contain the two prefixes **na-** and **ga-**, and the stem **tàan.** Consider also the following forms of the same verb:

nag̲atàan	**(na-g̲a-tàan)**	*let him take it (e.g., pot)*
nax̱tootàan	**(na-x̱-too-tàan)**	*let us take it (e.g., pot)*
(kei) gax̱tootáan	**(ga-x̱-too-táan)**	*we will take it (e.g., pot)*

In the first form we find a new prefix **g̲a-**, and in the second and third forms a prefix **too-** which translates *we* or *us.* In the first and second forms the prefix **na-** shows up again, and the prefix **ga-** again in the third. In the second and third the prefix **g̲a-** has a different shape: **x̲-**. (Notice too that in the third form the tone on the stem is high, whereas in the other forms it has been low. We shall be mentioning stem changes in section 2.1.)

In English too, as in other languages, prefixes and suffixes may change their shape. In English the most common plural form may be either -s or **-es**: **mats** (mat-s), **matches** (match-es). We may show this by writing the English plural -s ~ **-es**; **-s** is the basic shape and we show this by writing it first. In the same way, we may write the Tlingit prefix **g̲a-** ~ **x̲-**.

It is a long process to work out all the prefixes and suffixes and their different shapes. It is worth noting that two prefixes may have the same shape but still be different prefixes. There is another Tlingit prefix which has the basic shape **g̲a-**; in the following words both the prefixes with the basic shape **g̲a-** occur (though in the second example, the second **g̲a-** has the shape **x̲-**):

yaa g̲agagòot	**(g̲a-ga-gòot)**	*let him go down*
gax̲too.éex'	**(g̲a-x̲-too-.éex')**	*let us invite him*

1.2 Prefix and suffix positions

Every prefix and suffix has a fixed position in the verb, and a prefix in a later position never occurs before a prefix in an earlier position, with the exception of the *irrealis* (see chart), which is subject to definite rules. In the following chart, any two prefixes in the same column are never found in the same word. No word contains members of all the orders of prefixes and suffixes shown here; maybe three is an average number.

While we were able to say above that the prefix **too-** meant *we* or *us* (the first person plural), no precise English meaning can be given for many of the prefixes and suffixes. This is the usual situation with two languages, especially when the two languages are as different as English and Tlingit. Following the chart, the prefixes and suffixes are listed with some English equivalent given to each, but these meanings are really no more than labels; the real meaning of any prefix or suffix can only be understood from the way it is used in each context.

---

*(Note: which vowel these functional suffixes contain depends on the shape of the preceding stem. It should also be noted that if the stem ends in a vowel, then the consonant **y** or **w** comes between the stem and the suffix, **y** if the suffix is **-ee**, **w** if the suffix is **-oo**.)

VERB PREFIX AND SUFFIX POSITIONS

1	2	3	4	5	6	7	8	9	10	11	12
THEME PREFIXES			INFLECTIONAL PREFIXES					EXTENSORS	STEM	INFLECTIONAL SUFFIXES	
			Irrealis	Continuative	Aspectival	Distributive	Subject			Consonantal	Functional
tu-	ya-	ka-	oo-	na-	g̲a-	dag̲a-	x̲a-	ya-	.ee	-ch	-een
ji-	~w-	~k-	~w-	~n-	~x̲-	~dax̲-	~x̲-	di-	.een	~-j	~-oon*
sha-				g̲a-			ee-	si-	.eet	-k ~-g	-ee ~-oo
shu-				~k-			too-	dzi-	.eet'	~-kw	-k̲ ~-eek̲
x̲'a-				g̲a-			yee-	shi-	etc.	-x̲	~-ook̲
etc.				~x̲-			~y-	ji-			-ee ~-oo
					woo-		doo-	li-			-nee
					~w-			dli-			-in ~-un
								etc.			-t ~-eet
											~-oot
											-ee ~-oo

(The actual position of **oo**-depends upon which prefixes from positions 5 through 8 it is occurring with.)

Positions 1-3 theme prefixes

Position 1 theme prefixes

tu-	*mind; inside*
ji-	*hand*
sha-	*head*
shu-	*end*
x̱'a-	*mouth*

Position 2 theme prefix

ya- ~ w-	*face; through*

Position 3 theme prefix

ka- ~ k-	*surface; on*

Positions 4-8 inflectional prefixes

Position 4

oo- ~ w-	*irrealis (unreal)*

Position 5 continuative prefixes

na- ~ n-	*progressive*
ga- ~ k-	*ascendant*
g̱a- ~ x̱-	*descendant*

Position 6 aspectival prefixes

g̱a- ~ x̱-	*imperfective*
woo- ~ w-	*perfective* (This prefix never occurs with a prefix in position 5.)

Position 7

dag̱a- ~ dax̱-	*distributive (each one)*

Position 8 subject prefixes

x̱a- ~ x̱-	*first person singular (I)*
ee-	*second person singular (you)*
too-	*first person plural (we)*
yee- ~ y-	*second person plural (you)*
doo-	*fourth person (someone, they, some people)*

Position 9 extensors

There are sixteen extensors:

ya-	**∅-***	**di-**	**da-**
si-	**sa-**	**dzi-**	**s-**
shi-	**sha-**	**ji-**	**sh-**
li-	**la-**	**dli-**	**l-**

(*Note: when none of the other fifteen extensors occurs, it is considered that the extensor *zero* is present in the word. This is shown by the use of the linguistic symbol ∅.)

Position 10 Stem

This is an indefinitely long list; over seven hundred and fifty are listed in the dictionary.

Positions 11-12 inflectional suffixes

Position 11 consonantal suffixes

-ch ~ **-j**	*frequentative*
-k ~ **-g** ~ **-kw**	*repetitive*
-x̲	*habitual*

Position 12 functional suffixes

Main verb suffixes

-een ~ **-oon**	*decessive*
-ee ~ **-oo**	*desiderative*
-k̲ ~ **-eek̲** ~ **-ook̲**	*optative*

(For an explanation of the variant shapes of these suffixes, see the note preceding the chart.)

Subordinate verb suffixes

-ee ~ **-oo**	*participial*
-nee	*conditional*
-in ~ **-un**	*contingent*
-t ~ **-eet**~ **-oot**	*purposive*

Attributive verb suffix

-ee ~ **-oo**	*attributive*

1.3 Inflectional prefixes and suffixes

In this section we shall try to describe the main uses of these prefixes and suffixes, with examples.

The names given to the various verb forms indicate the main area of meaning of the particular combinations of prefixes (and suffixes), but do not include all the possible verb constructions that might in some contexts give the same meaning. In English, for example, *future* means *a verb tense formed with* **will** *or* **shall** *and expressive of time yet to come,* but we can also use constructions which do not contain **will** or **shall** to express this idea of *time yet to come,* as in **I am going to go to town (tomorrow)**.

Similarly in Tlingit, what is called a *frequentative* verb form is one that contains the frequentative suffix **-ch** and expresses frequent or habitual action, but we can also use verb forms which do not contain **-ch** to express this idea of *frequent or habitual action;* for example:

hàa-x̲ gòot *he frequently comes here*

In reading these labels, therefore, let us keep in mind that they label the particular combination of prefixes and suffixes that occur in these verb forms and tell us what their main meaning will be.

The hyphenated forms in parenthesis give the basic shapes of the prefixes in cases where it would otherwise be difficult to decide what prefixes are present in the verb form.

Position 4 prefix

oo- ~ w- *irrealis (unreal)* This prefix is used mainly in verb forms which contain an idea of incompleted or non-existent action or state.

in all future forms	**goog̲agóot (ga-oo-g̲a-Ø-góot)**	*he's going to go, he will go*
in all negative constructions	**tléil hàa-x̲ oogòot**	*he doesn't come here*
in all potential forms	**nag̲waagòot (na-oo-g̲a-ya-gòot)**	*he can go*
in frequentative forms in conjugation 1	**neil oogòotch**	*he goes indoors (always)*

Position 5 continuative prefixes

Since, in certain verb forms, particular themes occur without any position 5 prefix, others occur with **na-**, others with **ga-**, and still others with **g̲a-**, it is useful to consider these verb themes as belonging to different classes, which will be labeled *conjugations.* (For a more detailed treatment of conjugations, see section 5.) One of the chief uses of these continuative prefixes is this conjugational use, but they may also be used with verbs of any conjugation in certain forms which contain an idea of continuous action or progress towards a certain state.

na- ~ n- *progressive* Apart from its conjugational use, this prefix is used in verb forms which contain an idea of progress in action or state.

in all progressive verb forms	**yaa nagút**	*he's going along*
with conjugation 2 verb forms:		
in desiderative forms	**nag̲agòot**	*may he go, let him go*
in imperative forms	**nagú**	*go!*
in frequentative forms	**nagútch**	*he goes (here and there)*
in potential forms	**nag̲waagòot**	*he can go*
in subordinate verbs, with forms containing the idea of:		
sequential time	**nagóot**	*as he went...*
condition	**nagútnee**	*if he goes...*
habitual dependence	**nag̲agúdin**	*whenever he goes...*
purpose	**...nag̲agòodeet**	*... in order to go*

ga- ~ k- *ascendant* — Apart from its conjugational use, this prefix is used in verb forms containing an idea of future action or state. It may be noted that **ga-** only occurs with certain conjugation 3 verb forms, while the directional **kei** *up* occurs with others; it is for this reason it has been labeled *ascendant.*

in all future forms	**goog̱agóot** (ga-oo-g̱a-∅-góot)	*he's going to go, he will go*
with conjugation 3 verb forms:		
in desiderative forms	**yaa kg̱agòot** (ga-g̱a-∅-gòot)	*may he go along, keep going*
in imperative forms	**yaa gagú**	*go along! keep going!*
in frequentative forms	**yaa gagútch**	*he goes along (stopping every so often)*
in potential forms	**yaa kwg̱aagòot** (ga-oo-g̱a-ya-gòot)	*he can go along*
in subordinate verbs, with forms containing the idea of:		
sequential time	**yaa gagóot**	*as he went along...*
condition	**yaa gagútnee**	*if he goes along, keeps going...*
habitual dependence	**yaa kg̱agúdin** (ga-g̱a-∅-gút-in)	*whenever he goes along...*
purpose	**... yaa kg̱agòodeet**	*... in order to go along, keep going*

g̱a- ~ x̱- *descendant* — This prefix has conjugational use only. It may be noted that **g̱a-** occurs with only certain conjugation 4 verb forms, while the directional **yei ~ yaa** *down* occurs with others; it is for this reason it has been labeled *descendant.*

with conjugation 4 verb forms:		
in desiderative forms	**yaa g̱ag̱agòot**	*may he go down, let him go down*
in imperative forms	**yaa g̱agú**	*go down!*
in frequentative forms	**yaa g̱agútch**	*he goes down (every so often)*
in potential forms	**yaa g̱wag̱aagòot**	*he can go down*
in subordinate verbs, with forms containing the idea of:		
sequential time	**yaa g̱agóot ...**	*as he went down...*
condition	**yaa g̱agútnee ...**	*if he goes down...*
habitual dependence	**yaa g̱ag̱agúdin ...**	*whenever he goes down...*
purpose	**yaa g̱ag̱agòodeet**	*... in order to go down*

Position 6 aspectival prefixes

So far as any prefixes are concerned with time, it is these prefixes which have to do with the time aspect of the action or state. All verb forms can be labeled *imperfective* (often associated with incomplete action or state), *perfective* (often containing the idea of completed action or state), or *non-perfective* (often associated with a present action or a state when the focus is not on time), according to whether they contain **g̲a-**, **woo-** or neither, respectively. These only very roughly indeed approximate to the English time categories of future, past and present. Since they occur in different combinations with other prefixes, it would be a mistake to try to always translate any one of them in English by the same English tense.

g̲a- ~ x̲- *imperfective*

in all desiderative forms	**hàa-t g̲agòot**	*may he come here*
	nag̲agòot	*may he go*
in all potential forms	**hàa-t g̲waagòot**	*he can come here*
	nag̲waagòot	*he can go*
in all future forms	**hàa-dei kwg̲agóot**	*he will come here*
	goog̲agóot	*he will go*

in subordinate verbs, with forms containing the idea of:

habitual dependence	**hàa-t g̲agúdin**	*whenever he comes...*
	nag̲agúdin	*whenever he goes...*
purpose	**hàa-t g̲agòodeet**	*... in order to come here*
	àa-dei nag̲agòodeet	*... in order to go there*

woo- ~ w- *perfective*

in forms containing the idea of:

past action	**woogòot**	*he went*
past/present state	**woolitèesh**	*he was/is lonesome*
becoming	**wook'èi**	*it became good (i.e., it was mended, fixed)*

For the sake of completeness, we will list here the main (independent) verb forms that are neither perfective nor imperfective (that is, which are non-perfective, containing neither aspectival prefix):

descriptive (with or without a continuative prefix of position 5)

	(k̲aa yáa-nax̲) yagóot	*he goes (faster than anyone)*
	yak'éi	*it's fine, good*
	naaléi	*it's far, distant*
graduative	**naagòot**	*he goes (at intervals, after others)*
repetitive	**yoo yagútkw**	*he goes to and fro*

present	**at sa.ée**	*he's cooking*
usitative	**kei gútch**	*he goes up*
	hàa-x̱ gòot	*he comes here*
	g̱unayéi gútx̱	*he starts going*
	áa yax̱ tánx̱	*it capsizes*
positional	**áa**	*he's sitting*
	hán	*he's standing*
frequentative	(see position 4 and 5)	
progressive	(see position 5)	

Position 7 prefix

dag̱a- ~ dax̱- *distributive* This prefix is used in forms containing the idea of the action or state being concerned with each of a group of individual items.

in transitive verb forms, where it concerns the object

adag̱aḵéis' *she's sewing each of them*

in intransitive verb forms, where it concerns the subject

a sàax'oo ḵudax̱dzitèe *there are individual names (for each person)*

in stative verb forms, where it concerns the subject (so far as translational meaning is concerned)

hospital-x' yéi dag̱aatèe *each of them is in hospital*
(dag̱a-ya-tèe)

(For explanation of transitive, intransitive and stative, see section 3.3.)

Position 8 subject prefixes

These prefixes tell who is the person performing the action.

at x̱asa.ée	*I am cooking*
at toosa.ée	*we are cooking*
at eesa.ée	*you (sg) are cooking*
at yeesa.ée	*you (pl) are cooking*
at sa.ée	*he/she is cooking*
at doos.ée	*they (indefinite) are cooking*

(Note: the use of the different extensor (**s-** instead of **sa-**) in this last example will be explained in section 4.2(6).)

Position 9 extensor prefixes

These prefixes have extremely complicated use, which will be explained in some detail in section 4.

Position 10 is filled by the stem (see section 2).

Position 11 consonantal suffixes

These suffixes occur in verb forms which contain an idea of repeated or habitual action or state.

-ch ~ -j *frequentative*

in all frequentative forms	**yaa gagútch**	*he goes along (stopping at intervals)*

-k ~ -g ~ -kw *repetitive*

in all repetitive forms	**yoo yagútkw**	*he goes to and fro*

-x̲ *habitual*

in all habitual forms	**g̲unayéi gútx̲**	*he starts going (habitually)*
	at únx̲	*he shoots (habitually)*

Position 12 functional suffixes

These suffixes are used (with certain combinations of prefixes) to show the function of the verb form in the total sentence (with the exception of the decessive). It will be noted that the three suffixes which are used with main verbs, desiderative, optative, and decessive, are not used very frequently, and most main verbs do not contain any functional suffix. The absence of such a suffix, therefore, usually shows that the verb is functioning in the main clause of the sentence.

-een ~ -oon *decessive* — This suffix is used in verb forms which refer to a time when the situation was other than it was, is, or later will be.

àa-dei woogòodeen	*he had gone there*
àa-dei yoo gúdgoon	*he used to go there*

-ee ~ -oo *desiderative* — This suffix is used in verb forms expressing a desire, or a question or exhortation.

nag̲agòodee	*may he go, let him go*

(Note: it will be noticed that the verb form may occur without this suffix and still carry the same meaning; some speakers are more inclined to use the suffix than others.)

-k̲ ~ -eek̲ ~ -ook̲ *optative* — This suffix is used in verb forms which express a desire, always negative so far as the parts of the construction are concerned, but not always negative in translation.

tléil hàa-x̲ oogòodeek̲	*may he not come here*
tléil yoo oogútgook̲	*may he never go*
gwaa 'l kwshé yéi a daa-oonèik̲	*may he/they do it*

The next four functional suffixes are all used in subordinate verb forms.

-ee ~ -oo *participial* — This suffix is used in verb forms in subordinate clauses. The clause may be used with a syntactic marker immediately following the verb. Without a syntactic marker, the clause generally translates as a *when* clause. It may also be used as an *object* clause.

woogòodee	*when he went...*
àa-dei woogòodee-dax̱	*after he went there...*

-nee *conditional* — This suffix is used in verb forms in subordinate clauses which generally translate as *if* clauses (*if* in the sense of a future *when*). The main clause following almost always contains a future verb form.

hàa-t gútnee	*if he comes here...*

-in ~ -un *contingent* — This suffix is used in verb forms in subordinate clauses which generally translate as *whenever* clauses. The main clause following always contains a frequentative verb form.

hàa-t ga̱gúdin	*whenever he comes here...*

-t ~ -eet ~ -oot *purposive* — This suffix is used in verb forms in subordinate clauses which generally translate as *purpose* clauses.

hàa-t ga̱gòodeet	*... in order to come here*

-ee ~ -oo *attributive* — This suffix is used in verb forms which occur in nominal phrases, modifying the noun. These can be compared to an English relative clause.

hàa-t oowagúdee (ḵáa)	*(the man) who came here*
àa-dei woogòodee (ḵáa)	*(the man) who went there*

The suffix is used when the verb form contains an A extensor, but not when it contains a B extensor (for an explanation of A and B extensors, see section 4.1):

nèech-x̱ yaa nagut (ḵáa)	*(the man) who is going along the beach*

1.4 Combinations of prefixes

We have already seen that a prefix may have one or more shapes and that sometimes two or more prefixes combine together in such a way that a clear break cannot be made between them. For example, in **nagwaagòot** *he can go,* we have seen that the three prefixes **oo-ga̱-ya-** combine to form the one syllable **g̱waa**. Similarly, in the word **x̱wasitèen** *I saw it,* the part **x̱wa-** is made up of the position 6 prefix **woo-** and the position 8 prefix **x̱a-**. It is more difficult to recognize that in **naḵagòot** *let me go, may I go,* the part **ḵa-** is made up of the position 6 prefix **g̱a-** and the position 8 prefix **x̱a-**. We recognize this combination when we study a set of forms such as:

naḵagòot (na-g̱a-x̱a-Ø-gòot)	*let me go, may I go*
nag̱eegòot (na-g̱a-ee-Ø-gòot)	*may you go*
nag̱agòot (na-g̱a-Ø-gòot)	*let him go, may he go*

The rules which describe these combinations are a complicated part of Tlingit grammar and all that will be done here is to show the result of some of the rules in some commonly occurring words:

Positions
4 5 6 8 9 10

		woo-	**x̱a-**	**si-tèen**		**x̱wasitèen**	*I saw it*
		woo-	**ee-**	**si-tèen**	**agé**	**yeesitèen agé?**	*did you see it?*
	a	**woo-**		**si-tèen**		**awsitèen**	*he/she saw it*
		woo-too-si-tèen				**wootoositèen**	*we saw it*
		woo-	**x̱a-**	**ya-gòot**		**x̱waagòot**	*I went*
		woo-	**ee-**	**ya-gòot**	**agé**	**yeegòot agé?**	*did you go?*
		woo-		**ya-gòot**		**woogòot**	*he/she went*
		woo-too-ya-.àat				**wootoowa.àat**	*we went*
		woo-	**ee-**	**ya-jáḵ**	**agé**	**eeyajáḵ agé?**	*did you kill it?*
	a	**woo-**		**ya-jáḵ**		**aawajáḵ**	*he/she killed it*
yéi		**oo-**	**x̱a-**	**ya-jée**		**yéi x̱waajée**	*I think so*
yéi		**oo-**	**ee-**	**ya-jée**		**yéi eeyajée**	*you think so*
yéi	**a**	**oo-**		**ya-jée**		**yéi oowajée**	*he/she thinks so*
yéi		**oo-**	**too-ya-jée**			**yéi toowajée**	*we think so*
		oo-ga-g̱a-	**x̱a-**	**Ø- góot**		**kooḵagóot**	*I'm going*
		oo-ga-g̱a-	**ee-**	**Ø- góot**	**agé**	**gag̱eegóot agé?**	*are you going?*
		oo-ga-g̱a-		**Ø- góot**		**goog̱agóot**	*he/she is going*
		oo-ga-g̱a	**too-Ø- .áat**			**gax̱too.áat**	*we're going*
yei		**oo-ga-g̱a-**	**x̱a-**	**sa-téen**		**yei kwḵasatéen**	*I'll see it*
yei		**oo-ga-g̱a-**	**ee-**	**sa-téen**		**yei kg̱eesatéen**	*you'll see it*
yei	**a**	**oo-ga-g̱a-**		**sa-téen**		**yei agoox̱satéen**	*he/she will see it*
yei		**oo-ga-g̱a-**	**too-sa-téen**			**yei gax̱toosatéen**	*we'll see it*

2. The verb stem

It may have been noticed above that the verb stem sometimes changes its shape. We can divide Tlingit verb stems into those that do change their shape (variable), and those that do not (invariable).

2.1 Stem changes of variable verb stems

Most verb stems do change their shape; these stems are always made up of consonant-vowel-consonant, or just consonant-vowel. (Notice that we are not talking about the five vowel letters a, e, i, o, u, used to spell the vowels, but about the eight Tlingit vowel sounds written **ee, i, ei, e, oo, u, aa**, and **a**.)

The changes are very regular but are more complicated for the consonant-vowel stems than for the others. We will look at some examples from the most common group of consonant-vowel-consonant stems only. Notice the vowel and tone changes in the stems of these examples:

	he did	*he did not*	*he will*
pick it	**aawa.ín**	**tléil awoo.èen**	**akwg̱a.éen**
make it	**awliyéx̱**	**tléil awoolyèix̱**	**agoox̱layéix̱**
bath it	**aawashúch**	**tléil awooshòoch**	**akwg̱ashóoch**
kill it	**aawajáḵ**	**tléil awoojàaḵ**	**akwg̱ajáaḵ**

The stem **jaaḵ** *kill* has three shapes **jáḵ, jàaḵ** and **jáaḵ**. Which one of the three shapes occurs in any word depends on the prefixes and suffixes in the word, on the conjugation of the verb also (for conjugations, see section 5.1), and sometimes on words outside the verb word itself.

We find vowel changes in English verbs too: *sing, sang; drive, drove; fight, fought; find, found,* but in Tlingit the vowels regularly team up in pairs in these changes. As our examples show, the pairs of vowels in Tlingit are:

ee and **i**	(as in **.een, .in**)	
ei and **e**	(as in **yeix̱, yex̱**)	
oo and **u**	(as in **shooch, shuch**)	
aa and **a**	(as in **jaaḵ, jaḵ**)	

2.2 Invariable stems and suffixes in the verb stem

Most Tlingit verb stems are variable and these cannot be broken down into a smaller part and a suffix. Most of the invariable verb stems can be broken down into these two parts, but there are a few invariable stems (such as **x̱án** *love* which cannot.)

Suffixes which occur in invariable stems may be divided into those which contain a vowel and those which consist of a consonant only. This division produces two groups of suffixes which differ in another respect: when an invariable stem contains a suffix of the second kind, it quite frequently happens that a variable stem is related to the invariable stem. The variable stem is the one from which the invariable stem is formed. This relationship is not found involving those suffixes which contain a vowel.

Below are listed some of the suffixes containing a vowel and for each of them is given an example of a word containing a stem having that suffix:

-aa	**has ash koolk̲'íshaa**	*they're playing baseball*
-x̲aa	**ayawlik̲'íshx̲aa**	*he missed the ball*
-jaa	**kalisáyjaa**	*it (a stove) is hot*
-ak̲w	**kadoolnóox'ak̲w**	*they remove the shell*
-an	**yax̲ yakwg̲axèexan**	*he'll be normal again*
-ee ~ -yee	**lisàayee**	*he has a (big) name*
-ch'an ~ -shan	**koolix̲éetl'shan**	*it's dangerous*

(Note: in these last two examples, the basic shape (see section 1.1) is given first in the listing, but the non-basic shape is shown in the example.)

When the invariable stem contains a suffix consisting of a consonant only, the usual pattern is for that stem to occur in what we have called the *present* form of the verb (see section 1.3, position 6 prefixes) and the variable stem in all other forms. Most of these suffixes are listed below, with examples of the present form of the verb and the perfective (that is, the form that contains the position 6 prefix **woo-**):

	present	*perfective*
-t ~ -d	**at únt** *he's shooting*	**aawa.ún** *he shot it*
-t'	**at kasagánt'** *he's burning trash*	**akawsigàan** *he burned it up*
-s'	**kadagwáls'** *he's knocking*	**akaawagwál** *he knocked on it*
-ch ~ -j	**at ya.áx̲ch** *he hears something*	**aawa.áx̲** *he heard it*
-l'	**at kalaxákwl'** *he's grinding something*	**akawlixákw** *he ground it*
-k ~ -g ~ -kw	**da.ús'kw** *he's washing (clothes)*	**aawa.óos'** *he washed it*

-x' ~ -x'w	**at sa.ínx'** *he's packing stuff (in boxes)*	**awsi.èen** *he carried it (in container)*
-x̲	**kadahéix̲** *he's planting*	**akaawaháa** *he planted it*

Invariable stems formed from consonantal suffixes like those illustrated above have generally not been listed in the dictionary.

Three of the consonantal suffixes (**-ch ~ -j**, **-k ~ -g ~ -kw**, and **-x̲**) have the same shape as the three inflectional consonantal suffixes (see section 1.2), but it is convenient to consider them different suffixes since their behavior is different and the patterns of the language are made clearer by considering them to be different suffixes.

2.3 Singular and plural stems

Some verb stems may be paired together as singular and plural stems, that is, stems used when the action is performed by one or more than one person respectively. The following examples will illustrate the pairing:

	singular	*plural*
goot[1]: **.aat**[1]	**woogòot** *he went*	**has woo.àat** *they went*
haan[1]: **naak̲**[1]	**hán** *he's standing*	**has nák̲** *they're standing*
nook[1]: **k̲ee**	**woonòok** *he sat down*	**has wook̲èe** *they sat down*

In the dictionary, entries of the following kind will be found:

goot[1] (basically singular; see **.aat**[1] for plural)
.aat[1] (basically plural; see **goot**[1] for singular)

haan[1] (basically singular; see **naak̲**[1] for plural)
naak̲[1] (basically plural; see **haan**[1] for singular)

3. The verb theme

We have said that the stem is the part of the word that carries the dictionary meaning of the word. This is only partly true in Tlingit. When a verb word contains one or more prefixes in positions 1, 2, and 3 (the theme prefixes), they too carry part of the dictionary meaning of the word, and so does the extensor, in position 9 (immediately before the stem). The part of the word made up of the theme prefixes (if any), the extensor, and the stem is called the **theme** in Tlingit grammar. Therefore it is truer to say that the theme (not the stem alone) is the part of the word that carries the dictionary meaning of the word.

There are certain verb forms in English which can be compared to the Tlingit theme. For example, the stem *-sist* could not be listed in an English dictionary with any meaning; it always has to be given with a derivational prefix, giving such words as *insist, resist, consist,* which are like the total Tlingit theme. Similarly *-tract* is given with its derivational prefixes (which can be thought of as very similar to the Tlingit theme prefixes): *retract, contract, extract, subtract* and so on.

As we saw in section 1.1, inflectional suffixes may be added to these verb forms, but these do not produce new words as far as an English dictionary is concerned; *subtracts, subtracting, subtracted* would all be considered forms of the dictionary word *subtract.* However, if a different derivational prefix is used, for example *de-*, then we have a new dictionary word: *detract.*

3.1 Finding the theme

The difference in Tlingit is that the theme is not generally a full word, but must usually have an inflectional prefix (positions 4-8) added to make it a full word. Therefore, in listing the verbs in a Tlingit dictionary, a 'skeleton' of each verb is given. The skeleton is the theme, made up of the theme prefixes (if any), extensor and stem. To use the word, one must put 'flesh' on the skeleton, that is, add inflectional prefixes (and maybe suffixes as well). To be precise, the tone on the stem and whether the vowel of the stem is short or long is part of the 'flesh' too.

In the following examples, the themes (skeletons) are given in the first column, and full words made from those themes in the second column. (Themes are always written with hyphens between the parts.) In these examples, the 'flesh' that has been added each time is the position 6 inflectional prefix **woo-** and the stem tone and vowel length:

ya-t'aa	**oowat'áa**	*it's warm (e.g., water)*
si-naa	**woosináa**	*it's damp (e.g., laundry)*
shi-neik̲	**wooshinék̲**	*it (snow) is rotten, slushy*
li-xoon	**woolixòon**	*he's lost weight, become thin*

Each of these four themes consists of an extensor and a stem. The extensor occurs in position 9, just before the stem, in every verb. (For total listing of extensors, see section 1.2.) (Note: the extensor **ya-** has the variant form **wa-** in the example given above.)

In the following four examples, the themes consist of a theme prefix, extensor and stem, and the 'flesh' is again the inflectional prefix **woo-** (and the stem vowel and tone):

ka-ya-t'aa	**kaawat'áa**	*it's ripe (fruit)*
ya-ya-t'aa	**yaawat'áa**	*it's hot, heated (e.g., water)*
lu-ya-shaash	**loowasháash**	*it's worn down (e.g., point of pencil)*
lu-di-g̱eel	**loowdig̱íl**	*it's blunt (of point)*

The theme prefixes here are **ka-**, **ya-**, and **lu-**, and the extensors are **ya-** and **di-**.

A theme may contain more than one prefix; the next two examples each contain two theme prefixes:

ya-ka-li-kees'	**yakawlikís'**	*it's gone out (a light)*
sha-ya-di-haa	**shayawdihàa**	*there were many*

There are sixteen extensors in all and they occur in four sets of four:

the **si-** set consists of **si-**, **sa-**, **dzi-**, **s-**
the **shi-** set consists of **shi-**, **sha-**, **ji-**, **sh-**
the **li-** set consists of **li-**, **la-**, **dli**, **l-**
the **ya-** set consists of **ya-**, **∅-**, **di-**, **da-**

A theme which we will call a **si-** theme is one which is listed with **si-** in the 'skeleton', and this means that any one of the **si-** set of extensors can be used in verb forms having this theme. For example, the verb theme **si-x̱án** *love* can be found with any one of the **si-** set extensors, as in the following examples:

ee toosix̱án	*we love you*
tléil ee toosax̱án	*we don't love you*
woosh toodzix̱án	*we love each other*
tléil woosh toosx̱án	*we don't love each other*

(In sections 4.1 and 4.2, we shall be considering the conditions under which each of the four extensors is used.)

Let us now look at the matter of themes the other way round; instead of building up a full word by adding inflectional prefixes to the theme, we will look at a set of full words all containing the same theme and try to see what is this underlying theme (the inflectional prefixes (if any) found in each word are given in the last column):

kashxéet	*he's writing*	**none**
yaa akanashxít	*he's writing it out*	**na-**
tléil kooshxèet	*he's not writing*	**oo-**
tléil kawooshxèet	*he didn't write*	**oo-woo-**

kax̲wshixít	*I wrote it*	**woo-x̲a-**
kawjixít	*it's written*	**woo-**
akawshixít	*he wrote it*	**woo-**
kax̲tooshaxèet	*let's write it*	**g̲a-too-**
akakwg̲ashaxéet	*he will write it*	**oo-ga-g̲a-**
kashaxít	*write it!*	**none**

We can pick out the stem in all of these words: it has the forms **xéet**, **xít**, and **xèet**, and occurs in final position in each of the words. We shall write the stem as **xeet** in the theme (removing the 'flesh' of the tone and variable vowel length). Just before the stem, we find the parts **sh-**, **shi-**, **ji-**, or **sha-**. This means that the verb selects its extensor from the **shi-** set of extensors; we show this by writing **shi-** in the theme. Then finally, there is a theme prefix **ka-** that occurs in each of the words. This is probably easiest to see in the command form of the verb (the last example). So we find that this verb has the theme **ka-shi-xeet** *write.*

3.2 Active and middle themes

We have said that there are **si-** themes, **shi-** themes, **li-** themes and **ya-** themes. As we have seen with the theme **si-x̲án**, these can each be used with any one of their own set of four extensors.

There are also themes which can be used with only two of the extensors of one of the sets. These are:

dzi- themes, used with **dzi-** and **s-**
ji- themes, used with **ji-** and **sh-**
dli- themes, used with **dli-** and **l-**
di- themes, used with **di-** and **da-**

The following are examples of these, once again with the inflectional prefix **woo-**:

dzi-geet	**woodzigèet**	*he fell*
ji-xeex	**woojixèex**	*he ran*
dli-neitl	**woodlinèitl**	*he's fat*
di-haan	**woodihàan**	*he stood up*

In order to name these different types of themes, we are borrowing terms from Greek grammar; we are calling the **si-**, **shi-**, **li-**, and **ya-** themes (those which can use all four extensors from the set) active themes, while the **dzi-**, **ji-**, **dli-**, and **di-** themes (which use only two of the extensors from the set) are called middle themes. In Greek, there are verbs called active, middle and passive, which differ as follows:

in active verbs, the person or thing affecting other persons or things in the situation is the grammatical subject;

in middle verbs, the person or thing which is the grammatical subject is both the doer and the one who is affected in the situation;

in passive verbs, the person or thing which is affected in the situation is the grammatical subject.

These meanings are the meanings that Greek verbs which are active, middle or passive will usually have, though a verb may sometimes be middle in form but active in meaning. The same is true of verbs that we call active and middle in Tlingit (passive will be discussed at the end of this section).

The following pairs of active and middle themes illustrate the meaning of *active* and *middle;* in the first of each pair we have *a person or thing affecting other persons or things,* while in the second of each pair we have *both the doer and the one who is affected* as the subject of the verb:

ka-li-seet	**at kawlisít**	*she braided something*
sha-ka-dli-seet	**shakawdlisít**	*she braided her own hair*
ka-li-naash	**kei at kawlináash**	*it shook something off*
ya-ka-di-naash	**yakawdináash**	*he shook his head*
si-haan	**awsihàan (a-woo-si-)**	*he stood him up*
di-haan	**woodihàan**	*he stood up*

It must be remembered that not every theme which is grammatically a middle theme in Tlingit (that is a **dzi-**, **ji-**, **dli-**, or **di-** theme) will have the middle meaning given above. Middle themes will be discussed further in section 4.2.

English has no grammatically middle verbs, but it does have active and passive (for example, active: *fills, filled;* passive: *is filled, was filled*). Tlingit has active and middle verbs, but no passive. What is passive in English translates into Tlingit in a number of different ways:

(1) the subject of the sentence may be marked by **-ch**:

ḵáa-ch shawlihík wéi yàakw — *the boat was filled by the men*

(2) the fourth person subject prefix **doo-** may be used:

shawdoodlihík wéi yàakw — *the boat was filled by them (indefinite)*

(3) a stative theme **(sha-ya-heek)** may be used instead of a transitive theme **(sha-li-heek)** (for stative and transitive, see section 3.3):

shaawahík wéi yàakw — *the boat was filled, was full*

3.3 Transitivity system of themes

As well as classifying themes as active and middle, we can classify them as transitive, intransitive, stative or impersonal. Transitive and intransitive may be familiar terms from English grammar; the other terms arise in

Tlingit grammar because some Tlingit verbs, unlike any English verb, never occur with a subject. In English, every verb has a subject (with the exception of command forms), even if it is only *it,* as in *it's raining.*

(1) A transitive theme is one that may occur with a subject and an object. We can be certain that it does if we find it occurring with a subject prefix (listed in section 1.2) in position 8 and a pronominal object word (listed in section 6.2) just before the verb word itself. By this, we know the following themes are transitive:

			obj. word	*subj. prefix*
si-.ee	**at x̲asa.ée**	*I'm cooking something*	**at**	**x̲a-**
si-teen	**ee x̲wsitèen**	*I saw you*	**ee**	**x̲a-**
ya-gwaal	**x̲at woodoowagwál**	*somebody hit me*	**x̲at**	**doo-**
ya-ya-dlaak̲	**k̲uyawtoowadlàak̲**	*we won (we beat them)*	**k̲u**	**too-**

(Note: the two pronominal object words **a** and **k̲u**, which with some themes occur obligatorily (see next section), are written as one word with the verb word.)

A transitive theme then, is one that may occur with a substitutable subject prefix and pronominal object word. By *substitutable* we mean that any one of the set of subject prefixes and pronominal object words may occur with the verb.

(2) Intransitive themes may occur with a substitutable subject prefix, but never occur with a substitutable pronominal object word. The following are typical intransitive themes:

			subject prefix
ya-goot	**x̲waagòot**	*I went*	**x̲a-**
x̲'a-di-taan	**x̲'ax̲wditàan**	*I spoke*	**x̲a-**
ya-k̲ee	**took̲éen**	*we're sitting*	**too-**
dli-saa	**yeedlisáa agé?**	*are you resting?*	**yee-**

(3) Stative themes are those verb themes which never occur with a substitutable subject prefix, but which may occur with a substitutable pronominal object word. The following are stative themes:

			object word
sa-ya-.aat'	**x̲at seiwa.át'**	*I'm cold*	**x̲at**
lu-ya-gook̲	**haa loowagòok̲**	*we ran*	**haa**
tu-ka-ji-yaa	**ee tukawjiyáa agé?**	*are you hesitating?*	**ee**
li-teesh	**x̲at woolitèesh**	*I'm lonesome*	**x̲at**
ya-naa	**x̲at goog̲anáa**	*I'm going to die*	**x̲at**
ya-.ee	**aa oowa.ée**	*some are cooked*	**aa**

There are also stative themes which never occur with a pronominal object word, but which may occur with an object noun or noun phrase. That they do not occur with a pronominal object is considered a semantic restriction (that is, it would not make sense). For example, the verb form **daak woositán** *it (precipitation) is falling* may occur with an object noun such as **séew** *rain:* **séew daak woositán** *it is raining,* but there is no pronominal object word with which it would make sense.

(4) Impersonal themes are those themes which never occur with either a substitutable subject prefix or pronominal object word. These themes are rare; they are almost exclusively concerned with describing sky and weather conditions. For example:

xee-ya-.aat	**xeewa.àat**	*it's dusk*

3.4 Pronominals that are not substitutable

Some themes do occur with a pronominal object word but we do not call them stative or transitive as the case may be, because they always, in all their forms, occur with the same pronominal word and never with an object noun or noun phrase. The pronominal is not substitutable, so these themes are classified as impersonal or intransitive.

Most impersonal verbs are of this kind. In the great majority of cases, the pronominal is either **a** or **k̲u**. These two pronominals are both written as though they were part of the theme:

a-ka-ya-xaats'	**akaawaxáats'**	*the sky is clear*
a-ya-daak̲	**aawadàak̲**	*it's stopped (raining, etc.)*
a-di-gaan	**awdigàan**	*the sun is shining*
a-ya-di-tee	**ayawditèe**	*it's stormy or windy*
k̲u-li-goos'	**k̲uligóos'**	*it's cloudy*
k̲u-ka-ya-xaak	**k̲ukaawaxáak**	*the weather is crisp and dry*
k̲u-ka-dli-xwaan	**k̲ukawdlixwán**	*it's frosty*

A few intransitive themes behave in the same way; the following are some examples:

a-dzi-kaa	**atoodzikàa**	*we're lazy*
k̲u-dzi-gei	**yaa k̲eedzigéi**	*you are intelligent*
a-ya-keet	**ax̲akéet agé**	*did I snore?*
k̲u-li-gaaw	**k̲ux̲wligàaw**	*I fought*
k̲u-dzi-tee	**áx' k̲ux̲wdzitèe**	*I was born there*
k̲u-dli-g̲aat	**yaa k̲ux̲wdlig̲áat**	*I'm wandering lost*
k̲u-ya-k'eet'	**k̲ux̲waak'ít'**	*I picked berries*

Some themes do occur with a subject prefix but we do not call them intransitive or transitive as the case might be, because they always, in all their forms, occur with the same subject prefix (**doo-** *fourth person*) and never with a subject noun or noun phrase. The pronominal is not substitutable, so these themes are classified as stative. The prefix **doo-** is treated as though it were part of the theme:

doo-ya-nook	**woodoowanúk**	*the wind is blowing*
doo-ya-kook̲	**woodoowakúk̲**	*it's bubbling out fast*
ka-doo-ya-x'aak	**yaa kandoox'ák**	*a school (of porpoise, etc.) is swimming along*

There are a few themes (of which **ka-doo-ya-x'aak** is one) which contain the theme prefix **ka-** and the subject prefix **doo-** and which pair off with related themes not having these two prefixes. When two themes pair in this way, the theme without the **doo-** refers to the singular and the theme with the **doo-** to the plural; for example:

ya-x'aak	**yaa nax'ák**	*it (whale) is swimming along*
ka-doo-ya-x'aak	**yaa kandoox'ák**	*they are swimming along*
shi-k'ein	**yaa nashk'én**	*he's jumping along*
ka-doo-ya-k'ein	**yaa kandook'én**	*they're jumping along*

One impersonal theme has been noted that contains the prefix **doo-** and also contains the pronominal object **k̲u-**:

k̲u-ka-doo-ya-g̲eet	**k̲ukawdoowag̲ít**	*it's raining in squalls*

4. The extensors

As we have seen, the extensors occur in position 9, immediately before the verb stem, and every verb word contains one of them. It will be convenient to have before us a chart of these sixteen forms:

ya-	**∅-**	**di-**	**da-**
si-	**sa-**	**dzi-**	**s-**
shi-	**sha-**	**ji-**	**sh-**
li-	**la-**	**dli-**	**l-**

In discussing themes, we have grouped the extensors into four sets of four. The extensors used with any particular verb theme are selected from the members of one set. Just as the stem shape of a variable verb stem is determined by the prefixes and suffixes in the verb word (and often also by words outside the verb word), so the extensor form depends in part upon the same factors.

In the following two sections, we shall consider the factors involved in the selection of one extensor from the four extensors in a set; in section 4.3, we shall consider factors that determine the selection of a particular set.

Taking the **si-** extensor set from the chart above, we can rearrange this series in a square:

	A	B
1 (odd)	**si-**	**sa-**
2 (even)	**dzi-**	**s-**

In order to help in describing conditions which make for the selection of an extensor from a particular column or row, we will label the extensors A or B and odd or even, according to their occurrence in the square. Thus, **si-** is an odd A extensor and **s-** is an even B extensor.

The other three extensor sets can be grouped into A and B extensors and odd and even extensors in the same way:

	A	B	A	B	A	B
1 (odd)	**shi-**	**sha-**	**li-**	**la-**	**ya-**	**Ø-**
2 (even)	**ji-**	**sh-**	**dli-**	**l-**	**di-**	**da-**

The extensor **Ø-** occurs in the **ya-** extensor set. In section 1.2, where the extensors were listed, it was said that this *zero* extensor is considered to be present when none of the other fifteen extensors is found in a verb form. It proves convenient to consider this *zero* as an extensor, since this fills in the pattern of four sets of four, which makes grammatical statements easier to make than if we had three sets of four extensors and one set of three.

In the examples in the following sections, we shall work with verb themes that select their extensors from the **si-** set (**si-**, **sa-**, **dzi-**, **s-**) as far as possible.

4.1 A and B extensors

An A extensor is used more frequently in speech than a B extensor. The following examples all contain the A extensors **si-** or **dzi-**:

at woosi.ée	*she cooked something*
at woositèen	*he saw something*
woodzigèet	*he fell down*
yéi x̲at yawsik̲àa	*he said so to me*
doo tòowoo sigóo	*he's happy*
atoodzikàa	*we're lazy*
x̲at six̲án	*he loves me*
si.áat'	*it's cold*

nasidàa	*it flows*
yoo akasiték̲'kw	*it twists (wire) to and fro*

The first four examples above are all perfectives (that is, contain the perfective prefix **woo-** (see section 1.3, position 6 prefixes)); the last six are non-perfective. Perfective verb forms containing an A extensor occur very frequently in speech; non-perfectives containing an A extensor are less frequent, but there is more variety in types of prefix combinations possible with these; imperfectives are uncommon: there is only one type of prefix combination possible with an A extensor, namely:

(a káa) g̲atoosi.èe	*we can cook (in it)*

All other types of verb forms contain a B extensor. The following examples all contain the B extensors **sa-** or **s-**:

at sa.ée	*he's cooking*
at goox̲sa.ée	*he's going to cook*
at sa.í́	*cook!*
at g̲atoosa.èe	*let's cook*
at toosa.éeych	*we cook (always)*
yán-dei yaa at natoosa.éen	*we've almost finished cooking*
at gagax̲toos.ée	*we'll cook for ourselves*
yei kwg̲asgéet	*he's going to fall down*
kei agax̲tooskàa	*we'll be lazy*

The odd B extensor **sa-** has a variant shape **s-** that is used immediately following the prefixes **oo-**, **woo-**, **na-** and **g̲a-** (the *descendant*, not the *imperfective*) and the pronominals **a** and **k̲u**; for example:

at oos.éeych	*he cooks (always)*
yán-dei yaa at nas.éen	*he's almost finished cooking*

(A comparison of these last two forms with the fifth and sixth examples respectively above shows plainly the variation in extensor shape and some of the conditioning factors.)

We can now summarize the types of main (independent) verb forms which use the A extensors and those which use the B extensors. (Labeled examples of these types can be found in section 1.3.)

A extensors are used by the following, if they are not also negative and/or decessive:

Imperfective	-	all potential verb forms
Perfective	-	all (except negatives and decessives as already noted)
Non-perfective	-	descriptive, graduative and repetitive verb forms

B extensors are used by negative and decessive verb forms and by the following:

Imperfective -	all future and desiderative verb forms
Perfective -	none (except negatives and decessives as already noted)
Non-perfective -	all frequentatives, progressives, imperatives, optatives; present, usitative and positional verb forms

As has been mentioned above, all verb forms occurring in negative constructions will contain a B extensor (as well as the *irrealis* prefix **oo-** (see section 1.3)):

tléil x̱at eesax̱án (oo-ee-sa-x̱án) *you don't love me*

In the positive form this verb would have an A extensor:

x̱at eesix̱án (ee-si-x̱án) *you love me*

This same positive form, which is non-decessive (that is, does not contain the decessive suffix **-een**), has a decessive counterpart which contains a B extensor:

x̱at eesax̱áneen (ee-sa-x̱án-een) *you used to love me*

All the verb forms we have considered so far have been **main** verb forms. A main verb form may be considered one which makes a complete sentence by itself, or in certain cases, with some adverbial expression. **Subordinate** verb forms are those used in clauses which cannot make a complete sentence on their own. Such clauses express time relationships, condition, purpose, and so on. All these subordinate verb forms contain B extensors:

at g̱astéen ...	*as he saw something ...*
at woostèenee ...	*when he saw something ...*
at g̱astínnee ...	*if he sees something ...*
at g̱ax̱satínin ...	*whenever he saw something ...*
... at g̱ax̱satèent	*... in order to see something*

One further type of verb form needs to be mentioned: the **attributive**. This is used in a clause that modifies a noun. Such a clause is similar in meaning to the English relative clause (as in: *(the man) who came today, (the seal) that got away*). In Tlingit the modifying clause occurs before the noun. Let us form some of these modifying clauses from some of the main verb forms of our previous examples:

si.áat'	*it's cold*
si.áat'ee héen	*water which is cold*

nasidàa	*it flows*
nasidàayee héen	*flowing water (that is, which is flowing)*
woodzigèet	*he fell*
a káa woodzigèedee t'éex'	*ice on which he fell*
(a káa) at g̱atoosi.èe	*we can cook (in it)*
a káa g̱atoosi.èeyee k'wátl	*a pot in which we can cook it*

All these contained an A extensor in their main verb form; in their modifying form they contain an A extensor and the attributive suffix (see section 1.3, position 12).

If a main verb form contains a B extensor, then its modifying counterpart will also contain a B extensor. It should be noted that in this case it will have no attributive suffix:

at gax̱toosa.ée	*we're going to cook*
gax̱toosa.ee kóox	*the rice we're going to cook*

The negative of an attributive is an exception to the general rule that all negative verb forms contain a B extensor; the negative of an attributive has the same extensor as its positive form:

x̱'alitsèenee k'wátl	*an expensive pot*
l x̱'eilitsèenee k'wátl	*an inexpensive pot*

4.2 Odd and even extensors

We have considered the selection of A (**si-**, **dzi-**, etc.) and B (**sa-**, **s-**, etc.) extensors; now we consider the selection of odd (**si-**, **sa-**, etc.) and even **dzi-**, **s-**, etc.) extensors.

The odd extensors may be taken to be the basic ones, carrying neutral meaning, and from verb forms containing odd extensors those containing even extensors are derived. It is the meaningful selection of even extensors, therefore, that will be discussed and illustrated in the following paragraphs.

Both odd and even extensors are used with active themes (for distinction between active and middle themes, see section 3.2), but middle themes occur with even extensors only. We may say, therefore, that one use of even extensors is to convey the meaning of *middle*. (It was stated in section 3.2 that a middle verb is one in which *the person or thing which is the grammatical subject is both the doer and the one who is affected in the situation.*) We may extend this further, to cover the use of even extensors with certain active themes as well as with middle themes, by stating that when an even extensor is used, the verb word will be restricted in its reference to persons or things involved in a situation, as compared with its odd extensor counterpart.

There are still further uses of the even extensors not covered by this statement. In the following paragraphs we shall list some of the uses of even extensors and compare (basic) verb forms that contain odd extensors with the forms derived from these containing even extensors.

(1) An even extensor is used when the action is reflexive (*to or for oneself* and involving the pronominal **sh**) or reciprocal (*to or for each other* and involving the pronominal **woosh**):

at woositèen	*he saw something*
sh woodzitèen	*he saw himself*
has at woositèen	*they saw something*
woosh has woodzitèen	*they saw each other*

The reflexive pronominal **sh** requires the use of an even extensor whether the pronominal occurs in the verb phrase (as in the example above), or in some other phrase of the sentence:

k̲aa tóo-g̲aa yatèe	*he is satisfactory (that is, others are satisfied with him)*
sh tóo-g̲aa ditèe	*he is satisfied*
ax̲ káx̲ x̲'ayat'éex'	*he disputed in my defense*
sh káx̲ x̲'adit'éex'	*he disputed in his own defense*

Similarly, the reciprocal pronominal **woosh** requires the use of an even extensor whether the pronominal occurs in the verb phrase (as in the example above), or, if the verb is stative or intransitive, in some other phrase of the sentence:

héen kàa-nax̲ wootoowa.àat	*we went across the river*
woosh kàa-nax̲ wootoodi.àat	*we met each other*

(2) As has been stated, an even extensor may be used with middle meaning with some themes (that is, the actor in the situation in some way affects himself):

keenaak.át yee.át káa yéi aya.óo	*he's put the coat on the bed/ mattress*
keenaak.át náa yéi adi.óo	*he's put on a coat*

Similarly, an even extensor will be used with middle meaning with certain themes containing a theme prefix, when that prefix corresponds to a noun which refers (at least in part) to both the doer and the one who is affected. In the following example, the theme prefix **sha-** corresponds to the noun **(ax̲) shax̲àawoo** *(my) hair:*

ax̲ shax̲àawoo x̲waa.óos'	*I washed my hair*
shax̲wdi.óos'	

(3) An even extensor is used when a transitive verb is used without reference to an object:

x'úx' kax̲shaxéet	*I'm writing a letter*
kax̲ashxéet	*I'm writing*
x'úx' kax̲wshixít	*I wrote a letter*
kax̲wjixít	*I wrote*
naa.át x̲ak̲éis'	*I'm sewing clothes*
x̲adakéis'	*I'm sewing*
l'ée x'wán kax̲sané	*I'm knitting socks*
kax̲asné	*I'm knitting*

(4) An even extensor is used when a transitive verb is used without reference to a subject. In this case, some inanimate thing is spoken of as though it were animate:

at woosi.àax̲	*he sounded something*
woodzi.àax̲	*it echoed (that is, sounded itself)*
héen awli.ák	*he boiled the water*
héen woodli.ák	*the water boiled*
wóosh-dax̲ awlig̲áat	*he cracked it (rock) in two*
wóosh-dax̲ woodlig̲áat	*it (rock) cracked in two*

(5) An even extensor is used when an intransitive or stative verb is used with the directional **k̲ux̲** *back,* either in the verb phrase or in some other phrase in the sentence:

nèil-dei gax̲too.áat	*we're going home*
k̲úx̲-dei gax̲tooda.áat	*we're going back*
yaa nak̲úx̲	*he's going along (in a boat)*
k̲úx̲-dei yaa ndak̲úx̲	*he's going back (in a boat)*

(6) One use of even extensors which does not fall within their general meaning concerns their occurrence with the fourth person subject prefix **doo-**. When a verb theme occurs with the **si-**, **shi-** or **li-** set of extensors, then with that theme the prefix **doo-** occurs with an even extensor:

kóox wootoosi.ée	*we cooked rice*
kóox woodoodzi.ée	*they (indefinite) cooked rice*
x'úx' kawtooshixít	*we wrote a letter*
x'úx' kawdoojixít	*they (indefinite) wrote a letter*

However, when a verb theme occurs with the **ya-** set of extensors, then with that verb theme the prefix **doo-** occurs with an odd extensor:

at wootoowax̱áa	*we ate something*
at woodoowax̱áa	*they (indefinite) ate something*

This is true even if for other reasons an even extensor would have been expected:

ḵux̱ wootoodi.át	*we went back*
ḵux̱ woodoowa.át	*they (indefinite) went back*

It is true even if the theme is a middle theme (that is, a theme which, except for this one special case, always occurs with even extensors):

at wootoodináa	*we drank something*
at woodoowanáa	*they (indefinite) drank something*

Another use of even extensors which does not fall within the general meaning of even extensors concerns themes which describe going about, or a reversal of direction:

sha-ka-dli-gaan	**át has shakawdligàan**	*they sauntered round*
yaa ḵu-dli-gaat	**yaa ḵoowdligáat**	*he wandered round*
shu-ka-dli-x̱aach	**has shukalx̱àach**	*they trolled*
a-ya-di-haan	**ayawdihàan**	*he turned back, fled*
ya-ka-di-nook'	**yoo yakwdinúk'kw**	*it swivels*
dzi-k'oot	**àa-dax̱ kei wdzik'út**	*it rebounds from it*
ya-ji-.aak	**(x̱áat) yawji.áak**	*(the salmon) was floundering*
ya-dzi-.aa	**(tsàa) át yawdzi.àa**	*(the hair seal) swam round (coming up, looking round, and going down again)*

4.3 Extensor sets

In the last two sections we have considered when an A extensor and when a B extensor is selected, and when an odd extensor and when an even extensor, within a set of extensors. We have now to consider how a selection is made between the extensor sets.

Let us look at the following examples:

ya-jaaḵ	*kill*	**si-neix̱**	*save*	**li-seen**	*hide*
ya-hoon	*sell*	**si-teen**	*see*	**li-yeix̱**	*make*
ya-.aak	*weave*	**si-.ee**	*cook*	**li-.ook**	*boil*

(The **shi-** set of extensors will be left out of the discussion since it is comparatively little used.) All of these verb themes are transitive and there does not seem to be any real reason, as far as meaning is concerned, why some should be **ya-** themes, some **si-** themes, and others **li-** themes. Every language at some point makes arbitrary choices. This means that in many cases the combination of particular extensor set and particular verb stem has to be learned for each theme. (This might be compared with English *in-* and *un-*, both meaning *not,* the first occurring with certain stems, as in: *insecure, inefficient, invisible, inexcusable,* and the second with other stems, as in: *unequal, unhappy, unavoidable, unsafe.)*

Actually, there is a tendency for **ya-** themes to be intransitive or stative, and for **si-** and **li-** themes to be transitive. Whether the **si-** or **li-** set of extensors is selected is partly determined by the sounds the stem contains, for **si-** set extensors are never used with stems containing **dz, ts, ts', s, s', j, ch, ch', sh** (sibilants) or **dl, tl, tl', l, l'** (laterals), whereas **li-** set extensors may be used with such stems.

In the paragraphs that follow, we shall contrast the meaning of **ya-**, **si-** and **li-** sets of extensors in cases where two or more of them can be used with the same stem. We shall mainly be concerned with how **ya-** set extensors relate to **si-** and **li-** set extensors.

(1) In some themes (and which themes these are has to be learned), the extensor set is classificatory in meaning. By classificatory is meant that there is reference to classes of objects. The general system (which involves the theme prefix **ka-** as well as extensor sets) is as follows:

ya-	general, often compact object
si- or **li-**	solid, often large and complex object
ka-ya-	round object
ka-si- or **ka-li-**	small stick-like object, or grain-like objects

Some of the stems which are used in this classificatory system are:

hees'	*borrow*	**gei**	*be big*
taaw	*steal*	**yaat'**	*be long*
.oo	*buy*	**woox̱'**	*be wide*
tee	*pick up, carry*	**tlei**	*be big in girth*

We will illustrate the system using the stem **taaw**:

ya-taaw	**dáanaa x̱waatáw**	*I stole money*
si-taaw	**atshiḵóok x̱wasitáw**	*I stole a radio*
ka-ya-taaw	**x'áax' kax̱waatáw**	*I stole an apple*
ka-si-taaw	**kooxéedaa kax̱wsitáw**	*I stole a pencil*

(2) In some themes, the **si-** or **li-** set of extensors is selected when that which is used to perform the action is mentioned and is marked with the instrumental marker **-ch** (see section 7.4). There is a corresponding **ya-** theme which is used without the marked noun:

ya-jaak̲	**(ts'ítskw) x̲waaják̲**	*I killed (a bird)*
li-jaak̲	**téi-ch x̲waliják̲**	*I killed it with a stone*
ya-k̲ei	**x̲waak̲éi**	*I paid*
si-k̲ei	**dáanaa-ch x̲wasik̲éi**	*I paid (with) a dollar*

(3) In some themes, the **si-** or **li-** set of extensors is transitivizing; that is, there is a **ya-** theme that is intransitive and a corresponding **si-** or **li-** theme that is transitive. The transitive theme is often causative in meaning:

ya-.aat	**neil wootoowa.át**	*we went indoors*
si-.aat	**(at yátx'ee) neil wootoosi.át**	*we made (the children) go in*
ya-leet	**héen-t oowalít**	*it slid into the water*
li-leet	**(àas) héen-t awlilít**	*he slid (the tree) into the water*
ya-ya-k̲aa	**yéi yawtoowak̲àa**	*we said so*
ya-si-k̲aa	**yéi ee yawtoosik̲àa**	*we told you so*

In a limited number of cases, the **si-** or **li-** set of extensors is used to give causative meaning, but without changing the transitivity of the verb. Instead, the person or thing affected by the action is expressed by an adverbial phrase rather than by a grammatical object. In these cases, whatever the **ya-** theme is (transitive or intransitive), the corresponding **si-** or **li-** theme will be the same:

ji-ya-nei	**yéi jiné**	*he works*
ji-si-nei	**k̲óo yéi jisané**	*he makes people work*
ya-toow	**at tóow**	*he's reading, he reads*
li-toow	**k̲óo at latóow**	*he teaches*
ya-shook̲	**at googashóok̲**	*he'll laugh*
li-shook̲	**doo éex' at goox̲lashóok̲**	*he'll cheer him up*

(4) In some themes, there is a **si-** or **li-** theme which is transitive and a corresponding **ya-** theme which is stative:

si-.ee	**k'úns' awsi.ée**	*he cooked the potatoes*
ya-.ee	**k'úns' oowa.ée**	*the potatoes are cooked*
shu-li-xeex	**k'úns' ashoowlixèex**	*he finished up the potatoes*
shu-ya-xeex	**k'úns' shoowaxèex**	*the potatoes are finished up*
sha-li-heek	**yàakw ashawlihîk**	*he filled the canoe*
sha-ya-heek	**yàakw shaawahîk**	*the canoe is full*

In some other themes, there is a **si-** or **li-** theme which is transitive, and a corresponding **di-** theme that is stative:

x̱'a-si-gaax'	**x̱at x̱'awsigáax'**	*he pestered me (so I had to talk)*
x̱'a-di-gaax'	**x̱at x̱'awdigáax'**	*I'm tired of talking*
li-keil'	**haa wlikéil'**	*he chased us*
di-keil'	**haa wdikéil'**	*we ran away*

At this point, let us note the different ways that have been mentioned in which a transitive theme may be related to a corresponding stative one.

In section 4.2(4), we saw that in certain themes a transitive verb is used without reference to a grammatical subject when an even extensor is used. That is, there are two corresponding verb forms, one transitive (section 3.3(1)) and the other stative (section 3.3(3)); for example:

(héen) awsi.át'	*he cooled (the water)*
woodzi.át'	*it is cold, has become cold*

(It should be noted that the theme is basically a transitive theme, but may be considered to have stative use in this second case.)

In sub-section (4) of this present section, we saw that some transitive **si-** and **li-** themes have a corresponding stative **ya-** theme:

yaa akanaljúx	*he's rolling it, wheeling it*
yaa kanajúx	*it's spinning, rolling*

while others have a corresponding stative **di-** theme:

(x'eesháa) akawlit'ák	*he dented (the bucket)*
kawdit'ák	*it's dented*

There is another type of transitive-stative correspondence of verb forms which has not been mentioned yet. In this case, the transitive verb theme is used without any change in either odd-even extensor choice or extensor set choice; instead, the verb is used without any subject prefix or object pronominal **a**:

(naa.át) awsináa	*he damped (the clothes)*
woosináa	*it's damp, was damped*

This last case is comparable to the way in which English forms equivalent transitive-stative correspondences: *he smells it, it smells; he cools it, it cools.*

5. The conjugations of the verb

In English, there is a group of verbs that occur with the inflectional suffix *-ed* to form the past participle; for example, *grab, invite,* and *wash* have as their past participles *grabbed, invited,* and *washed.*
This is the regular pattern in English. Among the irregular verbs of English

are those that have a change of vowel in the stem in the past participle: *feed, fed; find, found; hang, hung; ring, rung; shoot, shot,* and so on; there are others that add *-en*~*-n: fall, fallen; give, given; blow, blown; see, seen,*, and so on; and there are some that have both a change of vowel and the addition of *-en: break, broken; choose, chosen; forget, forgotten; rise, risen.*

In Tlingit, there are other types of inflectional possibilities according to which verbs can be grouped. There is not one regular pattern to which most verbs belong (as in English) and other irregular patterns. Rather there are four regular patterns of inflection and because of this the grouping of verbs according to inflectional possibilities is specially useful. On the basis of these patterns four groups, known as **conjugations**, are set up. Every verb theme belongs to one of these four conjugations.

5.1 The conjugations illustrated

Let us take some examples (one from each conjugation) in order to see what are the different patterns that make up the four conjugations.

The verb themes in these examples are:

conjugation	1	**ya-.oon**	*shoot*
	2	**ya-.oos'**	*wash*
	3	**ya-shaat**	*grab*
	4	**ya-.eex'**	*invite*

They are all transitive, all occur with extensor **ya-** and no theme prefix, and all have the same stem changes of the kind described in section 2.1 (and therefore any apparent difference in their stem changes is due to the different conjugations they belong to and not to differences in their pattern of stem changes).

	imperative *(do it!)*	desiderative *(may we, let's do it)*	perfective *(he did it)*
1 shoot	**.ún**	**g̱atoo.óonee**	**aawa.ún**
2 wash	**na.óos'**	**naxtoo.óos'ee**	**aawa.óos'**
3 grab	**gasháat**	**gax̱toosháadee**	**aawasháat**
4 invite	**g̱a.éex'**	**g̱ax̱too.éex'ee**	**aawa.éex'**

	future *(he will do it)*	optative *(don't let him do it)*
1 shoot	**akwg̱a.óon**	**tléil oo.únx̱ook̲**
2 wash	**akwg̱a.óos'**	**tléil yoo oo.ús'gook̲**
3 grab	**kei akwg̱asháat**	**tléil kei ooshátjeek̲**
4 invite	**yei akwg̱a.éex'**	**tléil yei oo.íx'jeek̲**

If there were no groups of verb themes of the kind we are calling conjugations, then in each of the five columns above all the four forms would be the same (apart from the stem). It is because each of the four verb themes we have chosen belong to different conjugations that we have four forms, in each of the columns, that are different in more than just the stem. Let us notice what the conjugational differences are so far as these particular forms are concerned:

First, let us notice that in the imperative (first column) and in the perfective (third column), the vowel of the stem is short (that is, one of the vowel sounds **i, e, u, a**) in the first verb and long (that is, **ee, ei, oo,** or **aa**) in the other three. This is a regular feature of conjugation 1 as compared with conjugations 2, 3, and 4.

Secondly, we notice that in the imperative and in the desiderative (second column), the first verb has no prefix in position 5 whereas the other three have either prefix **na-** or **ga-** or **g̲a-** in position 5. This too is a regular feature of conjugation 1 (no prefix), conjugation 2 (prefix **na-**), conjugation 3 (prefix **ga-**), and conjugation 4 (prefix **g̲a-**).

Thirdly, notice that in the perfective, future, and optative (third, fourth, and fifth columns), the prefixes are the same for each of the four verbs, but in the future and optative, the third verb occurs with the directional **kei** and the fourth with the directional **yei**, and that in the optative the second verb occurs with the directional **yoo**. This too is a usual feature of the conjugations.

Finally, notice that in the optative, all the verbs have an inflectional suffix immediately following the stem, the first verb has the suffix **-x̲**, the second **-g**, and the third and fourth **-j**.

These conjugational differences can be summarized in chart form as follows (**V** represents short vowel and **V:** long vowel):

	imperative		desiderative	perfective	future	optative	
1	--	V	--	V	---	---	-x̲
2	na-	V:	na-	V:	---	yoo	-g
3	ga-	V:	ga-	V:	kei	kei	-j
4	g̲a-	V:	g̲a-	V:	yei	yei	-j

Further information concerning the conjugations was given in section 1.3, positions 4 and 5.

5.2 Meaning of the conjugations

With some verb themes, which conjugation it belongs to has no particular meaning. We can compare this with the *phrasal verbs* in English

These are verbs which are used with a preposition (such as *in, out, down, up*) as part of the verb expression; for example, *blow up, call off, come to, give in, pass out, tear down.* There seems to be no real reason why a particular preposition is used with a particular verb to give a total meaning. For example, *call down* and *tell off* both mean *scold* and yet use different prepositions; *up* and *down* are used in expressions having very similar meaning in *shut up* and *quiet down.* Similarly in Tlingit, which conjugation a verb belongs to usually is very like which preposition occurs in an English phrasal verb.

But sometimes an English verb occurs with two or more prepositions. Then at least the contrast in meaning lies in the preposition: *speak up, speak out; give in* (to the enemy), *give out* (clothes), *give up* (hope), *give off* (steam); *burn down, burn out, burn up.* So in Tlingit a verb theme may sometimes appear in one conjugation, sometimes another. When this happens there will be some contrast in meaning. The theme **shi-gook** may appear in conjugation 3 with the meaning *know how* and in conjugation 4 with the meaning *learn how:*

kei at goox̲shagóok	*he'll know how*
yei at goox̲shagóok	*he'll learn how*

It is especially true that the prepositions carry meaning in the English phrasal verbs if the verb describes movement and the preposition gives the direction of the movement: *go up, go down, go in, go out; fly up, fly out; bring down, bring in.* In Tlingit, the word **kei** occurring with forms of conjugation 3 verb themes often translates as *up* in English and a conjugation 3 verb form often has reference to some motion upwards:

kei at shátch	*he grabs up stuff*
gatàan	*pick it up and carry it!*

In the same way, the word **yei** occurring with forms of conjugation 4 verb themes often translates as *down* in English and a conjugation 4 verb form often has reference to some motion downwards:

yei isgítch	*he falls down*
g̲anòok	*sit down!*

6. The verb phrase

The verb word is the only word that always occurs in a verb phrase. Besides the verb itself, a verb phrase may also contain, in front of the verb, members from the directional (section 6.1) and pronominal (section 6.2) classes of words. Very rarely an auxiliary verb (section 6.3) may also occur, following the verb word.

6.1 The directionals

The directionals are closely related to the verb word in that usually the occurrence of a particular directional and the occurrence of certain inflectional prefixes and/or suffixes (as well as the stem shape of the verb) are dependent on each other (see, for example, section 4.2(5)).

Usually only one directional word occurs in any one verb phrase, but occasionally two are found. When two occur, one of them will be either **k̲ut** *somewhere* or **yaa** *along,* occurring before another directional, or **yoo** *to and fro,* occurring after another directional. We can therefore assign the directionals to positions in the verb phrase and state that no two directionals from the same position will occur in the same verb phrase.

Some of the most commonly occurring directionals are listed here, with some meaning given for each. As with the prefixes and suffixes, these 'meanings' are really only labels; what the directional word really means can only be understood from the actual contexts in which it is used.

Position 1		Position 2		Position 3	
k̲ut	*somewhere*	**yei**	*down*	**yoo**	*to and fro, back and forth*
yaa	*along*	**yeik̲**	*down to the shore, from the interior*		
		yan	*to the shore from the sea, to completion*		
		yax̲	*to completion*		
		neil	*indoors, inside*		
		daak	*out from the shore, into the open*		
		daak̲	*up from the shore, to the interior*		
		kei	*up*		
		k̲ux̲	*back (returning from)*		

The directionals are closely related to the verb word and in general may not be selected independently of the inflection of the verb (that is, of the prefixes and suffixes, and the stem shape of the verb).

6.2 The pronominals

Pronominals occur in verb phrases containing transitive or stative verb themes (see section 3.3), and not in verb phrases containing intransitive or impersonal verb themes (with a few exceptions, which are described in section 3.4). When the verb theme is transitive, then the pronominal will be translated as an object in English; when the verb theme is stative, it will translate as a subject; for example:

transitive	**si-teen**	**x̲at woositèen**	*he saw m̲e̲*
stative	**li-teesh**	**x̲at woolitèesh**	*I̲ am lonesome*

Usually only one pronominal occurs in any one verb phrase, but the pronominal **has** *they, them* may occur with another pronominal. When it does so, it occurs before the other pronominal, with the one exception of **woosh** ~ **wooch** *reciprocal, each other,* which it follows:

has haa six̲án	*they love us*
wooch has dzix̲án	*they love each other*

The remaining pronominals are as follows:

x̲at	*first person singular (I, me)*
ee	*second person singular (you)*
haa	*first person plural (we, us)*
yee	*second person plural (you)*
ash	*third person with focus on this person (him, her, it)*
a	*third person without focus on this person (him, her, it)*
k̲u (~ **k̲aa**)	*fourth person (someone, some people, they, them)*
at	*indefinite (something)*
aa	*partitive (part, some of them)*
sh	*reflexive (oneself)*

(Note: the pronominal **k̲u** has the shape **k̲aa** when it occurs before a verb that contains a theme prefix.)

The pronominals **a** and **k̲u** share certain features in common.

(1) Each of these two pronominals may occur with all forms of an impersonal or intransitive theme (that is, the pronominal is not substitutable and is considered part of the verb theme, see section 3.4); for example:

a-ka-ya-xaats'	**akaawaxáats'**	*the sky is clear*
k̲u-ka-ya-xaak	**k̲ukaawaxàak**	*the weather is crisp and dry*

(2) **a** and **k̲u** normally are pronominal object words. However, both may occasionally be used with an intransitive theme with a meaning similar to the fourth person subject prefix **doo-** *some people, somebody, they.* For example, **a** can be used with the intransitive theme **ya-goot** *go (singular)* and **k̲u** with the intransitive theme **ya-ya-k̲aa** *say:*

aawagòot	*somebody went*
k̲uyaawak̲àa	*somebody said, it was suggested*

(3) When these pronominals occur immediately in front of a vowel in the verb word, either that vowel combines with the vowel of the pronominal or replaces it; for example:

a	+	**oowaják̲**	**aawaják̲**	*he killed him*
a	+	**oodzikàa**	**oodzikàa**	*he's lazy*
k̲u	+	**oowaják̲**	**k̲oowaják̲**	*he killed somebody*

In view of these facts, **a** and **k̲u** have been written in all cases as though they were part of the following verb; for example, compare:

x̲at woositèen	*he saw me*
haa wsitèen	*he saw us*
awsitèen	*he saw him*

It should be noted that there does not have to be any word (or part of a word) in a Tlingit sentence that translates in English as *him, her,* or *it* (or *he, she,* or *it*). If a Tlingit verb is transitive, then if the subject is first or second person, there will most often be no pronominal object word in the verb phrase:

x̲asix̲án *I love him (or her, it)*

But if the subject is third person (when there will be no subject prefix in the verb (see section 1.3 position 8)), then there is generally a pronominal object word in the verb phrase and this is most commonly **a**:

asix̲án *he (or she, it) loves him (or her, it)*

These examples remind us too that Tlingit does not distinguish between *he, she* or *it.* It makes other distinctions, however, that are lacking in English, such as that between **ash** and **a**, which has to do with the focus of attention of the speaker. (A description of these distinctions, to be useful, would need to be more detailed than can be given here.)

Almost the same set of pronominals may occur as possessives as occur in the verb phrase as pronominal object words. There is one extra one, **doo** *his, her,* or *its* (as a general translation, and with no distinction as to with or without focus); **has** does not occur as a possessive except in company with **doo**, when together they translate as *their;* **aa** *partitive* does not occur as a possessive, and **woosh** *reciprocal* and **sh** *reflexive* are very limited in their use as possessives. Two pronominals have a different shape when occurring as possessives: **x̲at** *first person* has the form **ax̲**, as in **ax̲ jín** *my hand,* and **k̲u** *fourth person* has the form **k̲aa**, as in in **k̲aa jín** *a person's hand.*

6.3 The auxiliary verb

The auxiliary is called a verb since in structure it contains a stem **nook** which may be suffixed by the verbal suffixes **-ch** ~ **-j**, **-een**, **-nee**, and

(-in) ~ **-un**, and prefixed by the verbal imperfective prefix **g̲a-**, giving the total forms: **nòoch ~ núkch, nòojeen, nóok, núknee** and **g̲anúgun**. The first two of these forms are used in independent verb phrases and are used much more frequently than the others (which occur quite rarely). Typical expressions involving these first two are:

dak̲éis' nòoch	*she always sews*
kadoohéix̲ nòojeen	*they always used to plant*

7. Other classes of word and phrase

The words of Tlingit may be divided into twelve classes (similar to English *parts of speech*). We shall not try to define them here; the names used for them will give some idea of their use. To discuss them, we will take them in four groups. The discussion is not meant to be a full description in any sense, but only to give some glimpse of the syntactic structure of the language.

The first group **(verb, nominal, locative**, and **adverb)** are each of them the *nucleus* (or center) of the four types of phrase in Tlingit (verb phrase, nominal phrase, locative phrase, and adverb phrase).

The second group **(directional, pronominal, demonstrative**, and **modifier)** occur as *satellites* in one or more of the four types of phrases listed above. Directionals, pronominals and demonstratives are the equivalent of a phrase, if they are marked (for marked phrases, see section 7.5). A modifier is never equivalent to a phrase; it is always satellite in a phrase.

The third group **(marginal, conjunction** and **interjection)** occur outside the phrase proper. One group of marginals are 'marginal to' (that is, on the edge of) the phrase, and another group are marginal to the clause or sentence.

The fourth group consists of the **markers**, which attach to the last word of the phrase proper. They *mark* the function of the phrase to which they are attached. The sense of the English prepositions is generally carried by a marker, or by a locative and marker (less frequently by a locational adverb and marker).

7.1 Nuclear words

The four nuclear word classes (verb, nominal, locative and adverb) contain the great majority of the words of the Tlingit language; the verb and nominal classes are the two largest.

The nominal class includes the nouns, pronouns and numerals. Pronouns are distinguished from pronominals (listed in section 6.2) in the following ways:

(1) Pronouns are used for emphasis; pronominals are used neutrally to refer to the persons or things spoken about.

(2) Pronouns may stand alone as a complete phrase; pronominals are always part of a phrase or else followed by a marker.

(3) Pronouns stand at the beginning or end of a clause; pronominals may be used in any phrase in a clause.

(4) The only marker which can follow a pronoun is the subjectival marker **-ch**; a pronominal never occurs with this marker.

(5) A pronoun is always in agreement with a pronominal; in other words, pronouns do not occur independently of pronominals, but pronominals can, and most frequently do, occur independently of pronouns.

A total list of the pronouns is as follows:

x̲át ~ x̲áa-	*first singular (I, me, my)*
wa.é ~ wa.éi-	*second singular (you, your)*
hú ~ hóo-	*third singular (he/she, him/her, his/her)*
ooháan	*first plural (we, us, our)*
yeewáan	*second plural (you, your)*
hás	*third plural (they, them, their)*
á	*non-focal (it, its (or he/she etc.))*

(Note: the second form in each of the first three is used when the pronoun is followed by the marker **-ch**. The form **yeewáan** has a variety of shapes in different people's speech: **yeehwáan, eewáan, eeyáan.)**

These pronouns are often used to emphasize the subject or object of the sentence; for example:

ooháan-ch ayá watsíx wootoositèen	*we saw a cariboo*
ooháan k̲u.àa haa woo.éex'	*he invited us*
ooháan tsú haa shagoox̲laxáash	*she's going to cut our hair too*

A locative is a word which may be suffixed by the locative marker **-oo**; it then becomes the center of a complete clause without a verb:

aatlèin dáanaa doo jèewoo	*he has lots of money (lit. lots of money his hand-at/in)*
xóots awé hít tayèewoo	*there's a brown bear under the house*

Some of the most common simple locatives will be listed here (a number of other locatives are made by compounding some of these):

á	*there (indefinite or previously mentioned place)*
yèe	*the underside of*
yîk	*the inside of (boat, wide open container, etc.)*
yá	*the face of, against*

dàa	*around, round about; concerning*
táa	*the bottom of the inside of*
tú	*the inside of (usually closed container); (in) the mind of*
t'éi	*behind, screened by*
jèe	*the hand of, (in) the possession of*
shú	*the end of, the point of*
shá	*the head of, the top of*
ká	*the surface of, upon*
x̲òo	*among, mixed in with*
x̲án	*by, close to*
x̲'áa	*the spaces between*
x̲'é	*the opening of, the mouth of*

An adverb is a word which always modifies a verb phrase or a noun, or is the nucleus of a phrase which does so. Some adverbs always occur with a marker and others can do so. Examples of adverbs are:

k'idéin	*well*
kaltéelk̲	*barefoot (without shoes)*
yindasháan	*head down*
dax̲dahéen	*twice*
kaldaag̲éinax̲	*slowly*
g̲unayéi	*begin to*
tleiyéi	*(stop) at one place*
ch'áakw	*long ago*
dzeeyáak	*just now, a little while ago*
seig̲án	*tomorrow*
(a) géi	*against, towards (it)*
(a) ít	*following (it)*
(a) k̲ín	*short of (it)*
k̲útx̲	*too much*

(Note: the first four forms are representative of a good number of adverbs which can be constructed from these patterns.)

7.2 Satellite words

The four classes of satellite words (directionals, pronominals, demonstratives and modifiers) are all small. Examples of most of the directionals and a complete listing of the pronominals will be found in sections 6.1 and 6.2.

A demonstrative class contains the following four members:

yáa	*this (one) right here*
héi	*this (one) nearby*

wéi	*that (one) over there*
yóo	*that (one) far off (in space or time)*

A demonstrative (particularly **wéi** or **yáa**) is frequently used to translate the English definite article *the* in Tlingit. When a demonstrative occurs with a locational marker (see section 7.4), it has a locative meaning; for example:

wéi-x' yéi na.òo *put it over there!*

Modifiers are those words which modify a noun in a noun phrase and which do not occur in any other type of phrase. They carry a sense similar to an English adjective, but most English adjectives will be translated by verbs in Tlingit and the class of modifiers is small.

They may be divided into those which occur before the noun and those that follow it. Examples of some from both groups are:

aak'é	*fine, good*	**aak'é k̲utí**	*fine weather*
yées	*new, young*	**yées k̲áa**	*a young man*
shéech	*female*	**shéech xóots**	*a she-bear*
k̲ustín	*giant*	**k̲ustín gáal'**	*a giant clam*
tlèin	*big, large*	**hít tlèin**	*a large house*
k'átsk'oo	*small*	**yàakw k'átsk'oo**	*a small boat*
yán	*relationship plural*	**ax̲ dachx̲ánx' yán**	*my grandchildren*
hás	*relationship plural*	**ax̲ léelk'w hás**	*my grandparents*

There are other types of words and constructions which also modify nouns but which occur in other types of phrases as well. These are certain adverbs and locatives, and other nominals (either nouns or numerals) and attributives.

Examples of adverbs which may modify nouns are:

aatlèin	*much, a lot, lots of*	**aatlèin tléik̲w**	*lots of berries*
yéi	*thus, usual, ordinary*	**ch'a yéi hítx'**	*ordinary houses*
k̲únax̲	*very, actual, real*	**k̲únax̲ shux'áa-nax̲ dlèit k̲áa**	*the very first white man*

Locatives are generally marked when they modify nouns; for example:

ixkée	*downstream, southwards*	**ixkée-dax̲ át**	*the thing from the south*
dàa	*around, concerning*	**xóots dàa-t shkalnèek**	*a story about a brown bear*

Nouns which modify other nouns may refer to such things as, for example,

the material of which something is made:	**èek kées**	*copper ring*
a clan crest:	**gòoch hít**	*Wolf house*
the object on which something is used:	**yàaw xídlaa**	*herring rake*
a color:	**dlèit káa**	*white man*

The color of an object is usually described with an attributive. Attributives have been mentioned at the end of section 4.1. They translate as English relative clauses, or sometimes as adjectives; for example:

dlèit yáx yatèeyee s'ísaa	*a white cloth (cloth which is snow-colored)*
ligéiyee káa	*a tall man (man who is tall)*
doo jèe-dei xwaatèeyee dáanaa	*the money which I gave him*
ax xán-t oowagúdee àa	*the one that came to my place*

7.3 Marginals and conjunctions

The marginals are called clause marginals or phrase marginals according to whether they are marginal to the clause or phrase. They are a class of words which can really only be understood from the way they are used; the translations below will just give some suggestion of what the words mean.

Clause marginals usually occur at the beginning of a clause. There are only a small number of these, the chief ones being:

aagáa	*then, on that account*
ayáx	*and thus, that's how*
ách	*and so, that's why*
ch'a.àan	*however, nevertheless*
tlèi	*then, at that time*
gwál	*maybe*
kách ~ xách ~ xájoo	*in actual fact (it was ...)*

(Note: the different forms of this last word are used by different speakers.)

Phrase marginals may be divided into those which occur at the beginning of the phrase and those which occur at the end.

The four phrase marginals which may occur at the beginning of phrases are:

tlax	*very, really*	**ch'oo**	*even, exactly*
ch'as	*only, just*	**ch'a**	*just, simply, neither more nor less than*

The last two are found with great frequency in certain combinations; some of the most typical of these are:

ch'oo tlèi	*when, while*	**ch'a ldakát**	*all, every*
ch'oo tlèix̱	*forever*	**ch'a tlákw**	*always*
ch'oo shóogoo	*the same*	**ch'a yóok'**	*suddenly, immediately*
ch'oo déix̱	*both*	**ch'a g̱óot**	*different, other*

The marginals **tsu** *also, too, again* and **dei** *already, now* may occur either before or after a phrase proper.

The phrase marginals which follow phrases are used mainly to express doubt or emphasis, or to form a question. They follow the phrase proper and any marker that occurs with that phrase. Examples of those which can be used for emphasis are: **ayá, awé, ahé, ayú** and, in commands: **tséi, x'wán.** Marginals used to express degrees of doubt are: **kwshé, shakdéi, asiwé, k̲u.àa, x̲áa.**

Questions are formed either by the use of the marginals **agé, akwé, akyá** and **akyú** (giving a question which expects an answer **ààá** *yes* or **tléik'** *no*), or with an interrogative word and the marginal **sá** (giving a question which expects a statement as an answer).

The interrogatives are a small class of words which are mainly used to form questions; they never occur without the interrogative marginal **sá.** Each of them is a member of another word class–nominal (noun, pronoun, numeral), locative, adverb, or modifier. The following is a list of the interrogative words, showing also the word class to which they belong:

aadoo	*who, whose*	noun, pronoun
daa ~ daat	*what*	noun, pronoun
x'oon	*how much, how many*	numeral
daakw	*which*	modifier
goo	*where*	locative
gwatk	*when (non-future)*	temporal adverb or noun
gwatgeen	*when (future)*	temporal adverb or noun
wáa ~ waa	*how*	adverb

(Note: **daat** occurs when this interrogative is followed by a marker; **waa** occurs when this interrogative is immediately followed by the marginal **sá.**)

These words do not form questions when they occur with either the phrase marginal **ch'a** or the negative **tléil**; instead they become indefinite positive or negative phrases:

ch'a aadoo sá	*anybody, whoever*	**tléil aadoo sá**	*nobody*
ch'a x'oon sá	*however much*	**tléil daa sá**	*nothing*

The only conjunction word is **k̲a** *and.* This can be used to link clauses, phrases, and words. It is not used as frequently in Tlingit as is *and* in

English, as other linking words are usually preferred. English conjunctions are often expressed in Tlingit by clause marginals, or by the phrase marginal k̲u.àa which in some contexts may translate as *but* or *however.*

7.4 Markers

The markers are written as words when they carry their own tone, and are hyphenated to the word they follow when they do not. Again, these are a class of words which can really only be understood from the way they are used. The meanings given for them are simply to indicate the rough area of meaning of each.

Locational markers generally attach to phrases having a locative or temporal sense; there are six of these markers:

-x'	*at, in, on*
-x̲	*to, on, along (the length of), over (the area of)*
-t	*to, arriving at; positioned in, on, within the extent of*
-dei	*towards, to*
-dax̲	*from*
-nax̲	*through, at right angles to*

Commonly occurring markers other than the locational are:

èen ~ tèen	*with (going with or using)*
yís	*for the benefit of, on account of*
yáx̲ (sim)	*like, resembling, similar in manner or form to*
-ch (instr)	*with (instrumental), by means of, because of*
-g̲aa	*for, in order to obtain*
-ch	*by (subjectival)*
-x̲ (compl)	*equivalent to, having the form or function of (complemental)*

The last two listed have the same form as other markers–the subjectival the same form as the instrumental and the complemental the same form as one of the locational markers. In both cases, the two markers are conveniently distinguished since they are used differently. The subjectival, as the term suggests, marks a subject phrase (however, all or most subject phrases are not marked). The subjectival and instrumental, though similar in form and meaning, may both occur in the same clause. The complemental marker is quite restricted in the verbs with which it is used.

7.5 Marked phrases

Markers may occur with nominal, locative and adverb phrases. Such a phrase with a marker will be called a marked phrase.

Markers may also occur with directionals, pronominals, and demonstratives, and in such cases the word with the marker is then equivalent to a marked phrase.

A special class of marked phrases are those termed inner and outer locational phrases. A locational phrase is a nominal, locative, or adverb phrase marked by a locational marker. When a locational phrase has a particular marker because of the particular verb form (of the verb in the verb phrase) it is occurring with, it is called an inner locational phrase. It occurs just in front of the verb phrase. Locational phrases which do not have this close tie-in of marker and verb form are called outer locational phrases. They can occur anywhere in the clause.

The following examples illustrate the difference between inner and outer locational phrases:

outer LP	inner LP	verb phrase	
gawdáan kát	**hàa-t**	**oowagút**	*he came on horseback*
gawdáan kát	**hàa-x̱**	**gòot**	*he comes on horseback*
gawdáan kát	**hàa-dei**	**googag̱óot**	*he will come on horseback*

(Note: **-t** is the marker in this outer locational phrase.)

In any of the above examples, **gawdáan kát** could follow the verb phrase; for example:

hàa-t oowagút gawdáan kát *he came on horseback*